EM MEIO À REVOLUÇÃO

Helen Rappaport

Em meio à revolução

As testemunhas da queda da Rússia imperial

TRADUÇÃO
Pedro Maia Soares

OBJETIVA

Grafia atualizada segundo o Acordo Ortográfico da Língua Portuguesa de 1990, que entrou em vigor no Brasil em 2009.

Título original
Caught in the Revolution: Petrograd 1917

Capa
Carlos di Celio

Foto de capa
Everett Collection/ Shutterstock

Preparação
Diogo Henriques

Índice remissivo
Probo Poletti

Revisão
Thaís Totino Richter
Isabel Cury

Dados Internacionais de Catalogação na Publicação (CIP)
(Câmara Brasileira do Livro, SP, Brasil)

Rappaport, Helen
Em meio à revolução : as testemunhas da queda da Rússia imperial / Helen Rappaport ; tradução Pedro Maia Soares. — 1ª ed. — Rio de Janeiro : Objetiva, 2021.

Título original: Caught in the Revolution: Petrograd 1917.
Bibliografia
ISBN 978-85-470-0118-6

1. Rússia — História — Revolução, 1917-1921 2. São Petersburgo (Rússia) — História — Revolução, 1917-1921 — Narrativas pessoais I. Título.

20-48826 CDD-947.0841

Índice para catálogo sistemático:
1. Revolução Russa, 1917-1921 : História 947.0841

Maria Alice Ferreira - Bibliotecária - CRB-8/7964

[2021]

EDITORA SCHWARCZ S.A.
Praça Floriano, 19, sala 3001 — Cinelândia
20031-050 — Rio de Janeiro — RJ
Telefone: (21) 3993-7510
www.companhiadasletras.com.br
www.blogdacompanhia.com.br
facebook.com/editoraobjetiva
instagram.com/editora_objetiva
twitter.com/edobjetiva

Para Caroline Michel

Sumário

Glossário de testemunhas oculares ... 9
Mapa de Petrogrado em 1917 ... 18
Nota da autora ... 21

Prólogo: "O ar está cheio de conversas sobre catástrofe" ... 23

PARTE I: A REVOLUÇÃO DE FEVEREIRO

1. "As mulheres estão começando a se rebelar nas filas do pão" ... 47
2. "Não era lugar para um rapaz inocente do Kansas" ... 65
3. "Como um feriado bancário com trovões no ar" ... 79
4. "Uma revolução feita por acaso" ... 98
5. O acesso fácil à vodca "teria precipitado um reinado de terror" ... 120
6. "Foi bom estar vivo nesses dias maravilhosos" ... 134
7. "As pessoas ainda piscam diante da luz da súbita libertação" ... 145
8. O Campo de Marte ... 161
9. *Bolcheviki!* A palavra que é "tudo o que o mundo teme" ... 168

PARTE II: OS DIAS DE JULHO

10. "A maior coisa na história desde Joana d'Arc" 193
11. "O que diria a colônia se fugíssemos?" 211
12. "Desta capital pestilenta" 234

PARTE III: A REVOLUÇÃO DE OUTUBRO

13. "Pela vibração, pelo terror e pela grandeza, isso faz o México parecer pálido" 257
14. "Ao acordarmos, encontramos a cidade nas mãos dos bolcheviques" 275
15. "Pessoas malucas matando umas às outras do mesmo jeito que matamos moscas em casa" 297

Epílogo: As vozes esquecidas de Petrogrado 319

Agradecimentos 329
Notas 335
Referências bibliográficas 369
Créditos das imagens 381
Índice remissivo 385

Glossário de testemunhas oculares

ANET, Claude (pseudônimo de Jean Schopfer) (1868-1931). Campeão francês de tênis nascido na Suíça, colecionador de antiguidades, escritor e jornalista do *Le Petit Parisien*.

ARBENINA, Stella (baronesa Meyendorff; *née* Whishaw) (1885-1976). Atriz britânica de uma família antiga da colônia anglo-russa de São Petersburgo; casou-se com o aristocrata russo barão Meyendorff. Presa após a revolução; libertada em 1918, fixou residência na Estônia.

ARMOUR, Norman (1887-1982). Diplomata de carreira americano; segundo-secretário da embaixada dos Estados Unidos em Petrogrado, 1916-8. Retornou à Rússia, não muito tempo depois que partiu, para resgatar a princesa Maria Kudácheva, com quem se casou em 1919. Mais tarde, foi diplomata em Paris, no Haiti, Canadá, Chile, na Argentina e Espanha.

AZABAL, Lilie Bouton de Fernandez, *ver* condessa Nostitz.

BEATTY, Bessie (1886-1947). Jornalista americana, trabalhou na Califórnia para o *San Francisco Bulletin* antes de viajar para a Rússia. Continuou no jornalismo depois da revolução; na década de 1940, morando em Nova York, tornou-se uma radialista popular.

BERLIN, Isaiah (1909-97). Estudioso e historiador das ideias britânico nascido na Rússia; cresceu em Riga e São Petersburgo; sua família se mudou para a Grã-Bretanha em 1921.

BOWERMAN, Elsie (1889-1973). Sufragista inglesa; atendente de uma unidade hospitalar russa dos Hospitais das Mulheres Escocesas; mais tarde, primeira advogada no Old Bailey (Tribunal Central Criminal da Inglaterra).

BRUCE, Henry James (1880-1951). Chefe da Chancelaria Britânica em Petrogrado; em 1915, casou-se com a primeira-bailarina russa Tamara Karsávina.

BRYANT, Louise (1885-1936). Jornalista americana e socialista do círculo de Greenwich Village; viajou a Petrogrado com o marido, *John Reed*, em 1917; casou-se novamente após a morte de Reed em 1920 e viveu em Paris.

(Sir) BUCHANAN, George (1854-1924). Eminente diplomata britânico e filho de um embaixador. Serviu em muitos lugares, a começar por Berlim, em 1901; embaixador britânico na Rússia a partir de 1910.

(Lady) BUCHANAN, Georgina (1863-1922). Descendente da influente família Bathurst, esposa do embaixador britânico em Petrogrado, *Sir George Buchanan*, e mãe de *Meriel Buchanan*; participou do trabalho de socorro em Petrogrado durante a Primeira Guerra Mundial e foi patrona do Hospital da Colônia Britânica.

BUCHANAN, Meriel (1886-1959). Filha do embaixador britânico *Sir George Buchanan*; enfermeira voluntária no Hospital da Colônia Britânica em Petrogrado, dirigido por sua mãe, *Lady Georgina Buchanan*, durante a Primeira Guerra Mundial. Depois de deixar a Rússia, escreveu numerosos livros e artigos sobre o período em que viveu lá.

BURY, George (1865-1958). Transportador canadense e vice-presidente da Canadian Pacific Railway; estava na Rússia durante a Primeira Guerra Mundial para informar o governo britânico sobre o sistema ferroviário. Elevado a cavaleiro em 1917.

CANTACUZINO-SPERÁNSKI, princesa (1876-1975). Nascida Julia Dent Grant, socialite americana, neta do presidente Ulysses S. Grant. Fugiu para os Estados Unidos após a revolução e foi decana da comunidade russa branca em Washington; divorciou-se do marido russo em 1934.

CHADBOURN, Philip (que escreveu seu relato sobre Petrogrado sob o pseudônimo de Paul Wharton) (1889-1970). Trabalhador voluntário americano na França e na Bélgica durante a Primeira Guerra Mundial; enviado a Petrogrado para inspecionar e informar sobre acampamentos para os internados na Rússia.

CHAMBRUN, Charles de (1875-1952). Diplomata e escritor francês; primeiro--secretário na embaixada em Petrogrado em 1914.

CHANDLER WHIPPLE, George (1866-1924). Engenheiro e especialista em saneamento americano que viajou para Petrogrado com a missão da Cruz Vermelha americana no cargo de vice-comissário para a Rússia.

CLARE, (rev.) Joseph (1885-?). Pregador congregacional inglês e bacharel em teologia; pastor da Igreja Americana de Petrogrado a partir de 1913. Fixou residência em Illinois depois que deixou a Rússia e se tornou cidadão dos Estados Unidos.

COTTON, Dorothy (1886-1977). Irmã enfermeira da Força Expedicionária Canadense. Formada em Montreal, serviu no Hospital Anglo-Russo de novembro de 1915 a junho de 1916 e de janeiro a agosto de 1917.

CROSLEY, Pauline (1867-1955). Esposa do adido naval norte-americano, capitão Walter Selwyn Crosley; em Petrogrado de março de 1917 a março de 1918, os Crosley empreenderam uma fuga de arrepiar os cabelos para sair da Rússia durante a Guerra Civil.

DEARING, Fred (1879-1963). Diplomata americano, trabalhou na legação de Pequim em 1908-9; na Rússia em 1916-7, supervisionou a transição do embaixador George F. Marye para *David R. Francis*.

DORR, Rheta Childe (1868-1948). Jornalista americana, feminista e ativista política; amiga de *Emmeline Pankhurst*. Foi para Petrogrado como correspondente do *New York Evening Mail* e publicou um dos primeiros relatos americanos das jornadas de julho. Um acidente de carro após seu regresso aos Estados Unidos prejudicou seriamente sua vida profissional posterior.

DOSCH-FLEUROT, Arno (1879-1951). Jornalista americano; permaneceu na Europa como correspondente estrangeiro depois de 1917 e se tornou correspondente especial do International News Service em Berlim. Crítico aberto dos nazistas, foi preso e internado; em 1941, fixou residência na Espanha.

FARSON, Negley (1890-1960). Nascido em Nova York, estabeleceu-se no Reino Unido. Estava em Petrogrado durante a Primeira Guerra Mundial como agente de uma empresa anglo-americana de exportação que tentava vender motocicletas para o governo russo. Mais tarde, voltou-se para o jornalismo e a literatura de viagem; correspondente estrangeiro eventual do *Chicago Daily News*.

FRANCIS, David R. (1850-1927). Embaixador dos Estados Unidos na Rússia em 1916-8; ex-prefeito de St. Louis (1885) e governador do Missouri (1889-93).

FULLER, John Louis (1894-1962). Empresário de Indianápolis e executivo de seguros; estagiário no National City Bank em Petrogrado, 1917-8. Colega de *Leighton Rogers*, *Fred Sikes* e *Chester Swinnerton*.

GARSTIN, Denis (1890-1918). Capitão de cavalaria inglês, destacado como oficial de inteligência na Unidade de Propaganda britânica em Petrogrado; morto durante a intervenção aliada em Arkhangelsk.

GIBSON, William J. (datas desconhecidas). Nascido no Canadá, cresceu em São Petersburgo e serviu no Exército russo em 1914; correspondente de jornal em Petrogrado em 1917; deixou a Rússia em 1918.

GRANT, Julia. *Ver* CANTACUZINO-SPERÁNSKI, princesa.

GRANT, Lilias (1878-1975). Assistente hospitalar de Inverness, servindo nos Hospitais das Mulheres Escocesas na Frente Oriental; visitou Petrogrado com sua colega *Ethel Moir*.

(Lady) GREY, Sybil (1882-1966). Enfermeira do Destacamento de Auxílio Voluntário (VAD), que ajudou *Lady Muriel Paget* na direção do Hospital Anglo-Russo; filha do ex-governador-geral do Canadá e prima do secretário do Exterior britânico, Sir Edward Grey.

HALL, Bert (1885-1948). Aviador de combate americano que voou com a Esquadrilha Lafayette francesa antes da entrada dos Estados Unidos na Primeira Guerra Mundial.

HARPER, Florence (1886-?). Repórter canadense da *Leslie's Weekly*, trabalhou em conjunto com o fotógrafo de guerra *Donald Thompson* em Petrogrado.

HARPER, Samuel (1882-1943). Eslavista americano; fez inúmeras viagens à Rússia com delegações oficiais, como intérprete e guia, inclusive da Missão Root de 1917 a Petrogrado. Conselheiro informal de *David R. Francis*.

HEALD, Edward (1885-1967). Membro do Comitê Internacional da ACM, enviado à Rússia para monitorar o tratamento de prisioneiros de guerra alemães e austríacos. Em Petrogrado em 1916-9.

HEGAN, Edith (1881-1973). Enfermeira canadense de St. John, Nova Brunswick, que serviu com o Corpo Médico do Exército Canadense na França antes de ser enviada para o Hospital Anglo-Russo em maio de 1916.

HOUGHTELING, James (1883-1962). Diplomata e jornalista nascido em Chicago; adido especial da embaixada americana em Petrogrado; vice--presidente do *Chicago Daily News* em 1926-31 e, mais tarde, comissário do Departamento de Imigração & Naturalização dos Estados Unidos.

JEFFERSON, Geoffrey (1886-1961). Cirurgião inglês do Hospital Anglo-Russo; quando o hospital fechou, transferiu-se para o Corpo Médico do Exército Real na Frente Ocidental. Mais tarde, tornou-se um neurocirurgião eminente e membro do Colégio Real de Cirurgiões.

JONES, James Stinton (1884-1979). Engenheiro mecânico sul-africano; trabalhou na Rússia em 1905-17 para a Westinghouse na eletrificação dos bondes de Petrogrado; também supervisionou a instalação do gerador no Palácio Alexandre em Tsárskoie Seló.

JORDAN, Phil(ip) (1868-1941). Camareiro, cozinheiro e motorista negro de Jefferson City, Missouri, a serviço de *David R. Francis* e sua família desde 1889; acompanhou Francis à Rússia em 1916.

JUDSON, William J. (1865-1923). Engenheiro do Exército americano; adido militar na embaixada de Petrogrado de junho de 1917 a janeiro de 1918, responsável pela segurança dos cidadãos norte-americanos na Rússia.

KENNEY, Jessie (1887-1985). Operária de cotonifício nascida em Yorkshire que entrou para o movimento sufragista; trabalhou com *Emmeline Pankhurst* (1858-1928) na União Política e Social das Mulheres (WSPU). Depois de 1920, desistiu de fazer campanhas políticas; mais tarde, seguiu carreira de escritora, mas permaneceu inédita.

KNOX, general (general de brigada Sir Alfred Knox) (1870-1964). Oficial do Exército britânico; adido militar em Petrogrado a partir de 1911, observador na Frente Oriental; em 1924, tornou-se membro do Parlamento pelo Partido Conservador.

LAMPSON, Oliver Locker (1880-1954). Membro do Parlamento britânico; em 1914, foi nomeado comandante da Divisão de Carros Blindados do Serviço Aéreo da Marinha Real, enviada para ajudar o Exército russo na Frente Oriental; retornou ao Reino Unido para continuar no Parlamento depois da guerra.

LINDLEY, Francis (1872-1950). Conselheiro da embaixada britânica em 1915-7; cônsul-geral em Petrogrado em 1919; mais tarde, foi embaixador britânico no Japão (1931-4).

LOCKHART, Robert Bruce (1887-1970). Diplomata e espião britânico, vice-cônsul em Moscou (1914-7), mas fez visitas frequentes a Petrogrado. Cônsul-geral britânico interino depois da Revolução de Fevereiro; deixou a Rússia antes da Revolução de Outubro, mas voltou a Moscou em janeiro de 1918.

LOMBARD, (rev.) Bousfield Swan (1866-1951). Capelão inglês adido da embaixada britânica e da Igreja Anglicana em Petrogrado a partir de 1908, muito respeitado na colônia britânica. Preso e internado pelos bolcheviques em 1918.

LONG, Robert Crozier (1872-1938). Jornalista e escritor anglo-irlandês; correspondente em Petrogrado da Associated Press. De 1923 até sua morte, correspondente em Berlim do *New York Times*.

MARCOSSON, Isaac (1876-1961). Jornalista e escritor americano do Kentucky; fez reportagens de Petrogrado para o *Saturday Evening Post*.

MAUGHAM, Somerset (1874-1965). Romancista e contista inglês; espião do serviço secreto britânico durante a Primeira Guerra Mundial. Suas experiências nessa época serviram de base para a coleção de contos *Ashenden*, publicada em 1928.

MOIR, Ethel (1884-1973). Auxiliar de enfermagem nos Hospitais das Mulheres Escocesas na Frente Oriental; em Petrogrado, com a colega enfermeira *Lilias Grant*.

NAUDEAU, Ludovic (1872-1949). Correspondente de guerra francês de *Le Temps*; preso pelos bolcheviques em 1918, passou cinco meses na prisão em Moscou.

NÉRY, Amélie de (datas desconhecidas). Ensaísta e jornalista francesa, ativa nas duas primeiras décadas do século XX, escreveu sob o pseudônimo de Marylie Markovitch.

NOSTITZ, condessa (Lilie Bouton de Fernandez Azabal) (1875-1967). Aventureira e socialite franco-americana de Iowa; originalmente, atriz de companhia de repertório em Nova York, com o pseudônimo de Madeleine Bouton. Fugiu para Biarritz após a revolução; depois da morte de Nostitz, em 1926, casou-se pela terceira vez e fixou residência na Espanha.

NOULENS, Joseph (1864-1944). Ministro do governo francês enviado para substituir o embaixador *Maurice Paléologue*. Em Petrogrado a partir de julho de 1917. De volta à França, continuou a fazer campanha antibolchevique, como líder da Sociedade dos Interesses da França na Rússia.

OUDENDIJK, Willem (mais tarde William Oudendyk) (1874-1953). Eminente diplomata holandês, em serviço no período 1874-1931 na China, Pérsia e Rússia. Embaixador em Petrogrado (1917-8). Premiado com um título de cavaleiro honorário (KCMG) por seus esforços em nome dos súditos britânicos presos na Rússia após a revolução.

(Lady) PAGET, Muriel (1876-1938). Filantropa britânica; montou um refeitório para pobres em Southwark em 1905; engajada em trabalho de assistência médica na Rússia durante a Primeira Guerra Mundial. Com *Sybil Grey*, fundou o Hospital Anglo-Russo em Petrogrado.

PALÉOLOGUE, Maurice (1859-1944). Diplomata francês de carreira, contemporâneo de *Sir George Buchanan*. Embaixador francês em Petrogrado 1914-7; eleito para a Academia Francesa em 1928.

PANKHURST, Emmeline (1858-1928). Líder sufragista inglesa, fundadora da União Política e Social das Mulheres (WSPU) em 1903; ativista política ao longo da vida e defensora dos direitos das mulheres.

PATOUILLET, Louise (datas desconhecidas). Nada se sabe sobre a vida dessa residente francesa, em Petrogrado desde 1912, além do fato de que era casada com o dr. Jules Patouillet, diretor do Instituto Francês em Petrogrado, mas ela deixou um diário extremamente valioso do período que passou na cidade, que está agora no Instituto Hoover da Universidade Stanford, na Califórnia.

PAX, Paulette (nome artístico de Paulette Menard) (1887-1942). Nascida na Rússia, Pax voltou para lá em dezembro de 1916 como membro da trupe francesa residente no teatro Mikháilovski. Deixou a Rússia em setembro de 1918 e, em 1929, tornou-se codiretora do teatro de l'Oeuvre, em Paris.

POOLE, Ernest (1880-1950). Romancista americano, enviado para fazer reportagens sobre a Revolução Russa para a *New Republic* e o *Saturday Evening Post*; vencedor do prêmio Pulitzer em 1918.

RANSOME, Arthur (1884-1967). Jornalista britânico, correspondente do *Daily News*. Retornou brevemente à Rússia em 1919 pelo *Manchester Guardian*. Mais tarde, romancista de sucesso, famoso pela série infantil *Swallows and Amazons*.

REED, John (1887-1920). Escritor e poeta americano, rebelde, famoso no círculo boêmio de Greenwich Village por suas campanhas sociais e opiniões francas de esquerda. Chegou a Petrogrado em setembro de 1917 com a esposa, *Louise Bryant*.

RHYS WILLIAMS, Albert (1883-1962). Ministro congregacional americano, organizador sindical e comunista ardente. Amigo íntimo de *John Reed*.

ROBIEN, Louis de (1888-1958). Conde francês, adido militar na embaixada francesa em Petrogrado de 1914 a novembro de 1918.

ROGERS, Leighton (1893-1962). Caixa da agência do National City Bank de Nova York em Petrogrado em 1916-8; ofereceu-se para a inteligência militar em 1918. Em seu retorno aos Estados Unidos, trabalhou em aeronáutica para o Departamento de Comércio americano. Amigo e colega de *Fred Sikes* e *Chester Swinnerton*.

SEYMOUR, Dorothy (1882-1953). Enfermeira do Destacamento de Auxílio Voluntário (VAD) inglês no Hospital Anglo-Russo; filha de general, neta de almirante, teve uma posição na corte como dama de companhia da princesa Christian.

SIKES, Fred (1893-1958). Diplomado em Princeton que trabalhou na agência de Petrogrado do National City Bank de Nova York em 1916-8; aposentou-se como vice-presidente assistente do banco em Nova York. Colega de *Leighton Rogers* e *Chester Swinnerton*.

STEBBING, Edward (1872-1960). Professor inglês de silvicultura; enviado em missão à Rússia durante a Primeira Guerra Mundial a fim de investigar o fornecimento de madeira para as trincheiras e ferrovias leves do Exército britânico.

STOKER, Enid (1893-1961). Enfermeira inglesa (VAD) no Hospital Anglo-Russo; conheceu *Negley Farson* em Petrogrado e se casou com ele em Londres em 1920. Seu filho foi o escritor e radialista Daniel Farson.

STOPFORD, Bertie (Albert) (1860-1939). Marchand inglês, especialista em Fabergé, frequentador da sociedade e amigo do príncipe Félix Iussúpov.

SWINNERTON, Chester (1894-1960). Nascido em Massachusetts e formado em Harvard; era caixa estagiário na agência de Petrogrado do National City Bank. Depois que deixou a Rússia, trabalhou para o banco durante muitos anos na América do Sul. Amigo e colega de *Leighton Rogers* e *Fred Sikes*.

THOMPSON, Donald (1885-1947). Fotógrafo e cinegrafista de guerra americano do Kansas, em Petrogrado em janeiro-julho de 1917.

WALPOLE, Hugh (1884-1941). Jornalista e romancista nascido na Nova Zelândia; funcionário da Cruz Vermelha na Rússia quando a guerra eclodiu. Voltou a Petrogrado como chefe do Birô de Propaganda Anglo-Russa em 1916-7 com *Harold Williams* e *Denis Garstin*.

WIGHTMAN, Orrin Sage (1873-1965). Médico americano, serviu no Corpo Médico do Exército dos Estados Unidos durante a Primeira Guerra Mundial; em 1917, era membro da missão médica da Cruz Vermelha americana para a Rússia.

WILLIAMS, Harold (1876-1928). Jornalista, linguista e ardente russófilo, nascido na Nova Zelândia. Correspondente em Petrogrado do *Daily Chronicle* e funcionário do Birô de Propaganda Anglo-Russa, com *Hugh Walpole* e *Denis Garstin*. Antibolchevique feroz, fugiu de Petrogrado com sua esposa russa e se tornou editor internacional de *The Times*.

WILTON, Robert (1868-1925). Jornalista britânico; correspondente europeu do *New York Herald* em 1889-1903; depois, correspondente especial do *Times* em Petrogrado. Após sair da Rússia, retornou ao jornalismo em Paris.

WINSHIP, North (1885-1968). Diplomata americano; cônsul-geral em Petrogrado e em muitos postos consulares posteriores; aposentou-se como embaixador dos Estados Unidos na África do Sul em 1949.

WOODHOUSE, Arthur (1867-1961). Diplomata inglês; cônsul britânico em Petrogrado de 1907 a 1918.

WOODHOUSE, Ella (1896-1969). Filha do cônsul britânico em Petrogrado, *Arthur Woodhouse*.

WRIGHT, J. [Joshua] Butler (1877-1939). Diplomata americano; substituiu *Fred Dearing* no posto de conselheiro da embaixada dos Estados Unidos em Petrogrado em outubro de 1916. Mais tarde, foi embaixador na Hungria, no Uruguai, na Tchecoslováquia e em Cuba.

PETROGRADO 1917
DISTRITO DE PETROGRADO
AVENIDA KAMENNOOSTRÓVSKI
Parque Aleksandrínski
Ponte Tróitski
RIO NIEVÁ
PEQUENO NIEVÁ
Praça Suvórov
CAIS FRAN
Palácio e Jardins de Verão
Campo de Marte
CAIS DO PALÁCIO
Ponte do Palácio
DISTRITO DE VYBORG
SADÓVAIA
KIRÓTCHINAIA
Praça do Palácio
CAIS INGLÊS
Ponte Nicolau
AVENIDA NIÉVS
Pon
Anítc
AVENIDA MORSKÁIA
Praça de santo Isaac
GORÓKHOVAIA
SADÓVAIA
Canal Moika
AVENIDA VOZNESSÉNSKAIA
Canal Fontanka
0 1/8 1/4 3/8 1/2 milhas
0 250m 500m 750m 1 quilôm

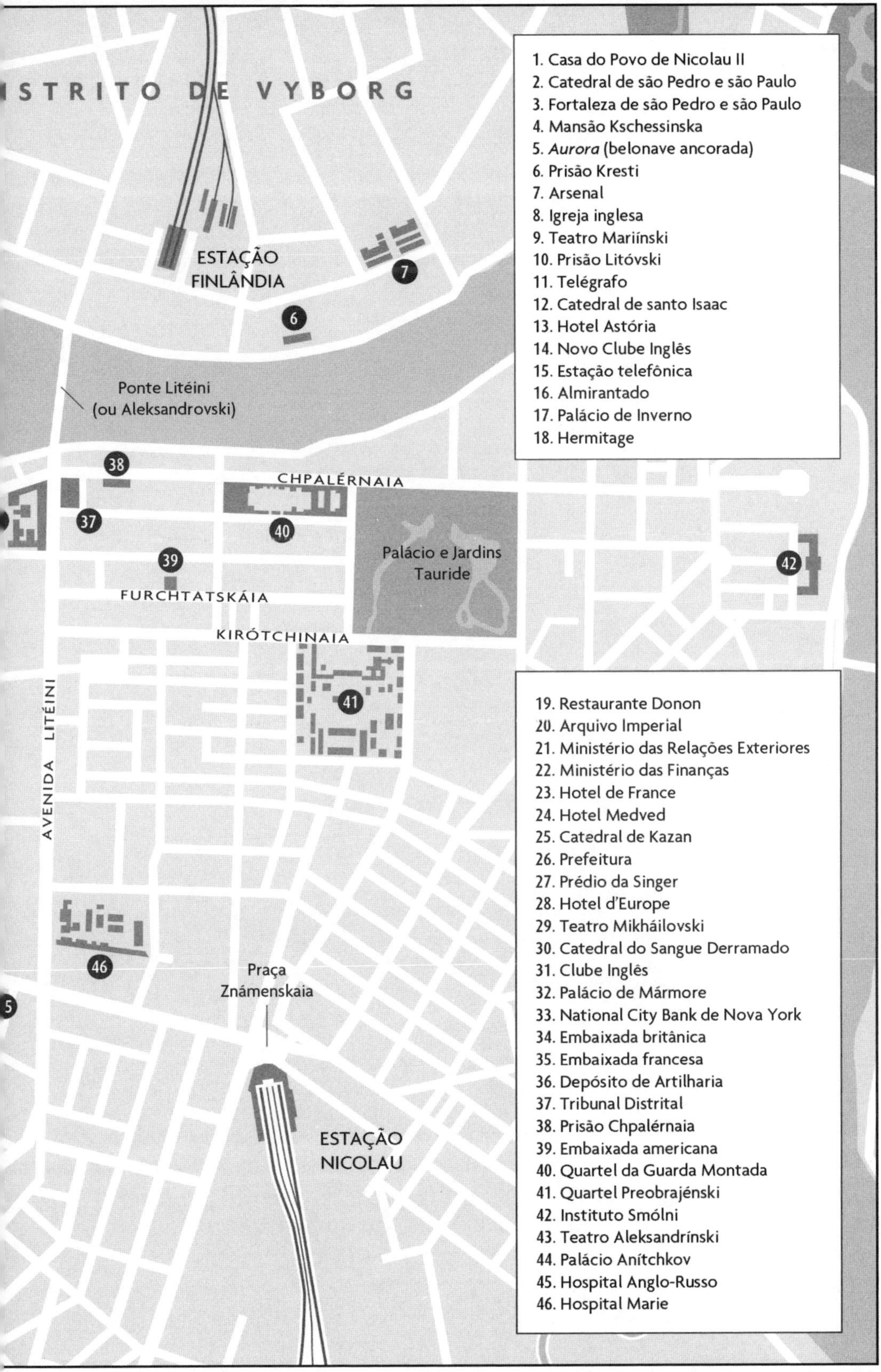

DISTRITO DE VYBORG
ESTAÇÃO FINLÂNDIA
Ponte Litéini (ou Aleksandrovski)
CHPALÉRNAIA
FURCHTATSKÁIA
KIRÓTCHINAIA
Palácio e Jardins Tauride
AVENIDA LITÉINI
Praça Známenskaia
ESTAÇÃO NICOLAU
6
7
37
38
39
40
41
42
46
5
1. Casa do Povo de Nicolau II
2. Catedral de são Pedro e são Paulo
3. Fortaleza de são Pedro e são Paulo
4. Mansão Kschessinska
5. *Aurora* (belonave ancorada)
6. Prisão Kresti
7. Arsenal
8. Igreja inglesa
9. Teatro Mariínski
10. Prisão Litóvski
11. Telégrafo
12. Catedral de santo Isaac
13. Hotel Astória
14. Novo Clube Inglês
15. Estação telefônica
16. Almirantado
17. Palácio de Inverno
18. Hermitage
19. Restaurante Donon
20. Arquivo Imperial
21. Ministério das Relações Exteriores
22. Ministério das Finanças
23. Hotel de France
24. Hotel Medved
25. Catedral de Kazan
26. Prefeitura
27. Prédio da Singer
28. Hotel d'Europe
29. Teatro Mikháilovski
30. Catedral do Sangue Derramado
31. Clube Inglês
32. Palácio de Mármore
33. National City Bank de Nova York
34. Embaixada britânica
35. Embaixada francesa
36. Depósito de Artilharia
37. Tribunal Distrital
38. Prisão Chpalérnaia
39. Embaixada americana
40. Quartel da Guarda Montada
41. Quartel Preobrajénski
42. Instituto Smólni
43. Teatro Aleksandrínski
44. Palácio Anítchkov
45. Hospital Anglo-Russo
46. Hospital Marie

Nota da autora

Em 1917, ainda estava em uso na Rússia o calendário juliano, com uma diferença de treze dias para trás em relação ao calendário gregoriano ocidental, um fato que cria confusão e frustração sem fim tanto para o historiador como para o leitor. Muitas das testemunhas oculares estrangeiras residentes em Petrogrado* também o achavam confuso e, apesar de estarem vivendo já havia algum tempo na Rússia, preferiam ignorar o calendário juliano, datando seus diários e cartas enviadas ao Reino Unido, aos Estados Unidos e a outros lugares pelo gregoriano. Alguns anotavam ocasionalmente ambas as datas, mas a maioria não o fazia; outros, como Jessie Kenney, lutaram para manter ambas as datas em seus diários — e terminaram numa confusão total.

A fim de poupar o leitor de uma considerável dor de cabeça a esse respeito, e porque este livro conta a história das revoluções de fevereiro e outubro na Rússia tais como aconteceram, pelo calendário russo (e não em março/novembro, pelo calendário ocidental), todas as datas de cartas, diários e reportagens citadas no texto que foram escritas na Rússia na ocasião em que os eventos estavam acontecendo foram convertidas para o calendário russo de estilo antigo (EA), a fim de combinar com a cronologia do livro. As datas originais em estilo novo gregoriano (EN) são fáceis de ver nas fontes originais

* São Petersburgo fora rebatizada de Petrogrado quando eclodiu a guerra contra a Alemanha, em 1914.

referidas nas notas, embora em alguns casos, para evitar confusão, sobretudo quando um evento ocorreu fora da Rússia, ambas as datas sejam apresentadas.

Muitas das testemunhas oculares usavam estilos de ortografia muito divergentes para os nomes de pessoas e de lugares russos. Além disso, Philip Jordan tinha um estilo próprio extremamente idiossincrático de pontuação, letras maiúsculas e ortografia, que foi deliberadamente preservado a fim de transmitir o imediatismo e a emoção de sua narrativa. A fim de poupar o leitor da repetição infinita de [*sic*], essas grafias, bem como outras esquisitices ortográficas em relatos de testemunhas oculares, foram mantidas como estavam nos originais e explicadas quando necessário.

Prólogo

"O ar está cheio de conversas sobre catástrofe"

Petrogrado era uma cidade cabisbaixa e sitiada naquele último inverno desesperado antes da irrupção da revolução; uma cidade coberta de neve, de canais bloqueados pelo gelo e praças ameaçadoras. Suas belas ruas largas e palácios elegantes de granito rosa e estuque colorido, com fileiras de colunas e arcos arejados na frente, não exalavam um sentimento de grandeza imperial, mas uma sensação de decadência. Em todos os lugares, em meio à arquitetura imponente dessa "cidade para gigantes", podia-se ouvir o "zunido do vento e o tilintar de muitos, muitos sinos de todos os tamanhos e tons", rematados pelo "estrondo imperioso do grande sino da catedral de santo Isaac, que vem do nada e envolve tudo".[1] Nas garras do inverno, com suas amplas vistas abertas ao frio ártico que soprava no outro lado do golfo da Finlândia, a capital da Rússia sempre assumira uma beleza gelada e assombradora pela grande escala que lhe era peculiar. Mas agora, com três anos de guerra, transbordava de milhares de refugiados — poloneses, letões, lituanos e judeus — que fugiam dos combates na Frente Oriental. A capital estava subjugada e desanimada, e uma "atmosfera maligna e perturbadora" pairava sobre ela.[2] O inverno de 1916-7 também foi marcado por um elemento novo e ameaçador na paisagem: as longas filas silenciosas de mulheres abatidas que se amontoavam no frio, esperando interminavelmente por pão, leite, carne — qualquer coisa em que pudessem pôr as mãos. Petrogrado estava cansada da guerra. Petrogrado estava faminta.

Assim passara a ser a provação diária da maioria da população russa; e, contudo, apesar da visível e devastadora escassez de época de guerra e da angústia da privação gravada no rosto de seus habitantes, a cidade abrigava uma grande e diversificada comunidade estrangeira que ainda vicejava. Petrogrado podia ser russa, mas a grande indústria internacional ainda estava ativa do outro lado do rio Nievá, nos bairros operários da ilha Vassiliévski, de Vyborg e mais além — onde os grandes cotonifícios e fábricas de papel, estaleiros, depósitos de madeira, serrarias e siderúrgicas ainda eram administrados, em sua maioria, por proprietários e gerentes britânicos,* muitos dos quais viviam na Rússia havia décadas. O enorme cotonifício de tijolos vermelhos da Thornton — um dos maiores da Rússia, fundado na década de 1880 — era de propriedade de três irmãos de Yorkshire e empregava 3 mil operários. Lá estavam também a Nevsky Thread Manufacturing Company (fiação estabelecida pela Coats of Paisley, Escócia); a Neva Stearin Soap and Candle Works, fábrica de sabão e velas administrada pela William Miller & Co., de Leith, que também era dona de uma cervejaria na cidade; e o cotonifício e tecelagem da Egerton Hubbard & Co.

Na cidade, várias lojas especializadas atendiam às necessidades desses expatriados privilegiados, bem como às da rica aristocracia russa. Em 1916, ainda era possível olhar as vitrines de cristal laminado das lojas francesas e inglesas de luxo ao longo da avenida Niévski, o equivalente em Petrogrado da Bond Street. Ali, os costureiros, alfaiates e luveiros franceses — como Brisac, costureiro da imperatriz, e Brocard, o perfumista francês, que também atendia a família imperial — continuavam a desfrutar da clientela rica. Na Loja Inglesa (mais conhecida pela tradução francesa "Magasin Anglais"), era possível comprar os melhores tweeds Harris e sabonetes ingleses e desfrutar do "recatado provincianismo inglês", imaginando-se "na High Street, em Chester, ou Leicester, ou Truro, ou Canterbury".[3] A Druce's importava mercadorias britânicas e móveis Maples da Tottenham Court Road; a Watkins & Co., a livraria inglesa, era frequentada por muitos membros da colônia britânica; outros expatriados estrangeiros podiam saber as notícias de casa parando na livraria Wolff, que vendia revistas e jornais em sete idiomas diferentes. Em toda a cidade "não havia uma única loja de importância que não exibisse avisos em negrito: "*English spoken*", "*Ici on parle Français*" e, até a eclosão da guerra,

* Alemães também, mas todos foram embora com a eclosão da guerra, em 1914.

"*Man spricht Deutsch*".[4] O francês ainda era a língua franca da aristocracia e da burocracia russa, e o *Journal de St-Pétersbourg* era o órgão semioficial do Ministério das Relações Exteriores russo, em alta demanda durante a guerra, com tantos diplomatas e adidos militares franceses na cidade. Mas o inglês gozava de exclusividade ainda maior, como língua dos "círculos mais altos da Corte" e da família imperial.[5]

No outono de 1916, em plena guerra, a comunidade diplomática de Petrogrado era dominada pelas embaixadas aliadas da Grã-Bretanha, França e Itália, e dos Estados Unidos, ainda neutros; o grande contingente diplomático da Alemanha e Áustria-Hungria havia partido em 1914. A vida de expatriado na cidade sempre girara em torno da presença dominante da colônia britânica, de cerca de 2 mil pessoas, com sua embaixada e sua central de mexericos, a Igreja Anglicana no Cais Inglês, popularmente conhecida como a "igreja inglesa". Ao recordar seus anos em Petrogrado, o sacerdote residente da igreja, reverendo Bousfield Swan Lombard (que também foi capelão da embaixada britânica a partir de 1908), falou de uma comunidade "hospitaleira para além de toda expectativa", mas cuja visão de vida achara perturbadoramente "ultraconservadora". "Longe de ser ampla e desembaraçada", a colônia era "estreitada pela convenção, a tal ponto que demorei muito tempo para perceber que tamanha convencionalidade era possível." Tratava-se de uma comunidade altamente insular que continuava desconfiada da mudança ou inovação. Qualquer nova sugestão era recebida não por um "é impraticável ou inviável", escreveu Lombard, mas por um "nunca foi o costume aqui", ou um "está completamente fora de questão".[6] Ele admitiu com pesar que estava "espantado com a estreiteza e mesquinhez da colônia britânica; ela se assemelhava a uma pequena aldeia inglesa mexeriqueira ou, talvez, melhor ainda, um átrio de catedral".[7]

A vida nesse enclave socialmente incestuoso, que lembra o condado ficcional de Barsetshire, de Anthony Trollope, estava reduzida em grande medida a "pequenos círculos de amigos íntimos", como lembrou o negociante de antiguidades e socialite Bertie Stopford.[8] Muitos se agarravam obstinadamente a seus costumes ingleses, a ponto de se recusarem a aprender ou falar russo, e mandavam seus filhos para colégios internos na Inglaterra; a maioria dos demais insistia em ter governantas ou preceptoras inglesas ou escocesas, ou, então, na sua falta, francesas. Em termos de vida social, a colônia britânica tendia a preferir suas próprias festas, concertos e representações teatrais, embora todos adorassem o balé russo. Desconcertavam os russos com sua paixão pelos esportes e tinham seus próprios clubes de críquete, futebol, tênis, vela e remo; tinham até um clube de corrida de pombos. Jogavam golfe juntos em Murino — um campo que haviam construído cerca de quinze quilômetros a nordeste de Petrogrado —, "numa tentativa obstinada de não deixar nada obstruir seu caminho de expressar-se".[9]*

A sociedade fechada exclusivista da colônia britânica se estendia também ao seu Novo Clube Inglês, no número 36 da Bolcháia Morskáia. Embora alguns diplomatas britânicos fossem admitidos como membros honorários do ultraelitista Iate Clube Imperial, que ficava bem em frente — frequentado pela aristocracia e altos membros da corte e do funcionalismo imperial —, era o Novo Clube Inglês que funcionava como reserva exclusiva da colônia. Frequentado por "praticamente todos os britânicos sociáveis" da cidade, sua função principal era promover os interesses de empresas britânicas, sob a presidência do embaixador residente.[10] O clube admitia apenas um punhado de americanos especialmente selecionados. Negley Farson, um empresário americano que passara algum tempo em Petrogrado tentando convencer funcionários russos venais a comprar motocicletas para o Exército Imperial, detestava esse mundo estreito. Os expatriados britânicos "viviam como senhores feudais [...] de maneira baronial, com seu *abonnement* [assinatura] do Balé, seus beligerantes cocheiros particulares, seu Novo Clube Inglês na Morskáia, seu clube de golfe, seu clube de tênis, seu 'English Magazine' [o Magasin Anglais]", que era o "único lugar na Rússia onde se podia conseguir bons sapatos ou artigos de couro", e suas "hordas de criados". Farson se ressentia da distinção social de que gozavam, que abria com muito mais facilidade as portas nas quais ele estava batendo, sobretudo a do Ministério da Guerra russo. "Um inglês, qualquer inglês na Rússia tsarista, era automaticamente um *Milord* — e tratado como tal", escreveu ele.[11]

Em Petrogrado, durante os anos de guerra, não havia certamente um "Milord" mais à vontade do que o embaixador britânico, Sir George Buchanan, que supervisionava a missão diplomática e a Chancelaria britânica de sua

* De acordo com Negley Farson, a embaixada britânica tinha suas próprias bolas de golfe, enviadas da Inglaterra pela mala postal da embaixada, pois "bolas de golfe eram tão valiosas quanto ovos de falcão em tempos de guerra".

posição privilegiada no número 4 do Cais do Palácio, a uma curta caminhada do Palácio de Inverno e de frente para o rio Nievá. A embaixada ocupava parte de uma grande mansão alugada da família Saltikov, que mantinha os aposentos nos fundos da casa, de frente para o Campo de Marte — um amplo espaço para desfiles militares localizado não muito longe do Palácio de Inverno. Ao chegar a São Petersburgo em 1910, vindo da embaixada em Sófia, Bulgária,* Buchanan e sua esposa, Lady Georgina, herdaram os móveis em estilo Luís XVI e os lustres de cristal e cortinas de brocado vermelho *de rigueur* em qualquer embaixada, mas haviam acrescentado sua própria coleção de móveis finos, livros e pinturas coletados durante sua longa vida diplomática na Europa. Esse toque pessoal, como sua filha Meriel recordou, deu aos aposentos "uma aparência mais familiar, de modo que, às vezes, com as cortinas fechadas, era quase possível se imaginar em alguma praça antiga de Londres".[12]

Na verdade, durante algum tempo, Sir George pensara em mudar a embaixada para melhores instalações, mas a eclosão da guerra em 1914 acabou com essa ambição. Embora pudesse parecer grandiosa na superfície, a embaixada tinha várias deficiências. Seu sistema de esgoto era antediluviano e o prédio necessitava de considerável restauração e redecoração. Ele exigia uma equipe substancial para manter suas salas de estilo barroco, os gabinetes da Chancelaria, localizados no primeiro andar, e, dois lances de escada circular acima, o salão de baile e uma grande sala de jantar que eram utilizados nos eventos oficiais maiores. Um imprescindível mordomo inglês, William, era auxiliado por uma série de lacaios, criadas e um chef italiano, bem como inúmeros empregados russos, para cuidar de tarefas domésticas servis e pôr em funcionamento as cozinhas.[13] Os Buchanan tinham trazido um automóvel, junto com um motorista inglês, mas também mantinham carruagens e trenós e um cocheiro russo para conduzi-los.

Ocupando o centro do palco não apenas de sua própria embaixada, mas como o reconhecido decano da comunidade diplomática em Petrogrado, Sir George Buchanan era tido em alta consideração por russos e estrangeiros e inspirava a maior lealdade — se não adoração de herói — entre aqueles que trabalhavam para ele. Era um cavalheiro-diplomata arquetípico: austero, usuário

* Buchanan já havia trabalhado na embaixada de Viena, sob o comando do pai, bem como em Roma, Tóquio, Berna, Darmstadt, Berlim e Haia.

de monóculo, ex-aluno do tradicionalíssimo Eton College, era filho do também diplomata Sir Andrew Buchanan (que também estivera na embaixada de São Petersburgo) e homem de honra no antiquado sentido da palavra. Alto, magro e cosmopolita, Buchanan era um classicista e bom linguista (embora não falasse russo), homem de muita leitura, mas que, secretamente, adorava romances policiais e cujo maior prazer era um jogo pouco exigente de bridge. Sua "imperturbável serenidade" e formalidade podiam, às vezes, ser mal interpretadas como excesso de austeridade, e alguns membros de sua equipe achavam preocupante sua "desconcertante simplicidade" e distração ligeiramente amaneirada. "Ele era tão gentil no bridge como em tudo o mais, mas, com seu ar sonhador, esquecia se estava jogando bridge ou Famílias Felizes",* lembrou um de seus auxiliares.[14]

Mas não havia dúvida a respeito da modéstia de Buchanan, e — quando chegou a hora — de sua coragem, ou de sua lealdade inabalável para com aqueles que estavam a seu serviço. Estava claro para todos que trabalharam com ele nos últimos dias da moribunda Rússia imperial que Sir George era então um homem doente, cuja saúde debilitada, corroída pela dedicação incansável ao dever e por um aumento da carga de trabalho durante a guerra, havia piorado devido à ansiedade quanto à situação precária do tsar e à crescente ameaça de revolução.** Embora conseguisse, eventualmente, fazer uma viagem de pesca à Finlândia ou jogar golfe em Murino, no final de 1916, nas palavras do diplomata britânico Robert Bruce Lockhart, era "um homem de aparência frágil com uma expressão triste e cansada". Mas se tornara uma figura conhecida e respeitada nas ruas da capital, e, "quando fazia sua caminhada diária ao Ministério do Exterior russo, com o chapéu inclinado para um lado, sua figura alta e magra ligeiramente caída, todo inglês sentia que ali estava, tanto quanto nos recintos diplomáticos da embaixada, um pedaço do solo da Inglaterra".[15]

Se, por vezes, Sir George podia parecer estar se apagando, sua formidável esposa compensava sua energia fraquejante. Lady Georgina, *née* Bathurst, era

* *Happy Families*: tradicional jogo de cartas infantil da Inglaterra. (N. T.)

** O clima de São Petersburgo nunca foi adequado para Sir George, e sua saúde sofria — tanto assim que, quando Sir Edward Grey descobriu que Sir George ficava doente com frequência, ofereceu-lhe o cargo de embaixador em Viena, mas Sir George optou por permanecer em Petrogrado.

ela mesma "da mais pura nobreza". "Como todos os britânicos sabem", brincou Negley Farson, "existem apenas três famílias: '*a Sagrada Família, a Família Real — e os Bathurst.*'"[16] Lady Georgina era uma mulher imponente, cujo "coração era proporcional ao seu volume", e sua prodigiosa energia estava à altura de suas opiniões decididas e bem expressas. Ela era "indiscreta e se ofendia rapidamente: uma amiga generosa, mas uma inimiga perigosa", como algumas de suas relações do sexo feminino na colônia britânica vieram a descobrir, e "participava de uma dúzia de comissões e brigava com o grupo". Administrava a vida doméstica da embaixada "como um relógio" e "nunca falha[va] naquela paixão pela pontualidade que no embaixador era quase uma mania".[17] A partir de 1914, Lady Georgina também enfrentara o desafio do trabalho de guerra, requisitando o salão de baile da embaixada para enchê-lo com longas mesas carregadas com algodão, fiapos e materiais para suas festas de costura, duas vezes por semana. Ali, senhoras da colônia britânica iam "enrolar ataduras, fazer jaquetas para pneumonia, todos os tipos de bandagem para primeiros socorros, pijamas, jaquetas de vestir, e roupões" — alguns para feridos na frente de batalha, o resto para uso no Hospital da Colônia Britânica para soldados russos feridos. Localizado numa ala do enorme Hospital Pokróvski, na ilha Vassiliévski, o HCB se tornara feudo pessoal de Lady Buchanan depois que ela o montou no início da guerra; sua filha Meriel também trabalhava lá como enfermeira voluntária.[18]

Depois que a Rússia entrou na guerra, em 1914, a antiga comunidade de expatriados de Petrogrado aumentou com a chegada de um tipo mais recente e atrevido de americano: engenheiros e empresários que lidavam com material de guerra, bens manufaturados e munições. Funcionários americanos da International Harvester (fabricante de máquinas agrícolas), Westinghouse (por vários anos envolvida na eletrificação dos bondes de Petrogrado) e Singer Sewing Machine Company (que trouxera as primeiras máquinas de costura para a Rússia em 1865) conviviam agora com compatriotas enviados de Nova York para dirigir as agências de Petrogrado do National City Bank e da New York Life Insurance Company, para não falar dos trabalhadores americanos da ACM, que montaram ali sua equivalente russa — o Mayak (Farol) — em 1900. Em abril de 1916, a comunidade diplomática recebeu um novo embaixador americano, depois que o titular George Marye renunciou, supostamente por problemas de saúde. No entanto, correu o boato de que havia sido discretamente posto de lado pelo Departamento de Estado, que o julgara demasiado pró-russo num momento em que os Estados Unidos ainda eram neutros na guerra.

O sucessor de Marye era o mais improvável dos candidatos. Democrata cordial do Kentucky, David Rowland Francis era um milionário que se fizera na vida em St. Louis, ganhando dinheiro no negócio de grãos e em investimentos em ferrovias. Fora governador do Missouri (1889-93) e fizera lobby para que St. Louis recebesse a muito bem-sucedida Exposição Universal de 1904 — mais conhecida como Feira Mundial de St. Louis —, bem como os Jogos Olímpicos de Verão naquele mesmo ano. Sua experiência de embaixador era nenhuma, embora, em 1914, lhe tivessem oferecido uma embaixada em Buenos Aires, da qual declinou. A escolha de Francis para Petrogrado, no entanto, parecia lógica: ele era um homem de visão comprovada para os negócios, cuja função principal seria renegociar o tratado comercial dos Estados Unidos com a Rússia, rompido em dezembro de 1912 em reação à política antissemita do governo tsarista. A Rússia, como Francis bem sabia, estava ansiosa por comprar grãos, algodão e armamentos americanos.

Em 21 de abril (EN; 8 EA) de 1916, Francis partira de Hoboken, Nova Jersey, no vapor sueco *Oscar II* com seu secretário particular, Arthur Dailey, e seu devotado criado pessoal e motorista negro Philip Jordan. A esposa, Jane, ficou em St. Louis cuidando dos seis filhos do casal, devido à saúde precária e ao medo de enfrentar os lendários invernos russos gelados; Francis não insistiu que ela o acompanhasse, sabendo muito bem que Jane "não iria gostar" de Petrogrado.[19] Na ausência da esposa e reticente em abraçar a vida social da cidade (como seu colega Buchanan, não falava russo), Francis dependia muito do protetor "Phil", como gostava de chamá-lo: um homem que respeitava por ser "leal, honesto, eficiente e, ademais, inteligente".[20]

Jordan, cujas origens afro-americanas desconhecemos, era um homem baixo, magro, que crescera em Hog Alley, uma favela miserável de Jefferson, Missouri, famosa (como o Bowery, em Nova York) por ser um antro de ladrões, prostitutas e bêbados. De início, levou uma vida de beberrão e membro de gangue que se envolvia habitualmente em brigas de rua. Mais tarde, trabalhou nos barcos que percorriam o Missouri, até que, em 1889 — já aparentemente arrependido do passado —, foi recomendado a Francis, recém-eleito governador do Missouri. Depois de um breve período trabalhando para o governador seguinte, Jordan voltou para a grandiosa mansão da família Francis, no próspero West End de St. Louis, em 1902, para ser criado pessoal, ou, como os americanos chamavam então, "criado corporal". Ali, testemunhou as visitas de quatro presidentes dos Estados Unidos — Cleveland, Roosevelt, Taft e Wilson —, e apreendeu a ler e escrever com a senhora Francis, que era consideravelmente mais tolerante do que o marido com suas recaídas ocasionais na bebida, à qual se tornou devotado.[21]

O choque cultural que aguardava Francis e Jordan — recém-chegados do ameno sul dos Estados Unidos à fria Petrogrado em tempo de guerra — era enorme. Durante a viagem, o intérprete russo de Francis, um jovem eslavista chamado Samuel Harper, esforçara-se ao máximo para dar ao embaixador inexperiente "um curso intensivo sobre o que ele poderia esperar na Rússia". Ao ouvir a conversa de Francis com alguns empresários americanos que iam para Petrogrado no mesmo navio, Harper chegou à conclusão de que ele era um "americano muito franco e sincero que acreditava em falar o que pensava, a despeito das regras da diplomacia".[22] O contraste com o reservado e impecavelmente educado Sir George Buchanan não poderia ser mais claro; eles teriam pouco em comum.

Ao chegar pelo expresso de Estocolmo à estação Finlândia de Petrogrado, em 15 de abril, Francis se dirigiu para a embaixada dos Estados Unidos, dolorosamente consciente do que o esperava: "Eu nunca estivera na Rússia antes. Nunca tinha sido embaixador. Meu conhecimento da Rússia até o momento de minha nomeação era o de um cidadão americano médio inteligente — infelizmente ligeiro e vago".[23] Essa franqueza desarmante tornou inevitável que seus pares da comunidade diplomática viessem a vê-lo com desprezo. Como disse Robert Bruce Lockhart, "o velho Francis não diferenciava um revolucionário de esquerda socialista de uma batata", mas, para seu crédito, "era tão simples e destemido quanto uma criança". Seu jeito bondoso, tolerante e bem-intencionado não foi, no entanto, admirado por alguns dos funcionários mais experientes da embaixada, a quem ele parecia um "caipira" de St. Louis sem nenhuma compreensão da política russa. Sem a formação da escola pública inglesa e os anos de assíduo polimento nas artes da diplomacia continental que tinha tão naturalmente seu colega Buchanan, Francis parecia ingênuo, para dizer o mínimo. Arthur Bullard, um emissário não oficial dos Estados

Unidos à Rússia, achou que ele era "um velho tolo"; e "um presunçoso, um obtuso", foi a opinião do dr. Orrin Sage Wightman, que chegou à cidade mais tarde, com uma comissão da Cruz Vermelha americana.[24] Para os russos, no entanto, que viam nos Estados Unidos a perspectiva de relações comerciais lucrativas e muito necessárias, o novo embaixador era "sem dúvida o diplomata mais popular de Petrogrado".[25] Além disso, Francis era socialmente cativante de um jeito bem diferente do colega britânico. Não escondia sua predileção pelos melhores bourbons e charutos do Kentucky; mascava tabaco e era capaz de cuspi-lo numa escarradeira a uma distância de alguns metros. Ao contrário do vacilante Buchanan em seus jogos de bridge, a simplicidade amável de Francis não se estendia às cartas; não era "nenhuma criança no pôquer", como Lockhart aprendeu à própria custa. Quando jogava com o embaixador, Francis sempre o deixava liso.[26]

No verão de 1916, Francis e o motorista Phil tiveram o prazer de finalmente receber o Ford Modelo T do embaixador, enviado de navio do Missouri. Orgulhavam-se muito de rodar com "uma bandeira americana de um metro amarrada na tampa do radiador", o que fazia as pessoas se perguntarem "se a brisa provocada pelo movimento do carro ondula a bandeira ou a ondulação da bandeira faz o Ford andar".[27] A embaixada dos Estados Unidos estava muito bem situada no número 34 da rua Furchtatskáia, numa região abastada do centro da cidade, onde moravam funcionários russos e outros diplomatas estrangeiros. Estava também a uma curta caminhada da Duma, a assembleia estatal tsarista, alojada no Palácio Tauride, na Chpalérnaia, e logo adiante, o Instituto Smólni, que se tornaria o foco das atividades bolcheviques durante a Revolução de Outubro. Tal como a embaixada britânica, era alugada de um aristocrata russo — o conde Mikhail Grabbe — e sofria de limitações semelhantes. Segundo o adido especial James Houghteling, era "um sobrado decepcionante, sem dignidade de fachada, espremido no meio de uma quadra, com um grande edifício de apartamentos de um lado e uma residência modesta do outro".[28] Seu interior carecia de decoração e estava mal mobiliado, tanto que Francis achou que parecia um "depósito".[29] Ele logo começou a procurar instalações melhores, mas, tal como Buchanan, foi impedido de encontrar qualquer coisa adequada em razão da guerra em andamento.

O escritório de Francis — de cuja sacada ele podia observar a rua abaixo — ficava no segundo andar, junto com um quarto e uma sala de estar. Mas as dependências eram muito apertadas. A embaixada tinha um número insuficiente de funcionários e estava em desordem; mas muito pior, no que dizia respeito a Francis, era que o café também não era "muito bom".[30] Ele gostava de receber e jantar fora com compatriotas americanos, pois sentia falta da grande família que deixara em St. Louis. Homens de negócios americanos — em especial, os executivos do National City Bank, recém-aberto em Petrogrado — eram convidados com frequência a lhe fazer companhia nas refeições. Fez também amizade com a socialite americana Julia Grant — uma neta de Ulysses S. Grant que se casara com um aristocrata russo e se tornara a princesa Cantacuzino--Speránski (embora seus amigos da colônia americana, de forma um pouco grosseira, a chamassem de "Princesa Mike") —, que tinha uma suíte no Hotel d'Europe.* A princesa recebia Francis e outros aristocratas ricos luxuosamente, fosse em suas casas da cidade de Petrogrado ou em salas privadas de seus hotéis preferidos.

Desde o início, Phil Jordan se sentiu responsável pelo "Governador", como todos estavam acostumados a chamar Francis desde a época em que governara o Missouri. Ele agia como guarda-costas do embaixador sempre que Francis se aventurava pelas ruas de Petrogrado, e juntos enfrentavam as dificuldades de se familiarizar com todas as coisas russas, sobretudo a cozinha. Como Francis disse ao filho Perry: "Phil e eu ainda estamos tentando nos entender com a cozinheira russa, a quem ele está tendo muita dificuldade de ensinar a preparar uma refeição à maneira americana, pois ela não entende uma palavra de inglês, e ele não fala uma palavra de russo".[31] Uma ajuda logo apareceu na figura de uma pessoa que Francis conhecera a bordo do navio na viagem para a Rússia: madame Matilda de Cram, uma russa que voltava para Petrogrado, morava nas proximidades e se tornou uma visitante habitual da embaixada, e que também se dispôs a ensinar francês a Francis e russo a Jordan. A amizade de Francis com madame de Cram, que incluía levá-la às corridas em seu dia de folga, consternou sua equipe e a contrainteligência

* Julia Grant e seu príncipe tiveram um casamento muito chique, numa das mansões Astor de Newport, Rhode Island, em 1899, na presença de celebridades da Costa Leste que presentearam o casal com diamantes, porcelanas de Sèvres, pratarias com monogramas e vidros Lalique. Grant era uma das várias "aventureiras" americanas que se casaram com aristocratas russos e eram decanas da alta sociedade de Petrogrado antes da revolução.

dos Aliados, que a tinham na conta de espiã alemã, disposta a seduzir o novo e crédulo embaixador.[32*]

Não obstante, graças à madame de Cram, o talentoso Jordan logo dominou russo suficiente para ir às compras sem ajuda, afirmando que "estou me dando bastante bem desde que aprendi a língua". Tão bem que logo encontrou utensílios de cozinha e mobiliário para a embaixada, inclusive uma mesa de jantar de tamanho decente, para até vinte pessoas.[33] Tendo tomado pé na situação, Francis dispensou a cozinheira russa e passou a preparar o café da manhã, até que conseguiram contratar um "cozinheiro negro que é muito preto, um negro das Índias Ocidentais chamado Green". Desde sua chegada, Jordan ficara muito impressionado com "o pouquíssimo número de negros" em Petrogrado, e "nenhum como os nossos negros".[34] Francis também notou e explicou à esposa que Phil, que tinha uma "pele relativamente clara" e era "quase branco o suficiente para passar por um homem branco", não saía às ruas com o cozinheiro de Trinidad porque ele era "preto demais".[35] Parece que Jordan e Green passavam a maior parte do tempo "maquinando para conseguir comida", e de algum modo faziam aparecer pratos na mesa do embaixador, apesar da extrema carência, pois, armado com seu russo precário, Jordan acabou por "não ter medo de perambular pelas ruas e regateava nos mercados, misturando-se com a multidão multicultural, poliglota".[36**] Não havia dúvida de que Francis sentia falta de seus luxos americanos: esperou meses pela caixa de presuntos e bacon que encomendara de Nova York, e ainda mais pelas duas caixas de uísque escocês enviadas de Londres que, em outubro, ainda não haviam chegado.[37]

O talentoso Phil Jordan se tornara rapidamente "inestimável" em todos os assuntos relacionados ao funcionamento cotidiano da embaixada.[38] Como o funcionário Fred Dearing anotou em seu diário: "Vê-se de imediato que Phil é alguém. Ninguém poderia ser mais discreto, mas definitivamente alguém".[39] Ele estava à mão para ajudar Francis quando, para comemorar o Quatro de

* Com nenhuma prova sólida para fundamentar essas alegações e sugestões de que seu casamento não estava bem, parece mais provável que o solitário Francis, que gostava de um rosto bonito, simplesmente desfrutasse da amizade e da companhia feminina de madame de Cram.

** Mais significativamente, com a ajuda de Francis, Jordan foi um dos dois únicos americanos a obter permissão do chefe da polícia de Petrogrado para tirar fotografias na cidade.

Julho, este corajosamente organizou uma recepção bem-sucedida para mais de cem convidados. "Contratei uma orquestra de primeira classe de nove músicos", contou a Jane, e "graças a Phil tivemos um delicioso ponche, além do chá servido do samovar que compramos recentemente. Servimos sanduíches de caviar, sanduíches de tomate, e o que parecia ser desconhecido para os russos, deliciosos sorvetes."[40] Os membros da colônia americana de Petrogrado acolheram muito bem essa festa e suas delícias culinárias, mas fazer-se conhecido pelo esnobe circuito social e diplomático russo era outra coisa. Em julho, Francis admitiu a Jane que "travei relativamente poucas relações sociais entre os russos".[41] Ele evitava o chá refinado e os coquetéis da embaixada britânica e a conversa fiada incestuosa do corpo diplomático europeu, preferindo um bom jogo de pôquer. Eles, por sua vez, eram um tanto desdenhosos de seus jantares diplomáticos. Sir George Buchanan, um homem contaminado pelo esnobismo social e pelo preconceito racial de sua geração e sua classe, temia os convites de Francis. Quando era convidado para jantar na embaixada americana, lamentava-se: "Ah, teremos uma ceia ruim [...] preparada por um negro".[42] E, na maioria dessas ocasiões, não havia orquestra, apenas o fiel Phil, que, como factótum geral, tocava o gramofone atrás de uma tela, entre servir um prato e outro aos convidados.[43]

Verdade seja dita que nem Francis nem Buchanan apreciavam particularmente a ronda social da sociedade de Petrogrado. Seu ostentoso colega francês, Maurice Paléologue, era o mais rematado socialite do corpo diplomático e aquele que também "promovia os melhores jantares para o círculo mais inteligente e mais frívolo".[44] Com efeito, o amável e mexeriqueiro embaixador francês parecia passar mais tempo em reuniões sociais do que em sua atividade diplomática. Era visto habitualmente no balé e na ópera — ambos em seu apogeu durante a guerra. Quando não estava lá, parecia estar "para sempre nas salas de estar de grão-duques fofocando com as princesas", ou jantando fora com as celebridades de Petrogrado.[45]

Para os membros da comunidade diplomática como Paléologue, bem como outros estrangeiros que viviam na cidade, a guerra até então não tinha sido tão difícil de suportar. O melhor programa da cidade ainda era uma noite no balé no teatro Mariínski. Toda a sociedade de Petrogrado — russos e expatriados — ia ver e ser vista nos espetáculos de quarta-feira à noite e domingo à tarde, e todos vestidos para a ocasião. A maioria dos lugares era vendida por assinatura e com bastante antecedência; havia quem pagasse até cem rublos pelos poucos ingressos postos à venda. Mesmo naquele momento de filas para obter alimentos, ainda se viam multidões na fila dos ingressos para o balé. Francis classificou a temporada de outono no Mariínski como a "melhor do mundo"; assim como a maior parte da comunidade diplomática, ele ficara "encantado" durante uma apresentação de três horas de *Dom Quixote*, estrelada pela *prima ballerina* Tamara Karsávina.[46] Os outros dois principais teatros de Petrogrado ainda floresciam: o Aleksandrínski, para o teatro convencional, e o Mikháilovski, com a sua trupe francesa em residência, que era o centro da cultura francesa para a intelectualidade russa e aonde todos iam para praticar seu francês.

Petrogrado, apesar de todas as privações e da crescente atmosfera de descontentamento social, ainda proporcionava "a perfeita vida de dissipação" para os impenitentes sibaritas que ansiavam por excitação e autocomplacência.[47] Nicolau II podia ter proibido a venda de vodca em 1914 para controlar a lendária embriaguez do exército russo, composto em grande parte de camponeses conscritos, mas bastava ter dinheiro para ser servido de bons vinhos, champanhes, uísques e outras bebidas destiladas nos *cabinets privés* dos melhores restaurantes e hotéis da cidade.[48]* Em anos anteriores, o Hotel de France e o Hotel d'Angleterre haviam desfrutado da preferência das colônias francesa e inglesa, mas, durante a guerra, foi o Astória que ganhou precedência. Construído em 1912 no lado oriental da praça de santo Isaac, na esquina das avenidas Bolcháia Morskáia e Voznessénskaia, para atender aos turistas que iriam a São Petersburgo em 1913 para o Tricentenário dos Románov, fora batizado por seu arquiteto sueco, Fredrik Lidvall, em homenagem aos irmãos Astor, famosos hoteleiros de Nova York.

Foi tão grande sua popularidade entre os visitantes britânicos que o Astória montou um escritório para lidar especificamente com as necessidades deles e exibia um "mapa gigantesco do sistema de metrô de Londres e uma grande biblioteca de livros em inglês, de Chaucer a D. H. Lawrence".[49] Com "dez elevadores, sistema de luz elétrica para chamar os criados, linhas telefônicas locais, sistema de aspiração automatizado, movido a vapor, aquecimento central, bem como 350 quartos à prova de som, com isolamento de cortiça",

* Os russos comuns só podiam obter bebidas alcoólicas no mercado negro ou com receita médica.

o hotel tinha também um grande restaurante para até duzentas pessoas, um átrio com jardim de inverno e um salão de banquetes estilo art nouveau.[50] Seu restaurante francês se tornara um refúgio para oficiais russos que voltavam cansados da guerra, bem como para adidos aliados, funcionários de embaixadas e expatriados — e ímã para prostitutas discretas de alta classe. Embora seu rival, o Hotel d'Europe, que também oferecia um jardim no terraço e um luxuoso restaurante com cúpula de vidro, fosse um dos locais prediletos de Francis, a maioria dos estrangeiros recém-chegados à cidade ia para o Astória. Fora tão grande o afluxo de militares visitantes, porém, que por volta do final de 1916 o hotel já havia perdido muito de seu glamour do pré-guerra, de tal modo que o gerente de origem italiana do restaurante Joseph Vecchi achou que ele se transformara "numa espécie de caserna glorificada".[51]

Vecchi lamentava a grave escassez que o impedia de proporcionar o tipo de jantar grandioso que até um ano antes ainda conseguia criar para festas particulares. No final de 1916, o abastecimento de alimentos para Petrogrado encolhera para cerca de um terço do que era necessário. Com tantos camponeses recrutados para o Exército, a produção agrícola fora afetada pela severa falta de mão de obra; mas a escassez de muitos produtos era artificial, causada pela especulação e pelo colapso do sistema ferroviário nacional. Nos depósitos e centros de abastecimento do sul produtor de alimentos, farinha e outros alimentos estavam encalhados e apodrecendo, por falta de material rodante para levá-los por via ferroviária para cidades famintas do norte da Rússia. Ainda havia muito alimento disponível nas províncias, como muitos visitantes estrangeiros testemunharam, e donas de casa em dificuldades faziam muitas vezes jornadas extenuantes para fora da cidade na tentativa de comprar manteiga, ovos, carne e peixe de camponeses. Corriam histórias em Petrogrado sobre a acumulação deliberada de farinha, carne e açúcar por especuladores, a fim de elevar cada vez mais os preços. Até mesmo as classes abastadas já não podiam obter pão branco, mas certamente ainda podiam pôr as mãos em comidas finas quando queriam dar uma festa, como Leighton Rogers, empregado do National City Bank, notou com espanto, quando foi convidado naquele inverno à casa de um conhecido russo para "apenas uma coisinha de família":

> O enorme bufê na sala de recepção dava a impressão de que um armazém de comida se abrira — peixes em conserva, sardinhas, anchovas, eperlanos, arenques, enguia

defumada, salmão defumado; tigelas de caviar, presuntos inteiros, língua, salsicha, frango, patê de foie gras; queijo vermelho, queijo amarelo, queijo branco, queijo azul; inúmeras saladas; cesta de aipo, picles e azeitonas; molhos — rosa, amarelo, lavanda. Tudo isso e muito mais estava empilhado em três grandes fileiras, com uma cascata imóvel de frutas no centro, e ladeado por fileiras de garrafas de vodca e kummel.[52]

Na verdade, essa bacanal de comida era apenas o *zakúski*, ou *hors d'oeuvres*, que precedia um jantar completo com salmão, carne de veado assada e faisão, seguidos por bombas de sorvete e mais frutas e queijos, servidos com vinhos, de clarete a borgonha e champanhe. No final do jantar, como petisco especial, o anfitrião russo de Rogers apresentou o agrado máximo para seus convidados americanos: "dois pacotes de goma de mascar Beeman's Pepsin".[53]

Para além das portas dessa e de outras confortáveis mansões particulares, a "Rússia jazia como um prostrado Marte, morrendo de fome", escreveu Negley Farson, que até então levara uma vida de sibarita impenitente nos clubes e restaurantes da cidade.[54] Mas mesmo ele se desencantara com a rotina de ficar a noite toda em farras com seus amigos e companheiros estrangeiros, que desfrutavam de champanhe e lagostim na companhia de prostitutas nos *cabinets privés* do Villa Rode, um restaurante perto da ponte Stróganovski frequentado por Grigóri Raspútin, o controvertido guru espiritual e conselheiro do tsar e da tsarina. Todos os restaurantes da moda estavam sentindo o aperto — entre eles o Contant's, refúgio do embaixador holandês Willem Oudendijk (mais tarde conhecido como William Oudendyk), e o Café Donon, preferido de J. Butler Wright, funcionário da embaixada dos Estados Unidos. A antiga vida de expatriado no Novo Clube Inglês também se "reduzira a nada": no final de 1916, "seus pratos de filé tinham desaparecido para sempre", como relembrou Farson.[55]

A maioria dos alimentos básicos, como leite e batatas, quadruplicara de preço desde o início da guerra; outros produtos fundamentais, como pão, queijo, manteiga, carne e peixe, estavam até cinco vezes mais caros. Ella Woodhouse, filha do cônsul britânico, lembrou que "tivemos de manter uma criada cujo único trabalho era ficar em filas do leite, do pão ou de qualquer outra coisa que houvesse para comprar".[56] À medida que o inverno avançava, as filas ficavam cada vez mais longas e ressentidas, e "falava-se cada vez mais da ineficiência e da corrupção nas altas esferas". O desperdício oficial e a má gestão do suprimento de alimentos e combustíveis (não havia carvão disponível, apenas madeira) assumiam uma escala colossal; a corrupção entre os funcionários russos era em larga escala. Petrogrado parecia uma cidade sitiada: ninguém tinha mais apetite para a autocomplacência. "Foi-se a atmosfera de férias romanas do hotel Astória. O medo tomou seu lugar."[57] Em suas caminhadas diárias ao longo do cais, Sir George Buchanan ficava chocado com as enormes filas para obter alimentos. "Quando o inverno chegar para valer, essas filas se tornarão material inflamável", ele escreveu em novembro de 1916. Na embaixada dos Estados Unidos, Fred Dearing tinha a mesma sensação de mau agouro: "O ar está cheio de conversas sobre catástrofe", anotou em seu diário.[58]

Para os donos dos grandes negócios — fábricas de tecidos, cobre, munições — os lucros continuavam a aumentar, enquanto, para seus operários, o espectro da fome parecia cada vez mais presente. "Um ar de profundo desânimo já pairava então sobre a capital", relembrou Willem Oudendijk. "Estava claro que a guerra pressionava demais a vida econômica do país. [...] Os táxis praticamente desapareceram e os bondes passavam lotados." As ruas lamacentas estavam em mau estado e as lojas sem mercadorias. Os russos com quem ele falava punham a culpa na podridão do sistema burocrático:

> Conversava-se principalmente aos sussurros, como se houvesse medo de ser ouvido, embora não houvesse ninguém por perto, e expressava-se a convicção de que as coisas não podiam continuar como estavam, de que uma tempestade se aproximava, embora ninguém parecesse ter uma ideia exata de onde ela viria, nem quanto dano causaria.[59]

"Todos, de grão-duques a condutores de trenós, trovejam contra o regime", observou Denis Garstin, do Escritório de Propaganda britânico em Petrogrado.[60] Da mansão mais grandiosa às tiritantes filas de pão, um tema de conversa predominava: a relação da imperatriz com Grigóri Raspútin. Contra todas as objeções da família imperial, Nicolau e Alexandra se recusavam teimosamente a tirá-lo de sua posição privilegiada, e haviam piorado as coisas com a nomeação de uma série de ministros cada vez mais reacionários. Com Nicolau longe, no QG do Exército, Alexandra ficara sozinha, alienada da corte russa e da maioria de seus parentes, e cada vez mais dependente do "amigo". Em seu intenso isolamento, não levava a sério os conselhos de ninguém, exceto

Raspútin. Repetidos avisos foram enviados a Nicolau sobre o perigo crescente ao trono; seu tio, o grão-duque Nikolai Nikoláievitch, implorou a ele que impedisse a esposa de provocar um descrédito ainda maior da monarquia por se intrometer nos assuntos do governo. "Você está na véspera de uma era de novos problemas", alertou. Sir George Buchanan era da mesma opinião: "Se o imperador continuar a defender seus atuais assessores reacionários, receio que uma revolução é inevitável".[61]

Nessa atmosfera de "tenso suspense", as pessoas falavam abertamente sobre a necessidade de um golpe palaciano e de internar a imperatriz num convento, para que não causasse mais danos.[62] Insinuações e fofocas sem limites sobre "os poderes negros" que ela e Raspútin representavam eram o único tema de conversa nos clubes exclusivos, onde "grão-duques jogavam *quinze* e falavam de 'salvar' a Russia".[63] O assassinato de Raspútin parecia ser a única solução — a panaceia que evitaria a crise e salvaria a monarquia à beira do desastre.

Na noite de 16 para 17 de dezembro de 1916, Raspútin desapareceu. No teatro Mariínski, o embaixador francês Paléologue apreciava a dança de Smirnova no papel principal de *A bela adormecida*, e recordou que seus "saltos, piruetas e 'arabescos' não eram mais fantásticos do que as histórias que corriam de boca em boca" sobre complôs para remover do poder a imperatriz e seu "amigo". "Estamos de volta ao tempo dos Bórgias, embaixador", confidenciou um diplomata italiano.[64] Quando o corpo de Raspútin foi retirado do rio, alguns dias depois, Alexandra foi implacável em sua reação, confinando os impetuosos jovens assassinos — o príncipe Félix Iussúpov em sua propriedade no campo, e o grão-duque Dmítri Pávlovitch em sua casa — enquanto o público russo comemorava o ato de "heroísmo" dos dois.

Uma atmosfera forte e fatalista caíra sobre a cidade no final do ano. "O cataclismo que se aproximava já estava em cada cabeça e na boca de todos", lembrou Robert Bruce Lockhart.[65] A sensação de ruína foi agravada pelo apagão das ruas à noite, "por medo dos zepelins", deixando a cidade numa escuridão somente interrompida por holofotes que vasculhavam o céu. A Rússia não poderia sustentar por muito mais tempo a luta contra a Alemanha na Frente Oriental. Catorze milhões de homens haviam sido mobilizados desde 1914, e as perdas até então chegavam a mais de 7 milhões de mortos, feridos ou capturados. Ainda assim, a demanda por recrutas era insaciável; por toda a cidade — no Campo de Marte, na praça do Palácio e nos cais ao longo do Nievá – podia-se ver o treinamento constante de colunas e colunas de soldados e de artilharia de campo. Os russos comuns olhavam para aquilo com crescente indiferença; "o velho e desesperador problema de como obter o suficiente para comer absorvia sua atenção".[66]

Para Leighton Rogers, Petrogrado no inverno era "absolutamente desoladora"; desde sua chegada, em outubro, ele quase não vira o sol, que, quando surgia, desaparecia às três da tarde. "Parece que estamos longe, no topo do mundo, envoltos em uma névoa branca que engole todo o seu brilho."[67] Com a chegada das rajadas de neve e do frio intenso, todos se perguntavam por quanto tempo a situação explosiva atual prevaleceria, quanto tempo demoraria para que "as filas de mulheres tiritando, com os pés dormentes e congelados, os dedos trêmulos segurando seus xales apertados em torno das cabeças", viessem a desabafar sua raiva e invadir as lojas de alimentos.[68] Aonde quer que se fosse, havia grupos delas

> que se arrastavam, se acotovelavam, empurravam umas às outras; mãos ansiosas e trêmulas estendiam-se para a bacia de sopa, vozes queixosas que pediam um pouco mais, imploravam por uma garrafa de leite para levar para casa, para um bebê moribundo, que contavam histórias longas, incoerentes, patéticas de carência, sofrimento e frio.[69]

Propositadamente cego ao ressentimento que crescia nas ruas, o *demi-monde* se entregava num último suspiro aos gastos com o Natal que se aproximava, festejando nos teatros, cabarés e boates da cidade:

> Através das portas giratórias do hotel Astória passava a mesma procissão interminável de mulheres com peles e joias e homens de uniformes reluzentes. Limusines atravessavam as pontes para lá e para cá e troicas tocavam música nas ruas – a música dos sinos e dos patins de aço dos trenós na neve. [...] Como sempre, as ruas estavam repletas, os bondes lotados à asfixia, os restaurantes funcionando a todo vapor. E em todos os lugares as pessoas falavam, como falam somente na Rússia, a terra da conversa sem fim.[70]

Do outro lado do Nievá, os esquálidos prédios de apartamentos do distrito industrial de Vyborg tinham testemunhado uma grande greve de 20 mil metalúrgicos em 17 de outubro. Esmagados pela guerra, por doenças, pelas condições de vida insalubres, baixos salários e fome, eles exigiam melhores salários e condições de vida de forma cada vez mais vociferante. "Cada ruído incomum, até mesmo o inesperado som de um apito de fábrica, era o suficiente para trazê-los para as ruas. A tensão estava se tornando dolorosa. Todos, consciente ou inconscientemente, estavam à espera de que alguma coisa acontecesse." No bairro dos trabalhadores, a conversa revolucionária "se espalhava como fogo na palha" e agitadores revolucionários estavam lá para atiçar ainda mais as chamas da dissensão.[71] Depois de uma segunda grande greve, em 26 de outubro, milhares de trabalhadores foram impedidos de entrar nas fábricas. No dia 29, 48 fábricas estavam em lockout e 57 mil trabalhadores em greve. Os confrontos violentos com a polícia continuaram até que esses trabalhadores fossem readmitidos.[72]

Para muitos membros da comunidade diplomática, o colapso da Rússia parecia iminente, e os súditos britânicos já estavam sendo instados a voltar para casa. Mas, embora Sir George Buchanan estivesse enfaticamente prevendo uma revolução, David Francis era da opinião de que isso não aconteceria "antes do fim da guerra" ou, com maior probabilidade, "logo depois".[73] Ele e seus funcionários comemoraram o Natal ao estilo americano (no dia 12 de dezembro do calendário russo), com "peru e pudim de ameixas".[74] Sir George, por sua vez, tinha coisas mais graves nos pensamentos. Decidido a fazer uma última tentativa de alertar o tsar do perigo da revolução iminente, ele partiu para o Palácio Alexandre, 24 quilômetros ao sul da cidade, em Tsárskoie Seló. "Se o imperador o recebesse sentado", disse a Robert Bruce Lockhart antes de sair, "tudo estaria bem."[75] Quando Buchanan chegou, em 30 de dezembro, o tsar o recebeu de pé. Não obstante, Buchanan tentou arduamente convencê-lo da gravidade do crescente descontentamento na cidade e instou-o a fazer o máximo para restaurar a confiança no trono, fazendo concessões políticas e sociais, antes que fosse tarde demais: "estava nas mãos dele levar a Rússia à vitória e a uma paz permanente, ou à revolução e ao desastre", Sir George escreveu mais tarde. Mas Nicolau ignorou seus conselhos e disse que ele estava exagerando.[76] Meia hora depois, um Buchanan sombrio foi embora. Havia cumprido seu papel e ficou aliviado por "tirar aquilo da cabeça".[77] Mas seu conselho caíra em ouvidos moucos, como previra. Recentemente, Nicolau havia alienado a opinião pública ainda mais com a nomeação para ministro do

Interior do arquirreacionário Aleksandr Protopópov — um homem inclinado a preservar a autocracia a qualquer custo e conhecido associado de Raspútin —, ato que, ademais, levou outros ministros a renunciar em massa como protesto.

Quando chegou o Ano-Novo de 1917, na embaixada americana, Phil Jordan conseguira de alguma forma contrabandear champanhe russo para a festa. Os tapetes foram enrolados e dançou-se até as primeiras horas do dia.[78] O embaixador francês Paléologue comemorou a passagem do ano numa festa na casa do príncipe Gavriil Konstantínovitch, onde todos falaram das conspirações contra o trono e, "tudo isso com os criados andando em volta, prostitutas olhando e escutando, ciganos cantando e todo mundo banhado pelo aroma do Moët & Chandon Brut Imperial que corria aos borbotões!".[79]

No hotel Astória, a orquestra tocou "It's a Long Way to Tipperary" [É um longo caminho até Tipperary] durante o jantar, enquanto uma enfermeira inglesa mal podia esperar para deixar a cidade, depois de testemunhar a miséria dos refugiados poloneses no refeitório para indigentes da colônia britânica:

> E aqui estamos no hotel Astória, e há um painel de vidro entre nós e o frio; um painel de vidro entre nós e os camponeses da Polônia; um painel de vidro separando-nos da pobreza, e mantendo-nos na atmosfera horrenda deste lugar, com suas mulheres malignas e sua banda estridente![80]

Agora que até mesmo a polícia secreta tsarista previa "os mais selvagens excessos de uma revolta da fome", o despedaçamento daquele frágil painel de vidro parecia inevitável.[81]

Parte I

A Revolução de Fevereiro

1. "As mulheres estão começando a se rebelar nas filas do pão"

Em novembro de 1916, Arno Dosch-Fleurot,* um jornalista experiente que trabalhava para o *World*, um diário popular de Nova York, chegou a Petrogrado depois de uma temporada penosa cobrindo a batalha de Verdun. Advogado formado em Harvard, de uma prestigiosa família de Portland, ele se voltara para o jornalismo e vinha cobrindo a guerra desde agosto de 1914, quando seu editor em Nova York lhe ofereceu o que parecia ser um bilhete dos sonhos: "Talvez você gostasse de ir para a Rússia".[1] Mas chegar lá não era fácil na Europa devastada pela guerra; Fleurot teve de cruzar o Canal da Mancha e ir à Inglaterra a fim de pegar um barco de Newcastle para Bergen. Dali, fez uma longa viagem de trem que atravessou a Noruega e a Suécia para chegar ao posto de controle finlandês em Torneo, onde ficou exausto discutindo com funcionários aduaneiros sobre "deixar [sua] máquina de escrever entrar, mas sem pagar imposto". Quando embarcou no trem para a estação Finlândia de Petrogrado, o funcionário da alfândega tentou desfazer seu entusiasmo: "Sei como seus jornais gostam de sensações, mas receio que o senhor não vá encontrar nenhuma na Rússia". Fleurot esperava que sua tarefa durasse mais ou menos doze semanas; no fim, passaria mais de dois anos na Rússia.[2]

* Dosch-Fleurot era filho de um imigrante alemão que foi para o Oregon. Adotou o sobrenome de sua mãe francesa, Fleurot, durante a guerra para evitar dificuldades ao fazer reportagens na Frente Ocidental.

Embora tivesse telegrafado com antecedência e reservado um quarto no Hotel de France, ao chegar, descobriu que ele estava cheio. Ofereceram-lhe a mesa de bilhar para dormir. Era muito dura, recordou, "e mais propícia à reflexão do que ao sono".[3] Estava animado por se encontrar na Rússia, depois de dois anos na Frente Ocidental, mas tratava-se de um território virgem para ele, que estava cheio de todos os preconceitos clássicos:

> Fiz um exame de minhas ideias sobre a Rússia e descobri que tinha uma sórdida, de ler *Crime e castigo*, de Dostoiévski, uma trágica, de ver *Ressurreição*, de Tolstói, e uma terrível, da leitura de *A Sibéria mais sombria*, de George Kennon.* Lembrei--me pela primeira vez em anos das histórias que uma babá de origem finlandesa costumava contar para nós, crianças, sobre tsares cruéis envenenados por maçãs, boiardos que jogavam servos aos lobos. [...] Eu tinha um amontoado de niilistas com bombas, funcionários corruptos, domingos vermelhos, cossacos cruéis.[4]

Reconhecendo que ele e seus colegas americanos sabiam ou entendiam "muito pouco" sobre a situação russa, Fleurot foi logo informado sobre o que esperar por Ludovic Naudeau, correspondente do *Le Temps*, cujos despachos da frente russa o haviam impressionado muito. Naudeau levou Fleurot ao requintado restaurante Contant para comer salmão defumado e caviar, e o advertiu de que "a Rússia atinge da mesma maneira todos os homens que escrevem":

> Você fica enfeitiçado. Percebe que está em outro mundo e acha que não deve apenas entendê-lo: precisa pô-lo no papel [...] você não vai saber o suficiente sobre a Rússia para explicar qualquer coisa até que tenha estado aqui por tanto tempo que se sinta meio russo, e então não será capaz de contar a ninguém qualquer coisa sobre o país. [...] Vai se sentir tentado a comparar a Rússia com outros países. Não faça isso.[5]

Fleurot e Naudeau não eram de modo algum os únicos jornalistas estrangeiros em Petrogrado pouco antes de a revolução irromper. As matérias do

* Kennon (1845-1924) foi um notável viajante e explorador americano que escreveu inúmeras denúncias do sistema penal russo na Sibéria.

correspondente Guy Beringer, da Reuters, bem como as de Walter Whiffen e Roger Lewis, da Associated Press, eram distribuídas no Ocidente, e havia um círculo estabelecido na cidade de outros repórteres, principalmente britânicos: Hamilton Fyfe, do *Daily Mail*, o neozelandês Harold Williams, que escrevia para o *Daily Chronicle*,* Arthur Ransome, do *Daily News* e do *Observer*, e Robert Wilton, do *Times*; todos mandavam matérias periodicamente, embora, em geral, sem crédito.** Fleurot logo recebeu a companhia dos colegas americanos Florence Harper — a primeira jornalista americana em Petrogrado — e seu ajudante, o fotógrafo Donald Thompson, ambos a serviço da revista ilustrada *Leslie's Weekly*.

O infatigável Thompson, de Topeka, Kansas, era um magricela arrojado de pouco mais de um metro e sessenta de altura, conhecido por seus culotes e sua boina, o Colt na cintura e a câmera que carregava consigo para todos os lugares. Tentara oito vezes chegar à Frente Ocidental como fotógrafo de guerra, e fora sempre obrigado pelas autoridades militares a voltar, tendo seus filmes ou câmeras confiscados. Conseguiu finalmente filmar em Mons, Verdun e no Somme, entre muitos locais da linha de frente, e contrabandeou os filmes para Londres ou Nova York. Foi para a Rússia em dezembro de 1916 com Harper, tendo sido avisado de que "esperasse problemas aqui", e com uma encomenda adicional da Paramount.[6]

Como muitos americanos que chegavam à Rússia pela primeira vez, Thompson, Harper e Fleurot, bem como outros que se seguiram, "chegaram tranquilos a Petrogrado, com todo aquele otimismo americano de quem tudo sabe e tudo conquista". Mas, "aos poucos, o tempo, a melancolia dos russos, a seriedade de tudo sob o sol esfriariam o ânimo deles".[7] Para chegar a Petrogrado, Harper e Thompson tinham tomado a rota alternativa para a Rússia então disponível: atravessar de barco o Pacífico até o Japão e daí para a Manchúria, onde pegaram a ferrovia Transiberiana. Chegaram com as câmeras volumosas e o tripé de Thompson e o guarda-roupa imenso e, em sua maior parte, inadequado de Harper; Thompson se divertia dizendo que "Florence

* As matérias de Williams também eram distribuídas para o *Daily Telegraph* e o *New York Times*.

** Muitas das matérias eram creditadas simplesmente ao "nosso correspondente em Petrogrado", ou algo semelhante, e é difícil saber quem escreveu algumas das matérias enviadas por jornalistas britânicos e americanos durante a revolução.

Harper, por causa de sua bagagem extra, teve de comprar seis passagens de trem a mais".[8] Ao chegar a Petrogrado, à uma da manhã de 13 de fevereiro de 1917, dirigiram-se ao farol de todos os visitantes estrangeiros — o hotel Astória —, onde foram informados de que não havia camas. Depois de muita adulação, deram a Harper "um cubículo tão pequeno que não havia sequer espaço para minha bagagem de mão".[9] Thompson, no entanto, foi obrigado a passar sua primeira noite vagando pelas ruas geladas sob uma nevasca, até conseguir encontrar um hotel barato de terceira classe.

As dificuldades de encontrar acomodações na cidade eram agora imensas. O adido especial americano James Houghteling observara que "todos os hotéis estão lotados e nenhuma casa ou apartamento para alugar permanece no mercado por mais de 24 horas. Os hóspedes dormem nas salas de jantar privadas e nos corredores dos hotéis, e não se consegue tomar um banho antes das nove da manhã ou após as nove da noite porque há algum infeliz deitado em cada banheiro". Ao chegar em janeiro, ele notara que seu próprio hotel cheirava "como uma pensão de terceira classe de Chicago".[10]

Grande parte da terrível escassez de quartos na capital era consequência da ameaça alemã, de meados de janeiro, de usar seus submarinos para torpedear até mesmo navios neutros que estivessem à vista; nenhum barco de passageiros ou carga estava saindo dos principais terminais da Noruega e da Suécia para a Rússia, deixando muitos estrangeiros e viajantes presos em Petrogrado. "Há centenas de pessoas esperando aqui para ir embora, e centenas mais na Suécia e na Noruega", escreveu a enfermeira escocesa Ethel Moir.[11] Ao chegarem a Petrogrado em janeiro, vindas da frente romena, ela e sua colega enfermeira Lilias Grant viram-se despejadas do trem, num "grande barranco de neve". Batalharam com suas mochilas para encontrar um *drójki*,* e só garantiram uma noite num hotel dormindo no chão.[12] Após uma busca infrutífera no dia seguinte, recorreram ao reverendo Lombard, da Igreja Anglicana, que lhes conseguiu quartos no asilo da colônia britânica. Tinha sido um prazer para elas, após os rigores dos hospitais de campanha, passar a noite com Lombard, deleitando-se com "uma verdadeira lareira inglesa, poltronas confortáveis, torradas quentes com manteiga". Eram "luxos inéditos", assim

* *Drójki* eram carruagens de duas rodas puxadas por cavalos para alugar, o equivalente russo de um cabriolé ou táxi.

como a experiência de dormir de novo "em camas de verdade e entre lençóis". Mas elas estavam ansiosas para chegar em casa: "É mais fácil entrar na Rússia do que sair dela!", escreveu Moir. "E, pelo que ouvimos, ficará ainda mais difícil – há rumores de uma revolução por todos os lados –; escuta-se isso em todos os lugares."[13]

Enquanto esperavam para deixar a cidade e voltar para o Reino Unido, Moir e Grant visitaram Lady Georgina Buchanan e sua filha Meriel e ficaram sabendo um pouco sobre o incansável trabalho de assistência que era realizado em Petrogrado pelos membros da colônia britânica, em particular junto aos milhares de refugiados que fugiam dos combates em seus países de origem. Eles desembarcavam na estação Varsóvia depois de dias amontoados em vagões de carga, e de lá eram enviados para imundos barracões de madeira temporários nas proximidades. Eram pouco mais do que galpões cheios com fileiras triplas ou quádruplas de beliches, que abrigavam duzentas a trezentas pessoas cada. Outros refugiados procuravam abrigo no hangar aberto e ventoso que era a própria estação, dormindo no chão de pedra fria ou subindo em caminhões vazios e vagões de carga. Alguns eram alojados em porões úmidos e sem janelas. Abundavam doenças, sobretudo surtos de sarampo e escarlatina; para onde quer que se olhasse, os refugiados "jaziam durante todo o dia com olhos inexpressivos e inchados, meio estupefatos no fedor sufocante do lugar".[14]

A visão de tantas crianças miseráveis com roupa insuficiente e, muitas vezes, sem sapatos, com o corpo e os cabelos cheios de piolhos, havia provocado uma onda de trabalho filantrópico dos expatriados. Duas vezes por dia, formavam-se filas de refugiados na porta da estação de alimentação montada para eles, tiritando em seus trapos e esperando pela ficha de bronze que lhes dava direito a um pedaço de pão preto e uma tigela de mingau inglês, "distribuídas para eles pelas azafamadas senhoras da colônia britânica", lideradas – como sempre – pela formidável Lady Buchanan.[15] As doações de roupas e sapatos para os refugiados eram classificadas na embaixada britânica por mais grupos de senhoras voluntárias, as quais ela também comandava; a sala utilizada para isso, como disse sua filha Meriel, "se assemelhava a nada mais do que um velho mercado de trapos".[16] Não contente com o seu trabalho na embaixada e na estação de alimentação de refugiados, Lady Buchanan também era patrona de uma maternidade para os refugiados poloneses em Petrogrado, que fora aberta pela Unidade Médica Millicent Fawcett na Rússia, com ajuda substancial da Comissão para Refugiados Tatiana, cujo nome homenageava a segunda filha do tsar, que era sua presidente honorária.

No papel de autonomeada grande dama do trabalho de guerra da colônia, Lady Buchanan ficou de algum modo ofendida quando seu domínio foi invadido por uma rival, na figura baixinha, frágil e arrojada de Lady Muriel Paget. Filantropa apaixonada que passara nove anos consecutivos dirigindo refeitórios para os pobres nas regiões carentes de Londres, Lady Muriel pertencia, tal como a esposa do embaixador, aos escalões superiores da aristocracia: era filha do conde de Winchilsea e casada com um baronete.[17] Tendo ouvido falar das estarrecedoras taxas de baixas sofridas pelo exército russo na Frente Oriental, ela defendera junto a uma distinta comissão de patrocinadores no Reino Unido, entre eles a rainha-mãe Alexandra, a criação de uma Unidade Hospitalar Anglo-Russa na Rússia, sob os auspícios da Cruz Vermelha.[18] Na qualidade de sua principal organizadora, ela dirigia a equipe de cirurgiões, médicos, atendentes, vinte enfermeiras treinadas* e dez voluntárias (VAD) do hospital, e também tinha planos para três hospitais de campanha a serem criados na Rússia. Financiado por doações do público britânico, o hospital tinha leitos para 180 soldados russos feridos, ou duzentos, se a equipe pusesse as camas juntas. Tivera a sorte de obter para suas instalações o palácio neobarroco do grão-duque Dmítri Pávlovitch, emprestado pelo período que durasse a guerra graças a alguma persuasão exercida por Sir George Buchanan.

Localizado no número 41 da avenida Niévski, na esquina da ponte Anítchkov, diante do palácio da imperatriz viúva, junto ao rio Fontanka, o palácio era uma bela construção de estuque rosa-escuro, com pilastras e cercas de cor creme, mas sua adequação para hospital deixava muito a desejar.** A drenagem era primitiva e o esgoto, inexistente.[19] Água encanada, banheiros e lavatórios

* As enfermeiras treinadas eram irmãs da Cruz Vermelha, principalmente dos hospitais de St. Thomas e St. Bart, em Londres.

** Construído no século XVIII com o nome de Palácio Belossélski-Belozérski, foi reconstruído no século XIX e, em 1883, comprado pelo grão-duque Serguei e sua esposa Ella, irmã da imperatriz. Depois que o grão-duque foi assassinado, em 1905, sua esposa retirou-se para um convento e presenteou o palácio para Dmítri Pávlovitch, que mantinha seu apartamento particular no piso térreo. Foi ali que ele e Félix Iussúpov se refugiaram, histéricos e cobertos de sangue, depois de assassinarem Raspútin.

tiveram de ser instalados com urgência, enquanto a dourada sala de concertos e duas grandes salas de recepção interconectadas foram transformadas em enfermarias. Uma sala de operações, o departamento de raios X, o laboratório e salas de esterilização foram criados em outras dependências subdivididas. Todo o belo piso de parquê do palácio foi coberto com linóleo, e as tapeçarias de chão e de parede de seda adamascada, bem como esculturas de querubins em gesso, foram escondidas com madeira compensada.

O modesto Hospital da Colônia Britânica de Lady Buchanan, na ilha Vassiliévski, com seus 42 leitos para soldados e oito para oficiais, foi inevitavelmente eclipsado pelo maior e mais bem financiado novo Hospital Anglo-Russo, que ergueu orgulhosamente a bandeira da União acima de sua porta frontal.[20] Em 18 de janeiro de 1916, ele foi inaugurado oficialmente pela imperatriz e pelas duas filhas mais velhas do tsar, Olga e Tatiana, na presença de vários outros grão-duques e duquesas, bem como dos Buchanan. A esposa do embaixador posou para a obrigatória fotografia de grupo envolta em grande chapéu e peles, mas não disfarçou seu ressentimento: "Não tenho nada a ver com o Hospital Anglo-Russo", queixou-se a sua cunhada, "pois Lady Muriel Paget tratou cuidadosamente de me deixar de fora."[21] Ainda bem, pois todo o tempo de Lady Georgina já era consumido por seu próprio trabalho de assistência, que se estendeu até a montagem, em fevereiro, de uma apresentação beneficente de O *experimento de Lady Huntworth*, da Companhia de Mrs. Waller, um grupo com sede em Londres que estivera em turnê pela Europa; toda a renda do espetáculo reverteu para a "compra de agasalhos para os soldados russos".[22]

Lady Georgina foi ubíqua naquele inverno: não apenas na sala de trabalho da embaixada e na estação de alimentação de refugiados, mas escolhendo provisões do hospital num depósito da Cruz Vermelha e ajudando prisioneiros de guerra russos que fugiam e chegavam de volta à cidade. "Dei camisas, meias, tabaco etc. para quase 3 mil, além de todas as roupas para suas esposas e filhos. Eles me escrevem belas cartas de gratidão", contou em uma carta para a família. Mas, no início de 1917, queixava-se de nunca ter "um momento para sentar, para ler um livro ou qualquer desses luxos em que não se pode nunca sequer pensar". Seu hospital estava cheio. Nenhum leito ficava vazio por mais de um dia; "com efeito, telefonam todos os dias para perguntar se não podemos aceitar mais [...] está começando a faltar tudo".[23] O Hospital Anglo-Russo também estava assediado. Desde a sua abertura, enchera-se rapidamente de casos graves, muitos deles com terríveis feridas sépticas. Em sua maioria, eram consequência de gangrena causada por gás, o flagelo — observou o cirurgião Geoffrey Jefferson — da frente russa. O cheiro das feridas supuradas era terrível, pois muitos dos feridos tinham demorado quatro ou cinco dias para serem trazidos a Petrogrado. Mas fazia frio demais para abrir as janelas por mais de alguns minutos de cada vez para limpar o ar.[24]

Dorothy Seymour, uma VAD recém-transferida da Frente Ocidental para o Hospital Anglo-Russo, achara sua chegada a Petrogrado bastante desconcertante. A cidade era "muito fedorenta, muito grande e muito distante da guerra, muito mais do que Londres".[25] A guerra talvez parecesse muito distante, mas não a sensação de tensão social crescente que ela encontrou: "a política é emocionante aqui, mas é difícil de entendê-la, é uma tremenda confusão", escreveu à mãe. Mas ela teve sorte: "sendo da Cruz Vermelha, estamos muito bem alimentados"; tinham até o luxo de ter suas "garrafas de água quente enchidas à noite e água quente pela manhã".[26] Sendo filha de general e neta de almirante, e dispondo de uma posição honorária na corte como camareira da princesa Christian,* Dorothy tinha excelentes conexões. Mas não conseguiu ficar impressionada com a embaixatriz: "Lady G. B. é muito arrogante em relação a quem convida e tem uma família insuportável, de modo que ninguém dá muita atenção a ela", disse Dorothy à mãe. Aparentemente, a esnobe Lady Buchanan "excluía as VADs" quando convidava pessoas para o chá, então Seymour cultivava seus próprios contatos no circuito social de Petrogrado. Ia ao balé e à ópera, para ver Chaliápin cantar *Boris Godunov*, e saía para jantar fora quase todas as noites com adidos militares e navais britânicos — observando surpresa que, em Petrogrado, em tempo de guerra, "nenhum homem troca de roupa para o jantar". Considerava-se com sorte porque seu trabalho na sala de curativos do HAR era "leve". Era bastante difícil aprender russo, mas para muitas das VADs, que sentiam falta de sua geleia Cross & Blackwell e tinham de dividir alojamentos apertados e inadequados ou passar horas preparando curativos no hospital do Palácio de Inverno, em vez de praticar enfermagem, Petrogrado era um desafio.[27]

* A filha da rainha Vitória, princesa Helena, era casada com o príncipe Christian de Schleswig-Holstein.

Para Enid Stoker, a colega de dezoito anos de Seymour, a cidade não estava sendo fácil.* Ela estava chocada com o grau de sofrimento suportado pelos feridos — chocada em igual medida por sua admiração pelo estoicismo deles in extremis e pela fé simples daqueles camponeses, manifestada em orações frequentes diante dos ícones que pendiam nos cantos de suas enfermarias. Eles cantavam muito, tocavam balalaica e tinham uma gratidão infantil que a emocionava, mas algumas de suas histórias eram de partir o coração.[28] Ela se lembrava de um jovem soldado da Sibéria chamado Vassíli que teve as duas pernas amputadas. Um dia, ele estava deitado em sua cama, com os tocos das pernas sobre um travesseiro, "quando um velho camponês entrou na enfermaria. Ele tinha viajado, só Deus sabe como, mais de mil e quinhentos quilômetros para ver o filho", como Stoker relembrou. Mas, assim que o viu, começou a gritar, "as lágrimas escorrendo por seu rosto". Stoker ficou consternada ao ser informada pelo seu intérprete de que o velho estava xingando o rapaz:

> Por que ele não tinha *morrido*? Nesse caso, eles ganhariam uma pequena pensão — agora, olhem para ele, um fardo imprestável. Como ele poderia trabalhar na fazenda agora? Apenas mais uma boca inútil para alimentar e eles já estavam quase morrendo de fome.[29]

Na Rússia, havia então mais de 20 mil soldados repatriados que tinham perdido braços ou pernas. Dorothy Seymour até gostava do trabalho de levar homens como aqueles — "os aleijados" — para passear de *drójki* pela Petrogrado coberta de neve e convidá-los para tomar um chá.[30] Alguns deles nunca haviam saído de suas aldeias até serem recrutados, e, depois de meses sem fim no hospital, ainda não tinham visto a capital. Era melhor do que ficar sentada enrolando ataduras o dia todo. Para grande desgosto de Lady Buchanan, Seymour, graças à sua posição na corte britânica, junto à princesa Helena, tia da tsarina, ficou encantada ao receber um convite pessoal para visitá-la em Tsárskoie Seló. Como poderia resistir à oportunidade de ver uma mulher que estava "ocupada em fazer história que será importante no futuro?".[31] Essas palavras eram um pouco mais proféticas do que Seymour poderia imaginar.

* Enid era sobrinha de Bram Stoker, autor do romance gótico *Drácula*.

Em janeiro de 1917, o inverno em Petrogrado estava deixando todos esgotados no hospital. A adjunta de Lady Paget, Lady Sybil Grey* (outra aristocrata bem relacionada, filha de um ex-governador-geral do Canadá), achava o frio difícil de suportar.[32] "O sol não brilha como no Canadá", escreveu em seu diário. "Se pessoas como nós raramente temos nossos quartos acima de 10°C, como deve ser para os pobres?" No entanto, a cidade ainda podia parecer espetacular: a catedral de santo Isaac, que podia ser vista do hospital, "nos últimos dias, completamente coberta pela neve, é muito bonita, colunas e tudo parecendo alabastro branco, estátuas de bronze contra o branco, o conjunto encimado por uma cúpula dourada. As duas delgadas e graciosas torres de ouro captam cada vislumbre possível de luz do sol".[33] Apesar de todas as privações, Grey, tal como outras enfermeiras do HAR, reconhecia que havia algo de estimulante naquele lugar: "Agora, eu não sairia da Rússia por nada". Ela estava certa de que o recente assassinato de Raspútin tinha sido o prelúdio de alguma coisa muito mais dramática. "É curioso, não é, que coisas de imensa importância e gravidade só possam ser realizadas por meio de intrigas e assassinatos", escreveu em carta para a Inglaterra, referindo-se ao assassinato de Raspútin por membros próximos da família real, o príncipe Félix Iussúpov e o grão-duque Dmítri Pávlovitch. "Podem imaginar Tecks, Connaughts etc.** fazendo o mesmo na Inglaterra?"[34]

Enquanto Seymour estava empolgada para ficar e assistir ao desenrolar dos acontecimentos, em outros lugares de Petrogrado havia cidadãos britânicos, como as enfermeiras Grant e Moir, desesperados para voltar para casa. O cônsul britânico Arthur Woodhouse, com seu escritório na praça Teatrálnaia, perto do teatro Mariínski, estava ocupado desde a eclosão da guerra em ajudar a repatriar cidadãos britânicos retidos em toda a Rússia, do Báltico aos Urais. "Havia uma corrente de pessoas que queriam voltar para a Inglaterra, que se transformaria numa avalanche, com os refugiados dos territórios invadidos pelos alemães", lembrou sua filha Ella, observando que muitos deles eram

* Uma "mulher muito encantadora e sensível, que vale dezessete Lady Muriels", na opinião do cirurgião do HAR Geoffrey Jefferson. "Eles estão todos muito fartos de Lady M aqui, e ela tem essas ideias tolas e está sempre querendo algum arranjo novo." O triunvirato de Grey, Paget e Lady Georgina Buchanan se revelaria volátil, e uma enfermeira disse que elas eram "formidáveis, corajosas, diligentes e decididamente rivais".

** Famílias aristocráticas estreitamente ligadas à realeza britânica.

"aqueles que perderam os seus empregos na turbulência geral, como as centenas de preceptoras que tinham sido contratadas por famílias ricas de todo o país. [...] Depois de anos no exterior, essas mulheres patéticas estavam voltando para o país de origem, muitas delas sem um verdadeiro lar para retornar". Era uma visão triste; "Eram tantas que chegavam em lágrimas que as chamamos de classe das H.H.H. (*helpless, hopeless, hystericals* — desamparadas, desesperadas, histéricas)".[35]

As atividades da embaixada continuavam, apesar da carga crescente de trabalho e das previsões de colapso social iminente. O primeiro dia do ano novo russo, de frio intenso, foi marcado por uma recepção deslumbrante para oitenta membros do corpo diplomático, no salão de baile do Palácio Catarina, em Tsárskoie Seló. Enquanto o embaixador americano Francis e os nove membros de sua equipe evitaram a parafernália diplomática formal de calções, sapatos de fivela e chapéus emplumados, optando por usar casacas e colarinhos quebrados, o resto da comunidade diplomática viajou totalmente paramentado no suntuoso trem especial providenciado para a ocasião.[36] De lá, prosseguiram em trenós forrados de tapetes de pele através de redemoinhos de neve, passando pelas árvores congeladas do parque, ao som dos sinos de trenós. Só faltava "o uivo de alguns lobos" para ter-se o cenário russo clássico, pensou o diplomata americano Norman Armour.[37] "Lá estava aquele país encantado das maravilhas diante de nossos olhos", escreveu o diplomata francês Charles de Chambrun: "A fachada ornamentada do palácio estava à espera de seus hóspedes, iluminada por mil luzes e rodeada por um semicírculo de brancura". Contudo, ele se perguntou — como fizeram muitos de seus colegas diplomatas —, "depois de tudo o que já tinha acontecido, de tudo o que as pessoas estavam dizendo e de tudo o que ainda estava fermentando, em que estado encontraríamos o senhor de toda essa magnificência?".[38]

"Depois de tirarem incontáveis camadas de roupas", os diplomatas reunidos esperaram até que as portas duplas que davam para o salão de recepção vermelho e dourado fossem abertas por dois guardas etíopes altos de turbante e eles fossem "conduzidos para a sala mais imponente que eu já vira, forrada com infindáveis espelhos dourados e incontáveis luzes elétricas", relembrou J. Butler Wright. Foram então organizados em grupos, em ordem de precedência, depois de seu "decano", Sir George Buchanan, e seu pessoal, quando Nicolau II, vestido simplesmente com uma *cherkeska* cinza de cossaco, entrou na sala para cumprimentá-los. Durante a recepção de duas horas, ele conversou de forma encantadora, com seus sorrisos e apertos de mão habituais, e em perfeito inglês ou francês. "Ele me perguntou havia quanto tempo eu estava aqui, se gostava, se o frio era severo demais, e prometeu um belo clima no verão", relembrou Wright.[39] Nicolau era um mestre dessas amabilidades vazias, mas sentiu-se visivelmente desconfortável quando Sir George Buchanan aproveitou a oportunidade para inculcar-lhe "a necessidade de uma forte ofensiva na Frente Oriental para aliviar a pressão sobre a Frente Ocidental". Norman Armour achou que foi inapropriado da parte do embaixador britânico falar disso numa ocasião tão puramente social: "Eu vi como o imperador torceu seu boné de astracã, exibindo uma crescente irritação enquanto Buchanan falava".[40]

Afora isso, as respostas do tsar durante a conversa eram banais, com olhares gentis, mas vagos. Na opinião de Charles de Chambrun, ficou claro que ele não estava "muito interessado nas respostas".[41] O embaixador Francis, seduzido pelo charme superficial do tsar, não percebeu seu ar de exaustão: "Todos nós ficamos impressionados com a cordialidade de modos de sua Majestade, com seu equilíbrio e sua aparente condição física excelente, bem como pela rapidez de suas declarações", anotou em seu diário. Na sua opinião, o tsar "aparentou ter confiança suprema em si mesmo", tanto que ficou feliz por sair "para fumar um cigarro" com o adido naval americano Newton McCully e conversar sobre "a queda de Porfirio Díaz* no México — em vez de falar sobre a situação na Russia.[42] Mas Wright, assim como seu colega Armour, achou que Nicolau "parecia muito nervoso e suas mãos se remexiam continuamente". O embaixador francês Paléologue concordou: "a face magra e pálida" de Nicolau havia "traído a natureza de seus pensamentos secretos".[43]

Tudo somado, foi uma reunião impressionante, da qual disseram depois os memorialistas, inclusive Francis, que marcava "o brilho e a pompa de uma era moribunda".[44] "Nenhum de nós percebeu que estávamos testemunhando o último aparecimento público do último governante da poderosa dinastia Romanoff", escreveu ele mais tarde em suas memórias; o tsar não parecia ter ideia de que "estava em cima de um vulcão".[45] A impressão geral de Chambrun foi que Nicolau parecia "mais um autômato precisando receber corda do que um autocrata apto para esmagar toda a resistência".[46] Um ar mais geral de

* Presidente mexicano, deposto por um golpe em 1911 e que morreu no exílio em 1915.

exaustão e pressentimento também foi detectado pelo embaixador Paléologue: "em todo o séquito brilhante e cintilante do tsar não havia um rosto que não expressasse ansiedade". Depois de desfrutar do xerez e de sanduíches e distribuir gorjetas "generosas" aos criados do castelo, o corpo diplomático voltou para Petrogrado.[47] Poucas horas depois, Wright bebia vodca e se empanturrava de caviar e *zakúski* no apartamento de Armour na avenida Litéini, para celebrar o Ano-Novo. Nos dias que se seguiram, Wright foi ver a ópera *Eugênio Onéguin*, de Tchaikóvski, assistir ao balé com Meriel Buchanan no teatro Mariínski lotado, jogar bridge na casa da princesa Tchavtchavadze ("uma reunião assaz brilhante"), jantar no Café de Paris e patinar num clube privado exclusivo, onde ser membro do corpo diplomático "era sempre e em toda parte um Abre-te Sésamo".[48] Se o tsar estava na borda do vulcão, lá estava também a maior parte da comunidade diplomática, junto com os sibaritas míopes da alta sociedade russa.

Oito dias depois da recepção do tsar, uma delegação aliada de altos funcionários britânicos, franceses e italianos liderada por Lord Milner — um eminente membro do Gabinete de Guerra de David Lloyd George — chegou à cidade para uma grande conferência destinada a consolidar a cooperação com a Rússia e mantê-la na guerra. Embora a comunidade de expatriados aguardasse a inevitável festança que essa visita geraria, ela aconteceu num momento de séria agitação industrial, pois, no mesmo dia em que a missão chegou à capital, 150 mil trabalhadores entraram em greve e fizeram uma passeata em memória do massacre de manifestantes pacíficos, mortos nesse mesmo dia, doze anos antes. O Domingo Sangrento de 1905 era uma lembrança sempre presente para as classes trabalhadoras oprimidas de Petrogrado, enquanto a tensão continuava a crescer na cidade.

As autoridades tsaristas, no entanto, estavam preocupadas com a crise mais imediata da escassez de alojamento de Petrogrado que a chegada da missão provocara. Os hóspedes do piso térreo do já superlotado Hotel d'Europe tiveram seus quartos requisitados para o evento, mas descobriu-se que não havia "*nenhum* lugar para ir e nenhum quarto por qualquer preço".[49] Uma última orgia de festas oficiais desenrolou-se nas três semanas seguintes, levando a um breve levantamento do ânimo na capital esgotada. "Por um curto período de tempo, quase foi possível imaginar que se estava de volta à São Petersburgo do pré-guerra", relembrou Meriel Buchanan, que participou da maior parte do reluzente redemoinho social:

> Uma súbita alegria varreu a cidade. Carruagens da corte com cavalos bem escovados e o vermelho e dourado dos uniformes imperiais passavam para lá e para cá nas ruas. Havia um fluxo interminável de automóveis a todas as horas do dia diante do Hotel d'Europe, onde as missões tinham sido alojadas. Jantares e bailes aconteciam todas as noites; o grande camarote real no balé estava cheio de uniformes franceses, ingleses e italianos.[50]

Nicolau II mostrou mais uma vez seu gracioso rosto em público num jantar de gala em Tsárskoie Seló, com Sir George Buchanan sentado à sua direita. Os delegados reunidos juntaram-se à farsa de compartilhar "observações sem sentido sobre a Aliança, a guerra e a vitória". Nicolau foi, como sempre, "vago" na conversa e, depois de uma sucessão de diálogos conscienciosos e sem brilho, retirou-se com um sorriso.[51] A reclusa imperatriz, como de costume, esteve ausente. Coube às principais damas da aristocracia de Petrogrado, nas pessoas da grã-duquesa Vladímir e da condessa Nostitz (uma aventureira americana que se casara com um nobre russo),* organizar alguns dos outros entretenimentos extravagantes preparados para a missão. A condessa alegava ter sido escolhida para fazer a recepção de 6 de fevereiro em sua casa porque "a imperatriz estava muito doente para receber no palácio". A festa lhe deixaria uma impressão indelével:

> A noite daquela última recepção esplêndida está marcada para sempre na minha memória. Preciso apenas fechar os olhos para ver novamente nosso salão rosa e dourado com seus magníficos retratos antigos da família, suas tapeçarias requintadas, lotado com aquela brilhante assembleia de convidados. Toda a corte, a nata da sociedade de Petrogrado, trezentos de seus maiores nomes, todo o corpo

* Seu nome verdadeiro era Lillie (Madeleine) Bouton. Filha de um trabalhador de silo em Iowa e outrora atriz do teatro de repertório americano e europeu, ela seduzira o extremamente rico conde Grigóri Nostitz, um adido militar da embaixada russa em Paris, para se casar com ela; seria o segundo de seus três maridos aristocratas.

diplomático e suas esposas, os membros da delegação — Lord Milner, um dos principais ministros da Inglaterra, Lord Brooke, Sir Henry Wilson, Lord Clive, Lord Revelstoke, Sir George Clerk, general de Castelnau, herói da França, Sociologue, o delegado italiano, Gaston Doumergue, estavam todos lá naquela noite.[52]

Quando a visita chegou ao fim, poucos acharam que ela conseguira alguma coisa de significação política. Robert Bruce Lockhart ficou longe de se impressionar com a "interminável ronda de festas", observando mais tarde que "raramente na história das grandes guerras tantos ministros e generais importantes deixaram seus respectivos países para uma viagem tão inútil". O embaixador Paléologue teve a mesma impressão: a conferência arrastara-se por três semanas "para nada", e "nenhum resultado prático surgira de toda a verborragia diplomática". De que adiantava, perguntou ele, os Aliados mandarem para a Rússia enormes quantidades de material — "canhões, metralhadoras, bombas e aviões" — se o país não tinha "nem os meios de fazê-los chegar à frente de batalha nem a vontade de aproveitá-los?".[53]

Lord Milner também confidenciou que julgava a viagem um desperdício de tempo, tendo percebido "a ineficiência dos russos" em fazer qualquer coisa, e decidira que a Rússia estava condenada — em casa e no front. Porém, era "consenso geral da opinião bem informada, tanto aliada quanto russa", que "não haverá revolução até a guerra acabar".[54] Maurice Paléologue, no entanto, via as coisas de forma diferente. Quando os delegados franceses se preparavam para voltar, deu-lhes uma mensagem para levar ao presidente em Paris: "Uma crise revolucionária está próxima na Rússia. [...] A cada dia que passa, a nação russa fica mais indiferente à guerra e o espírito de anarquia se espalha por todas as classes e até mesmo no Exército". Na opinião de Paléologue, as greves de outubro em Vyborg tinham sido "muito significativas", pois quando a violência eclodiu entre grevistas e policiais, o 181º Regimento, chamado a ajudar a polícia, havia, na verdade, se voltado contra ela. Uma divisão de cossacos teve de ser "chamada às pressas para fazer os amotinados recobrar a sensatez". Se houver uma revolta, advertiu Paléologue, "as autoridades não podem contar com o Exército". E foi ainda mais longe: os Aliados também devem silenciosamente se preparar para a provável "deserção de nossa aliada" da guerra e, com isso, de seu papel na defesa da Frente Oriental.[55] Sir George Buchanan estava agora tão consumido pela sensação de desastre iminente que informou ao Foreign Office britânico que, "na minha opinião, a Rússia não será capaz de enfrentar uma quarta campanha de inverno se a situação atual se prolongar indefinidamente". A desordem, "se vier, será devida antes a causas econômicas do que a políticas". E começaria "não com os operários nas fábricas, mas com as multidões que esperam no frio e na neve do lado de fora das lojas de alimentos".[56]

Em fevereiro, a remessa diária de farinha para Petrogrado já tinha caído para apenas 21 vagões carregados, em vez dos 120 necessários. O que havia de pão branco "se tornara cada vez mais cinzento até ficar incomível", devido à excessiva adulteração. A má administração oficial, a corrupção e o desperdício de suprimentos eram prodigiosos, agravados por uma rede ferroviária deteriorada incapaz de transportar alimentos de forma eficiente das províncias, onde ainda eram abundantes, para as cidades que mais precisavam deles. As pessoas ficaram irritadas ao descobrir que, devido ao aumento dos preços da aveia e do feno, grande parte do pão preto — a base da alimentação dos pobres — estava sendo levada para os 80 mil cavalos da capital para mantê-los vivos: "cada cavalo estava comendo o pão preto de dez homens".[57] O açúcar estava tão escasso que muitas das *pâtisseries* e lojas de doces tiveram de fechar. Espalhou-se como fogo a notícia sobre alimentos que iam para o lixo, de "milhões de quilos de carne siberiana barata" sendo deixada para apodrecer em ramais ferroviários:

> Eram poucos os operários de munições, cujas esposas ou crianças passavam mais de metade de seu tempo na fila da padaria, que não tinham ouvido falar dos "cemitérios de peixes" do Astrakhan, onde milhares de toneladas da pesca estragada do Cáspio estavam enterradas; e todas as classes tinham ouvido falar dos "rios de sacarina", que viajantes tinham visto vazando de armazéns de açúcar nos grandes distritos de beterraba do sul da Rússia e da Podólia.[58]

"Enquanto púnhamos geleia no chá e os trabalhadores bebiam sem açúcar", escreveu o oficial americano Philip Chadbourn, inspecionando campos de internamento para os alemães na Rússia, "todos sabiam que o país estava cheio de grãos, e que as cidades do interior estavam cheias de farinha".[59] Em 19 de janeiro, um anúncio oficial do iminente racionamento de pão — não mais do que uma libra por pessoa por dia — provocou pânico. As pessoas passaram a ficar tanto tempo na fila diante das padarias que estavam sofrendo de hipotermia. Se tivessem a sorte de conseguir um pão, saíam apressadas, "abraçadas ao pão quente que tinham comprado, numa vã tentativa de receber dele um pouco de calor".[60]

Até mesmo os estrangeiros estavam sofrendo, ainda que relativamente. "Estamos com tanta escassez de tudo agora, que o presunto ou o bacon é mais aceitável do que um buquê de orquídeas", reclamou J. Butler Wright na embaixada dos Estados Unidos, acrescentando que "o uísque está na mesma categoria". Ele ficou exultante quando um mensageiro chegou de Washington com 27 malotes de correspondência, bem como "bacon, Listerine, uísque, oxigênio,* marmelada, papéis etc. etc.".[61] Tentando se manter aquecido em seu quarto de hotel, o fotógrafo Donald Thompson ainda podia tomar um café, "mas é café apenas no nome, e o pão não tem nada de pão". E admitiu que "estava começando a sentir a dor da fome — até mesmo no hotel Astória".[62]

A fome era agravada pelas contínuas temperaturas abaixo de zero que afetavam o fornecimento de combustível à cidade por via férrea. Barcos a remo no Nievá eram cortados para fazer lenha, e recorria-se até mesmo a medidas mais desesperadas: "na calada da noite", as pessoas se esgueiravam para o cemitério mais próximo "a fim de encher sacos com as cruzes de madeira dos túmulos da gente pobre" e levá-las para as lareiras de suas casas.[63]

De novo, houve uma onda de greves. Dessa vez, a polícia tsarista não correu riscos. Por ordem de Protopópov, ministro do Interior, montaram-se secretamente metralhadoras nos telhados de todos os principais edifícios da cidade, sobretudo em torno da avenida principal, a Niévski. Em 9 de fevereiro, J. Butler Wright observou que o clima social piorava:

> Os cossacos estão novamente patrulhando a cidade por causa das ameaças de greve, pois *as mulheres* estão começando a se rebelar por ficarem nas filas do pão a partir das cinco da manhã diante de padarias que abrem às dez, e isso numa temperatura de –25°C.[64]

Ele tinha informações confiáveis de que "no dia marcado para a abertura da Duma haveria uma deflagração socialista". Em antecipação a isso, 14 mil cossacos foram trazidos para Petrogrado a fim de reforçar as reservas do

* Parece que naquela época se usava oxigênio como branqueador de dentes.

Exército.[65]* Eles estavam patrulhando as ruas de Petrogrado em 14 de fevereiro, quando a Duma reabriu depois de seu recesso de Natal, mas a confusão prevista não aconteceu. As atividades no Palácio Tauride lotado foram levadas a cabo numa atmosfera de desânimo, em vez de confronto. Achando que a crise estava por enquanto superada e que era seguro "tirar algumas férias", o exausto Sir George Buchanan e a esposa partiram para um descanso muito necessário de dez dias na datcha de um amigo da colônia britânica localizada na pequena ilha de Varpasaari, na Finlândia.[66]

* A maioria das unidades do Exército que estavam em Petrogrado era composta de reservistas; a nata do Exército regular fora para a frente de batalha, deixando recrutas em grande parte inexperientes na cidade, alguns dos quais eram operários industriais grevistas, forçados a entrar no Exército como punição.

2. "Não era lugar para um rapaz inocente do Kansas"

No sábado, 18 de fevereiro de 1917, uma disputa em relação à demissão de operários na grande indústria de munições Putilov no lado sul da cidade provocou um abandono do trabalho na fábrica de carretas de canhão. Em seguida, o resto da força de trabalho aderiu à greve e a administração da empresa fechou as portas em lockout. Dezenas de milhares de trabalhadores demitidos perambulavam pelas ruas e as tristes filas das padarias ficaram ainda mais longas. Pelas janelas do hotel, Florence Harper e Donald Thompson viram as pessoas formando fila durante a noite e saíram para as ruas gélidas, em busca de uma reportagem. Havia cartazes colados em todos os lugares com proclamações da polícia militar "implorando às pessoas que não fizessem manifestações ou causassem distúrbios que pudessem deter a fabricação de munições ou paralisar as indústrias da cidade".[1] Thompson relembrou que as pessoas "rasgavam os cartazes no instante em que eram colados e cuspiam neles". Algumas das lojas da Bolcháia Morskáia, perto do hotel onde estava hospedado, já cobriam suas vitrines com painéis de madeira. Os americanos perceberam que a confusão estava chegando. "Na verdade, eu estava tão certa disso", Florence Harper escreveu mais tarde, "que perambulei pela cidade, para cima e para baixo da Niévski, observando e esperando por ela como se estivesse à espera de um desfile de circo." Thompson estava encantado. Trouxera suas câmeras favoritas Graflex, fabricadas pela Eastman Company de Nova York, e tinha autorização da polícia para "fotografar qualquer lugar de Petrogrado". "Se há uma revolução a caminho [...] estou com sorte", jactou-se.[2]

Agitadores políticos — socialistas revolucionários, bolcheviques, mencheviques, anarquistas — estavam agora em bloco junto aos trabalhadores em greve da Putilov e em outras fábricas do outro lado do rio, nos distritos de Vyborg e Petrogrado, todos "pregando uma greve geral em protesto contra o governo, a falta de alimentos e a guerra".[3] Durante o jantar com Maurice Paléologue, a grã-duquesa Vladímir lhe contara que esperava "as catástrofes mais terríveis" se Nicolau continuasse a resistir à necessidade de mudanças políticas. "Se a salvação não vier de cima", ela advertiu, "haverá revolução vinda de baixo."[4]

Paléologue andara lendo ultimamente as *Cartas filosóficas* de Piotr Tchaadáiev, o filósofo russo exilado na Sibéria em 1836 por seus escritos supostamente sediciosos. Ele havia observado que "os russos são uma daquelas nações que parecem existir apenas para dar à humanidade lições terríveis". Paléologue achou que o país estava mais uma vez cumprindo essa previsão. O breve "estimulante" da missão aliada já havia evaporado. "Os departamentos de artilharia, de materiais de guerra e de abastecimento e transporte voltaram aos seus velhos modos despreocupados e vagarosos", observou ele, desesperado. As tentativas da missão para galvanizar o esforço de guerra russo tinham sido recebidas com o "mesmo peso morto de inatividade e indiferença, como antes".[5] A única coisa que o animava era a perspectiva de música e dança numa "grande e brilhante festa" que seria promovida pela princesa Radziwiłł no domingo seguinte, dia 26. Mas ele tinha de admitir que era "um momento curioso para organizar uma festa", e um momento perigoso também para que o imperador tivesse deixado a capital e voltado para o QG do Exército, a oitocentos quilômetros de distância — sob a falsa tranquilização, oferecida por seu ministro do Interior, Protopópov, de que a situação estava sob controle.[6]

Durante três semanas completas, a temperatura média diária tinha sido de –13,44°C e houve fortes nevadas.[7]* Na manhã de 22 de fevereiro, ao caminhar pela avenida Litéini, Paléologue ficou impressionado com "a expressão sinistra no rosto da gente pobre" que passara toda a noite de pé à espera de pão. O estado de espírito do povo estava mudando do estoicismo para a ira; muitas mulheres passavam quarenta horas ou mais por semana naquela situação, e, de indignação, algumas haviam jogado pedras nas vitrines das padarias naquele

* As fontes conflitam quanto à temperatura correta, muitas apontando um frio muito maior do que realmente fez. Ver nota de fim.

dia. Outras tinham se juntado a elas e ocorreram alguns saques. Patrulhas de cossacos estavam nas ruas, "numa intimação evidente para que a cidade mantivesse a calma", e havia também muito mais soldados nas ruas. "A idade dos novos recrutas", como observou J. Butler Wright, era "menor do que nunca".[8]

Donald Thompson saiu do Astória naquela manhã com o objetivo de comprar um novo par de botas para seu intérprete russo Boris — um jovem soldado ferido, agora fora do hospital, que ele solicitara que lhe fosse designado, pois falava muito bem inglês. Uma das padarias perto do Astória estava sob a guarda da polícia, depois que as pessoas na fila tinham quebrado as vitrines em busca de pão. Uma leiteria sitiada nas proximidades acabara de colocar uma placa dizendo: "Não tem mais leite". "Se você visse essas filas do pão e a expressão no rosto dessas pessoas quando a gente passa", ele escreveu a sua esposa, "dificilmente poderia acreditar que estamos no século XX."[9] Ele sentia vergonha de passar por aquelas pessoas vestido com seu "casaco de pele pesada", enquanto elas estavam no frio "quase em trapos". Grupos de operários em greve do outro lado do rio tinham entrado na cidade, o que levou alguns lojistas da Niévski a fechar as portas. As pessoas nas ruas estavam "nervosas, sobressaltadas, assustadas com sombras, esperando por não sabiam o quê".[10]

Embora a temperatura ainda fosse de −9°C, a quinta-feira, dia 23, amanheceu gloriosamente ensolarada. Quando saiu naquela manhã, Thompson notou que "dezenas de metralhadoras" haviam sido montadas no topo de edifícios durante a noite. Boris, que fizera um reconhecimento noturno para Thompson, voltara assegurando-lhe que "vamos ter uma revolução na Rússia".[11] Thompson foi à agência dos telégrafos para enviar uma mensagem à esposa, mas a mulher de plantão lhe disse para não desperdiçar seu dinheiro — "nada tinha permissão para sair". Mais tarde, com Florence Harper, caminhava perto da embaixada britânica quando viu uma multidão de mulheres se reunindo no Campo de Marte, o grande espaço de desfiles localizado atrás da embaixada; logo essas mulheres receberam a companhia de um grupo de trabalhadores, e, então, "quase que por mágica, centenas e centenas de estudantes entraram em cena".[12]

Era o Dia Internacional da Mulher, uma data importante no calendário socialista, criada em 1910 pela social-democrata alemã Clara Zetkin para promover a igualdade de direitos para as mulheres, e as trabalhadoras de Petrogrado pretendiam que suas vozes fossem ouvidas. Centenas delas — camponesas, operárias, estudantes, enfermeiras, professoras, esposas cujos maridos estavam no front e até mesmo algumas senhoras das classes superiores — saíram às ruas. Embora algumas carregassem estandartes com os tradicionais slogans sufragistas, como "Salve, mulheres combatentes pela liberdade" e "Um lugar para as mulheres na Assembleia Constituinte", outras traziam cartazes improvisados referentes à crise dos alimentos — "Aumento de rações para as famílias dos soldados" — ou até chamados mais abertamente revolucionários pelo fim da guerra — e da monarquia. Mas comida era, fundamentalmente, o que todas pediam naquele dia: "Não há pão", gritavam enquanto marchavam, "nossos maridos não têm trabalho."[13]

Enquanto colunas de mulheres convergiam para as avenidas Niévski e Litéini, operárias têxteis militantes de cinco das principais fábricas do distrito de Vyborg entraram em greve naquela manhã. Em seguida, baixaram nas principais metalurgias e fábricas de munições, gritando, batendo nas portas e jogando bolas de neve nas janelas, para fazer com que os homens, inclusive os do Arsenal do Estado, de importância crucial, saíssem em apoio.* Ao meio-dia, 50 mil operários do outro lado do rio já tinham saído das fábricas. Alguns deles foram direto para casa, mas outros marcharam até a ponte Litéini com o objetivo de atravessar para a avenida Niévski e engrossar as fileiras das manifestantes do Dia das Mulheres, mas encontraram cordões policiais na ponte que barravam o caminho. Os mais decididos desceram para o rio congelado e atravessaram pelo gelo; outros conseguiram passar pelo bloqueio da polícia na ponte Tróitski, do distrito de Petrogrado, mas foram forçados a voltar quando cruzaram o Nievá.

No Campo de Marte, Harper e Thompson viram vários homens e mulheres erguidos sobre os ombros dos outros e gritando: "Vamos parar de falar e agir". Algumas mulheres começaram a cantar a "Marselhesa". "Era uma versão russa esquisita que não consegui reconhecer de início", lembrou Harper. "Ouvi a 'Marselhesa' muitas vezes, mas, naquele dia, pela primeira vez, a ouvi como deveria ser cantada." Isso porque, segundo ela, "as pessoas que estavam ali eram das mesmas classes e estavam cantando pela mesma razão dos franceses que a cantaram pela primeira vez há mais de cem anos".[14] Quando a multidão

* Os operários das munições eram bem pagos e, como exerciam uma atividade fundamental, também recebiam rações maiores de pão. Portanto, relutavam mais em aderir à greve.

se afastou, indo para a Niévski, "um bonde veio balançando pela esquina". Obrigaram-no a parar, pegaram a alavanca de controle e "a jogaram num banco de neve". O mesmo aconteceu com um segundo, terceiro e quarto bondes, "até que os vagões bloqueados se estendessem por todo o caminho, da Sadóvaia até a avenida Niévski".[15] Até mesmo um bonde cheio de soldados feridos aos cuidados de enfermeiras ficou por ali, enquanto a multidão, que agora chegava a cerca de quinhentas pessoas, avançou, ainda cantando a "Marselhesa", com as mulheres ocupando corajosamente o centro da Niévski, enquanto os homens tomavam as calçadas.

Thompson e Harper se viram carregados pela onda humana. Todo policial pelo qual passavam tentava deter os manifestantes, mas as mulheres simplesmente continuavam avançando, gritando, rindo e cantando.[16] Caminhando à frente da coluna, Thompson viu um homem a seu lado amarrar uma bandeira vermelha numa bengala e começar a agitá-la no ar. Ele decidiu que uma posição tão visível à frente dos manifestantes "não era lugar para um rapaz inocente do Kansas".[17] "As balas têm o costume de atingir espectadores inocentes", disse a Harper, "então vamos dar o fora, enquanto as coisas estão bem."

Naquele dia, em resposta à tensão crescente na cidade, o comandante da guarnição de Petrogrado, general Serguei Khabálov, mandou colar cartazes nas paredes de cada esquina que diziam, para tranquilizar o público: "Não haverá escassez de pão para venda": se os estoques estavam baixos em algumas padarias, era porque as pessoas estavam comprando mais do que o necessário e estocando. "Há farinha de centeio suficiente em Petrogrado", insistia a proclamação. "A entrega dessa farinha continua sem interrupção."[18] Estava claro que o governo acabara com seu estoque de desculpas para a crise do pão — falta de combustível, excesso de neve, vagões requisitados para fins militares, escassez de mão de obra — e o povo não seria mais enganado. A fome predominava, feroz e implacável, em meio milhão de barrigas vazias nos distritos industriais da classe trabalhadora. O correspondente do *Times* Robert Wilton ficou estarrecido com a lentidão das autoridades para lidar com a escassez: "Ali estava uma confissão clara de negligência. Quem esperavam satisfazer? Os socialistas que já estavam de cabeça feita para a revolução ou o 'homem da rua' insatisfeito, que não queria a revolução, mas ansiava pelo auxílio de um governo incapaz?".[19] Disseram ao povo que uma conferência urgente de ministros estava sendo realizada na Duma naquele dia para resolver a crise alimentar e organizar o reabastecimento de Petrogrado. Mas, àquela altura, a multidão estava convencida de que os padeiros estavam deliberadamente lhe sonegando pão.

À medida que o dia passava, as fileiras de mulheres manifestantes na Niévski e em torno dela engrossaram para cerca de 90 mil. "A essa altura, o canto se tornara um rugido profundo", relembrou Thompson, "aterrorizador, mas, ao mesmo tempo, fascinante." Havia "um entusiasmo temeroso por toda parte".[20] Uma vez mais, os cossacos "apareceram como que por magia", observou J. Butler Wright, com suas longas lanças inclinadas ao sol. Thompson viu as várias tentativas que fizeram para dispersar as colunas de mulheres, acossando-as a galope, brandindo suas nagaicas [chicotes curtos], mas as mulheres apenas se reagrupavam, vaiando furiosamente os cossacos cada vez que eles vinham.[21] Quando uma mulher tropeçou e caiu na frente deles, fizeram seus cavalos saltarem sobre ela. As pessoas ficaram surpresas: aqueles cossacos não eram "os guardas ferozes do tsar que as multidões haviam visto em ação em 1905", quando centenas de manifestantes foram mortos no protesto do Domingo Sangrento. Dessa vez, foram bastante "amáveis", até mesmo brincalhões; pareciam ansiosos para capitular ao ânimo das pessoas, e tiravam seus chapéus e "acenavam com eles para a multidão" enquanto avançavam.[22] Descobriu-se que muitos dos cossacos eram da reserva, e sua reticência em obrigar as pessoas a recuarem era agravada pela dificuldade que alguns deles tinham para controlar seus cavalos, desacostumados a multidões.[23] Enquanto pedissem apenas pão, disseram os cossacos aos manifestantes, eles não seriam alvo de tiros. Havia inevitavelmente muitos agentes provocadores no meio, ansiosos para transformar o protesto num ato violento, mas, em sua maioria, a multidão permaneceu "de bom temperamento", como Arthur Ransome observou no despacho daquele dia para o *Daily News*. Ele fazia votos de que não houvesse nenhum conflito sério. "O caráter geral da excitação", concluiu, era, por enquanto, "vago e artificial" e sem foco político.[24]

E assim foi, até as seis da tarde. À medida que a multidão engrossava ao som dos constantes pedidos por *khleb* (pão), os cossacos avançavam e dispersavam as pessoas em todas as direções, "mas não havia conflito de verdade". A polícia detinha quem tentava parar e fazer discursos, mas, afora isso, os manifestantes andaram pelas ruas com suas bandeiras vermelhas durante todo o dia e, para grande surpresa de Thompson, não foram alvejados. Mas ele sabia que isso não era o fim: "Senti o cheiro de confusão", escreveu para a esposa naquela noite, "e graças a Deus estou aqui para fotografá-la."[25]

Coube à polícia tsarista dispersar finalmente a multidão, que, em grande parte, fora para casa antes das sete, quando baixou o frio da noite. Mas a antipatia pública e a violência contra a polícia estavam crescendo, em particular contra a polícia montada em seus garanhões negros, a qual o povo chamava com desprezo de *faraóni*, "faraós" — isto é, tiranos (uma alusão aos "altos colbaques de crina negra" que usavam). "O aparecimento deles varreu os sorrisos", notou Arno Dosch-Fleurot, "e, quando começaram realmente a avançar sobre a multidão com seus sabres desembainhados", ele ouviu "o primeiro murmúrio do rosnado que somente uma turba enfurecida pode produzir".[26]

Do outro lado do rio, nos distritos industriais, atos de violência esporádica irromperam durante todo o dia. No distrito de Petrogrado, na grande padaria Filippov — uma franquia de Moscou que supria diariamente muitos dos padeiros na cidade por via férrea —, as *bábuchki* na fila de pão finalmente perderam a paciência depois de ficarem no frio durante horas e serem informadas de que não haveria pão naquele dia.[27] Elas quebraram a porta da frente e invadiram o local; mais tarde, foi dito que "encontraram grandes quantidades de pão preto nos depósitos dos fundos". Mercearias das proximidades também tiveram suas vitrines quebradas; em outra padaria invadida, as mulheres que lideraram o ataque encontraram pães brancos "destinados aos restaurantes". Depois de quebrarem as janelas da padaria, levaram os pães e os venderam por um quarto do preço para os que estavam desesperados.[28]

Naquela noite, Harper e Thompson se arriscaram a atravessar a ponte Tróitski para descobrir o que estava acontecendo nos distritos industriais. Em alguns pontos, encontraram a rua "lotada de homens e mulheres empolgados", e ficaram até as onze da noite, quando Thompson notou que havia gente demais de olho no caro casaco de couro de foca de Harper. Boris, o tradutor, aconselhou uma saída rápida: tinha ouvido algumas mulheres dizerem que "ela deveria ter o rosto cortado em pedaços". "Olha como ela está vestida! Sim, ela consegue pão, mas nós não conseguimos nada."[29] Era óbvio que as mulheres haviam tomado Harper por uma russa abastada. Ao voltarem apressadamente para o Astória à meia-noite, os dois jornalistas foram detidos várias vezes pela polícia e tiveram seus documentos verificados. Não puderam deixar de notar que um "grande número de soldados patrulhava a cidade" — pois, naquele dia, uma força desorganizada e elementar fora finalmente solta em Petrogrado. A chama da revolução fora acesa entre os manifestantes famintos da Niévski e entre os grevistas do outro lado do rio. Durante a noite, comissões de greve nos distritos de Petrogrado e Vyborg conspiraram para aproveitar o momento. A revolução — "por tanto tempo falada, temida, combatida, planejada, almejada e motivo de mortes" — chegara finalmente, "como um ladrão na noite, sem que ninguém a esperasse, sem que ninguém a reconhecesse".[30]

Da noite para o dia, o grau de inquietação em Petrogrado aumentou consideravelmente, enquanto se espalhavam rumores sobre a introdução de um "sistema de bilhete do pão". O ressentimento foi alimentado ainda mais pelo fato de que o pão estava sendo liberado para a venda quando as pessoas estavam no trabalho e não podiam entrar nas filas para comprá-lo. Na sexta-feira, 24 de fevereiro, as coisas tomaram um rumo violento inevitável: mais padarias foram atacadas e destruídas, e, como Arthur Ransome relatou para o *Daily News*, tamanho era o desespero por comida que as pessoas até "tomavam o pão daqueles que tinham conseguido comprá-lo".[31]

Fazia outra manhã brilhante e ensolarada, e um aumento de cinco graus na temperatura, para −4,5°C, havia encorajado uma grande multidão a sair de casa e se reunir novamente na avenida Niévski.[32] Antecipando uma escalada dos protestos, o general Khabálov havia feito mais proclamações durante a noite, anunciando que "todas as reuniões nas ruas estão absolutamente proibidas" e avisando que dera ordens aos soldados "para usarem livremente suas armas e não se deterem por nada a fim de manter a ordem".[33] Um americano que trabalhava no consulado, no prédio da Singer, ouviu pessoas dizendo que tinham visto "carros blindados aparelhados com holofotes" que patrulhavam a cidade havia várias noites, com "muitas metralhadoras se projetando para fora das portinholas". "Todas as delegacias de polícia estão cheias de metralhadoras, com soldados vestidos como policiais para manuseá-las", disseram ao americano. "Besteira", disse alguém, "os rapazes-soldados não vão atirar em sua própria gente."[34]

O ressentimento fervilhante se fazia sentir especialmente nos poucos bondes superlotados que ainda circulavam. Muitos já estavam fora de circulação, ociosos e vazios, sem "ninguém para repará-los, e não há novos"; outros tinham sido descarrilados e até mesmo derrubados pela multidão.[35] Naquela manhã, todos que estavam nas ruas pareciam "ter certeza agora de que haveria um espetáculo", como observou Arno Dosch-Fleurot. Ele estava perto da catedral de Kazan. Os bonés verdes dos estudantes encontravam-se por toda parte e um deles lhe disse que "as universidades tinham entrado em greve em solidariedade à manifestação do pão".[36] Não obstante, as lojas estavam abertas e a cidade ainda tinha "uma certa efervescência", com a maioria das pessoas a pé e menos dispostas a seguir em frente quando ordenadas pela polícia do que no dia anterior.[37]

Havia gente atravessando o Nievá toda a manhã, vinda dos distritos de Vyborg e Petrogrado, onde se realizara uma série de entusiásticas reuniões de fábrica. A maioria dos operários de lá havia entrado em greve e fora instada a armar-se com "parafusos, pregos, pedras", até mesmo pedaços de gelo, e sair e "começar a destruir as primeiras lojas que encontrar".[38] No caminho para a ponte Litéini, os grevistas haviam mais uma vez atacado padarias; ocorreram brigas, seguidas por saques. O caminho através da ponte foi novamente bloqueado por soldados e cossacos, embora estes últimos tenham se recusado a atacar os grevistas quando receberam ordens nesse sentido. Mais uma vez, os grevistas — cerca de 5 mil — recorreram ao gelo para atravessar para o centro da cidade.[39] Das janelas de sua embaixada, os diplomatas franceses Louis de Robien e Charles de Chambrun os viram abrir caminho sobre o Nievá "como uma corrente de formigas pretas em fila indiana", enquanto ziguezagueavam entre "blocos de conglomerados de gelo e neve grossa". Os cossacos do outro lado os observavam, galopando para lá e para cá pelo cais, "muito pitorescos em seus pequenos cavalos" e brandindo lanças e carabinas; mas não se aventuraram sobre o gelo para deter os grevistas.[40]

Ao meio-dia, havia cerca de 36 800 pessoas marchando nas ruas do centro de Petrogrado.[41] Os bondes estavam paralisados e, com as estradas intransitáveis, os *izvóztchiki* (condutores de *drójki*) tinham desistido e levado seus cavalos para casa. A multidão continuou a empurrar e abrir caminho, esgueirando-se entre os cavalos dos cossacos e até mesmo passando sob a barriga dos animais enquanto tentavam barrar seu caminho. A residente francesa Amélie de Néry percebeu uma diferença entre esses manifestantes e os "exultantes e místicos" de 1905, cuja passeata tinha o ar de cerimônia religiosa. A multidão de 1917 era realista, observou. "Dois anos de guerra haviam-nos endurecido muito mais do que um século de tranquilidade e paz poderia ter feito."[42] À medida que avançava, a multidão era "recebida por uma boa dose de ameaças e fustigação da polícia e dos soldados" — novamente sem o uso de armas letais.[43] Os esquadrões de cossacos, caracoleando sobre a neve em seus cavalos pequenos e rijos, continuavam a surpreender com a sua contenção, mesmo quando mais e mais bandeiras vermelhas apareciam entre as colunas de manifestantes. Sempre que paravam, "os homens e mulheres se reuniam em torno e os convidavam a juntar-se a eles". "Vocês são dos nossos", gritavam, enquanto os cossacos sorriam e se afastavam para deixá-los passar. "Vocês não vão atirar em nós, irmãos! Nós só queremos pão!", o repórter do *Times* Robert Wilton escutou-os dizer aos soldados armados que encontravam. "Não, estamos com fome, como vocês", respondiam os cossacos.[44]

Bert Hall, um aviador americano ligado ao Serviço Aéreo Russo, estava em Petrogrado naquele dia, e, como acontecia a Thompson e Harper, sua primeira experiência da Rússia estava sendo um batismo de fogo. Ele escreveu em seu diário sobre "turbas intermináveis de pessoas marchando e cantando canções selvagens, jogando tijolos nos bondes". Viu trabalhadores carregando cartazes que não pediam apenas pão, mas diziam: "Deem-nos terra!" e "Salvem nossas almas!". E, no final de uma procissão, "uma menina carregando um estandarte minúsculo" no qual estava escrito "Alimentem seus filhos!". "Foi a coisa mais tocante que já vi", recordou. Por que os russos simplesmente "não vão em frente, fazem uma revolução e acabam logo com isso?", perguntou a seu companheiro russo. Ah, mas "Deus ainda ama o tsar", disse o outro; "seria uma infelicidade revoltar-se contra um governante que estava de bem com Deus". Hall ficou indignado:

> As pessoas comuns estão com fome; estão com fome há muito tempo. Meu Deus, por que o tsar não faz alguma coisa a respeito?! Que oportunidade para um organizador americano sagaz! Pense nisso! Toda a Rússia pode ir para o brejo por falta de um pouco de administração sensata.[45]

Enquanto a multidão subia e descia a Niévski durante todo o dia, as pessoas que moravam na avenida abriam suas janelas para assistir e saudar. A equipe britânica e a canadense do Hospital Anglo-Russo, bem como os seus pacientes, tinham uma visão privilegiada dos acontecimentos, das janelas da enfermaria no segundo andar. No dia 22, as enfermeiras receberam ordens "para ficar dentro de casa e não sair às ruas, exceto para ir ao hospital e voltar".[46] O HAR estava "cheio de soldados prontos para qualquer emergência" — trinta homens do Regimento Semiónovski de Guardas estavam lá para protegê-los, três deles na porta da frente com baionetas. Disseram à equipe que se preparasse para evacuar as instalações num prazo muito curto. Mas isso logo se revelou impossível, devido à onda de pessoas descendo a Niévski.[47] "Eles só passaram depressa", relembrou a enfermeira canadense Dorothy Cotton, "e os cossacos cavalgando na direção oposta entraram no meio deles e os dispersaram." Algumas vítimas desgarradas foram levadas ao hospital para tratamento — baleadas por policiais disfarçados de soldados, assim alegaram.[48]

Florence Harper e Donald Thompson estavam nas ruas desde cedo naquela manhã, "seguindo as turbas", embora na maior parte do tempo fossem "empurrados para cima e para baixo da Niévski", querendo ou não, correndo, escorregando na neve e muitas vezes encostando-se nos edifícios para não serem pisoteados.[49] Acabaram por ser praticamente levados até a praça diante da catedral de Kazan, ponto de encontro tradicional onde muitas das colunas de manifestantes já haviam se reunido. Alguns se ajoelhavam, descobriam a cabeça e rezavam, outros se reuniam em pequenos grupos em torno de oradores.[50] A reticência dos cossacos em atacar para valer a multidão persistia, tanto assim que "o prefeito de polícia" — assim contaram a Lady Sybil Grey — foi até a catedral em seu automóvel e "ordenou ao comandante de uma patrulha de cossacos que atacasse as pessoas com espadas desembainhadas". O oficial se recusou a obedecer: "Senhor, não posso dar essa ordem, pois as pessoas só estão pedindo pão". Ao ouvir isso, a multidão aplaudiu ruidosamente e "foi aplaudida de volta pelos cossacos".[51] Thompson e Harper também notaram essa resposta. Não havia violência, "era uma turba de muito boa índole". Exceto em um aspecto: tinham visto um policial secreto "tentando tirar uma foto" de alguém que falava para a multidão. Ele foi rapidamente descoberto e atacado, sua câmera foi quebrada; teria sido morto se não tivesse sido resgatado por um *faraón* montado. O próprio Thompson tirara fotografias, "usando minha câmera pequena", mas tomara "cuidado para não atrair a atenção". Ele havia notado quão "feios" alguns dos policiais estavam ficando, e que muitos se vestiam como soldados ou cossacos.[52]

Às quatro da tarde, Harper e Thompson quase foram esmagados diante do Hospital Anglo-Russo, em seu caminho de volta para a Niévski. Os cossacos vinham descendo, "rindo e brincando com a multidão" e dando-lhes "uma cutucada com suas lanças" se não se movessem com rapidez suficiente. Estavam cavalgando lado a lado em formação apertada, de modo que os dois jornalistas não puderam passar entre eles e tiveram de entrar correndo pela porta de proteção contra tempestades do hospital, mas Harper ainda levou "um golpe terrível do cabo de uma lança" quando um cossaco passou. Ela notou que era apenas um garoto de cerca de dezoito anos; ele lhe disse para ir andando, mas ela se recusou e então ele golpeou-a novamente. "Isso foi o suficiente", relembrou Harper; ela "atravessou voando a ponte e voltou à Niévski", com Thompson a reboque.[53]

Às oito da noite de sexta-feira, a maioria dos manifestantes do centro de Petrogrado já tinha ido para casa, prometendo voltar na manhã seguinte. Nesse segundo dia de manifestações de massa, houve mais trabalhadores em greve do que em qualquer outro momento durante a guerra; a atividade deles estava tornando-se violenta, em particular contra a polícia e os *faraóni* montados. Em resposta, o general Khabálov mandara colocar mais metralhadoras nos sótãos de mansões, hotéis, lojas, campanários e torres de relógio em toda a avenida Niévski e nos telhados das estações ferroviárias. Ele tinha ainda soldados de infantaria e metralhadores na reserva e um enorme arsenal de rifles, revólveres e munições, que, embora designado para o front, foi retido para uso em Petrogrado, em caso de necessidade, e "guardado nas diversas delegacias de polícia".[54]

Os correspondentes estrangeiros em Petrogrado, apanhados pelos acontecimentos e percebendo sua importância crescente, ficaram todos prejudicados e frustrados por uma coisa: não podiam transmitir a verdade da situação para seus jornais no Reino Unido, nos Estados Unidos e em outros lugares, em virtude da rígida censura tsarista aplicada a todas as mensagens enviadas do telégrafo da cidade. Arno Dosch-Fleurot escrevera diariamente um telegrama sobre os "motins do pão" e os levara "para o jovem oficial encarregado da censura". E, todos os dias, a resposta tinha sido a mesma: o homem "me oferecia chá, mas nenhuma esperança de conseguir que a notícia fosse enviada". Quando ele finalmente escreveu um artigo positivo "sobre o entusiasmo da população pelos cossacos", seu despacho foi permitido.[55] Por algum tempo, Robert Wilton do

Times encontrou dificuldades semelhantes e ficou reduzido a fazer apenas alusões vagas ao crescente descontentamento na capital, "devido à desorganização dos suprimentos alimentares". Na sexta-feira, escreveu um despacho sobre os "debates prolongados" que se desenrolavam na Duma sobre como combater a crise alimentar, confirmando que, naquele meio-tempo, o comportamento dos manifestantes tinha sido, no geral, "desprovido de caráter sedicioso ou vingativo". "Suprimentos de pão garantidos", telegrafou, citando o general Khabálov — uma nota positiva numa situação de escalada, escrita com o objetivo de conseguir que seu relato passasse pelos censores.[56] A palavra "revolução" não foi mencionada.*

Ao longo da noite do dia 24, ouviram-se rajadas ocasionais de tiros; e, no entanto, surpreendentemente, a vida social da cidade continuou. O teatro Aleksandrínski estava lotado naquela noite para uma apresentação de *O inspetor-geral*, de Gógol. Com efeito, o público recebeu "com espírito animado essa sátira sobre as fraquezas políticas de meados do século XIX". Poucos pareciam dispostos a acreditar que um "drama maior se desenrolava naquele momento na vida real em toda a capital".[57] Leighton Rogers e vários colegas do National City Bank foram jantar no Café de la Grave, localizado no subsolo de um edifício localizado na Niévski. No caminho, tiveram sua primeira experiência com os cossacos, um dos quais veio na direção deles, "galopando a toda a velocidade pela calçada [...] gritando como um louco, carabinas saltando em suas costas, sabres batendo nos lados dos cavalos, e brandindo lanças de aço de aparência maldosa". Rogers e seu grupo deram uma olhada e correram para salvar suas vidas. Depois de jantar, foram para casa no escuro; a atmosfera da cidade era "como um fio esticado". Tropas de cossacos montados ainda estavam em ação, alinhadas ao longo de toda a Niévski, "obrigando os pedestres a caminhar pelo meio da rua, entre uma fileira dupla de cavalos e pontas de aço". "Não era uma sensação agradável", relembrou Rogers. "Durante todo o trajeto eu me sentia me contorcendo em uma daquelas lanças, como uma minhoca no anzol." "Nunca mais vou pescar com isca viva", decidiu.[58]

* Tampouco o foi até depois da abdicação do tsar, em 3 de março, quando a censura tsarista entrou em colapso e a comunicação adequada pôde começar, o que significa que os primeiros relatos que saíram da Rússia só foram publicadas no Ocidente por volta de 16 de março (EN).

Em busca de uma matéria, Arno Dosch-Fleurot fizera "uma longa excursão" naquela tarde pelo distrito de Vyborg e o encontrara "densamente policiado por soldados de infantaria". Alguns bondes ainda circulavam, "mas, afora isso, o distrito estava sinistramente silencioso". As únicas pessoas nas ruas eram aquelas que formavam as conhecidas filas do pão e grupos de trabalhadores pelos cantos, cuja "gravidade silenciosa" Fleurot achou que era "algo a ser levado em consideração". Thompson também os notou quando, depois de jantar no Donon, se aventurou pelas áreas periféricas até as três da manhã.[59] Na embaixada francesa, o primeiro-secretário Charles de Chambrun escreveu para a esposa, refletindo sobre a notícia que tinha acabado de ouvir de que fora declarada uma greve geral para o dia seguinte. Mais passeatas, mais protestos estavam a caminho. Mas o que poderia conseguir uma turba, "sem bebida alcoólica, sem um líder e sem um objetivo claro?", perguntou-se. Ao cair da noite, Petrogrado foi dormir na expectativa.[60]

3. "Como um feriado bancário com trovões no ar"

"Oh, este interminável inverno russo, com seus telhados brancos por tantos longos meses e suas estradas escorregadias", escreveu com tristeza em seu diário a residente francesa Louise Patouillet, agora já bastante acostumada com o tipo de céu baixo e cinzento que saudou a cidade com uma nova nevasca no sábado, 25 de fevereiro.[1] Em contraste, Leighton Rogers fez uma anotação entusiasmada em seu diário: "Que dia! A greve geral está em andamento, tudo bem, e a confusão começou". Naquela manhã, no caminho para o banco, ele e seus colegas haviam "encontrado as ruas cheias de policiais, tanto a pé como montados; nenhuma fábrica em funcionamento, e a Niévski era uma longa fila de lojas fechadas, com uma porta ou janela protegidas com painéis de madeira aqui e ali". Ele ouvira rumores de que uma pessoa fora morta na noite anterior ao tentar invadir uma padaria; as pessoas nas ruas pareciam em busca de excitação, "como uma multidão numa grande feira rural", mas Rogers "odiava pensar nas consequências de um tiro".[2]

Se ele soubesse o quanto os grevistas estavam se armando para uma briga de rua inevitável com a polícia, talvez ficasse ainda mais alarmado. Em toda a cidade, embaixadas e legações estavam sendo advertidas por telefone a não permitir que seus funcionários saíssem. No entanto, naquele dia, o imprudente Rogers saiu do National City Bank com "9 milhões de rublos em Notas do Tesouro de curto prazo" para "guardá-las" num cofre-forte do Banco Volga-Kama antes do fechamento de domingo. Pôs as notas — o equivalente a 3 milhões de dólares — no bolso do paletó e saiu do banco, que estava instalado na antiga embaixada turca, no Cais do Palácio. Mas as ruas estavam tão tomadas pelas multidões que foi forçado a ir pelo caminho mais longo. Em frente ao teatro Mikháilovski, parou um pouco para examinar o cartaz da última temporada francesa; subitamente, chegou correndo um colega do banco, aos gritos: "Onde diabos você estava? [...] Telefonamos para a cidade toda atrás de você!". Quando ligaram para o Banco Volga-Kama, descobriram que Rogers ainda não tinha chegado; ficaram preocupados que alguma coisa tivesse acontecido com ele, pois tinham sido avisados de que "começou uma revolução".[3]

Fazer um protesto violento era certamente a intenção dos trabalhadores nos distritos fabris naquela manhã, quando se reuniram para uma grande marcha sobre a cidade. Dessa vez, trataram de usar bastante enchimento sob os casacos grossos, a fim de amortecer os golpes das nagaicas com pontas de chumbo usados pelos *faraóni*. Alguns até fizeram placas de metal para usar sob o chapéu, para se proteger dos golpes, e encheram os bolsos com os projéteis de metal e as armas em que puderam pôr as mãos em suas fábricas.[4] Ao meio-dia, a multidão começou a descer para a Niévski, mas os *faraóni* a esperavam na ponte Litéini, e atacaram quando ela tentou seguir em frente e atravessar para o outro lado. Mas, embora tenha se afastado para deixá-los passar, a multidão rapidamente se fechou mais uma vez, num movimento de pinça em torno do comandante, derrubando-o de seu cavalo. Alguém pegou o revólver do policial e o matou a tiros, enquanto outro, num ataque de raiva, batia nele com um pedaço de pau.[5] Foi o primeiro ato definidor da violência contra a polícia naquele dia.

No lado sul de Petrogrado, a poderosa força de trabalho da Putilov aderira à greve, que, conforme o dia avançou, se espalhou inexoravelmente por toda a cidade, trazendo todos para a rua: comerciários, garçonetes, cozinheiros, criadas domésticas, motoristas de táxi, trabalhadores fundamentais dos setores de fornecimento de energia elétrica, gás e água da cidade e condutores de bondes. Algumas padarias abriram, mas no início da tarde foram obrigadas a fechar, e a greve dos trabalhadores dos correios e das gráficas deixou a cidade sem entregas de correspondência e sem jornais. O número de grevistas foi engrossado por ao menos 15 mil estudantes em greve, enquanto quinze colunas diferentes de manifestantes convergiam para a Niévski. Mas ninguém sabe exatamente quantos grevistas invadiram as ruas de Petrogrado naquele dia — os números oficiais variam de 240 mil a 305 mil.[6]

Os protestos improvisados contra a falta de pão de dois dias antes se transformaram num movimento político, tingido cada vez mais por atos de violência e saques. Na avenida Litéini, Amélie de Néry viu um rapaz que ajudara a saquear uma pequena loja judaica oferecer seis dúzias de botões de madrepérola roubados por um rublo. Um ato insignificante de roubo, talvez, mas para Néry aquilo sinalizava uma mudança preocupante nas atitudes públicas provocada pelos protestos — a falta de distinção entre "seu" e "meu". Talvez amanhã, preocupou-se ela, "se desencadeie um colapso mais grave dos valores morais".[7] Mas por enquanto não havia ainda nenhum sinal exterior de uma revolta organizada sistemática; o movimento permanecia incipiente, sem liderança. "É um motim? É uma revolução?", perguntou Claude Anet, correspondente do *Le Petit Parisien* em Petrogrado, o qual, como os outros jornalistas estrangeiros na cidade, não tivera a sorte de telegrafar as notícias para seu jornal em Paris.[8]

O frio intenso prevaleceu mais uma vez, mas com todos os bondes parados e muitas lojas fechadas havia pouco tráfego nas ruas, permitindo que a multidão perambulasse pela Niévski, "espalhando-se para cima e para baixo com curiosidade ansiosa" e reunindo-se em grupos nas esquinas. Leighton Rogers relembrou uma "multidão decidida, curiosa, sorridente", mas também sentiu outra coisa: que ela era "perigosa".[9] Os soldados estavam nos pontos de encontro natural dos principais cruzamentos ao longo dos três quilômetros da Niévski, que iam do Palácio de Inverno, em sua extremidade norte, passavam pela catedral de Kazan e pela praça Známenski e chegavam à estação Nicolau, no extremo sul. Como os cossacos, os soldados não pareciam dispostos a exercer força, e a multidão parecia ter esperança de que os conquistara.

Mas tudo mudou no período da tarde, quando os soldados e *faraóni* receberam ordens para dispersá-la. Toda a Niévski era uma massa efervescente de pessoas quando a polícia começou a empurrá-la, golpeando com sabres, enquanto os cossacos atacavam com espadas. Inevitavelmente, pessoas caíram e, na confusão, foram pisoteadas por cavalos ou por outras pessoas, enquanto a multidão engrossava por todo o caminho até o popular ponto de encontro na praça Známenski. Ali, Donald Thompson tinha visto a polícia montar uma metralhadora na sacada de uma casa às onze da manhã; um confronto estava claramente em fermentação.[10] Depois do almoço, ele e Harper haviam caminhado até lá para observar o enorme ajuntamento de trabalhadores, grevistas, estudantes e até mesmo algumas pessoas de classe média e profissionais liberais aglomerados diante da feia estátua equestre de Alexandre III. Muitos tinham tirado o chapéu e gritavam: "Deem-nos pão e voltaremos a trabalhar". Como em outros lugares, os soldados estavam parados e os cossacos pareciam estar interessados nos discursos. As mulheres da multidão estavam tão ousadas quanto no dia anterior, aproximando-se deles e pondo "mãos persuasivas" em seus rifles. "Baixem as armas!", imploravam. "Pensem em suas mães, namoradas e esposas!" Outras ajoelhavam-se: "Somos suas irmãs, trabalhadoras como vocês. Pretendem nos atacar com baioneta?".[11]

Um orador após o outro subiu no pedestal da estátua para falar à multidão, que se tornava mais agressiva conforme o tempo passava. Por volta das duas da tarde, Thompson viu um homem bem-vestido com peles entrar na praça num trenó, gritando com a multidão para deixá-lo passar; foi "arrastado para fora de seu trenó e espancado". Thompson o viu correr para se refugiar em um bonde abandonado nas proximidades, mas um grupo de trabalhadores o seguiu, e um deles, numa explosão de raiva, bateu na cabeça do homem com uma "pequena barra de ferro", até transformá-la "numa pasta". Isso "pareceu dar à turba um gosto por sangue", pois alguns avançaram e começaram a quebrar as janelas das lojas que não estavam protegidas por portas de ferro. Na verdade, alguns desses manifestantes eram policiais disfarçados. Thompson reconheceu um deles: um membro da polícia secreta tsarista, a Okhrana, que morava em seu hotel, vestido como operário e empurrando os soldados para fora da calçada como se fosse "um anarquista da pior espécie". Boris, seu intérprete, assegurou-lhe que era isso mesmo: a Okhrana era conhecida por "misturar-se com a turba" e tentar incitá-la a atacar os soldados.[12]

No final da tarde, Harper, já tendo andado quase quinze quilômetros pela cidade naquele dia, anunciou que estava exausta e ia voltar para o hotel. Thompson, no entanto, convenceu-a a ficar um pouco mais. Pararam numa rua lateral e ficaram observando. De vez em quando, os cossacos galopavam através da praça para afugentar a multidão, mas era inútil: "eles voltavam a se aglomerar, como a água após a passagem de um barco".[13] Harper e Thompson estavam ambos observando — ela indo na direção da Niévski, ele na praça — quando, por volta das quatro horas, Thompson ouviu uma forte explosão. Alguém havia jogado uma granada ou uma bomba do telhado da estação Nicolau; Thompson viu a multidão levantar instintivamente as mãos no ar, indicando que estava desarmada. Pouco depois, houve outra explosão, enquanto os cossacos se esforçavam para controlar a multidão.

Então Harper viu um pelotão de *faraóni* entrar a galope na praça, "cortando com seus sabres por todo lado", até que, de repente, um cossaco saltou à frente e trespassou com sua lança o oficial que liderava os *faraóni*, que caiu morto de seu cavalo.* Em seguida, "os cossacos gritaram e atacaram os *faraóni*, balançando e golpeando com seus chicotes" até que eles "se separaram e fugiram" aterrorizados.[14] "Você precisava ter visto a multidão", escreveu outra testemunha ocular americana: "Pessoas beijavam e abraçavam os cossacos, subindo nos cavalos para alcançá-los. Outros beijavam e abraçavam os cavalos, as botas, os estribos, as selas dos cossacos. Eles ganharam cigarros, dinheiro, caixas de charutos, luvas, qualquer coisa, tudo". Boris, o intérprete de Thompson, ficou muito comovido com esse momento. O "dia dos dias" havia chegado, ele disse a Thompson: "Os cossacos estão com o povo". Foi "a primeira vez na história da Rússia que um cossaco desobedeceu a ordens".[15]

De acordo com Harper, cerca de quinhentas ou mais pessoas se destacaram então da turba e começaram a subir a Niévski "carregando uma bandeira vermelha que era maior do que qualquer coisa que eu tivesse visto".[16] Ela e Thompson seguiram-nas avenida acima, período em que foram atacadas três vezes pela polícia e "tiveram de dar a volta e correr". Harper temia ser derrubada pela multidão em fuga e pisoteada, mas eram os sabres de polícia que a assustavam mais. Ela decidiu voltar para o Astória, mas, quando se aproximou do prédio da Singer, com Thompson, decidiram que talvez fosse melhor primeiro refugiar-se durante algum tempo no consulado dos Estados Unidos, que ficava no prédio. Uma quadra antes, tinham visto um grande grupo reunido em torno da vitrine da *pâtisserie* Pekar — uma franquia no Hotel d'Europe que ostentava uma vitrine com bolos e produtos de confeitaria de luxo (segundo Leighton Rogers, "uma exibição temerária para esses tempos difíceis"). A multidão estava de olho na comida que "não podia ter" quando de repente um operário quebrou a vitrine de vidro e pegou uma caixa de biscoitos.[17] O barulho atraiu ainda mais pessoas, logo seguidas pela polícia, que abriu fogo.

* Os relatos variam muito; alguns dizem que um dos cossacos deu um tiro, mas Thompson, que estava no local, é muito claro a respeito e diz que foi um golpe de sabre.

Arthur Reinke, um engenheiro de telefonia americano da Westinghouse, que tinha escritórios no prédio da Singer, observou horrorizado de sua sacada quando os *faraóni* entraram a cavalo no meio da multidão, "batendo nas pessoas com suas nagaicas", e, em resposta, "o povo berrou e vaiou e atirou pedras e garrafas na polícia". Ele queria voltar para o Hotel d'Europe, onde estava hospedado, mas a multidão diante da Pekar "simplesmente enchia a Niévski de ponta a ponta [...] disparando pela rua na minha direção, enquanto baionetas piscavam na distância e balas voavam". Respirando fundo, ele correu para o hotel e calculou, ao fazê-lo, ter estabelecido "o recorde do departamento de engenharia para as cem jardas, chegando à esquina do hotel antes que a multidão me cortasse" — mas encontrou as portas do lugar aferrolhadas. Depois de bater com força suficiente, um porteiro deixou-o finalmente entrar.[18] Claude Anet tivera o mesmo problema ao ficar preso na multidão reunida diante do hotel: encontrara "todas as portas, entradas de carruagens" e outros meios de escapar nas proximidades firmemente fechados, "como que por milagre". Com grande dificuldade, conseguira abrir caminho contra o rio de gente até sentir-se em segurança numa casa perto da ponte Anítchkov.[19]

Boris não se surpreendera com o ataque à confeitaria Pekar: disse a Thompson que corria o rumor de que o café estava "cheio de agentes alemães e controladores de alimentos que ali se encontravam e decidiam a cada dia o quanto iriam cobrar pela comida", razão pela qual a turba decidira vingar-se.[20] O local foi completamente destruído, e cinco pessoas que lá estavam sentadas foram mortas, bem como o operário que havia quebrado a vitrine. Os corpos dos mortos foram rapidamente levados embora; a vitrine foi fechada com placas de madeira e a "neve coagulada" cuidadosamente removida, mas a história se espalhou pela Niévski como "um raio" até chegar à estação Nicolau, onde a polícia havia usado novamente uma metralhadora escondida para dispersar a multidão enfurecida.[21]

Os distúrbios diante da Pekar ocorreram a curta distância do Hospital Anglo-Russo, de onde as enfermeiras tinham visto a multidão descendo a Niévski vindo do prédio da Singer. Naquele dia, sempre que conseguiram arranjar um tempinho, elas observaram a multidão e ajudaram a cuidar de feridos que foram trazidos da rua. A VAD canadense Edith Hegan ficou impressionada com a estranheza da situação: no front de guerra, sua primeira visão dos feridos acontecia após as batalhas, quando eram levados para os hospitais de campanha, mas em Petrogrado "basta olhar pela nossa janela do segundo andar para ver os motins continuamente em andamento e feridos e moribundos caindo por todo lado quando a polícia ataca as ruas de tempos em tempos". Ela e três de suas compatriotas desceram até a ponte Anítchkov naquela tarde para olhar mais de perto, mas foram severamente repreendidas por isso. Quando regressaram aos seus lugares junto à janela, podiam ouvir o "clique das metralhadoras que a polícia tinha escondido nas casas".[22] Seus pacientes russos imploraram que saíssem de perto das janelas, pois as balas já estavam atingindo o hospital.

Os distúrbios continuaram em toda a Niévski até o início da noite. Por volta das seis da tarde, Arno Dosch-Fleurot esteve perto do prédio da Singer com um conselheiro militar britânico, quando ambos tiveram de mergulhar para se esconder enquanto um esquadrão de *faraóni*, com sabres desembainhados, dobrava a esquina e entrava pela calçada da Niévski, atacando a turba com a borda de suas lâminas, numa tentativa de expulsar a multidão da rua.[23] Mas todos os seus esforços fracassaram: havia agora 2 mil ou 3 mil pessoas na avenida — uma "multidão correndo" —, e Fleurot viu os *faraóni* atingirem com baionetas vários manifestantes. Da janela de seu quarto no Hotel d'Europe, enquanto se vestia para um concerto, o socialite britânico Bertie Stopford* vira "toda a turma bem-vestida da Niévski correndo pela rua Michail [Mikháilovskaia] para salvar a própria pele, e um estouro de automóveis e trenós para escapar das metralhadoras, que nunca paravam de atirar".[24] Ele viu "uma senhora bem-vestida ser atropelada por um automóvel, um trenó virar e seu condutor ser jogado para o ar e morto. As pessoas de aparência mais pobre agachavam-se contra as paredes; muitos outros, principalmente homens, jaziam caídos na neve. Muitas crianças foram pisoteadas, e pessoas eram derrubadas pelos trenós ou pela pressa da multidão".

* As credenciais de Stopford permanecem misteriosas. Ele foi para Petrogrado em agosto de 1916, supostamente para vender ao governo russo um equipamento sem fio para aviões, mas logo caiu nas graças da camada superior da aristocracia russa e do circuito social de Petrogrado, de onde passava informações privilegiadas para Sir George Buchanan.

Thompson, Harper e Boris ainda estavam nas ruas, e muitas vezes eram obrigados a se jogar no chão para se proteger.[25] Boris tinha certeza de que alguns tiros dados pelos soldados eram de balas de festim, ou que eles tinham disparado para o ar, pois do contrário haveria muito mais gente morta. As metralhadoras da polícia nos telhados dos prédios foram responsáveis pela maior parte da matança.[26] Os manifestantes respondiam com todo tipo de arma em que pudessem pôr as mãos: revólveres, bombas ou mísseis caseiros — garrafas, pedras, metais, até mesmo pedaços de neve. Alguns tinham granadas de mão provenientes da Frente Oriental. E, durante todo o dia, instaram os soldados a passar para o lado deles.[27]

No QG (Stavka) do Exército russo em Moguiliov, a cerca de oitocentos quilômetros de distância, Nicolau II recebera a notícia do rumo violento dos acontecimentos em Petrogrado, embora Protopópov não lhe tivesse transmitido a verdadeira gravidade da situação. Pensando que bastariam medidas mais firmes por parte da polícia e do Exército, Nicolau não vira necessidade de retornar a Petrogrado e, em vez disso, telegrafou para Khabálov e lhe deu ordens para "sufocar até amanhã os distúrbios na capital, que são indesculpáveis, tendo em vista as dificuldades da guerra com a Alemanha e a Áustria". Por carta, sua esposa lhe dissera que os acontecimentos do dia não passavam de trabalhadores soprando vapor, "um movimento de desordeiros", "rapazes e moças correndo para lá e para cá e gritando que não têm pão, só para agitar os outros". Ela achava que, se estivesse fazendo muito frio, "eles provavelmente ficariam dentro de casa".[28] Além disso, Alexandra tinha coisas muito mais sérias em que pensar: três de seus cinco filhos, Aleksei, Tatiana e Olga, estavam doentes com sarampo.

Naquela noite, buscando algum alívio dos eventos traumáticos do dia, Florence Harper e Donald Thompson foram à estreia de uma farsa francesa, *L'Idée de Françoise*, no teatro Mikháilovski, acompanhados pelo vice-cônsul dos Estados Unidos. Thompson achou a peça entediante e saiu mais cedo com Boris para caminhar pelas ruas dos distritos industriais, onde "encontrou coisas mais excitantes".[29] O adido da embaixada francesa Louis de Robien também esteve na estreia, mas os camarotes imperiais estavam vazios e os grão-duques, ausentes. Uma das atrizes da companhia, Paulette Pax,* achara toda a apresentação enervante — em particular o público, com a sua "profusão de joias e roupas suntuosas" —, tendo em mente o que acontecera do lado de fora durante todo o dia. Ela achava que ninguém da plateia tinha prestado muita atenção na peça: sua mente estava em outro lugar, e os aplausos foram indiferentes. "O que estávamos fazendo era ridículo", escreveu em seu diário, "apresentar uma comédia naquele momento não fazia sentido."[30]

No entanto, Arthur Ransome, ao escrever seu despacho naquela noite, não considerou a situação tão grave, observando que a maior parte da multidão ("inclusive muitas mulheres") estivera na rua simplesmente para ver outras pessoas criarem confusão. O "sentimento geral" tinha sido de "excitação um tanto precária, como um feriado bancário com trovões no ar", enfatizando as "relações extremamente boas entre a multidão e os cossacos". O objetivo dos distúrbios era "vago". Arthur Reinke pensou a mesma coisa: naquela noite, encontrara as estradas congestionadas com pessoas que, em face da provocação extrema da polícia, tinham permanecido "apenas curiosas".[31] Mas a imposição de um toque de recolher fez com que todos corressem para casa às onze da noite, deixando "longas filas de cossacos de aparência malvada em seus pôneis, levados a intervalos para o outro lado da rua", e grandes manchas de sangue visíveis na neve branca, como "testemunhas mudas" do que acontecera naquele dia.[32] J. Butler Wright nunca esqueceu "o cheiro penetrante" na Niévski no fim da tarde; vinha "dos desinfetantes e remédios de primeiros socorros administrados àqueles que tinham sido baleados".[33]

No distrito de Petrogrado, o inquieto Donald Thompson ainda estava com Boris em busca de uma matéria às duas da manhã, quando finalmente ficou cara a cara com a primeira manifestação horrenda de violência da multidão. Marchando na direção deles vinha um grupo turbulento de cerca de sessenta pessoas, "que pegaram duas cabeças, enfiaram-nas em estacas e carregaram-nas no meio da rua". Eram as cabeças de policiais, assim disse Boris. Thompson tinha visto vermelho suficiente para um dia: bandeiras vermelhas, manchas vermelhas na neve e, agora, cabeças cortadas. Viram mais corpos no caminho de volta para o Astória, e Thompson descobriu mais tarde que "um grande

* Em 1912, em Paris, Pax fora amante do agente secreto britânico Sidney Reilly por um breve tempo.

número de policiais foi morto ou gravemente ferido" por multidões nos distritos de Vyborg e Petrogrado.[34] Durante toda a noite de sábado houve uma grande quantidade de gritos e berros e disparos incessantes naqueles distritos, enquanto a trama violenta continuava a desenrolar-se. Para Philip Chadbourn, aquele dia fora um ponto de transição significativa e, talvez, otimista — "o espaço entre as bobinas" — que separava "a miséria negra e a injustiça da primeira bobina" da "revolta vermelha e o heroísmo brilhante da segunda".[35]

Um silêncio sinistro pairava sobre a cidade no belo domingo da manhã seguinte, sem nuvens e ensolarado; mas, durante a noite, o general Khabálov resolvera que seria preciso tomar medidas draconianas para manter a situação sob controle. Novos cartazes afixados pela cidade anunciavam que os trabalhadores teriam de retornar ao trabalho na terça-feira, dia 28, ou aqueles que haviam pedido adiamentos de seu serviço militar seriam enviados diretamente para a frente de batalha. Proibiram-se todos os ajuntamentos de rua de mais de três pessoas. Numa reunião do Conselho de Ministros que durara da meia-noite até as cinco da manhã, Khabálov dera garantias de que 30 mil soldados, apoiados por artilharia e carros blindados, estariam nas ruas, com ordens para tomar medidas decisivas contra os manifestantes.[36]

Durante a noite, todas as pontes levadiças sobre o Nievá foram levantadas, e as pontes fixas restantes foram fortemente guardadas por carros blindados e metralhadoras. Embora a multidão tenha de novo invadido o gelo, era tanta gente dessa vez que levaram muito tempo para cruzar o rio. Havia menos cossacos naquela manhã, mas muito mais policiais em patrulha, e os soldados tomaram conta das pontes da avenida Niévski sobre o canal Ekaterinínski e sobre os rios Moika e Fontanka, bem como montaram guarda fora das estações ferroviárias. No final da manhã, muitas dessas posições foram reforçadas com ninhos de metralhadoras. A Cruz Vermelha também estava em evidência, posicionando ambulâncias puxadas por cavalos em ruas laterais, prevendo a retomada inevitável da violência.[37] Dessa vez, Khabálov não queria arriscar, e assegurara-se de que a maioria dos soldados levados para a Niévski pertencia a forças em treinamento dos regimentos de guardas, trazidos das academias militares. Estavam todos fortemente armados com fuzis e baionetas, e as autoridades supunham que, como eram suboficiais, relutariam menos em atirar, se recebessem ordens nesse sentido.[38]

Parecia que toda a cidade estava nas ruas naquela manhã, e a pé, pois não havia bondes ou táxis. As pessoas pareciam decididas a ir à igreja como de costume, ou simplesmente apreciar o bom tempo para dar um passeio pela Niévski. Casais empurravam seus bebês em carrinhos, como em qualquer domingo comum; crianças patinavam na pista de gelo dos Jardins do Almirantado. Donald Thompson, ao sair do Astória com Florence Harper, teve a impressão de "que todas as crianças de Petrogrado estavam na rua".[39]

Porém, a maioria das lojas e dos cafés de frente para a Niévski estava fechada, e muitos tinham as portas abaixadas ou apressadamente vedadas.[40] A cidade parecia "violada", pensou Louise Patouillet, nervosa com as mudanças que os distúrbios já haviam provocado. Da noite para o dia, e apesar das famílias que caminhavam de maneira tão aparentemente despreocupada, a atmosfera cristalizara-se em algo mais sombrio, mais tenso. A revolução estava "no ar que se respirava", observou um visitante inglês. O que havia de organização permanecia improvisado, de um "caráter precário".[41] O governo russo advertira os estrangeiros a não sair, mas Thompson e Harper não resistiram à tentação de se misturar com a multidão na Niévski, mais uma vez com Boris, embora, como Harper recordou, "nenhum de nós gostasse da aparência da situação". As pessoas estavam desesperadas por notícias, e formavam-se grupos ao redor de qualquer um que tivesse alguma coisa para contar.[42] O tema predominante das conversas — além do debate sobre quantos já haviam sido mortos ou feridos, ouvido com frequência por testemunhas oculares estrangeiras durante a revolução — era o quanto da fuzilaria sobre os civis podia ser atribuído a *faraóni* disfarçados de soldados, ou até mesmo de cossacos. As pessoas estavam certas disso, porque os *faraóni* montavam em "animais grandes e bem cuidados", ao passo que os cavalos dos cossacos eram "muito pequenos, desgrenhados, e, em geral, tinham uma aparência descuidada". Elas eram capazes de perceber a diferença.[43]

Ao meio-dia, os caminhos para a Niévski estavam bloqueados pela multidão que afluía de todos os lados da cidade e tentava chegar à avenida. Thompson e Harper se dirigiram para o Medved ("O Urso") — um conhecido restaurante francês na Bolcháia Koniúhennaia, perto do prédio da Singer — a fim de almoçar antes que acabasse a oferta limitada de pão do restaurante. Thompson estava bem preparado para uma possível ação, com sua "câmera giroscópica" escondida num saco para poder tirar fotografias.[44] Depois de deixarem o restaurante e caminharem de volta pela Niévski, eles viram uma turba que se reunia mais adiante, perto da ponte Anítchkov, agitando bandeiras vermelhas e cantando a "Marselhesa". "Vai sobrar para esses pobres-diabos", Thompson advertiu, e, quando se voltaram para se abrigar, ouviram um barulho e observaram enquanto "cinquenta policiais montados vestidos como soldados" faziam carga sobre a multidão e a empurravam por uma rua lateral.

Mas, assim que esse grupo foi retirado, outro se reuniu na ponte. Um estudante subiu numa das estátuas equestres e começou a acenar uma bandeira vermelha e fazer um discurso; Thompson parou para tirar uma foto e viu quando a multidão se afastou e foi direto para o "rugido de uma metralhadora mortal e o cuspido dos fuzis". Ele havia visto a polícia puxando uma metralhadora para o meio dos trilhos dos bondes. "Soaram rajadas após rajadas", relembrou Harper. "Os mortos eram muitos; os feridos gritavam enquanto eram pisoteados." Logo todos estavam prostrados, abraçando a calçada ou deitados na neve – inclusive Thompson e Harper. Parecia que "o próprio inferno desabara na Niévski", pois estavam sob fogo "de todos os lados", o que os impedia de chegar às lojas atrás. As balas também vinham de metralhadoras nos telhados de edifícios e "varriam tudo em volta".[45]

Thompson conseguiu tirar algumas fotografias antes de sair correndo com Harper. Em busca de abrigo, quebraram a vitrine de uma loja de luvas e entraram, seguidos de perto por umas dez ou quinze pessoas, muitas delas sangrando. Bem diante de seus olhos, tinham visto uma menina ser atingida no pescoço por tiros e uma mulher bem-vestida perto deles cair com um grito ao ter o joelho estilhaçado por uma bala. Depois de rastejarem de volta para a rua, Thompson e Harper foram mais uma vez jogados ao chão pelo fogo de rifles vindo da polícia posicionada na ponte Anítchkov. Ao redor, pessoas jaziam mortas e agonizantes na neve; Thompson contou doze soldados mortos, Harper notou que havia muito mais mulheres e crianças do que homens: trinta mortos no total. Os dois repórteres ficaram deitados na neve por mais de uma hora, dormentes com o frio, mas com muito medo para se mover. Harper "tinha uma vaga ideia de que estava morrendo de frio"; queria chorar. E então as ambulâncias apareceram e começaram a recolher os mortos e feridos e eles decidiram que aquilo era providencial: podiam fingir que estavam feridos e ser carregados para um lugar seguro.[46]

As enfermeiras do Hospital Anglo-Russo também tinham visto a fuzilaria em que Thompson e Harper tinham sido apanhados, a uma curta distância da ponte Anítchkov. A VAD Dorothy Cotton recebera informação confiável de que haveria uma nova onda de distúrbios por volta das três da tarde, e, tal como previsto, em torno das 14h45, estavam todos observando das janelas quando uma companhia de guardas Pávlovski, enfileirados no importante cruzamento de Sadóvaia com Niévski (logo adiante da ponte Anítchkov), recebeu ordens de limpar a rua. Lady Sybil Grey viu como eles "deitaram na neve e dispararam uma rajada nas pessoas", que tombaram todas de cara no chão.[47] Em seguida, uma metralhadora abriu fogo de um telhado e "varreu a rua em todas as direções", enquanto as pessoas deitadas de bruços tentavam se arrastar para longe. Outras "corriam para onde podiam. Enfiaram-se nas ruas laterais, encostaram-se nas paredes das casas, esconderam-se debruçadas atrás de montes de neve ou de postes de bonde". Tudo foi "um caso de provocação completamente desnecessária por parte da polícia", relembrou ela.

Muitas pessoas se refugiaram na porta do hospital, notou Edith Hegan.[48] Ela ficou impressionada com os cossacos, galopando para cima e para baixo da Niévski como "um raio fulvo", tentando afastar a multidão. Viu um deles atacar um homem que parecia estar liderando a multidão, e como ele "descreveu um arco no ar com sua espada. Vi a espada descer, e, enquanto eu prendia a respiração de horror, ela cortou fora com precisão a copa do chapéu do homem". Este não demonstrou "o menor medo" e continuou "andando calmamente, enquanto a multidão aplaudia os dois imparcialmente". Não muito tempo antes, acrescentou ela, "aquele cossaco teria cortado fora a cabeça do homem".[49]

Quando as coisas acalmaram, as pessoas correram para ajudar os feridos. Philip Chadbourn viu "dois jovens operários de botas de cano alto e jaquetão preto [...] deitados de costas, com sangue escorrendo da boca. [...] Enquanto eu estava junto a eles e olhava para seus olhos cegos, uma mulher abaixou-se, olhou com atenção aquelas faces, estremeceu e disse: 'Que vergonha! Garotos, apenas garotos!'".[50] Ali perto, passaram "seis homens com bonés verdes de estudante carregando um cadáver sobre um painel de propaganda na cabeça". Outros pararam uma limusine que passava; fizeram descer os dois ocupantes, puseram civis feridos no interior e mandaram o motorista levá-los para o hospital. Chadbourn viu a mesma coisa acontecer "com dois trenós particulares". Em outros lugares, os feridos e mortos foram levados pela multidão; outros eram deixados em pilhas até que ambulâncias motorizadas ou puxadas a cavalo viessem recolhê-los.

Com os seus 180 leitos cheios de feridos da frente de batalha, o HAR podia oferecer pouco mais do que primeiros socorros à dúzia de vítimas que foi trazida rapidamente; muitos morreram quase ao chegar, como lembrou Edith Hegan.[51] Ela e suas colegas enfermeiras fizeram o que puderam pelos feridos, "mas, à noite, as autoridades os levaram embora, com exceção de dois ou três que estavam muito perto da morte para serem removidos". Outros dezoito feridos foram levados para a Duma da cidade, que ficava a curta distância do HAR descendo pela Niévski, onde os estudantes tinham ajudado a montar um posto da Cruz Vermelha improvisado. Durante toda a tarde, Lady Sybil Grey viu as ambulâncias motorizadas passarem incessantemente para cima e para baixo. Em um único hospital, deram entrada trezentos feridos. Havia outros sessenta no Hospital Mariínski, na avenida Litéini e mais de cem no Hospital Óbukhov, junto ao canal Fontanka.[52]

No início da noite, ocorreu o "episódio mais sangrento da Revolução", como Robert Wilton mais tarde o descreveu, na praça Známenski, onde uma densa massa de gente vinda da Niévski se encontrou com outra multidão chegando da Ligovskáia, a via principal para o sul da praça.[53] "Comandantes da polícia local passaram a cavalo entre a multidão, ordenando às pessoas que fossem para casa", lembrou o dr. Joseph Clare, pastor da Igreja Americana que testemunhou a cena.* "O povo sabia que os soldados estavam do seu lado e não se moveu." Estacionados diante de um hotel que dava para a praça estavam soldados do 1º e do 2º destacamentos de treinamento do regimento Volínski. Quando seu comandante lhes deu ordem para dispersar a multidão, os soldados imploraram aos manifestantes que deixassem o local, para não terem de usar suas armas, mas as pessoas se recusaram a ceder. Com raiva, o oficial mandou prender um dos soldados relutantes por insubordinação e novamente ordenou a seus homens que atirassem. "Eles atiraram para o ar, e o oficial ficou furioso, obrigando cada indivíduo a abrir fogo sobre a multidão", relembrou Clare. Finalmente, ergueu a própria pistola e começou a disparar. Então, "de repente, ouviu-se o rat-tat-tat de uma metralhadora. As pessoas quase não acreditaram em seus ouvidos, mas

* A Igreja Congregacional em Petrogrado ficara conhecida como a "Igreja Americana" porque era frequentada pelo embaixador americano anterior e muitos de seu séquito.

não havia como duvidar dos olhos quando viram pessoas tombando".[54] Robert Wilton também viu: uma metralhadora Maxim colocada no telhado de um prédio próximo – provavelmente a que Donald Thompson vira no dia anterior – abriu fogo contra a multidão. Mas dessa vez aconteceu algo extraordinário: a tropa de cossacos posicionada na praça virou-se e disparou contra os artilheiros nos telhados das casas. "Foi um verdadeiro pandemônio", recordou Wilton; "com um grande uivo de raiva", a multidão dispersou-se atrás de edifícios e pelos pátios, de onde alguns deles começaram a atirar contra os militares e a polícia. Cerca de quarenta foram mortos e centenas ficaram feridos.[55]

O "rugido fratricida" dos combates continuou a ecoar em toda a Niévski até o anoitecer, com pequenos grupos independentes de pessoas constantemente à procura de confusão, alguns deles armados; a multidão estava "no *qui vive* de excitação", recordou Philip Chadbourn, mas como a cidade era grande e as ruas eram largas, os incidentes ocorriam frequentemente desconectados uns dos outros, e demorava para que fosse transmitida a notícia do que estava acontecendo e onde.[56] Como observou um americano, a "sensação mais estranha" naquele dia era "encontrar as coisas tão calmas em determinados lugares e, no minuto seguinte, dobrar uma esquina e ver uma ambulância recolhendo mortos e feridos".[57] Arthur Ransome telegrafou dizendo que "escapulira" ao dobrar uma esquina, para sair da linha de fogo, e topara com "quatro homens raspando pacificamente o gelo da calçada com enxadas".[58] A verdade é que, com tantos tiros aleatórios, ninguém sabia quem era amigo ou inimigo, e era difícil e perigoso para qualquer jornalista seguir os acontecimentos.

Embora Florence Harper estivesse exausta, seu instinto profissional a manteve na rua até o início da noite: "Era empolgante demais". No Astória, ela entreouviu um gordo vendedor de sapatos lamentando o fato de que jamais "acreditariam em sua história extravagante, de ter corrido seis quadras da turba e dos combates, quando se sentasse diante de uma caneca de cerveja rodeado por almas simpáticas em seu café preferido de Chicago". "Vão me chamar de mentiroso!", lamentou. Ele viu-se preso no Astória, pois era muito perigoso voltar ao seu hotel na estação Nicolau, e passaria os três dias seguintes ali, repetindo sua história milagrosa de sobrevivência. "Espero que seus amigos de Chicago acreditem nele", escreveu Harper mais tarde, porque naquele dia – como ela mesma, Thompson e muitos outros observadores estrangeiros – "ele estava lá, bem no meio de tudo".[59]

Nenhum deles, no entanto, sabia exatamente quantos haviam sido mortos no domingo: Robert Wilton pensou em pelo menos duas centenas; outros, como Harper e Thompson, anotaram os mortos e feridos em determinados pontos do conflito — algumas das vítimas de metralhadoras e de fogo cruzado e em torno da avenida Niévski e da praça Známenski, outros atropelados pelos *faraóni* ou mortos ao cair sob os cavalos dos cossacos. Mas os feridos e mortos foram carregados em todas as direções: para os hospitais, para locais temporários de curativos, para os necrotérios ou simplesmente de volta para casa por amigos e parentes. Ninguém estava contando. No entanto, muitos morreram, as provas da violência daquele dia estavam em todos os lugares para quem quisesse ver, como observou Robert Wilton: "Vi centenas de cartuchos vazios que sujavam a neve, que estava inundada de sangue".[60]

Depois que escureceu, quando a multidão havia saído da avenida Niévski, os soldados envolvidos no tiroteio na praça Známenski e na avenida retornaram a seus quartéis, irritados e abalados por terem sido forçados a atirar na multidão. Robert Wilton caminhou até a embaixada britânica para visitar Sir George Buchanan, que conseguira tomar o último trem para voltar a Petrogrado de suas breves férias na Finlândia e ver-se no meio de uma revolução. "Eu estava atravessando o Jardim de Verão quando as balas começaram a sibilar sobre a minha cabeça", relembrou Wilton.[61] Cem dos guardas Pávlovski que estavam em seu quartel, perto do Campo de Marte, ao ficarem sabendo que membros da 4ª Companhia haviam recebido ordens mais cedo para abrir fogo contra a multidão perto do cruzamento de Sadóvaia e Niévski, decidiram agir. Estavam convencidos de que a polícia vinha provocando o "derramamento de sangue".[62] Esses homens partiram para a Niévski com alguns fuzis e munições, com a intenção de dissuadir os companheiros de atirar em manifestantes, quando foram confrontados por *faraóni* montados. Iniciou-se um tiroteio, mas os soldados logo ficaram sem munição e foram forçados a voltar ao quartel, onde se entregaram. Os dezenove líderes foram detidos e encarcerados na Fortaleza de Pedro e Paulo; o resto foi confinado nos quartéis. Houve uma restrição imediata sobre a notícia do motim, mas ela logo se espalhou.[63]

Naquela noite, a atriz Paulette Pax voltou ao teatro Mikháilovski, perguntando se haveria a apresentação programada de *L'Idée de Françoise*. Quando chegou, encontrou seus colegas atores todos extremamente perturbados e cheios de histórias das atrocidades ocorridas durante o dia. Não tinham estômago para a farsa naquela noite, e a plateia estava praticamente vazia. Mas a regra era que uma apresentação só seria cancelada se o público fosse de menos de sete pessoas. Pax gemeu quando a bilheteria superou esse limite; mas, para crédito deles, os atores subiram ao palco e apresentaram a peça "como se fosse para uma casa cheia".[64]

Dois membros dessa pequena plateia eram o funcionário da embaixada britânica Hugh Walpole e Arno Dosch-Fleurot, que se divertiram bastante. Stella Arbenina, uma inglesa casada com o barão Meyendorff, também compareceu. Tudo estava "perfeitamente calmo" nas ruas quando ela chegou e mandou o cocheiro e os cavalos para casa, não querendo deixá-los esperando no frio durante duas horas. Ao entrar no teatro, ficou consternada ao saber que, embora as peças francesas normalmente tivessem sessões lotadas, havia apenas cerca de cinquenta pessoas presentes, e todas elas "parecendo tão deslocadas e apologéticas quanto nós". O pior momento, no entanto, aconteceu durante o intervalo, quando qualquer oficial russo presente na plateia era obrigado, pela tradição, a levantar-se e encarar o camarote imperial, num "ato de homenagem vazia" ao tsar ausente.[65]

No teatro Mariínski, lugar normalmente superlotado, uma apresentação do balé *La Source* também foi feita para uma plateia pela metade. No canal Fontanka, a tão esperada festa no palácio da princesa Radziwiłł foi adiante como planejada, embora as carruagens que traziam os convidados tenham se recusado a entrar na Niévski, preferindo fazer o caminho mais longo. Charles de Chambrun e Claude Anet estavam lá e notaram que os convidados se mostravam muito preocupados, embora todo mundo "tentasse dançar, apesar disso". Anet observou que o grão-duque Boris Vladímirovitch foi para a pista de dança; estaria ele testemunhando "o último tango" desse descendente da aristocracia russa? Bertie Stopford também estava presente, absorvendo um último suspiro de decadência imperial de estilo antigo; ele ficou até as quatro da manhã, quando o príncipe Radziwiłł o mandou para o hotel em seu próprio carro, pois "balas ocasionais ainda assobiavam para lá e para cá".[66]

Maurice Paléologue estava exausto, depois de ter passado o dia todo "literalmente assediado por membros ansiosos da colônia francesa" que queriam ir embora de Petrogrado. Naquela noite, saiu para jantar com um amigo, em vez de participar da festa dos Radziwiłł. Mas, a caminho de casa, passou pelo palácio e viu uma longa fila de carros e carruagens esperando do lado de fora. A festa ainda estava em pleno andamento, mas não se sentiu tentado a entrar. Como anotou em seu diário naquela noite, Senac de Meilhan, historiador da Revolução Francesa, havia escrito que também houvera "uma abundância de alegria, em Paris, na noite de 5 de outubro de 1789!".[67]

Quando os convidados da festa foram para casa tarde da noite, havia um terrível aspecto fantasmagórico na cidade. Stella Arbenina notou isso depois de sair do teatro Mikháilovski. Normalmente, a praça em frente estaria cheia de atividade – cocheiros, trenós e automóveis esperando para levar os espectadores para casa, e uma "turma alegre de pessoas envoltas em peles". Mas, naquela noite, a praça estava "completamente vazia"; não havia um táxi ou trenó para tomar, e ela foi obrigada a caminhar ao luar e sob frio intenso. "De vez em quando, ouvíamos um tiro à distância, mas as ruas pelas quais passamos estavam completamente desertas." O silêncio era sinistro e fazia o "ranger da neve sob os nossos pés parecer desproporcionalmente alto". Petrogrado parecia uma cidade morta.

Claude Anet notou o mesmo ar de falsa "tranquilidade". Petrogrado estava "deserta, lúgubre, mal iluminada". Tropas de soldados isolavam a Niévski com barricadas montadas em cada cruzamento. Aqui e ali, era possível ver grupos de cossacos patrulhando na neve, envoltos no vapor branco que subia do lombo de seus cavalos. Era como passar através de um grande acampamento militar, lembrou Anet.[68] Norman Armour, que tinha ficado até tarde na festa dos Radziwiłł, também notou isso enquanto caminhava de volta para seu apartamento com vista para o Nievá: "Senti que podia estar de volta aos dias da Guerra da Crimeia", lembrou. Estava muito frio, e "as sentinelas nas ruas tinham feito fogueiras e empilhado suas armas perto delas, como vemos em pinturas antigas no Hermitage".[69] A única iluminação vinha do potente feixe de um farol montado no pináculo da torre do Almirantado, que varria a Niévski deserta de ponta a ponta, "estendendo uma ampla faixa de branco pálido" sob o seu brilho.[70]

Na Duma reunida no Palácio Tauride, aconteceram encontros frenéticos durante todo o dia. Frustrado com a contínua falta de resposta do tsar, o presidente da Duma, Mikhail Rodzianko, tomara a iniciativa de lhe telegrafar no Stavka sobre a gravidade da situação, alertando que a anarquia reinava na capital, que os suprimentos de alimentos, combustíveis e transporte estavam caóticos e afirmando que o governo estava "paralisado". Talvez fosse um exagero, e ia de encontro às mensagens que Nicolau recebera do general Khabálov, que procurara tranquilizá-lo de que tudo estava sob controle. Mas Rodzianko insistia que, a fim de desarmar a situação perigosa, era essencial que se formasse imediatamente um novo governo em que o povo tivesse confiança. Com medo de um golpe dentro da Duma, o primeiro-ministro Golítsin entrou em cena e antecipou-se a Rodzianko, suspendendo-a, em vez de esperar pela resposta de Nicolau. (Na verdade, Nicolau decidira que não era necessária nenhuma resposta.) Rodzianko ficou indignado: a Duma era a autoridade constituída da Rússia, insistiu; sua suspensão era uma violação da lei russa. Instou que os colegas a defendessem, e uma comissão temporária foi apressadamente organizada.[71]

A revolução estava agora articulada politicamente: na sede do governo, por alguns dos regimentos de guardas, e pelos cossacos, outrora ferozmente leais. Os trabalhadores, indignados com o tiroteio indiscriminado contra a multidão naquele fim de semana, formaram suas próprias milícias e passaram a noite de domingo tramando não só para continuar a greve e as manifestações, mas também para tomar armas e transformar o movimento de protesto em nada menos do que um levante armado. "Desde a uma hora de hoje, foi um domingo sangrento para a Rússia", escreveu Donald Thompson à esposa quando finalmente voltou ao Astória naquela noite. Ele andara pelas ruas congelantes até as três da manhã, mostrando seu passaporte americano para passar pelas barricadas e retornando a intervalos regulares para se aquecer, antes de finalmente sossegar. Em todos os lugares que visitara aquela noite, encontrara "turbas de aspecto feio". Tinha ouvido rumores de motins entre algumas das tropas. "Se isso se espalhar para outros regimentos, a Rússia será uma república dentro de mais algumas horas", disse a ela.[72] Tudo agora dependia da forma como as tropas descontentes — em particular os regimentos Pávlovski, Volínski e Preobrajénski — reagiriam na segunda-feira. "Gostaria que você me enviasse um pouco de açúcar", acrescentou. "Preciso também de um pouco de quinino e comprimidos de aspirina." Não estava se sentindo bem. Mas os acontecimentos não lhe dariam chance de escrever de novo nos três dias seguintes.

4. "Uma revolução feita por acaso"

Durante todo o domingo, Leighton Rogers e seus colegas do National City Bank ficaram presos no escritório do Cais do Palácio; era perigoso demais sair do edifício e voltar para casa. Permaneceram lá durante toda a tarde e a noite, "ouvindo o crepitar dos fuzis, o dilacerar das metralhadoras, e se perguntando o que tudo aquilo significava". Para eles "soava pior do que realmente era", concluiu Rogers; mas não se arriscaram e mantiveram as luzes apagadas. Quando ficou tão escuro que não conseguiam ver e tiveram de parar de ler e escrever cartas, Chester Swinnerton não aguentou mais. Formado por Harvard e conhecido pelos colegas como o "Conde", graças ao extravagante bigode retorcido que combinava com suas bravatas, levantou-se e proclamou com um gesto teatral que eles eram "um grande grupo de americanos" e não deviam ter medo de um "pequeno tiroteio". "De que serve ficar aqui a noite toda?", perguntou. "Uma bala pode atravessar a janela e acertá-lo, e o mesmo pode acontecer na rua. Não vou ficar; vou para casa a pé, dane-se o tiroteio, e vou dormir numa boa cama. Boa noite."[1]

Com isso, pôs chapéu, sobretudo e galochas e bateu a porta. Não tinha ido longe quando encontrou um "sujeitinho insignificante" segurando na mão "uma pistola grande o suficiente para um verdadeiro homem. Não era um dos nossos pequenos e simpáticos revólveres de cano curto, mas uma verdadeira pistola, e, nas mãos dele, não achei nada atraente". Ao perceber que havia encontrado o novo homem comum revolucionário, dos quais havia muitos agora rondando as ruas, com armas que mal sabiam manejar — e vendo uma turba de mais ou menos cinquenta à distância, disparando ao acaso —, Swinnerton decidiu "voltar para o banco". Seus colegas ouviram uma explosão de fogo de fuzis e metralhadoras quando ele entrou correndo pela porta. "Bem, no fim das contas, acho que não vou voltar para casa", disse ele timidamente. "Está frio lá fora e quente aqui."[2]

Naquela noite, depois de compartilhar os poucos charutos e cigarros que sobravam, deitaram da melhor forma possível sob os pesados sobretudos. A incongruência de sua situação suntuosa — dormindo em sofás ornamentados de ouro sob lustres de vidro lapidado, no que antes havia sido a grande sala de recepção moura da antiga embaixada turca — não era propícia a uma noite repousante.[3*] Passariam também toda a segunda-feira lá, vivendo de pão preto, sopa de repolho e chá. Ocasionalmente, um deles ia lá fora para ver "se havia algo a ser visto" e, ao descobrir que, com efeito, havia — e como! —, voltava correndo.[4]

Durante os distúrbios do fim de semana, o embaixador americano David Francis aceitara sabiamente o conselho oficial e ficara dentro de casa. A seu pedido, a embaixada ganhara uma guarda de dezoito soldados, mas ele ficara apreensivo porque sua "fidelidade" era de "qualidade incerta".[5] Estava preocupado também com os riscos que seus funcionários corriam, alguns dos quais tinham ido até a calçada para espiar o que estava acontecendo. Ordenou-lhes que entrassem e trancassem as portas.[6] Menos mau, pois os acontecimentos do que ficaria conhecido como "Segunda-feira Vermelha" engrossaram rapidamente, de uma forma tão tumultuada e imprevisível que havia grande perigo de ser pego no fogo cruzado.

Foi um grande choque para Meriel Buchanan retornar a Petrogrado às oito horas da manhã de uma visita a amigos no campo e descobrir que não havia bondes e nenhum *drójki* na estação para transportá-la com sua bagagem para a embaixada britânica. Ficou espantada com o fato de Petrogrado ter-se

* A antiga embaixada turca ocupara, até a eclosão da guerra, em 1914, o Palácio Kantemiróvski, no número 8 do Cais do Palácio; o prédio foi posteriormente alugado pelo NCB para os seus escritórios de Petrogrado. Os enormes quartos de teto alto do segundo andar foram convertidos em instalações bancárias, equipadas com escrivaninhas, máquinas de escrever e máquinas de somar.

transformado, drástica e irremediavelmente, em sua ausência: "À luz sombria e cinzenta daquele início de manhã, a cidade parecia indizivelmente desolada e deserta. As ruas vazias e feias que saíam da estação, com suas casas de estuque sujas de ambos os lados, pareciam, depois da paz branca como neve do campo, de alguma forma, o próprio acme da desolação".[7] Mas isso não era tudo: havia uma atmosfera de terror e suspense em Petrogrado que fez seus ansiosos pais ficarem contentes de tê-la de volta. Ela passou a maior parte daquela manhã encerrada e "proibida de sair [...] sentada na grande escadaria da embaixada pescando informações das várias pessoas que iam e vinham".

Às onze da manhã, ficou claro que a capital estava no meio de uma revolução, pois então os distúrbios assumiram "proporções formidáveis", deixando a Niévski e concentrando-se no extremo norte da Litéini, em torno do Tribunal Distrital — a uma quadra e meia da embaixada dos Estados Unidos, na Furchtatskáia, e mais perto também da embaixada britânica no Cais do Palácio.[8] Enquanto David Francis permaneceria em seu gabinete ao longo de toda a segunda-feira, tentando explicar os eventos turbulentos dos últimos dias num longo despacho para Washington — e prejudicado pela perda da linha telefônica, que fora vandalizada —, Sir George Buchanan insistiu, às onze e meia da manhã, em fazer sua habitual visita matinal ao Ministério das Relações Exteriores russo, acompanhado pelo colega francês Paléologue.[9] Ambos foram extremamente contundentes com o ministro russo Nikolai Pokróvski, como Buchanan relatou mais tarde num telegrama cifrado para Londres. Era um "ato de loucura suspender a Duma num momento como o atual", Buchanan lhe disse, pois isso tornaria impossível conter a revolta. Pokróvski garantiu que um "ditador militar" seria nomeado e Nicolau enviaria tropas da frente de batalha para "acabar com o motim", o que alarmou ainda mais os dois embaixadores. Eles concluíram que mais uma vez Nicolau decidira não escolher o caminho da conciliação e da concessão política. Essa política repressiva draconiana, da qual o reacionário Protopópov era o principal arquiteto, só serviria, na opinião de Buchanan, para inflamar a situação e pôr a Rússia "cara a cara com a revolução" num momento em que estavam numa etapa decisiva da guerra.[10] Paléologue compartilhava do desânimo de Buchanan, refletindo sobre a turbulenta história de seu país: "Em 1789, 1830 e 1848, três dinastias francesas foram derrubadas porque *demoraram demais* para perceber o significado e a força do movimento contra elas".[11]

* * *

Com efeito, os acontecimentos tomaram um rumo decisivo nas primeiras horas da segunda-feira, 27 de fevereiro, quando o Exército, como muitos previam, começou a se amotinar. Às três da manhã, em seu quarto no Hotel de France, Arno Dosch-Fleurot ouviu "animados tiros de fuzil" nas proximidades. Vestiu-se para sair e investigar, mas as ruas estavam fechadas e ele não conseguiu passar. Podia dizer, no entanto, que a fuzilaria vinha do quartel do regimento Volínski, perto da junção do rio Moika com o canal Ekaterinínski. Durante a noite, e seguindo o exemplo do regimento Pávlovski, alguns dos soldados do Volínski que tinham recebido ordens para disparar contra a multidão no domingo decidiram amotinar-se.[12] Quando os soldados se apresentaram para o dever, alguns se viraram para o oficial em comando e o mataram. No entanto, não conseguiram convencer o resto do regimento a juntar-se a eles, e assim partiram para incitar outros regimentos, agregando uma multidão de adeptos civis ao longo do caminho. Maurice Paléologue estava se vestindo quando, por volta das oito e meia da manhã, ouviu um "estrépito prolongado" vindo da direção da ponte Litéini. Viu um regimento de soldados se aproximando de uma turba desordenada de pessoas que atravessavam do distrito de Vyborg e previu uma "colisão violenta", mas, em vez disso, "os dois corpos se fundiram". "O exército confraternizava-se com a revolta."[13] Já se chegara a um ponto naquela manhã do qual não haveria como voltar atrás.

A reunião de soldados e revolucionários ganhou velocidade quando os amotinados do regimento Volínski se dirigiram ao batalhão de intendência dos regimentos Preobrajénski e Lituano, bem como ao 6º Batalhão de Engenharia — todos localizados perto de seus próprios quartéis, e cuja maioria logo aderiu aos rebeldes; o 6º Batalhão trouxe até sua banda marcial. No final do dia, os comandantes de um batalhão do Preobrajénski e de um batalhão do Volínski tinham sido mortos por seus soldados, assim como vários outros oficiais. A deserção do Preobrajénski de seu quartel próximo ao Palácio de Inverno foi particularmente prejudicial, pois era o melhor dos antigos regimentos de guardas, famoso por ser o "maior orgulho e proteção da monarquia russa" e, como os cossacos, até então um baluarte da autoridade imperial.[14] Naquela manhã, Donald Thompson viu-se no meio das tropas amotinadas triunfantes quando cruzou o Campo de Marte em seu caminho para a embaixada dos Estados

Unidos: "Soldados disparavam rajadas para o ar com seus fuzis. [...] Em vez de me tratarem como inimigo, vários deles me abraçaram e me beijaram". Ele estava com sua câmera e começou a tirar fotos; estavam todos ansiosos para posar, e ninguém se importou quando ele parou para fotografar os cadáveres de "22 oficiais que tinham sido mortos" pelos amotinados no início daquela manhã.[15*]

Naquelas primeiras horas, a maioria dos soldados rebeldes parecia desorientada e anestesiada pela momentosa decisão que foi tomada, e por algum tempo eles não tiveram nenhuma noção de para onde ir e o que fazer, além de incitar a adesão de outros regimentos. Um grupo forçou o caminho, passando por um destacamento em treinamento do regimento Moskóvski, que guardava a ponte Litéini, e foi em direção ao quartel do Moskóvski, na avenida Sampsónievksi, no distrito de Vyborg. Ali, à tarde, uma parte do regimento foi finalmente convencida a aderir, acompanhada por caminhões motorizados lotados de fuzis roubados; enquanto isso, o mais disciplinado Batalhão de Bicicleta, única unidade armada na cidade, resistia a todos os incentivos para aderir.[16] Em outros lugares, a euforia entre os soldados rebeldes era tamanha que muitos simplesmente andavam por ali gritando, aplaudindo e discutindo entre si, "como colegiais cabulando aulas". Por um tempo, a liderança das turbas de soldados e civis recaiu sobre atos de bravata ou agitação espontânea nas esquinas. Mas um objetivo estava claro: os amotinados precisavam armar-se.

Com isso em mente, por volta das dez horas, um grupo atacou o Arsenal Velho, no alto da avenida Litéini, esquina com Chpalérnaia, o qual abrigava o Departamento de Artilharia e uma fábrica de armas leves. O grupo arrombou as portas e matou o coronel idoso em comando.[17] O adido militar britânico, general de brigada Sir Alfred Knox, estava no prédio, conversando com colegas russos, quando viu "uma grande massa desordenada de soldados, que se estendia até o outro lado da rua larga e por ambas as calçadas". Não tinham nenhum oficial no comando, mas eram liderados por "um estudante diminuto, mas imensamente digno".[18] Knox e seus colegas reuniram-se em torno das

* Aqui, como em outros lugares, Thompson se refere a fotografias específicas que tirou na época cujos negativos — ou mesmo cópias deles — não parecem ter sobrevivido. Tampouco foram incluídas em seu livro de fotografias da Rússia em 1917, *Blood-Stained Russia*.

janelas para ver o que aconteceria. Ouviram um "estranho silêncio" e, depois, o som das janelas e portas do piso térreo sendo derrubadas. Quando eclodiu a fuzilaria, o grupo entrou, matando e ferindo vários daqueles que estavam de plantão. Num frenesi louco, fuzis, revólveres, espadas, punhais, munições e metralhadoras — o que estivesse à mão — foram saqueados por soldados e civis. Olhando por cima do balaústre, Knox pôde vê-los carregando as espadas dos oficiais do Departamento de Artilharia quando deixaram o prédio, enquanto "alguns arruaceiros revistavam os bolsos dos casacos deixados no vestíbulo". Eles ainda quebraram vitrines de exposição para remover fuzis, embora fossem "exemplares do armamento de outras nações, sem munição e portanto sem nenhuma utilidade para eles".[19]

Lá fora, na avenida Litéini, por volta das onze da manhã, outros voltaram sua atenção para os odiados bastiões do tsarismo: o Tribunal Distrital e o Palácio da Justiça, junto com o centro de detenção preventiva adjacente. A prisão foi logo arrombada; seus detidos, principalmente criminosos à espera de julgamento, foram libertados e ganharam armas ao saírem, e a prisão foi incendiada. O Tribunal Distrital também foi incendiado, destruindo-se assim todos os registros criminais que guardava, num ato simbólico que também beneficiava todos os presos libertados.[20] A conflagração que se seguiu, no entanto, não destruiu apenas os registros da polícia, mas também valiosos arquivos históricos que datavam do reinado de Catarina, a Grande; e, quando os bombeiros chegaram, a turba os impediu de debelar o incêndio. O jornalista francês Claude Anet viu "um homem idoso, meticulosamente vestido, que torcia as mãos" diante da visão do prédio que "vomitava chamas". "Vocês não se dão conta de que todos os registros do tribunal, arquivos de valor inestimável, estão perecendo nas chamas?", ele gritou, ao que uma voz áspera da multidão respondeu: "Não se preocupe! Seremos capazes de dividir suas casas e terras entre as pessoas sem a ajuda de qualquer um dos seus preciosos arquivos!". A resposta foi recebida com "um rugido de prazer".[21]

Na embaixada dos Estados Unidos, onde tinha um encontro com o embaixador Francis (que lhe pareceu "muito frio e tranquilo"), Donald Thompson ficou sabendo de tudo que estava acontecendo na Litéini. Ele correu para lá com Boris e Florence Harper e encontrou "uma multidão de cerca de 1 milhão de pessoas, pareceu-me; e essa multidão estava em busca de sangue", empunhando "todas as armas que se possa imaginar".[22] Começou a tirar fotografias sub-reptícias com sua pequena câmera, com medo de ser confundido com um espião da polícia, e notou que um fotógrafo inglês do *Daily Mirror** e Claude Anet faziam a mesma coisa. Anet correra de volta a seu quarto de hotel para pegar a câmera e estava tirando fotografias de trás de um carro na Litéini quando foi descoberto e rapidamente se viu preso a uma parede por três baionetas. Quando os soldados o interrogaram, uma jovem estudante se juntou a eles e "começou a denunciar-me ferozmente". Anet disse que era um jornalista francês. Gostariam de ver seus papéis? "Peguem os filmes", disse, "e me deixem a câmera. Sou aliado de vocês." As coisas estavam ficando muito feias quando alguém surgiu de repente, arrancou a câmera das mãos de Anet e fugiu com ela. Ele ficou consternado por ter perdido "uma valiosa lente Goerz".[23]

Thompson também não se deu bem. Viu-se praticamente paralisado pelo vórtice da violência na Litéini, com pessoas ao seu redor correndo e gritando "matem a polícia!". De repente, foi preso e carregado para a delegacia. Mostrou-lhes seu passe de jornalista americano, mas, junto com Boris, foi trancado numa cela pequena e sufocante com cerca de vinte outros indivíduos, com o som do fogo de fuzis e metralhadoras por todo lado, gritos e berros, e "portas sendo destruídas e vidros partindo" — "um estrondo como nunca tinha ouvido na vida", relembrou. E lá ficaram, enquanto Boris tentava convencer a polícia de que o "amerikanski" era genuíno. Não demorou muito para que a multidão invadisse a delegacia de polícia e quebrasse a fechadura de sua cela. Quando ele e Boris se deram conta, "as pessoas estavam nos abraçando e nos beijando, dizendo que estávamos livres". Ao sair e passar pelo escritório da frente, topou "com uma cena indescritível": "Havia mulheres de joelhos cortando em pedaços os corpos dos policiais". Viu uma mulher "tentando rasgar o rosto de alguém com os dedos nus".[24]

A Litéini era agora um cenário de "confusão indescritível", com as chamas dos incêndios no Tribunal Distrital e no Palácio de Justiça, o ar espesso com o crepitar do tiroteio aleatório. Um bonde virado e abandonado era usado como plataforma da qual uma sucessão de oradores tentava falar para a multidão, mas Louis de Robien recordou que era "impossível entender os fluxos e

* Provavelmente George Mewes, um dos primeiros fotógrafos de guerra do *Mirror* e o único fotógrafo britânico oficial designado ao exército russo no front.

refluxos desordenados de todas aquelas pessoas em pânico correndo em todas as direções".[25] Após a debandada no Arsenal Novo, três canhões de campanha – que ninguém sabia como acionar – foram arrastados para fora da fábrica de armas, junto com morteiros de trincheira e um estoque considerável de munição, e posicionados numa barricada feita às pressas de pilhas de caixas, carrinhos, mesas e móveis de escritório em frente ao Tribunal Distrital, que ocupava todo o comprimento da avenida Litéini até a Niévski. Essas armas tinham o apoio de metralhadoras logo atrás, na testa da ponte Litéini, caso tropas tsaristas fiéis chegassem do lado norte.[26] Quando chegou um grupo de soldados ainda leais do regimento Semiónovski, houve uma batalha campal entre eles e uma companhia de amotinados do Volínski, observada por grupos de civis amontoados em passagens laterais e portas, muitos deles mulheres e crianças tentadas pelo "espírito de curiosidade", e que então assumiram riscos enormes ao "caminhar com calma sob fogo vivo para arrastar de volta os feridos".[27] James Houghteling viu os feridos serem carregados assim que caíam, deixando para trás "longos rastros de sangue fresco" na neve. Ele ficou espantado ao ver, entre surtos de luta, civis atravessando a avenida de um lado para o outro, com a intenção de fazer compras como se tudo estivesse normal, e até mesmo formando fila diante das padarias e se dispersando somente quando ouviam tiros de metralhadora. Para boa parte da confusa população civil, os acontecimentos ao redor dela eram irreais, "como se estivessem assistindo a um melodrama num de seus cinematógrafos".[28]

Tal era o desleixo com que armas roubadas do quartel do Exército, do arsenal, das prisões e delegacias de polícia eram entregues a todo mundo que multidões de civis, trabalhadores e soldados logo desfilavam alegremente, brandindo-as e disparando ao acaso, como testemunhou o engenheiro mecânico britânico James Stinton Jones:

> Aqui estava um desordeiro com a espada de um oficial amarrada por cima do sobretudo, um rifle numa das mãos e um revólver na outra; ali um garotinho com uma faca de açougueiro grande sobre o ombro. Nas proximidades, via-se um operário segurando sem jeito a espada de um oficial numa das mãos e uma baioneta na outra. Um homem tinha dois revólveres, outro um fuzil numa das mãos e um limpador de linha de bonde na outra. Um estudante com dois fuzis e um cinturão de balas de metralhadora ao redor da cintura caminhava ao lado de outro com uma

baioneta presa à extremidade de uma vara. Um soldado bêbado carregava somente o cano de um fuzil, pois o cabo se quebrara ao forçar a entrada em alguma loja.[29]

Arthur Reinke, da Westinghouse, ficou alarmado com a liberalidade com que armas e munições eram dadas às crianças: "Era interessante [...] ver um jovem russo de quinze anos manipular desajeitadamente uma arma e tentar encaixar um cartucho no lugar. Crianças andavam com enormes sabres de cavalaria. Estudantes que se autointitulavam guardas eram vistos com frequência armados com sabres turcos ou espadas japonesas com cabos maravilhosamente esculpidos". "Até mesmo moleques de rua pareciam ter pegado revólveres e espantavam à bala pombos desgarrados", observou outro.[30]

Naquele dia, não havia refúgio seguro para qualquer oficial que fosse visto andando pelas ruas e que não entregasse imediatamente suas armas quando abordado. Até mesmo as mulheres estavam no ataque; a enfermeira Edith Hegan viu "um oficial ameaçador, coberto de condecorações e com um ar muito irritado, tentar passear pela Niévski e ser perseguido por uma multidão de mulheres, que o despojaram de suas armas. Sua espada foi parar nas mãos de uma mulher de cabelos grisalhos que gritou epítetos russos aparentemente pouco lisonjeiros para ele enquanto desdenhosamente dobrava a espada sobre o joelho, a quebrava em duas e jogava os pedaços no canal".[31]

Ao meio-dia, a turba de civis de arma em punho na avenida Litéini e arredores recebeu o reforço de 25 mil soldados dos regimentos Volínski, Preobrajénski, Litóvski, Keksgólmski e Sapadores. Arno Dosch-Fleurot relembrou a multidão densa que lotava meio quilômetro da rua, "levada por sua fé em si mesma".[32] Em todos os lugares, em meio ao potente brado de entusiasmo revolucionário, aos cantos, saudações e gritos, a cor escarlate da luta estava em evidência, em grosseiros estandartes revolucionários, em rosetas, braçadeiras e fitas amarradas aos canos dos fuzis.

Os acontecimentos ganharam um impulso ainda maior quando a revolução se tornou móvel. A principal garagem militar de Petrogrado foi arrombada e todos os veículos a motor e alguns caminhões blindados foram tomados.[33] As garagens particulares dos ricos em todos os lugares da cidade foram abertas à força e seus automóveis e limusines ostentosos sumariamente confiscados. Esses veículos foram envoltos em bandeiras vermelhas e dirigidos loucamente para cima e para baixo na Litéini e em outros lugares — muitas vezes por motoristas inexperientes que deliravam com a emoção da velocidade —, abarrotados de soldados com fuzis cujas baionetas se projetavam para fora das janelas. Alguns carros tinham metralhadoras despontando pelas janelas traseiras estilhaçadas; viam-se rebeldes armados deitados sobre a capota dos automóveis; mas a forma mais comum de uso revolucionário de carros roubados, vividamente lembrada por muitas testemunhas oculares, era a dos passageiros ao lado do motorista, deitados sobre o largo estribo dos veículos, com os fuzis prontos para atirar. Esses automóveis e caminhões blindados se tornariam a imagem da revolução, pois, nas horas seguintes, desempenhariam um papel importante na divulgação de notícias dos eventos. "Trovejando para lá e para cá pelas ruas indecisas [...] eles levavam a convicção da força." A presença desses carros e caminhões foi responsável pelo rápido controle da cidade, na opinião do jornalista norte-americano Isaac Marcosson, que cobria os acontecimentos para a *Everybody's Magazine*. "Isso não poderia ser feito a pé."[34]

A libertação de prisioneiros do centro de detenção preventiva ao lado do Tribunal Distrital foi apenas um dos muitos ataques às prisões da cidade naquele dia. As prisões eram, junto com a polícia, os alvos primários da fúria popular contra o antigo regime. Por volta do meio-dia, o general Knox viu "um fluxo de tropas [...] atravessar a ponte para libertar os detentos da prisão Krestóvski".[35] Conhecida como Kresti (que significa "cruzes", em referência ao formato da construção), essa prisão de confinamento solitário e sua adjacente prisão feminina foram construídas em 1893, na margem norte do Nievá, perto da estação Finlândia, para receber até mil prisioneiros, mas, em 1917, estavam superlotadas, com mais do que o dobro desse número. Surpreendentemente, foi preciso muito pouco esforço de uma pequena turba de menos de cem pessoas para entrar à força, matar o comandante e libertar os presos, tanto políticos quanto criminosos comuns.

William J. Gibson, um canadense que morava no distrito de Vyborg, viu os primeiros a serem libertados: "Dois homens e uma mulher [...] andavam atordoados em minha direção e de mãos dadas como se fossem cegos. Usavam roupas prisionais grosseiras, e as lágrimas escorriam por seus rostos. Embora não fossem idosos, os três estavam praticamente de cabelos brancos. Eram presos políticos e estavam em confinamento solitário desde 1905".[36] O trauma dessa libertação tão repentina e inesperada, quando toda esperança desaparecera havia muito tempo, estava estampado no rosto de muitos outros prisioneiros políticos "pálidos e trêmulos", que saíam de seu longo encarceramento "parecendo muito doentes". Confinados em celas sem janelas, estavam cegos pela luz do dia. Outros se encontravam tão fracos que tiveram de ser carregados para fora, onde "prostravam-se no chão e beijavam os pés dos companheiros que os haviam libertado". Alguns estavam tão acabrunhados que simplesmente se sentaram na neve e choraram. A libertação mais emotiva talvez tenha acontecido na prisão da praça Známenski, atrás da estação Nicolau, onde, durante o regime tsarista, toda quarta-feira de manhã, os condenados ao exílio na Sibéria — entre eles, o romancista Fiódor Dostoiévski, em 1849 — eram despachados por via férrea, acorrentados juntos pelo pulso em grupos de cem a 150.[37]

Na Krestóvski, tal como no Tribunal Distrital, todos os registros de prisão foram retirados e queimados numa enorme fogueira no pátio, e, depois, incendiaram o prédio. Na Casa de Detenção Preliminar, na rua Chpalérnaia, 958 prisioneiros foram libertados; outros, da prisão Litóvski, perto do teatro Mariínski, foram libertados no dia seguinte. Todos os presos políticos eram aclamados; aqueles que estavam detidos por crimes comuns em alguns casos "foram espancados e informados de que perderiam a vida se fossem pegos de novo".[38] Havia, no entanto, alguns prisioneiros que não podiam ser alcançados, como notou Bousfield Swan Lombard, "porque, em muitos casos, os detentos das prisões estavam trancafiados em celas subterrâneas, e, na confusão, perderam-se as chaves"; uma vez que as prisões foram incendiadas em seguida, "a maioria deles foi assada viva antes que fosse possível libertá-los". Aqueles que conseguiam sair usavam "quase nada à guisa de roupa". A multidão ficou com pena desses "destroços de humanidade", que foram "acomodados com a mais incrível variedade de peças de vestuário. Homens baixos foram vestidos com calças muito compridas e viu-se um homem enorme lutando para entrar num casaco e num colete muito pequenos".[39]

Durante todo aquele dia aterrorizador em Petrogrado, muitos observadores ficaram alarmados com as crescentes anarquia e violência da multidão. Mais tarde, talvez se pudesse afirmar — e, com efeito, este se tornou um dos mitos duradouros dos acontecimentos de fevereiro — que havia se tratado de uma "revolução benigna",* mas essa não foi a impressão dos muitos estrangeiros que a testemunharam. "Foi como observar um animal selvagem que tivesse fugido da jaula", relembrou Negley Farson; haveria um preço a pagar pela libertação dos criminosos mais endurecidos, bestializados pelas condições brutais da prisão, os quais começaram a incitar a multidão a violência, incêndios e saques em massa, criando uma atmosfera extremamente explosiva.[40] A partir daquela segunda-feira, tornou-se perigoso para qualquer estrangeiro aventurar-se na rua sem usar algum sinal de simpatia com a revolução — uma fita vermelha ou braçadeira de algum tipo; James Stinton Jones tomou a precaução de usar uma pequena bandeira do Reino Unido na lapela; outro casal inglês costurou-as nas mangas do casaco.

Stinton Jones também estava sabiamente em sintonia com o humor de qualquer multidão que encontrasse: "Em minhas perambulações, via-me numa multidão que gritava: 'Viva o Tsar', e depois, em outra multidão: 'Viva a Revolução'. Em qualquer uma que acontecesse de eu estar, gritava com eles".[41] Caminhando para a Duma, Isaac Marcosson encontrou "caminhões cheios de armas". Embora estivesse deliberadamente vestido com gabardina e boné ingleses, "o número de meninos com revólveres que me olhavam me fez sentir que era um tempo muito fácil para ser morto". Ele estava certo de que "minha existência dependia da sanidade de qualquer um dos trinta ou quarenta homens e meninos muito excitados de cada caminhão".[42] Em breve, seria necessário licença para tudo. "Deram-me um maço de papéis cobertos de carimbos e assinaturas", relembrou um oficial britânico, "permissão para usar uma espada, permissão para andar com um revólver e um cartão de identidade, que dizia que eu era totalmente a favor do novo regime!"[43]

Como Donald Thompson já tinha aprendido naquela manhã, os estrangeiros eram constantemente parados e questionados nas ruas, suspeitos de serem policiais ou espiões, e alguns eram mortos se não apresentassem prova de identidade com rapidez suficiente. "Ir a pé da minha casa à embaixada não era brincadeira", lembrou o funcionário da embaixada britânica Francis Lindley:

* A expressão foi provavelmente cunhada pela primeira vez no relato enviado por Hamilton Fyfe de Petrogrado para o *Daily Mail* em 16 de março de 1917 (EN), que falava de uma "revolução benigna" que libertaria a Rússia dos "elementos pró-alemães e reacionários".

> Multidões furiosas de jovens que brandiam facas e espadas e descarregavam pistolas no ar não ficavam mais agradáveis pelo fato de eu ser capaz de falar muito pouco de sua língua. Se um deles dissesse que eu era alemão, eu estaria liquidado antes que pudesse explicar, pois era bastante surpreendente que, nos primeiros dias da Revolução, o sentimento antigermânico fosse ruidoso e vários de meus amigos patrióticos com nomes alemães tivessem sido assassinados.[44]

Naquele dia, "bastava pedir para se conseguir uma arma", e com tantas pessoas sem treinamento e experiência de posse delas, "sem se preocuparem com a direção em que a arma estava apontando quando a experimentavam pela primeira vez", os disparos indiscriminados levavam a que muitos inocentes fossem mortos ou feridos.[45] Alguns acidentes eram consequência de pura bravata: bêbados e desordeiros disparando ao acaso, outros mostrando às namoradas como carregar e disparar suas armas. "Os meninos também se divertiam pegando cartuchos no chão e atirando-os nos incêndios que ardiam fora das delegacias de polícia", lembrou James Stinton Jones, e as explosões resultantes geravam caos e lesões. Ele testemunhou um incidente particularmente arrepiante envolvendo um menino de cerca de doze anos, que brandia uma pistola automática enquanto se aquecia junto a um braseiro com um grupo de soldados:

> De repente, ele puxou o gatilho e um dos soldados caiu morto. Isso alarmou tanto o menino, que não tinha ideia do mecanismo da arma mortal que segurava, que ele manteve o gatilho puxado para trás e a pistola automática começou a esvaziar-se. Continha sete balas, e só depois de todas descarregadas foi que o menino soltou o gatilho. O resultado: três soldados mortos e quatro feridos graves.[46]

À uma da tarde de segunda-feira, a enfermeira Dorothy Seymour anotou em seu diário que os homens do Regimento Semiónovski que guardavam o Hospital Anglo-Russo "abriram a porta e saíram para se unir aos revolucionários sem dizer uma palavra para nós".[47] Os combates aconteceram durante todo o dia ao redor do hospital, lembrou Edith Hegan, com "metralhadoras muito ocupadas" nos telhados próximos e em "todos os tipos de lugares inesperados", e as balas "provocavam um pouco de precipitação de neve ao atingirem a calçada". Bousfield Swan Lombard, que fora até o HAR para ver como a equipe estava se virando, ao chegar descobriu que "todas as janelas estavam quebradas".

Ficou "muito impressionado e muito orgulhoso ao encontrar as enfermeiras britânicas em seus postos". Elas haviam providenciado para que os pacientes ficassem deitados em segurança debaixo das camas, "e lá estavam elas, cada uma junto ao próprio leito, aceitando com tranquilidade as janelas quebradas e a turba que uivava na rua, como se fosse uma ocorrência cotidiana".[48]

Durante todo o dia, pessoas tinham corrido da rua para o hospital, tentando fugir do tiroteio, e havia um fluxo constante de vítimas militares e civis. Embora Dorothy Seymour e outras quatro enfermeiras tivessem conseguido voltar para a casa das enfermeiras na rua Vladímirski, "sob fogo pesado de policiais armados com revólveres postados em janelas acima", decidiu-se que nenhuma outra enfermeira deveria se arriscar, e o resto teve de dormir no hospital. "Algumas dormiram na sala de ataduras em mesas e macas", mas só conseguiram ter breves períodos de sono, pois "muitos feridos eram constantemente trazidos".[49] Naquela noite, em vários momentos, turbas enfurecidas invadiram o hospital e exigiram que o edifício fosse vasculhado em busca de "policiais e metralhadoras escondidas", mas o comandante do local, general Laiming, assegurou-lhes que não havia nada disso, convidando-as a inspecionar o telhado e lembrando-lhes que o dono do palácio, o grão-duque Dmítri Pávlovitch, fora exilado pelo assassinato de Rasputin (e, portanto, estava do lado deles).[50] Ao saírem, os invasores exigiram que o hospital pendurasse uma bandeira da Cruz Vermelha na janela, confirmando sua neutralidade. Lady Sybil Grey tomou medidas rápidas: "fizemos bandeiras de lençóis velhos e um casaco de Papai Noel, e também pusemos uma lanterna com uma cruz vermelha do lado de fora da porta".[51] Mal fizeram isso e as bandeiras foram arriadas e usadas para envolver automóveis requisitados. Muitas enfermeiras sentaram-se junto às janelas, não querendo "perder nada". Aquelas que tinham conseguido voltar para casa — duas quadras abaixo pela Niévski, na rua Vladímirski, através do que Dorothy Seymour descreveu como uma noite "de romance policial sensacionalista" — estavam ansiosas demais para dormir e "passaram metade da noite junto à janela", escutando a "agitação terrível" que ocorria na rua.[52]

Na segunda-feira de manhã, a atriz francesa Paulette Pax, para sua surpresa, recebeu o telefonema de um amigo da cidade perguntando se haveria espetáculo no teatro Mikháilovski naquela noite; e, nesse caso, se ela poderia conseguir ingressos. A ligação ocorreu justamente quando Pax ouvia o som da multidão e de tiros nas ruas, perto de seu apartamento no centro de Petrogrado. Com medo de saqueadores, tratou de esconder seus bens mais preciosos; com a ajuda de suas duas criadas russas, trancou todas as persianas e fez o melhor que pôde para proteger portas e janelas contra um possível ataque com colchões e pilhas de almofadas, antes de se refugiar aterrorizada na cozinha. Lá fora, no pátio, ela ouviu uma turba que se aproximava aos gritos e vaias e se preparou para o pior. Mas não era para o seu apartamento que estavam indo, e sim para o telhado do prédio, atrás de dois *faraóni* que haviam alvejado a multidão com uma metralhadora e que foram rapidamente dominados e arrastados para longe.[53]

Esse incidente era sintomático da caçada humana agora em andamento. Chegara o dia tão esperado do ajuste de contas, e o ódio popular caiu, com uma vingança selvagem, sobre os policiais. Sua presença nas ruas havia evaporado quase por completo, e eles eram agora sistematicamente "arrancados como ratos" de seus pontos privilegiados de observação e esconderijos.[54] Muitos se refugiaram em casas particulares ou se disfarçaram. Os soldados amotinados ficaram especialmente enfurecidos ao descobrir que alguns policiais tinham sido instruídos a usar uniformes dos regimentos conhecidos, com o objetivo de convencer as pessoas de que o Exército era leal ao antigo governo.[55] Em toda a cidade, delegacias de polícia e casas de policiais e juízes foram atacadas e saqueadas, e seus bens jogados pelas janelas: "roupas de baixo, gorros de senhoras, cadeiras, livros, vasos de flores, quadros, e depois todos os registros, papéis brancos, amarelos e cor-de-rosa, tudo flutuando ao sol como borboletas".[56] Outros policiais entrincheiraram-se em suas delegacias com suprimentos de comida e munição e aguentaram até serem vencidos por seus agressores; alguns ainda estavam no comando de metralhadoras nos telhados e nos campanários das igrejas (que sabiam que os devotos relutariam em atacar). Quando os policiais eram encurralados, a multidão era impiedosa: todos os prédios ligados a eles eram atacados e saqueados, em particular o grande bloco de edifícios no número 16 do canal Fontanka, que abrigava a sede da Okhrana — a polícia secreta tsarista —, "um objeto de ódio quase fanático", por sua acumulação de informações sobre dissidentes não apenas políticos, mas também religiosos. Ali, "todos os documentos, livros e pedaços de papel" encontrados foram trazidos para fora e cerimonialmente empilhados em grandes fogueiras nas ruas.[57] Ao todo, cerca de doze delegacias de polícia foram incendiadas naquele dia, nos distritos de Vyborg e Petrogrado, bem como no centro da cidade; pilhas de páginas enegrecidas com retratos tirados pela polícia, impressões digitais e registros de vigilância, que tinham sido o alicerce da opressão oficial por tanto tempo, eram agora montes de cinzas assentadas na neve ou espalhando-se ao vento.[58]

Durante a Revolução de Fevereiro houve demasiados incidentes de assassinato de policiais para que fosse possível qualquer registro confiável do número de mortos. Uns poucos, quando apanhados por setores mais responsáveis da multidão, foram levados para prisões — embora "as turbas *en route* por vezes as invadissem e espancassem e chutassem os detidos até a morte".[59] Tornou-se comum ver policiais sendo atacados e liquidados de imediato na rua, com tiros, baionetas ou paus, e seus corpos mortos abandonados. "Alimento para os cães", diziam alguns russos. "Não havia esperança para eles, a menos que se rendessem", relembrou o dr. Joseph Clare, "e mesmo assim não muita esperança, porque conheço um lugar onde trinta ou quarenta policiais foram empurrados através de um buraco no gelo, sem muito mais do que um golpe atordoante na cabeça, e afogados como ratos."[60] Ninguém que estivesse na cidade estava imune à experiência dessa selvageria, como Meriel Buchanan relembrou daquela tarde, quando "algumas senhoras inglesas, enfrentando corajosamente o perigo muito real das ruas, foram à habitual festa de costura semanal" na embaixada britânica. Juntas, sentaram-se

> no grande salão de baile vermelho e branco conversando em voz baixa, ouvindo o som distante dos combates ainda em curso perto da avenida Litéini e comparando o que tinham visto no caminho para a embaixada. Uma encontrara uma turba de soldados e operários bêbados que tinham amarrado um policial com cordas e o arrastavam pela rua congelada; outra tinha visto um oficial abatido a tiros na porta de uma casa, uma terceira passara por uma multidão reunida em torno de uma enorme fogueira e fora informada de que estavam queimando um sargento da polícia secreta.[61]

Essas cenas de crueldade insensata deixaram uma impressão indelével na mente do futuro historiador Isaiah Berlin, então com sete anos de idade, que relembrou vividamente um "espetáculo horrendo" quando caminhava com os pais mais tarde naquele mesmo dia e viram um policial, "evidentemente leal ao governo tsarista, que, dizia-se, estivera atirando nos manifestantes de um telhado, sendo arrastado por uma multidão para um fim terrível: o homem estava pálido e apavorado e lutava fracamente com seus captores". A imagem, Berlin recordou muitos anos depois, "continuou comigo e me contagiou com um horror permanente a qualquer tipo de violência".[62]

Com tanta anarquia desenfreada nas ruas de Petrogrado, o presidente da Duma, Mikhail Rodzianko, enviou um telegrama urgente ao tsar naquela manhã, instando-o a voltar para a cidade e alertando que "chegara a última hora para decidir o destino do país e da dinastia".[63] Nicolau respondeu que estava voltando com uma reserva de tropas para reprimir os tumultos. Nesse ínterim, os membros da Duma estavam perdidos, sem saber como lidar com eventos pelos quais foram pegos totalmente de surpresa. Com a Rússia mergulhada na incerteza política, a Duma, no Palácio Tauride, atraiu os habitantes de Petrogrado durante todo o dia. Arno Dosch-Fleurot foi a pé do Hotel de France até lá, seguindo a multidão. No caminho, notou que a rua ficava "cada vez mais cheia de automóveis e caminhões lotados de soldados excitados e civis sérios com fuzis".[64] Por volta da uma da tarde, a multidão que se agrupava aos milhares diante das portas da Duma estava cheia de "estudantes de uniformes e bonés verdes; muitos agitavam bandeiras e bandeirolas vermelhas enquanto ouviam discursos revolucionários", todos ansiosos para oferecer apoio à formação de um novo governo e buscando instruções sobre o que deveriam fazer.[65]

Outrora residência do príncipe Grigóri Potiómkin, amante de Catarina, a Grande, o Palácio Tauride — um gracioso edifício *palladiano* de colunas brancas, grandes salas de recepção e galerias com colunas — abrigava a Duma do Estado Imperial desde 1906. Mas, com poucas horas dos acontecimentos da segunda-feira, transformara-se num turbulento acampamento militar com plataforma política, onde se realizavam reuniões urgentes para estabelecer um governo provisório que assumisse o comando da situação extremamente volátil. Com dificuldade, Fleurot conseguiu entrar no prédio e o encontrou cheio de soldados. "Todo mundo parecia estar com fome; pães, arenques secos e chá" eram entregues infinitamente a todos.[66] Na verdade, "a confusão mental lá dentro era mais desconcertante do que a revolução lá fora", pois o lugar inteiro fervilhava de tensão e excitação, à medida que regimento após regimento chegava e era "organizado em fileiras de quatro homens por toda a extensão do Salão de Catarina" – o principal saguão e alameda da Duma – para jurar lealdade ao novo governo. Rodzianko dirigia-se a cada um deles consecutivamente, instando-os a "permanecer uma força disciplinada", continuar fiel a seus oficiais e voltar tranquilamente ao quartel e estar prontos quando chamados.[67]

Por volta das duas e meia, no salão principal semicircular, uma enorme assembleia mista de membros moderados e liberais da Duma reuniu-se para se organizar, sob a liderança de Rodzianko, na esperança de que um governo constitucional reformado pudesse ainda ser recuperado dos destroços. Naquela noite, elegeu-se uma Comissão Executiva Provisória de doze membros para assumir o controle da situação. Um de seus primeiros atos foi ordenar a detenção dos membros do Conselho de Ministros – a Câmara Alta da Duma e guardiões do antigo regime –, que se reunia no Palácio Mariínski. Alguns deles já haviam apresentado suas renúncias, inclusive o primeiro-ministro Nikolai Golítsin; outros se esconderam e patrulhas revolucionárias estavam à sua procura.

Enquanto os membros da Duma estabeleciam sua própria comissão, em outra parte do Palácio Tauride um grande grupo de soldados e operários que pretendia nada menos que declarar uma república socialista e a retirada da Rússia da guerra estava reunido com os mais moderados mencheviques e socialistas revolucionários (a presença bolchevique de esquerda ainda estava por se fazer sentir), com o objetivo de eleger seu próprio Soviete de Deputados Operários e Soldados de Petrogrado.[68] No entanto, seu chamamento mais imediato, feito num folheto produzido às pressas, não foi político, mas um apelo aos cidadãos para que ajudassem a alimentar os soldados famintos que tinham passado para o seu lado, até que o abastecimento pudesse ser devidamente organizado. Os petrogradenses responderam com rapidez, acolhendo os homens em suas casas para que pudessem aquecer-se e alimentar-se; restaurantes ofereceram refeições gratuitas; velhos foram vistos na rua "com grandes caixas de cigarros que entregavam aos soldados".[69]*

* Porém, esse ato de generosidade nem sempre foi bem recebido, pois os soldados não gostavam de cigarros finos, preferindo o fortíssimo e barato *papiróssi* russo, feito da malcheirosa *makhorka*.

* * *

Por volta das nove horas da noite, um residente americano* saiu para dar uma olhada no que estava acontecendo e encontrou "um homem muito bem--vestido e inteligente correndo sem fôlego pela avenida Kamennoostróvski", no distrito de Petrogrado, "detendo-se por alguns momentos em cada quadra para contar a grande notícia: 'A Duma formou um governo provisório'". Esse acontecimento parecia inimaginável num país havia tanto tempo sob o tacão de um governo autocrático, escreveu ele, "[é] surpreendente, colossal, não pode ser captado de imediato ou sequer metade compreendido". Mais tarde, à meia-noite, ele saiu de novo e encontrou uma massa enorme de pessoas na praça do distrito de Petrogrado em torno de um caminhão carregado de soldados, de onde um segundo-tenente contava a novidade para a multidão: "Agora está tudo bem", o americano ouviu-o gritar: "haverá um novo governo. Vocês entendem? Um novo governo, e haverá pão para todos". O americano ficou tão espantado com essa mudança sísmica na vida política russa quanto os próprios russos:

> Não creio que alguma mente humana naquela noite, a não ser a dos próprios líderes da Duma, pudesse ter a rapidez e o alcance suficiente para fazer mais do que lutar com a percepção dos fatos mais simples e elementares da revolução — com o simples fato de que havia, *de fato*, uma revolução.[70]

Durante toda a tarde, David Francis recebera relatórios de seus funcionários sobre mortos e feridos na avenida Litéini enquanto os confrontos continuavam; muitos dos membros da turba recém-armada rondavam constantemente pela Furchtatskáia, passando diante da embaixada americana, alguns a pé e outros em carros motorizados.[71] Um dos funcionários de Francis, ao retornar da embaixada para seu apartamento naquela noite, não tinha visto nenhum resquício de lealdade ao antigo regime, "mas passara por mil ou mais cavaleiros seguindo calmamente em direção ao Nievá e abandonando as ruas da cidade aos amotinados e revolucionários". Àquela altura, a revolta se espalhara para

* Infelizmente, não foi possível identificar essa testemunha ocular, que publicou seu vívido e valioso relato de maneira anônima.

o sul e os regimentos Semiónovski e Izmailóvski haviam aderido à revolução; no final da noite, 66 700 homens do exército imperial em Petrogrado já se tinham amotinado. Os revolucionários controlavam toda a cidade, exceto o Palácio de Inverno, o Almirantado e o Estado-Maior Geral, ainda guardados por tropas leais, assim como a central telefônica e o telégrafo.[72]

Ao cair da noite, o primeiro relato dos acontecimentos do dia, tal como publicado numa folha de jornal com o título de *Izvéstia*, tinha sido jogado a esmo pelas ruas das janelas de automóveis. Cópias foram agarradas, lidas e digeridas, compartilhadas e passadas adiante tão avidamente quanto o pão pelo qual todo o povo ansiava.[73] O dia inteiro fora "uma revolução feita por acaso", na opinião do aviador Bert Hall — "sem nenhuma organização, nenhum líder em particular, apenas uma cidade cheia de pessoas famintas que não aguentavam mais e estavam dispostas a morrer, se necessário, para não suportar mais o tsarismo". Apenas uma semana antes, Hall se encontrara com o tsar em Pskov e recebera uma condecoração por seu trabalho com o serviço aéreo russo. Agora, observando "aquela multidão de pessoas gritando", ele pensava na "expressão cansada, distante, dos olhos do tsar", quando o encontrou. "Ele devia saber que o caruncho havia comido o coração das coisas."[74]

Análises posteriores dos eventos de fevereiro fariam muitas vezes comparações com a Revolução Francesa de 1789 — a invasão da prisão Kresti, em particular, lembrava a queda da Bastilha. Ao voltar tarde da noite para a esposa em seu apartamento no distrito de Petrogrado, Philip Chadbourn lembrou de *Um conto de duas cidades*, de Charles Dickens. Toda a avenida Kamennoostróvski, principal artéria que levava da ponte Tróitski ao distrito de Petrogrado, estava

> literalmente engasgada com uma grande massa crescente de revolucionários, que vieram até aqui da zona de combate para proclamar a vitória e atrair todas as pessoas indiferentes à sua causa flamejante. Era uma multidão convicta, séria, desprovida de raiva ou vandalismo; seu temperamento era o da música russa — força com *páthos*, otimismo sem alegria. Caminhões cinza do Exército pulsavam no meio dela, carregados de soldados, mulheres e meninos com bandeiras vermelhas. As baionetas estavam enfeitadas com retalhos de bandeirolas vermelhas e fogueiras iluminavam rostos pálidos e olhos ansiosos. De vez em quando, um carro abria caminho nervosamente através da multidão, parando a cada cem metros para que

um estudante fizesse um discurso de um minuto, ou continuava a abrir caminho enquanto enfermeiras da Cruz Vermelha jogavam punhados de boletins. Os socialistas publicaram literatura com tanta rapidez que parecia que a energia reprimida e as declarações sufocadas durante anos estavam atrás de suas prensas; pedaços estranhos de papel, como nunca tinham sido vistos nessa cidade, flutuavam livremente no ar com a manchete: "Pedimos pão, nos deram chumbo".[75]

Por fim, Chadbourn atravessou a multidão na ponte Tróitski e foi tomado "pela visão gloriosa do que estava diante [dele]". "Por cima de meu ombro direito, as torres e muralhas acasteladas de Pedro e Paulo, fortaleza e prisão, jogavam sua silhueta sombria contra o sol moribundo, uma dinastia que fora descansar. À esquerda, o céu era todo ouro fundido e bifurcado em línguas gigantes de fogo; o Supremo Tribunal, Tribunais de Justiça e prisões, instrumentos de injustiça na Velha Ordem, estavam abrindo espaço para a Nova." Quando ele e a esposa foram para a cama naquela noite, "o céu de nossas janelas ainda estava claro do fogo. Fuzis estalavam irregularmente, e os gritos de bandos de desordeiros chegavam aos nossos ouvidos através dos painéis duplos".[76]

Chester Swinnerton e seus colegas também viram os incêndios do outro lado do rio, nos distritos de Petrogrado e Vyborg, do seu ponto de observação no cais: "um grande clarão vermelho no horizonte com vários menores, enquanto se ouvia o estalo contínuo e intermitente das armas". Aquilo o fez lembrar do Quatro de Julho em casa; "as pessoas na rua pareciam estar num estado de ânimo de férias", mas era uma "bênção", pensou, que não tivessem conseguido se apossar de muita bebida.[77]

Ao voltar para seu quarto no hotel Astória, o oficial naval Oliver Locker Lampson não teve dúvidas: "Naquela noite a Revolução era Rei, e como nenhuma notícia exata era possível, e circulavam as histórias mais extravagantes, abri as janelas duplas de meu quarto e olhei para fora. Um rumor de multidões saudando surgiu num enorme rugido da cidade, e através dele veio o matraquear incessante de tiros e o cuspir das metralhadoras. O céu no leste estava bastante claro e muitos edifícios pareciam em chamas".[78]

"Petrogrado estava queimando como um conjunto colossal de fogos de artifício", lembrou William J. Gibson. Mas, enquanto o céu da noite era dramático e a atmosfera na cidade emocionante, outros, como o general Knox, já estavam olhando para além da embriaguez do momento: "As prisões foram abertas, os operários estavam armados, os soldados não tinham oficiais, um *soviet* [soviete, conselho operário] estava sendo criado em oposição à Comissão Temporária escolhida entre os representantes eleitos do povo". Tudo isso era matéria de grave preocupação política. Para Knox, Petrogrado "já estava no caminho da anarquia".[79]

5. O acesso fácil à vodca "teria precipitado um reinado de terror"

Ainda se ouvia fogo pesado em toda a Petrogrado na segunda-feira à noite; na terça-feira, 28 de fevereiro, os revolucionários já tinham sob controle um grande número de metralhadoras e usavam carros blindados capturados "com consequências consideráveis".[1] A quantidade de soldados que vagavam sem rumo pelas ruas inquietava todo mundo. Meriel Buchanan viu da embaixada britânica quando um grupo deles atravessou o Nievá vindo do distrito de Petrogrado; já pareciam ter "perdido seu porte ereto, bem treinado, tinham um aspecto desleixado e sujo, encurvados, com os colarinhos desfeitos, os bonés enfiados de qualquer maneira, uma miscelânea esquisita de armas amarradas ao corpo com pedaços de corda, fio ou fita escarlate". Alguns, de forma incongruente, carregavam espadas de oficiais atadas ao redor da cintura, enquanto outros tinham "duas ou três pistolas enfiadas nos bolsos ou penduradas ao pescoço por um pedaço de cordão".[2]

Não admirava que, no explosivo distrito de Petrogrado, de onde essa turba viera, Philip Chadbourn tivesse passado a temer pela segurança da esposa e do bebê de três semanas e aceitado agradecido uma oferta para ficar com seus amigos no Cais dos Franceses. Mas não havia táxis para tomar; Esther Chadbourn ainda estava fraca, e dois amigos tiveram de ajudá-la a caminhar até a cidade, com o marido à frente levando o bebê nos braços. Quando saíram para a rua, Esther deu uma olhada na multidão, nas barricadas e na artilharia de campo e seus nervos cederam totalmente. "Cada vez que se ouvia um tiro", relembrou Philip, "ela gritava para mim, 'não deixe que matem meu bebê, meu bebê!', enquanto transeuntes paravam e olhavam para ela, com os olhos cheios de lágrimas." Uma vez instalado com segurança na casa de seus amigos, o casal "observou o progresso da revolução das janelas da frente, que dava para o cais, enquanto passava um desfile contínuo de automóveis ruidosos, tocando alto suas buzinas. Nas ruas, era a mesma multidão jubilosa do dia anterior, destruindo as delegacias e "jogando braçadas de documentos pelas janelas nas fogueiras da rua" com "justificado entusiasmo".[3]

Teimoso até o fim, Sir George Buchanan, impecável como sempre com o seu "colarinho alto e sério e sua face alta e séria", dirigiu-se a pé novamente naquela manhã para o Ministério do Exterior russo, agora efetivamente defunto, com a intenção de fazer "uma visita de despedida ao sr. Pokróvski", que ainda não havia sido preso.[4] Seus funcionários imploraram-lhe que não fosse: estava em andamento uma batalha entre duas facções rivais do regimento Pávlovski na Milliónnaia, a rua imediatamente atrás da embaixada britânica. Lady Georgina encontrou o marido no saguão vestindo o sobretudo, "como um menino travesso apanhado num ato de desobediência". Ela insistiu que levasse o carro, mas Sir George teimou: "Prefiro caminhar"; dito isso, pegou as luvas e a bengala, pôs "o gorro de pele no ângulo estiloso de sempre" e, no verdadeiro espírito de buldogue britânico, saiu. Foi só mais tarde que sua filha Meriel descobriu que, quando o pai cruzou a praça Suvórov e dirigia-se para a Milliónnaia, "correu a notícia de que o embaixador britânico estava descendo a rua, e [...] com um acordo, os soldados baixaram seus fuzis e esperaram respeitosamente pela passagem da figura alta de cabelos grisalhos, para depois retomar a fuzilaria com o mesmo vigor.[5]

Chester Swinnerton e seus colegas do National City Bank observaram incrédulos quando Sir George passou pelo banco, "cercado por uma multidão de admiradores do populacho, a maioria deles armada até os dentes, e Sir George curvando-se e sorrindo como se estivesse numa cerimônia da corte".[6] Buchanan encontrou Pokróvski sozinho em seu ministério, sem eletricidade ou acesso ao telégrafo. Caminhando de volta com Maurice Paléologue, que também fora ao ministério, os dois embaixadores foram aplaudidos por um grupo de estudantes no Cais do Palácio. Eles insistiram em dar a Paléologue uma carona num carro blindado até a embaixada francesa, e, no caminho, ele teve de ouvir o discurso de um estudante turbulento: "Preste seus respeitos à

Revolução Russa! A bandeira vermelha é agora a da Rússia; preste sua homenagem a ela em nome da França!".[7]

Sem se deixar abater pela experiência daquela manhã, Sir George aventurou-se a sair de novo à tarde, com o mesmo sangue-frio inabalável, acompanhado por seu chefe de chancelaria, Henry James Bruce, para fazer uma visita ao diplomata russo Serguei Sazónov* em seu hotel na Niévski, embora tenha admitido mais tarde em suas memórias que "o matraquear das metralhadoras não foi um acompanhamento agradável". A experiência aterrorizou Bruce, que, em seu retorno à embaixada, relatou como o "Velho" "se recusou a voltar ou se abrigar, e permaneceu perfeitamente calmo, rindo e conversando como se nada estivesse acontecendo".[8]

Na embaixada dos Estados Unidos, David Francis, preocupado com a segurança de seu pessoal, dera ordem para que a bandeira americana fosse içada sobre o edifício, devido ao incessante tiroteio durante todo o dia e com a chegada frequente de turbas que perguntavam o que era o edifício e exigiam entrar para vasculhá-lo. Outras embaixadas também desfraldaram suas bandeiras, enquanto no consulado americano, no prédio da Singer situado na Niévski, as coisas ficavam extremamente precárias devido aos atiradores escondidos em seu telhado, e o cônsul, North Winship, preparou seus arquivos mais valiosos para evacuação imediata. O consulado, informou, estava sob constante ameaça de ataque; com efeito, "desde o início da guerra estivera sob a suspeita de ser alemão, pois as massas acreditavam que a Singer Company era uma empresa alemã". Ele tivera de defender várias vezes a águia americana no topo do edifício, que a multidão queria derrubar pensando que era uma águia alemã.[9]

Naquele dia, vários estrangeiros foram apanhados na debacle até então mais perigosa, que aconteceu no hotel Astória, na praça de santo Isaac. Nos últimos seis meses, desde que fora requisitado "para quartel-general de luxo dos oficiais superiores", o Astória, o segundo maior e mais moderno hotel de Petrogrado, ficara conhecido popularmente como o "hotel militar".[10] Os quartos estavam lotados de oficiais aliados — franceses, romenos, sérvios,

* Sazónov fora nomeado embaixador russo na Grã-Bretanha no início de 1917, mas a eclosão da Revolução de Fevereiro o impediu de assumir o cargo.

britânicos e italianos — ou oficiais russos em licença do front, muitos dos quais acompanhados por esposas, mães e filhos. Havia também alguns jornalistas estrangeiros residentes, como os americanos Harper e Thompson.[11]

Durante dias, todos temeram um ataque ao hotel. O adido naval Oliver Locker Lampson já instara os residentes a não circular pelo salão no andar de baixo, para evitar balas perdidas da rua, e ordenou que os oficiais aliados ocupassem o porão. Ele ouvira relatos de que um agente de Protopópov se refugiara no hotel e de que os revolucionários "viriam inevitavelmente procurar por ele". Também estava consciente da situação difícil dos oficiais russos: "Se o governo ganhasse e chegasse aqui primeiro, eles poderiam ser fuzilados por não terem ajudado; se os revolucionários vencessem e nos alcançassem, então poderiam ser fuzilados por não terem aderido". Por fim, decidiu-se mudar todos os oficiais aliados para o andar de cima e transferir os russos para baixo. Como previsto, por volta das quatro da manhã, chegou uma delegação de soldados e civis exigindo que os russos ali alojados aderissem à revolução. Eles foram persuadidos a se dispersar ao receberem a garantia desses oficiais "de que estavam de licença, de que os cidadãos estrangeiros observariam neutralidade e de que ninguém começaria a atirar do edifício".[12]

Mas, quatro horas mais tarde, explodiu um tumulto, quando um regimento se reuniu para desfilar na praça de santo Isaac. Às nove da manhã, o funcionário da ACM Edward Heald estava a caminho do trabalho quando, na esquina da rua Gógol, viu "várias colunas de soldados, em ordem marcial, saudados pelos gritos do povo reunido na praça", bandeiras vermelhas ao vento, uma banda tocando e fazendo "um espetáculo brilhante". Os soldados haviam se alinhado de frente para o Astória quando, "de repente, houve uma tremenda saraivada e as calçadas e praças se esvaziaram de gente num piscar de olhos". Heald correu para se proteger.[13] Do prédio de seu escritório, situado nas proximidades, ele viu da janela do sexto andar alguns soldados se jogarem no chão diante da catedral e atirarem contra uma posição de metralhadora no telhado do Astória. De dentro do hotel, Locker Lampson viu os soldados mergulharem na neve em busca de cobertura, "primeiro um homem aqui, depois um ali, parando de repente e permanecendo preto contra o branco e estendido no chão, até que logo o lugar ficou vazio, exceto por esses cadáveres".[14]

De acordo com Donald Thompson, que estava no hotel naquele momento, alguém mais exaltado ou um policial escondido em algum lugar do último andar do Astória abriu fogo, enfurecendo a multidão que se reunira para assistir ao desfile. Acordado de um sono exausto pela fuzilaria, Thompson pegou a câmera, quebrou uma vidraça e começou a fotografar a multidão que atravessou correndo a praça e invadiu o hotel. Durante o tiroteio que se seguiu, uma hóspede russa entrou correndo em seu quarto gritando que a polícia estava atirando do telhado. Ele lhe sugeriu ficar longe da janela, mas, "em vez disso, ela puxou a cortina para olhar para fora. Levou um tiro no pescoço". Thompson "levou-a para o banheiro, onde morreu cerca de quinze minutos depois". Ele ficou furioso: "perdi muito do meu filme, graças à maldita insensatez dessa mulher". Pouco depois, ao ouvir tiros sendo disparados dentro do hotel, ele rapidamente pregou uma bandeira americana à sua porta e rezou pelo melhor.[15]

Enquanto isso, Locker Lampson achou que identificara o lugar de onde provinham os disparos: "não vinha nenhum som do quarto, exceto o estalo de balas". Ele arrombou a porta e encontrou duas mulheres aterrorizadas de camisola — a princesa Tumánova e sua mãe. Havia sangue por toda parte e ele as tirou do quarto a fim de administrar os primeiros socorros.[16] De acordo com a testemunha ocular canadense George Bury, os revolucionários rapidamente "trouxeram dois carros blindados com três metralhadoras cada um" e iniciaram "um bombardeio furioso da posição no telhado do Astória de onde os tiros tinham vindo", e as balas "entraram na suíte do general príncipe Tumánov localizada logo abaixo. Uma das mulheres fora ferida no pescoço e, mais tarde, foi levada para o Hospital Anglo-Russo.[17]

Àquela altura, o hotel já fora invadido por "uma turba uivante, furiosa, armada até os dentes", que saqueou o piso térreo, "matou alguns oficiais russos e subiu pela escada, atirando no elevador e em todas as direções", como relembrou Sybil Grey.[18] Os vidros estilhaçaram-se por todo o lugar quando as enormes janelas do hotel foram destruídas por tiros. Florence Harper ficou apavorada à medida que a turba "se espalhava pelo térreo como ratos". "Todo mundo estava em pânico"; os únicos que mantiveram a calma, segundo ela, foram os "oficiais britânicos adidos ao Estado-Maior". Com fumaça saindo do poço do elevador e descendo pela escada, reinou o pandemônio. "Mulheres aterrorizadas corriam para lá e para cá, algumas completamente vestidas, outras pela metade, implorando para serem salvas." "A mulher mais tranquila do hotel", observou ela, "era uma inglesa que foi encontrada sentada em seu baú já empacotado, fumando um cigarro [...] pronta para qualquer emergência que pudesse ocorrer."[19]

Temerosos pela segurança das mulheres e crianças, os oficiais britânicos "formaram uma guarda diante delas", apelando à turba que recuasse, ou eles "as protegeriam até o último homem".[20] Dois deles, o general Poole e o tenente Urmston, que falavam bem o russo, tentaram segurar o populacho nas escadas e raciocinar com eles: "se pretendiam matar todo mundo no [hotel], pelo menos deviam permitir que os oficiais retirassem primeiro as mulheres e crianças". Houve uma pausa sinistra, relembrou Harper, após a qual "um grande e corpulento soldado enfiou a mão no bolso, tirou um maço do pior tipo de cigarro", estendeu um ao general Poole e convidou-o a compartilhar uma tragada. O tenente acendeu um fósforo, "aproximou-o do cigarro do general, depois acendeu o do soldado e em seguida assoprou-o, explicando ao soldado que dava má sorte acender três cigarros com um único fósforo. Isso atraiu o soldado, que, como todos os russos, era muito supersticioso"; o gesto pareceu acalmar a situação.[21] O correspondente Robert Wilton, do *Times*, estava convencido de que "a frieza e a coragem dos oficiais britânicos e franceses impediram o assassinato em massa de generais russos, senhoras e crianças" no Astória naquele dia, e de que os "uniformes aliados inspiraram respeito suficiente para conter a violência". Ao verem os uniformes britânicos em particular, notou Sybil Grey, alguns membros da multidão até "tiraram o chapéu e disseram: 'Oficiais ingleses! Perdoem-nos, não queremos incomodá-los', e seguiram adiante da maneira mais cortês possível, para provocar mais destruição no hotel e em seus hóspedes".[22]

No entanto, eles não desistiam de pôr as mãos nos oficiais russos ali abrigados. "O que vocês vão fazer com eles?", perguntou a esposa de um. "Fuzilar alguns e prender os outros", gritou o porta-voz da turba, laconicamente. "Eles pediram por isso." Alguns dos oficiais russos resistiram, inclusive o velho general no comando, e foram fuzilados no ato; outros vieram para a frente de bom grado, com as mãos erguidas, gritando "Estamos com vocês", e foram autorizados a manter suas espadas e armas. Outros ainda foram arrastados para a praça. James Stinton Jones viu alguns sendo sumariamente fuzilados no pátio vazio da embaixada alemã, do outro lado da praça de santo Isaac.[23]

Depois de destruir o foyer do Astória, o primeiro lugar para onde a multidão se dirigiu foi a cozinha: "era uma visão e tanto ver um soldado com uma espada enorme de oficial cortando um pote de manteiga e passá-lo para as pessoas", lembrou o intrépido Chester Swinnerton, que não resistiu a deixar a segurança do banco para investigar. No salão do térreo, Leighton Rogers, que o acompanhou, viu "uma multidão de soldados que se empanturravam" com alimentos que nunca tinham provado antes e gritavam a 'Marselhesa' [...] com o acompanhamento de um piano".[24] Os residentes estrangeiros temeram por seus pertences pessoais quando os intrusos, "sentindo o cheiro de saque nos corredores alcatifados e apartamentos luxuosos do hotel", subiram pelas escadas.[25] Um dos saqueadores tranquilizou um jornalista britânico, que implorou que não saqueassem seus quartos: "Venha com a gente e nos mostre quais são os quartos dos estrangeiros, e não entraremos".[26] Quando um soldado chegou ao quarto de outra senhora residente, ela "o recebeu com as mãos cheias de dinheiro". "Para que é isso?", perguntou ele. "Estamos numa missão bem diferente aqui."[27]

Embora pudesse haver um certo grau de honra entre esses ladrões, "o hotel estava à mercê deles", e decidiu-se que "o espetáculo de uma mulher ferida poderia evitar problemas". E assim, como relembrou Locker Lampson, "puseram a princesa Tumánova num colchão no corredor e a cercaram com travesseiros cobertos de sangue". Logo a turba "veio em grupos ruidosos, gesticulando e discutindo, e chegou ao quarto andar para exigir todas as nossas armas. No momento em que viram a princesa, acalmaram-se, embora um civil bêbado tenha disparado seu fuzil por sobre a cabeça". "Os oficiais britânicos entregaram seus revólveres e espadas e mostraram aos revolucionários onde estavam os telefones, "que foram todos destruídos". Mais uma vez, a situação foi contida, e, embora alguns pequenos artigos de valor tenham sido tirados dos quartos dos moradores, "no conjunto, a busca foi disciplinada".[28]

Depois que acabou a breve batalha campal no térreo do hotel, que cada pedaço de mobília e cada candelabro foi esmagado e os oficiais russos foram levados para fora, o objetivo da turba restante era ir atrás de bebida alcoólica. Tendo previsto isso, vários oficiais britânicos desceram às famosas adegas do Astória para destruir o vinho e outras bebidas antes que os saqueadores chegassem lá. Embora algumas garrafas já tivessem sido carregadas, os oficiais, liderados pelo capitão Scale e "com a ajuda de estudantes e de alguns soldados inteligentes o suficiente para perceber as consequências desastrosas" se a turba pusesse as mãos nas bebidas, começaram a "quebrar as garrafas até que seus braços ficaram tão cansados que não conseguiam mais levantá-los", como Florence Harper testemunhou. "Eles quebraram todos os barris de conhaque e uísque até ficarem literalmente mergulhados até os joelhos em tudo, de champanhe a vodca."[29]

Do lado de fora, na praça, a multidão quebrou o gargalo das garrafas que conseguira saquear com a coronha dos fuzis e começou a beber seu conteúdo, enquanto um fluxo constante de pessoas continuava a "entrar e sair pelas portas manchadas de sangue transportando grandes pilhas de papel e documentos" para jogar numa fogueira acesa na praça.[30] Alguns dos revolucionários tentaram discutir com seus companheiros diante das grandes pilhas de garrafas quebradas e pegaram o que puderam para esvaziá-las, pedindo-lhes que não "estraguem a nossa luta pela liberdade bebendo e saqueando".[31] Esse espírito de pureza revolucionária continuava a prevalecer quando, no final da tarde, Florence Harper viu um homem brandir uma garrafa de vinho fora do Astória. Quando ele a levou à boca, "apareceu um estudante, arrancou-a de suas mãos, quebrou-a e disse: 'Não beba! Se fizer isso, todo o nosso trabalho será desfeito'". Porém, essas advertências tiveram pouco efeito. James Stinton Jones testemunhou as maneiras inventivas usadas por alguns soldados para levar o que não beberam na hora, fora do Astória: "derramaram vinho em suas botas de cano longo e depois se afastaram para consumir longe dali".[32] Todos concordaram que era uma sorte a turba não ter conseguido pôr as mãos em mais garrafas da adega do hotel. "Esse foi o momento em que a proibição foi uma bênção para a Rússia", escreveu Edward Heald; obviamente, o estoque abundante do Astória destinava-se apenas aos hóspedes. Heald, como muitas outras testemunhas oculares, estava convencido de que, "se tivessem encontrado vodca em abundância, a revolução poderia facilmente ter tido um final terrível". Seu compatriota James Houghteling concordou: o acesso fácil à vodca, "sem dúvida, teria precipitado um reinado de terror semelhante ao da Revolução Francesa".[33]

Dentro do hall de entrada destruído do Astória, à vista das palmeiras ainda incongruentemente de pé em seus vasos de latão, "as portas giratórias agitavam-se numa poça de sangue". As grandes janelas de vidro estavam "quebradas e escancaradas", fazendo com que as cortinas caras deixassem "um rastro rasgado e sujo na neve do lado de fora". "A mobília estava grotescamente desmembrada e virada; papéis, livros e até mesmo papéis timbrados queimados pela metade espalhavam-se por toda parte." O salão de chá e o grande restaurante do hotel também compunham um cenário de devastação total. "Havia corpos espalhados, e os feridos gritavam pateticamente."[34] James Houghteling foi com um colega americano inspecionar os danos e ficou perplexo ao descobrir "em um quarto onde a mobília era uma pilha de gravetos e até mesmo os suportes elétricos tinham sido arrancados [...] grandes fotografias emolduradas do tsar, da tsarina e do tsaréviche penduradas nas paredes, perfeitamente conservadas".[35]

Nos andares superiores, os residentes permaneceram encolhidos e com fome o dia todo em seus quartos barricados, até que finalmente as mulheres e crianças puderam ser levadas para a segurança em comboios de carros militares e de embaixadas. Algumas se refugiaram na embaixada italiana, do outro lado da praça de santo Isaac, outras no Hotel d'Angleterre ao lado. Florence Harper tentou pegar alguma coisa para comer no Angleterre, mas encontrou a sala de jantar repleta de pessoas — romenos, russos, sérvios, franceses, ingleses, japoneses — "todas as nações aliadas, todas as nações neutras" —, todas "engalfinhando-se e lutando por comida". Ela voltou ao Astória para tentar a sorte lá, mas encontrou a mesma cena: centenas de pessoas à espera de sopa de repolho e algum tipo de carne de caça, que ela chamou de "corvo assado". Era inseguro comer qualquer vegetal, mesmo quando havia algum, devido ao perigo da disenteria, então ela ficou com sardinhas enlatadas e queijo holandês. "Alguém encontrara bolachas de navio", que foram compartilhadas, e "subornara o garçom para conseguir um pouco de cacau".[36]

Mais tarde naquela noite, os oficiais aliados que desejavam deixar o hotel receberam autorização para tanto e, ao partir, foram saudados pela multidão remanescente. Mas muitos decidiram ficar, "não por escolha, mas por necessidade, porque todos os hotéis de Petrogrado estavam cheios". Com efeito, tamanha era a crise de acomodações que, ao cair da noite, alguns oficiais britânicos voltaram: "Prefiro ser explodido a congelar até a morte", um deles disse a Harper, pois haviam corrido rumores durante todo o dia de que o Astória seria destruído — "iam explodi-lo com dinamite".[37]

Durante horas, após o ataque ao hotel, "soldados bêbados encheram as calçadas". Em meio às enormes pilhas de vidro quebrado, móveis e livros, as mulheres "passavam recolhendo pedaços de pratos quebrados, ou qualquer coisa em que pudessem pôr as mãos". "Os caçadores de lembranças estavam ocupados", observou Florence Harper, mas durante todo o tempo "a turba era a de melhor índole que já vi". No entanto, durante "dias e dias depois, havia um fedor de vinho" no hotel que ela achou "repugnante" e vidro quebrado sob os pés em todos os lugares da praça. Isso, mais os restos queimados das fogueiras, transformou a outrora bela praça de santo Isaac em "uma visão desoladora".[38] Persianas substituíram as janelas quebradas do Astória, e, para os seus clientes sitiados se arranjarem em quartos agora crivados de balas, não havia iluminação elétrica e tampouco aquecimento. "Era como habitar um mosteiro na zona de guerra", lembrou o oficial da inteligência britânica Denis Garstin.[39]

Na verdade, a pilhagem estivera em evidência por toda a cidade naquela terça-feira, em grande parte obra de muitos dos 8 mil criminosos libertados das prisões da cidade. A governanta inglesa Louisette Andrews relembrou ter visto pessoas — sobretudo soldados e marinheiros — correndo pelas ruas com cordões de salsichas saqueadas ao redor do pescoço, ou agarradas a pernas de cordeiro e braçadas de casacos de pele. Mas o item mais procurado pelos saqueadores, segundo ela, eram os relógios caros: "eram a única coisa de que toda a turba estava à procura", e em breve "não havia mais um relógio nas joalherias" de Petrogrado.[40]

Arrombamentos, agressões sexuais, assaltos e atos de violência praticados por bêbados estavam em alta. A enfermeira Edith Hegan escreveu em seu diário: "Parece ter sido um erro terrível soltar os prisioneiros condenados, porque eles ficaram completamente loucos de desejo de sangue e estão liderando a multidão em todo tipo de depredações". Havia, ela observou com alarme, uma "fixidez mortal de objetivo na multidão, como se isso tivesse cristalizado seus próprios desejos".[41] O que ela e outros estrangeiros testemunharam foi o lado feio da *stikhiia* — a espontaneidade elementar da anarquia na sua forma mais primitiva e destrutiva. Impulso latente que estava havia muito tempo sob a superfície da sociedade russa civilizada, a *stikhiia* encontrava de vez em quando sua expressão explosiva entre os camponeses como uma "força primitiva das classes oprimidas, às quais qualquer articulação política permanecia estranha"; e agora, em Petrogrado, ela estava sendo desencadeada sobre os seus velhos inimigos de classe.[42]

Esse exército heterogêneo empenhado em desforra continuava a patrulhar as ruas, armado com todo tipo de armas imaginável. Havia ainda uma grande quantidade de tiros aleatórios — para o ar, "ou como os diverte mais [...] atirando em tudo e em todos".[43] E tudo isso apesar da distribuição de folhetos impressos que exortavam as pessoas a não disparar armas "promiscuamente" e a economizar munição, "pois está chegando o momento em que ela será necessária".[44] Bandos de autoproclamados justiceiros, alguns deles criminosos soltos disfarçados de soldados, instituíram buscas casa a casa aleatórias e muitas vezes violentas: não apenas por policiais que ainda fugiam da captura, mas também por suprimentos escondidos, especialmente de armas, bebidas e alimentos. As casas abandonadas por seus proprietários aterrorizados — sobretudo membros da aristocracia — eram os alvos preferidos, com a turba se servindo, com compulsão sem propósito, da mobília, das porcelanas e dos vidros mais finos, porém inúteis. Cidadãos nervosos entricheiraram-se em suas casas; qualquer recusa a admitir equipes de busca levava à derrubada de portas e ao fuzilamento impiedoso dos ocupantes que resistiam: jovens e velhos, mulheres e crianças.

O general conde Gustave Stackelberg — um nobre russo-estoniano e ex-conselheiro de Nicolau II — foi morto a tiros diante da esposa quando sua casa na rua Milliónnaia foi atacada, mas não antes de resistir ferozmente e matar vários de seus atacantes a tiros de revólver. Leighton Rogers e seus colegas do National City Bank tinham visto Stackelberg (como descobriram mais tarde) correr para o Cais do Palácio, disparando vários tiros antes de se encolher atrás de um poste de luz. Ele não durou muito tempo: "uma bala arrancou o topo de sua cabeça", lembrou Swinnerton.[45] Contudo, em meio a isso, como Swinnerton notou, "a cerca de cem metros de distância, um soldado e sua namorada estavam sentados no parapeito e conversavam como se não tivessem nenhuma preocupação no mundo". O corpo de Stackelberg foi deixado no meio da rua, onde foi pisoteado pela passagem de patrulhas montadas. Quando Swinnerton e seus colegas voltaram do trabalho para casa naquela noite, ele tinha sido despojado da maior parte de seu uniforme — "suvenires", supôs Rogers. Mais tarde, o cadáver foi jogado no Nievá, ou antes, sobre o rio, pois caiu na superfície congelada e lá ficou abandonado a definhar.[46]

Com a demonstração de ódio desenfreado à velha ordem nas ruas, era inevitável que alguns membros da aristocracia russa recorressem a Sir George Buchanan e outros embaixadores para pedir abrigo. Isso deixava-o numa posição difícil, pois só poderia oferecer proteção aos que eram súditos britânicos.* Quando sua casa foi saqueada e destruída pela turba, as filhas do conde Vladímir Freedericksz, ministro da Corte Imperial, que estava com o tsar em Stavka, imploraram à embaixada britânica que as recebesse junto com sua mãe doente. Foram recusadas, supostamente devido à "vaidade social" de Lady Buchanan, que se queixou: "Não sei por que eu deveria aceitar a condessa Freedericksz quando ela nunca me convidou para ir à sua casa ou ao seu camarote na Ópera".[47]** Em contraste, o embaixador Francis enviara o segundo-secretário Norman Armour "para enfrentar as balas", especificamente para convidar a condessa Nostitz, de nacionalidade americana, que morava a três quadras de distância, a abrigar-se na embaixada, onde estaria sob a proteção da bandeira americana". Nostitz ficou tocada pela oferta, mas preferiu permanecer com o marido russo e confiar na sorte.[48]

Embora a entrada dos revolucionários em domicílios particulares fosse frequentemente violenta e aterrorizante, às vezes resultava num desdobramento mais conciliador, como Ella Woodhouse, filha do cônsul britânico, lembrou do momento em que um grupo chegou ao seu apartamento, exigindo entrar para revistar:

> Papai convidou-os para a sala de jantar, onde estávamos tomando chá à luz de uma ou duas velas, porque a eletricidade estava desligada. Todos se sentaram. Não lembro se lhes foi realmente oferecido chá, mas retenho a imagem do círculo tenso, em torno da longa mesa na sala escura, iluminada apenas por velas tremeluzentes, e os rapazes sentados de maneira desajeitada quando papai começou a explicar educadamente que eram bem-vindos para revistar o lugar, mas que estariam, então, violando a imunidade diplomática, uma ofensa grave num país civilizado, como eles certamente deviam saber. Essa abordagem levou a uma discussão geral sobre os objetivos da Grande Revolução. Aos poucos, eles se descontraíram e todos

* Como Victoria Melita, grã-duquesa Kirill — conhecida na família real como "Ducky" —, que era filha de um filho da rainha Vitória, o príncipe Alfred.

** No final, o reverendo Bousfield Swan Lombard, da capelania britânica, deu refúgio à condessa Freedericksz e suas duas filhas, sob o pseudônimo de "sra. Wilson"; Buchanan disse-lhe que "você deve fazê-lo por sua própria conta e risco" e que não poderia dar sanção oficial ao seu ato. As mulheres foram levadas para a Casa de Repouso da Colônia Britânica. A condessa teve de jurar segredo e aceitar certas condições prévias de Bousfield Lombard, mas ela e as filhas logo romperam todas as regras e tiveram de ser retiradas.

participaram. A discussão continuou por um bom tempo. Então, com expressões de boa vontade mútua, eles foram embora.[49]

Mas não houve essa *politesse* com os proprietários de lojas de vinhos e provisões. J. Butler Wright relatou que eles "foram forçados a abrir seus estabelecimentos, ou as lojas foram arrombadas", embora houvesse alguma tentativa de manter o controle da situação e de "garantir que as mercadorias fossem distribuídas de forma justa e os donos dos estabelecimentos fossem pagos". James Houghteling ficou encantado ao saber que sua cozinheira "comprara de soldados a preços ridiculamente baixos todos os tipos de suprimentos, peças de pano, farinha etc., que foram retirados de lojas do governo, que os recusara ao povo durante meses".[50] Alguns dos lugares vasculhados revelaram surpresas: um esconderijo com milhares de fuzis e munições foi encontrado no depósito de um açougue, provavelmente instalado ali pela polícia. Quando invadiram a casa de um policial, "encontraram um depósito cheio de tudo, farinha (da qual não conseguimos levar nada), conhaque, arenque", relatou seu vizinho inglês.[51] Uma lavanderia e tinturaria que estivera fechada por tapume durante meses continha pilhas de presunto, havia muito considerados inexistentes. Estoques imensos de farinha e açúcar (que o governo dizia estarem esgotados, mas que haviam sido armazenados para suborno) foram descobertos, "em sua maior parte nas residências particulares de policiais" — em tal quantidade que reforçaram a convicção generalizada do povo de que a polícia "valera-se sistematicamente de suas oportunidades para açambarcar suprimentos de alimentos em seus distritos". Arthur Ransome informou que "alguns policiais chegavam mesmo a criar galinhas em seus quartos".[52]

A busca incansável por policiais continuou durante toda a terça-feira. Numa última tentativa de escapar da captura, alguns deles disfarçaram-se de forma pouco convincente de mulher, como relatou James Stinton Jones. Os homens maiores "dificilmente faziam justiça ao belo sexo", e tinham a identidade "invariavelmente traída por seu porte geral e tamanho". Um deles, reparou, tinha "mais de um metro e oitenta de altura e ombros largos, e seu porte geral e maneira de caminhar eram certamente qualquer coisa, menos femininos". Ele foi rapidamente descoberto pela multidão, que "o deteve e tirou seu chapéu, que saiu junto com uma longa peruca e o véu espesso, deixando à mostra um rosto masculino muito feio, com um bigode pesado. Ele se ajoelhou imediatamente e implorou por misericórdia, mas a multidão despachou-o sem mais delongas". "Perto do canal, Amélie de Néry viu doze corpos de policiais que tinham sido despidos e deixados por lá.[53] Pouco tempo depois, ela topou com outra visão sinistra:

> um trenó plano sobre o qual um corpo nu fora jogado e coberto com um lençol branco, as pernas semipenduradas sobre as laterais e os pés descalços arrastando na neve. Uma protuberância no lençol que cobria o peito sugeria que sua cabeça tinha sido cortada. Havia manchas de sangue respingado nessa horrível trouxa. Eram provavelmente os restos mortais de algum policial sendo levados para um necrotério, em algum lugar.[54]

James Stinton Jones viu a "aparência horrível da neve" depois que um policial foi literalmente rasgado de "membro a membro" na rua por uma turba enfurecida. Contaram-lhe também que alguns policiais apanhados em casa foram amarrados a seus divãs ou sofás, "cobertos com querosene e, em seguida, incendiados". Dorothy Seymour ouviu falar de um chefe de polícia que foi amarrado e atirado na fogueira acesa diante de sua delegacia. Leighton Rogers ficou chocado ao descobrir que um policial que atirara num soldado na esquina próxima de seu apartamento "foi prontamente trespassado por uma baioneta e decapitado, para horror de nossa criada menina, que passava por acaso". Uma vez descobertos, os policiais que manejavam armas em telhados não conseguiam resistir por muito tempo, e, "com um grito exultante, um por um, forçados até a borda à ponta de baioneta, espatifavam-se na rua abaixo, onde eram cuspidos e insultados pela multidão reunida".[55]

6. "Foi bom estar vivo nesses dias maravilhosos"

Ao relatar os acontecimentos para o Foreign Office no final de março de 1917, Hugh Walpole concluía que, "em geral, pode-se dizer com certeza que, no que diz respeito a Petrogrado, a revolução terminou na terça-feira à noite".[1] O governo tsarista tinha acabado; o Arsenal, último ponto de resistência do antigo regime, rendeu-se finalmente às quatro da manhã, quando os rebeldes ameaçaram virar os canhões da Fortaleza de Pedro e Paulo contra ele. Todo o exército sediado em Petrogrado já estava do lado dos revolucionários, inclusive a unidade naval de elite – a Guarda de Equipagem comandada pelo grão-duque Kirill –, o Corpo de Cadetes e 350 oficiais do Colégio do Estado-Maior; por fim, até a guarnição que havia guardado a família imperial em Tsárskoie Seló se juntou a eles.[2]

Mas permanecia entre a comunidade diplomática uma "grande ansiedade" quanto ao futuro, com a intensificação do conflito entre o novo Soviete e a Comissão Executiva da Duma. "Com efeito, tudo havia corrido tão bem até agora, tão além das expectativas mais desvairadas dos homens", observou Walpole, "que ninguém podia acreditar que uma forte reversão não estava reservada." Muito simplesmente, "tudo era bom demais para ser verdade". Correspondente do *Times*, Robert Wilton estava convencido desde o início de que "a instituição do Soviete equivalia a preparar de antemão a derrubada de qualquer governo de coalizão", e podia ver a "desesperança total" dos esforços dos moderados da Duma para instituir alguma forma de governo democrático.[3]

Todos os observadores estrangeiros queriam ver no que daria essa nova luta pelo poder, e muitos foram ao Palácio Tauride na terça-feira, 28 de fevereiro, para ver a história sendo feita. Durante todo o dia, chegaram soldados de áreas periféricas para jurar fidelidade à revolução, acompanhados por intermináveis deputações de trabalhadores e civis. A Chpalérnaia era "um saguão barulhento e desorganizado de soldados e pessoas comuns, todos felizes e bem-dispostos", lembrou James Houghteling, "um caleidoscópio de soldados, armados e desarmados, civis, cossacos montados, automóveis cheios de enfermeiras da Cruz Vermelha e de estudantes uniformizados, e caminhões apinhados de humanidade e eriçados de baionetas e bandeiras vermelhas". Amélie de Néry viu-se também no meio da multidão: "os mujiques, com suas barbas loiras ou ruivas e cabeças que faziam lembrar a de Cristo, os rostos imberbes dos soldados, os casacos de pele de cordeiro encardidos, casacões de pele, chapéus de pelo longo ou bonés de estudantes — tudo ondulava, avolumava-se ou arfava como um mar!". Em meio a essa multidão densa havia "caminhões carregados com até trinta soldados entusiasmados, automóveis, baterias de canhões em que crianças se divertiam, patrulhas de cavalaria".[4] Alguns estudantes estavam a cavalo; o povo os chamava de "hussardos negros". Mais caminhões cheios de soldados chegavam a cada minuto e "descarregavam grandes quantidades de provisões na entrada principal do Palácio Tauride, como se a Assembleia Nacional esperasse ser sitiada".[5]

Para o jovem nova-iorquino Leighton Rogers, foi "um espetáculo para nunca mais esquecer": "um mar de rostos cambiantes e oscilantes, ora separando-se e inflando-se contra as paredes quando um novo preso carregado num caminhão abria caminho até os portões, ora voltando a fechar-se sobre a rua em inquietação ansiosa. Ora em silêncio, quando algum personagem importante subia no portão para dar instruções, ora estourando num poderoso rugido quando algum herói popular passava apertado a caminho dos salões".[6] James Houghteling viu quando trouxeram alguns policiais capturados. "Parecia bastante decente dar a esses odiados inimigos uma corte marcial, ainda que improvisada", pensou. Alguns ainda vestiam seus uniformes negros, alguns estavam disfarçados de soldados e outros haviam se vestido como *dvórniki* (porteiros), que tinham a reputação de ser espiões da polícia. Mas "a grande maioria era de brutamontes de ombros largos, o que bastava para identificá-los como policiais sem uniforme". "Alguns estavam cheios de ataduras pelo corpo e tiveram de ser arrastados", notou Houghteling. "Uns poucos moviam-se nervosamente e não queriam passar, mas a maioria estava surpreendentemente impassível." Ele esperava ouvir a descarga inevitável de tiros, mas, ao que parece, esses policiais não foram sumariamente fuzilados, mas levados para "alguma prisão improvisada".[7]

Os visitantes que chegavam à Duma, como relembrou George Bury, deveriam apresentar agora "curiosos pedaços de papel que serviam de passe e eram inspecionados por estudantes e escolares voluntários". "Dentro do pátio, a massa de soldados e civis estava mais firmemente apertada do que nunca": ele levou vinte minutos para atravessar cerca de trinta metros de pátio e subir os poucos degraus da entrada até o pórtico da Duma. Havia um tal aperto na porta que ele teve dificuldade para passar. À força de muito empurra-empurra educado ("Posso passar, aliados?", "Deixem-me passar, irmãozinhos"), Bury conseguiu chegar ao grande Salão Catarina de colunas brancas, que era "como uma nave de catedral de cem metros de comprimento" e estava lotado com "a mesma turba ouvindo discursos inflamados feitos de mesas e cadeiras, ou dos degraus e balcões que levavam até a porta para as fileiras mais elevadas de assentos na câmara legislativa". Estava em andamento uma batalha campal pela precedência; uma cacofonia de gritos de candidatos a orador que buscavam ser ouvidos acima do barulho: "soldados, jovens oficiais, oradores políticos frenéticos, até mesmo algum deputado ocasional estavam ocupados em provar as delícias da 'liberdade de expressão' pela primeira vez em uma dúzia de anos". Bury percebeu a liberação de sentimentos reprimidos desde a revolução de 1905: "um pouco de Hyde Park num domingo de manhã nos dias esquecidos de antes da guerra".[8]

O belo Palácio Tauride estava transformado num grande armazém. "Metade da grande rotunda, que serve como primeira antecâmara, estava cheia de metralhadoras, cinturões, caixas de munição e coisas do tipo em grandes pilhas, como se tivessem sido jogadas de qualquer jeito, junto com centenas de roupas de soldados e um monte de botas, tudo na maior desordem, equilibrado no lado oposto por uma muralha de três metros de altura de sacos de farinha", relatou George Bury.[9] O Salão Circular estava igualmente repleto de provisões de todos os tipos, e seu belo piso de parquê "cheio de pontas de cigarro e latas vazias, papéis, sacos e caixas de papelão, e até garrafas quebradas". Hugh Walpole se desesperou diante da "sujeira e desolação" que viu, no meio da qual "uma enorme massa de homens se movia como num enorme formigueiro". E essa massa não parava de receber soldados, "que caíam lá dentro como filhotes ou bebês, com pedaços de pano vermelho amarrados nos fuzis, alguns cantando, outros rindo, alguns mudos de espanto".[10]

Dentro do Palácio Tauride, o idealismo caótico dos primeiros dois dias de revolução dava lugar a negociações difíceis sobre a futura forma de governo da Rússia. O Soviete de Deputados Operários e Soldados realizou sua primeira sessão plenária naquele dia, numa atmosfera muito diferente da contenção burguesa dos antigos ocupantes da Duma. Em vez disso, uma multidão heterogênea e vociferante de operários fabris e soldados camponeses, parecidos com "uma assembleia gigantesca de aldeia", amontoara-se numa sala lotada, quente e malcheirosa, com as mesas sujas de pão e arenque, e todos os presentes ansiosos para debater.[11] No Salão Catarina, o general Knox viu o presidente da Duma, Mikhail Rodzianko, instando a massa de soldados ali reunida a "voltar para seus quartéis e manter a ordem, pois, caso contrário, iriam degenerar numa multidão inútil". Mas Knox notou poucos sinais de organização ou de pessoas trabalhando. "Havia soldados recostados em todos os lugares"; em uma sala, viu Boris Engelhardt, membro da Duma, tentando "funcionar como comandante militar", sentado a uma mesa "sobre a qual havia um enorme pedaço de pão preto meio roído" e tentando em vão "fazer-se ouvir acima do barulho de uma multidão de soldados, todos cuspindo, fumando e fazendo perguntas".[12]

Já estava muito claro que qualquer partilha de poder entre dois grupos tão diametralmente opostos quanto o Comitê Executivo da Duma e o Soviete seria extremamente tensa. Para os membros do Soviete, os antigos membros da Duma do Comitê Executivo representavam o inimigo: a velha ordem dos capitalistas, da burguesia e da aristocracia. Estava claro para George Bury que o Soviete estava se tornando rapidamente "o verdadeiro senhor da situação"; seus membros tinham os fuzis e a força bruta. Mas, por ora, era a velha guarda da Duma que possuía "a autoconfiança e a técnica de governar", ainda que uma procissão de ex-ministros tsaristas chegasse sob custódia durante todo o dia.[13]

À tarde, intimidado e de aparência cadavérica, Boris Sturmer, ex-presidente do Conselho de Estado, foi trazido, batendo os dentes de medo. Ao lado de Sturmer estava Pitirim, o metropolita de Petrogrado. Claude Anet viu Sturmer chegar, cercado por soldados de revólveres em punho — "um homem idoso, com o boné na mão, envolto num grande manto Nicolau de gola de pele que chegava aos pés. Seu rosto estava tão branco quanto sua longa barba; os pálidos olhos azuis careciam de expressão; ele parecia não notar nada, ter caído numa segunda infância, e avançava, aparentemente inconsciente de seu entorno, com passos vacilantes".[14] O metropolita Pitirim, colaborador próximo de Raspútin, fora encontrado escondido no Mosteiro Aleksandr Niévski e ainda usava a batina preta e a cruz de ouro episcopal, parecendo "tomado pelo medo mais abjeto". Com a boca semiaberta e os olhos aterrorizados, tinha a aparência de um criminoso condenado sendo conduzido ao cadafalso.[15] Depois, chegou o ex-primeiro-ministro Ivan Goremykin, "uma figura carnavalesca", com seu grande e extravagante bigode, usando desafiadoramente sua ordem tsarista de santo André presa ao casaco como uma espécie de talismã protetor.[16] Ivan Scheglovítov, presidente do Conselho Imperial, ex-ministro da Justiça e bastião da velha ordem reacionária, foi trazido preso às cinco da tarde, com as mãos atadas.

Mas o homem que todos os revolucionários procuravam — o famigerado ministro do Interior, Aleksandr Protopópov, totalmente desprezado como fantoche da imperatriz — não foi encontrado em seu apartamento vazio, que já fora saqueado e aliviado de um estoque considerável de champanhe. Por fim, às onze e quinze da noite, ele se arrastou para o Palácio Tauride, vestido com um sobretudo de pele surrado, e se entregou. Depois de "vagar dois dias pelas ruas, em busca de refúgio com os amigos, e ser recusado por todos", ele se rendeu, alegando que "desejava o bem-estar do país".[17] Após entregar — assim foi dito — um grande mapa de Petrogrado com todos os esconderijos da polícia marcados, foi levado "pálido e cambaleante" para uma cela na Fortaleza de Pedro e Paulo, onde já estavam muitos outros representantes do antigo regime.[18*]

O caos continuou a reinar durante toda a terça-feira no Tauride, que era agora "uma babel de agitações, ambições, disputas e alianças", enquanto se criavam todos os tipos de comissões para satisfazer as demandas políticas das muitas facções concorrentes: "comissões de provisões, comissões de passaportes, comissões de jornalistas, comissões de estudantes, comissões de mulheres

* Sybil Grey ouviu dizer que encontraram provas no apartamento de Protopópov de "planos para abrir as lojas de vinho, a fim de proporcionar uma desculpa para atirar nas pessoas quando estivessem bêbadas".

ajudantes [...] de direitos sociais, para uma paz justa, do sufrágio feminino, da independência finlandesa, da literatura e das artes, para o melhor tratamento de prostitutas, da educação, para a divisão justa da terra". A atmosfera no Salão Catarina tornou-se cada vez mais desordenada, com muitos delegados de pé e esticando o pescoço para ver o *presidium*, onde os oradores subiam na mesa para serem vistos e ouvidos. "O barulho ficou cada vez mais ensurdecedor, a poeira flutuava em nuvens difusas. Os homens tinham chaleiras e ferviam chá, agachados, e os gritos e berros subiam sem parar, como uma inundação."[19] E em todo o palácio, em todas as salas e em todas as comissões, ouviam-se repetidamente exortações aos *továrischi* — os "camaradas".[20]

Nessa atmosfera recém-descoberta de camaradagem febril, mas solidária, onde todos desfrutavam de uma estranha e intranquila igualdade, sem aceitar ordens de ninguém, foram feitas frequentes tentativas por Aleksandr Kerénski, um membro preeminente do Comitê Executivo Provisório, de apelar aos soldados e trabalhadores ali reunidos para voltar a algum tipo de disciplina militar. De acordo com o embaixador Paléologue, os membros da Duma tinham sido "pegos totalmente de surpresa pelo comportamento anárquico do exército".[21] "Eles nunca imaginaram uma revolução como essa", relatou o francês, "esperavam dirigi-la e mantê-la dentro de limites por meio do exército", mas isso era claramente impossível. Paléologue escreveu em seu diário naquele dia: "Agora, os soldados não reconhecem nenhum líder e estão espalhando terror por toda a cidade". Relutantes em voltar aos quartéis e aos seus antigos comandantes, muitos deles tinham "dado suas armas para a multidão e andavam indiferentes pelas ruas, assistindo ao progresso da luta".[22]

No final daquele dia, havia ainda menos probabilidade de o Comitê Executivo recuperar o controle dos remanescentes alvoroçados do Exército, pois, numa tentativa clara de primazia, o Soviete de Petrogrado emitira a Ordem nº 1 abordando algumas das queixas de longa data dos soldados contra o governo imperial. Todos os títulos do Exército eram abolidos, nenhum oficial deveria ser saudado, e os soldados deveriam ser tratados pelo formal *vy* e não pelo informal (e, para eles, humilhante) *ty*. A partir de então, os militares da Rússia receberiam suas ordens de uma pletora de comissões de soldados e marinheiros que se reportariam ao Soviete, e não à Duma.[23]

Um frio intenso caiu durante a noite de 28 de fevereiro para 1º de março, com a temperatura chegando a –26°C, acompanhada de uma forte queda de dez a quinze centímetros de neve. Na manhã seguinte, um céu cinzento e sombrio lançava uma mortalha sobre a cidade enquanto a neve caía durante todo o dia, abafando o som esporádico de gritos e tiros. A baixa temperatura transformou os esqueletos enegrecidos de prédios queimados com "longos pingentes de gelo pendurados nos beirais". Em todos os lugares, permanecia o cheiro de queimado, e "cinzas de papel ainda flutuavam no ar".[24]

Florence Harper e Donald Thompson caminharam do Astória até a embaixada americana para inspecionar o cenário. "Com exceção das janelas quebradas e de cavalos mortos nas ruas, não havia sinais de distúrbios recentes", observou Harper.[25] Com efeito, quem tinha levantado suficientemente cedo fora recebido por uma "brancura macia e imaculada" que cobria as ruas e escondia temporariamente os escombros, cápsulas de projéteis e manchas de sangue de cinco dias de violência. Leighton Rogers também saiu para dar uma olhada:

> O vidro partido reluz verde sobre a neve, e, onde não quebraram, as janelas estão perfuradas com furos bem delineados. As portas estão estilhaçadas e manchadas de chumbo. Os edifícios estão com varíola – onde uma bala atinge essas estruturas de tijolo e estuque, cai um pedaço do tamanho de um prato. O enorme relógio no final do prédio da Singer – o único edifício de escritórios moderno de Petrogrado –, embora ainda muito iluminado, parou de funcionar um ou dois dias atrás, em deferência aos três furos em seus órgãos vitais. Aqui e ali jazem um cavalo ou um automóvel abandonado, posto fora de ação por balas voadoras ou por uma colisão.[26]

Durante a noite, postaram-se proclamações que exortavam a todos, como "cidadãos", a desempenhar seu papel na restauração da ordem. Chester Swinnerton ficou impressionado com o extraordinário sangue-frio dos russos, à medida que tentavam voltar ao normal. Ele e seus colegas de banco "perambularam para tirar algumas fotos". Na avenida Litéini – cenário de violência dois dias antes –, "parecia um piquenique escolar de domingo". Mas eles mal tinham caminhado trinta metros pela avenida quando ouviram "um b-rrrrrrrr – put put put put put, e uma metralhadora começou a matraquear da casa da esquina. Nós, em companhia de todo mundo num raio de pouco mais de vinte metros, nos enfiamos num pátio das proximidades". Suas companheiras russas "deram um aperto de morte em meus braços", mas, um minuto depois, "estavam espiando para fora de novo". "É absolutamente impossível vencer a curiosidade russa", escreveu Swinnerton mais tarde. Eles "exibem a mais maravilhosa indiferença e descontração. Crianças pequenas caminham calmamente em meio ao tiroteio, rindo e brincando como de costume". Ele perguntou a dois meninos se era seguro ir até a Niévski:

> "Sim. Perfeitamente seguro."
> "Não estão atirando por lá?"
> "Oh, sim, alguns tiros."
> "Alguém foi morto?"
> "Oh, sim, alguns foram mortos, mas está tudo perfeitamente bem por lá."[27]

No final da noite e até a noite de 1-2 de março, Florence Harper ainda ouviu uma metralhadora disparando da catedral de santo Isaac. Isso vinha acontecendo nos últimos dois dias, mas, naquela noite, um grupo de cossacos invadiu a catedral e encontrou quarenta policiais escondidos no porão. Exaustos dos dias sem dormir e sendo caçados de casa em casa, eles tentaram um último ato de resistência Os cossacos os mataram na mesma hora e encontraram seis de suas metralhadoras no telhado, junto com munição suficiente "para um mês".[28]

A revolução estava agora firmemente nas mãos do povo, e, na quinta-feira, a ordem foi finalmente restaurada. Os estudantes foram alistados numa milícia ad hoc para ajudar a manter a paz e passaram a patrulhar as ruas usando braçadeiras especiais, acompanhados por três ou quatro soldados sob seu comando. Os incêndios estavam apagados; alguns dos piores criminosos que tinham sido postos em liberdade foram recapturados e reencarcerados. A milícia desarmou muitos civis durante o dia, por determinação da comissão da Duma. Bêbados foram detidos e colocaram-se inúmeras placas "pedindo a todos os camaradas que se abstenham de bebida".[29] Devolveram-se as armas aos oficiais que tinham passado para o lado da revolução e eles voltaram para seus regimentos a fim de restaurar a disciplina. Estabeleceram-se controles sobre os veículos motorizados armados que corriam perigosamente pelas ruas. Carros eram parados por fileiras de milícias que interrompiam a rua e permitiam passar somente se tivessem documentos oficiais. Caso contrário, eram sumariamente confiscados.[30]

As pessoas voltaram ao trabalho, enfiadas em sobretudos contra o frio. Reabriram-se as lojas e as donas de casa saíram à procura de alimentos, com as sacolas de compras nos braços. Leiteiros saíram puxando seus trenós carregados de grandes tarros de leite. E o mais importante: com a retomada das entregas ferroviárias de farinha, suprimentos limitados de pão fresco estavam disponíveis mais uma vez. Restauraram-se as linhas de telégrafo e telefone e a correspondência voltou a ser entregue. Trabalhadores passaram a limpar a neve e as ruas começaram a retomar seu aspecto antigo. Até mesmo os barcos fora de Petrogrado estavam de volta ao seu velho funcionamento. Tudo parecia indicar um retorno inesperadamente rápido à normalidade.

Rememorando os eventos dos cinco dias anteriores, David Francis ficou impressionado e informou ao Departamento de Estado americano que tinha sido "a revolução mais bem administrada que já ocorreu, por sua magnitude".[31] A assistente hospitalar inglesa Elsie Bowerman, que ficara presa na cidade em seu caminho de volta para casa da Frente Oriental, comentou em seu diário que "revoluções realizadas de uma forma tão pacífica merecem realmente ser bem-sucedidas.* As armas de hoje parecem estar nas mãos de pessoas responsáveis". "A política recomeçou esta manhã", relatou um residente americano, "e parece que saímos de uma espécie de isolamento hermético, quando o outro lado do rio parecia muito distante e só sabíamos o que estava acontecendo no outro extremo do distrito de Petrogrado por ouvir dizer."[32] Na Niévski, Edward Heald seguiu um grande desfile de pessoas com bandeiras, que lhe pareciam "alegre, livre, intensa e espiritualmente felizes". Ver os acontecimentos se desdobrarem em Petrogrado no nível da rua, como ele havia visto, fora "emocionante e indescritível", escreveu em seu diário. "Foi bom estar vivo nesses dias maravilhosos."[33] A atmosfera de celebração foi reforçada pelas notícias de Moscou de que a luta naquela cidade havia sido breve e "uma vitória fácil para os revolucionários". "A vida normal mal foi interrompida por mais de um dia" na segunda cidade da Rússia, notou um observador, "e menos ainda em outras cidades."[34]

Várias pessoas, como Elsie Bowerman, passaram por cima dos horrores e olharam para os aspectos positivos: durante a revolução, ela recordou, os

* Em 1912, então com 22 anos, Bowerman sobrevivera ao desastre do *Titanic*.

estrangeiros, como ela, tinham "encontrado o máximo de delicadeza e consideração de todos". Oliver Locker Lampson concordava com essa avaliação, pois seu ponto de vista — como o de Bowerman — estava limitado por uma perspectiva estreita sobre a verdadeira brutalidade que tinha ocorrido. "Essa tremenda mudança foi feita sem excessos, sem insulto às mulheres, sem qualquer crueldade", pensava ele. Com efeito, vira tão pouco do terrível derramamento de sangue que declarou que "as multidões não são tão barulhentas como aquelas numa eleição inglesa". Em termos gerais, tinha sido "a Revolução de um povo nobre, de coração generoso".[35] O capitão Osborn Springfield, da Artilharia Real, era da mesma opinião. Seu preconceito de que "revolução significava execuções em massa e milhares de vítimas" recebera um "rude choque" em Petrogrado. "Tudo pareceu tão relativamente pacífico. Depois da primeira excitação natural, a normalidade voltou rapidamente." "Mas será que as coisas estão normais?", acrescentou. À semelhança de outros observadores estrangeiros, ele descobriria depois que esse otimismo cor-de-rosa fora prematuro. A ilusão de que tinha sido uma revolução relativamente pacífica, sem derramamento de sangue — uma revolução cheia da esperança de um novo começo para a Rússia —, foi logo desfeita. Como o próprio Springfield logo admitiu: "Eu descobriria que coisa muito pior estava por vir".[36]

Muitos daqueles que registraram suas reações à Revolução de Fevereiro foram inevitavelmente levados a comparações com a Paris de 1789. Para um observador americano, a imagem duradoura de 28 de fevereiro — um dia de grande transição — viera com "a única cena romântica" que tinha visto: "uma figura saída diretamente das gravuras antigas da Revolução Francesa" andando no sentido oposto da multidão:

> Era uma menina com um sobretudo surrado, de cabelo claro cortado, no qual se empoleirava um boné de soldado de brim cáqui com um tufo de fita vermelha na frente. Amarrada em volta da cintura, trazia uma enorme espada curva de gendarme. Ela trotava em direção ao tiroteio, parando a cada poucos passos para olhar à frente, protegendo os olhos contra o sol poente.[37]

Essa imagem, que lembrava Marianne, a figura alegórica da Revolução Francesa, era de fato sugestiva; assim como, também, para a testemunha francesa Amélie de Néry, era o uso da palavra "cidadão". Era a primeira vez que ela a ouvia nas ruas de Petrogrado. O embaixador francês Paléologue, no entanto, achava o espírito da revolução francesa e o da russa "muito diferentes". O que tinha acontecido em Petrogrado, escreveu, lembrava, "por suas origens, princípios e caráter social, em vez de político", muito mais os eventos revolucionários de Paris em 1848. O florescimento da noite para o dia desse idealismo romântico causava uma sensação de irrealidade que para muitos era difícil de absorver, mas que de Néry resumiu muito bem:

> Era preciso ter vivido aqui, ter visto as restrições que incidiam sobre toda a vida pública, a fiscalização rigorosa por parte da polícia, sua falta de boa vontade, a espionagem, as informações falsas e a dissimulação que pairavam no ar, a escravidão mascarada de liberdade, para poder compreender a alegria que se irradia na expressão de todos agora. Finalmente, este grande povo pode respirar, está livre de suas correntes, junto com o peso que o oprimiu durante séculos. Todos estão alegres, sorridentes.[38]

Chester Swinnerton teve sentimentos semelhantes: "O movimento atual é a queda da Bastilha. Em seguida deve vir a marcha para Versalhes". Ele esperava "que o paralelo só vá até esse ponto".[39] Mas acontece que Versalhes não viria a Petrogrado. O último ato da velha Rússia imperial estava chegando naquele exato momento ao seu triste final a 480 quilômetros de distância da capital, num desvio ferroviário em Pskov.

7. "As pessoas ainda piscam diante da luz da súbita libertação"

Na manhã de quarta-feira, 1º de março, Philip Chadbourn visitou a "carbonizada e enfumaçada carcaça" do Tribunal de Justiça na avenida Litéini e encontrou seu pátio cheio de gente "procurando suvenires do que já era uma coisa do passado".[1] A grande escadaria havia sido totalmente destruída, e "somente o terço inferior de uma imperatriz de mármore permanecia em seu pedestal. O torso enegrecido estava aos meus pés, a cabeça imperial, esfera, cetro, coroa, entre os escombros". No final de um longo corredor escuro, ele chegou a um dos pátios internos e estremeceu quando se viu "dentro desta grande gaiola humana onde tudo ressoava e era frio, aço e pedra". Em algumas celas, viu os restos de uma última refeição de pão preto, abandonada "quando sobreveio a última chamada para a liberdade". Do gabinete destruído do comandante, Chadbourn "saiu com um retrato a óleo do imperador embaixo do braço". No interior da capela, seus acessórios bizantinos estavam "na mais selvagem desordem; livros, paramentos e vestes espalhavam-se pelo chão. O altar de mármore estava danificado e a multidão manuseava curiosamente os recipientes cerimoniais". De repente, um jovem soldado "pegou um manto ricamente bordado e jogou-o sobre os ombros; em seguida, pôs um longo colar enfeitado; e, por último, enfiou uma mitra amassada na cabeça. Então, abriu a Bíblia e começou a entoar com uma voz grave e cômica". Chadbourn não pôde deixar de pensar que, apenas uma semana antes, esse comportamento irreverente teria sido "impensável". Mas ali estava "um mundo inteiro de cabeça para baixo":

"o incrível está se tornando uma visão comum, o lugar-comum praticamente desapareceu".[2]

Apanhados no meio de tudo isso, os residentes estrangeiros estavam confusos e temerosos – escondidos em seus apartamentos, "nervosos, inquietos, perturbados, sobressaltados ao menor som", como relatou Claude Anet. "Para onde estávamos indo? O que aconteceria no dia seguinte? [...] Um governo nomeado em Petrogrado seria aceito pela Rússia? Seria capaz de restabelecer a ordem?" – perguntavam-se uns aos outros. Nas casas dos colegas residentes franceses, Anet notou uma preocupação crescente com a situação além da Rússia: "A grande questão, a terrível pergunta, era esta: e a guerra?".[3] Por enquanto, a revolução havia obliterado todo o pensamento a respeito dela nas mentes dos petrogradenses comuns, que esqueceram até mesmo o tsar, cujo retorno iminente fora esperado por muitos dias.

Foi somente às três da manhã do dia 28 de fevereiro que Nicolau II finalmente partiu no trem imperial do quartel-general em Moguiliov. Ao chegar a Bologoé, porém, a seis horas de distância de Petrogrado, foi forçado a voltar por ferroviários em greve que tinham destruído as linhas. Nicolau foi então para Pskov, aonde chegou no início da manhã de 1º de março, tendo telegrafado a Rodzianko em Petrogrado e concordado com relutância em fazer concessões políticas. Mas era tarde demais. A resposta de Rodzianko foi contundente: "É chegada a hora de abdicar".[4]

Cansado e deprimido, ansioso para se reunir à esposa e aos filhos doentes e preocupado com o destino do exército russo na frente de batalha, Nicolau conversou sobre a situação com o general Ruzski em seu QG em Pskov. Ruzski também aconselhou a abdicação. A partir desse momento, Nicolau ofereceu pouca resistência à pressão exercida sobre ele por enviados especiais e pelos deputados da Duma Aleksandr Gutchkov e Vassíli Chulguin, que chegaram de trem de Petrogrado. Seu ato de abdicação era, afirmou Nicolau, para o bem do país; ao tomar essa decisão, não levara em conta as exigências políticas. Seu dever, em primeiro lugar, era "perante Deus e a Rússia".[5] Mas também tomou a decisão de abdicar em favor do filho hemofílico, Aleksei, temendo a inevitável separação e exílio que a sucessão de Aleksei sob uma regência teria provocado. Na tarde de 2 de março, o tsar concordou com o rascunho de seu manifesto de abdicação e o assinou pouco antes da meia-noite, designando como sucessor seu irmão, o grão-duque Mikhail. Um dia depois, Mikhail recusou o trono, a menos que este lhe fosse oferecido por uma Assembleia Constituinte eleita por todo o povo russo. Mas a criação de um organismo como aquele, como Mikhail sabia muito bem, ainda era uma quimera.

À uma da manhã de 3 de março, o trem de Nicolau voltou para Moguiliov e de lá foi para Tsárskoie Seló. Os jornais de Petrogrado de 5 de março noticiaram que o ex-tsar fora "tirar umas férias muito merecidas em Livádia, na Crimeia". No entanto, em 9 de março, pálido e exausto, com o uniforme de coronel dos Cossacos da Guarda, Nicolau finalmente reencontrou a família, sob prisão domiciliar no Palácio Alexandre.[6] Embora ele tivesse manifestado o desejo de ser autorizado a viver na Crimeia, seu pedido fora sumariamente recusado. Havia esperança de que o rei Jorge e o governo britânico pudessem ser persuadidos a aceitá-lo, mas as discussões preliminares não deram em nada. Enquanto aguardava com a família notícias de seu destino, Nicolau era tratado como qualquer outro russo e chamado de "Cidadão Románov" ou, como muitos passaram a chamá-lo, simplesmente "Nikolai". Quanto à tsarina, os jornais voltaram a usar seu antigo nome, Alix de Hesse.

Maurice Paléologue ficou chocado com a velocidade com que o tsar havia capitulado: tudo "ocorrera de forma tão casual, comum e prosaica, e, acima de tudo, com tanta indiferença e humildade por parte do herói principal", pensou ele. "O tsar de todas as Rússias foi destronado com a mesma facilidade com que um escolar recalcitrante é obrigado a ficar na escola depois da aula", escreveu Edith Hegan, ao saber da notícia. "A dinastia dos Románov desaparecera na tempestade", observou Claude Anet. "Não encontrara ninguém para defendê-la; desmoronara como se toda vida nela estivesse extinta." "Nikolai abdicou. Todos estão aliviados. Não haverá Vendeia",* escreveu outro observador (americano).[7] A maioria dos norte-americanos em Petrogrado estava igualmente entusiasmada, mas Donald Thompson não pôde deixar de imaginar que se o tsar tivesse retornado à cidade mais cedo, seguido imediatamente para a avenida Niévski "e ficado de pé na parte de trás de seu automóvel sem o chapéu e falado, como Teddy Roosevelt teria feito, ele ainda seria o tsar da Rússia". Parecia-lhe muito simples: dar pão ao povo e concordar com um novo governo. Thompson sentiu pena do tsar: "no fundo, ele era um verdadeiro russo, e,

* Alusão à contrarrevolução conservadora e monarquista ocorrida na província francesa rural ocidental da Vendeia após a Revolução Francesa de 1789.

ainda agora, acredito que, se lhe pedissem, ele iria para o front e lutaria pela Rússia". Quanto ao "futuro brilhante" que toda a gente tentava convencê-lo de que estava chegando, agora que o tsar fora embora, Thompson não achava que fosse "muito promissor".[8]

No Palácio Tauride, com a concordância relutante da base de poder rival dos deputados do Soviete de Operários e Soldados de Petrogrado e numa atmosfera de contínua "exaltação violenta", formou-se um governo provisório de doze homens na noite de 2 de março, escolhido entre membros da Duma.[9] De composição "solidamente respeitável" e "eminentemente burguesa", e em contraste com o Soviete, que se opunha à guerra, ele confirmou sua lealdade para com os Aliados e as suas esperanças de instituir um governo constitucional. O príncipe Gueórgi Lvov, um amável proprietário rural liberal, com longos anos de experiência de administrador no governo local, foi chamado a Moscou e nomeado primeiro-ministro. Porém, logo seria eclipsado pelas vozes mais dominadoras e concorrentes de Aleksandr Kerénski, promovido a ministro da Justiça, e do enérgico monarquista liberal Pável Miliukov, ministro das Relações Exteriores. O Ministério da Guerra ficou com o rico comerciante e dono de jornal Aleksandr Gutchkov, que acabara de desempenhar um papel fundamental na abdicação do tsar. Rodzianko, presidente da Duma, permaneceu no cargo, na chefia de uma instituição que continuou a funcionar até setembro, mas que foi efetivamente deixada de lado pelas figuras mais vigorosas do novo Governo Provisório.[10]

Todos os membros do Governo Provisório, exceto o socialista Kerénski, eram da antiga classe dos industriais ou proprietários de terras, um fato que Kerénski achava difícil de conciliar com seus princípios políticos. Logo se tornou evidente que, graças a suas tendências de esquerda, Kerénski era o único membro do novo governo capaz de ter alguma influência no Soviete (de cujo Comitê Executivo também foi nomeado vice-presidente). Com efeito, Kerénski, que entrou para o Partido Socialista Revolucionário em 1905 e foi eleito para a Duma em 1912, esforçou-se muito para manter um pé em ambos os campos.

Ele cultivava a aprovação do Soviete mediante uma combinação de magnetismo pessoal e eloquência inteligente, desenvolvidos durante uma carreira de advogado de defesa de ativistas políticos detidos. No entanto, precisaria de todos os seus consideráveis talentos para lidar com um órgão cada vez mais obstrucionista e truculento: o Soviete inflara rapidamente para 3 mil incontroláveis deputados. Intoxicados com sua liberdade recém-descoberta, os inexperientes operários e soldados politicamente ingênuos do Soviete foram bombardeados pelas teorias marxistas radicais de militantes socialistas e as absorveram como papel mata-borrão. Essas teorias iam de encontro ao objetivo do Governo Provisório de manter uma forma democrática de governo até que uma Assembleia Constituinte pudesse ser devidamente eleita pelo povo russo, por meio do sufrágio universal, direto e secreto.[11] Mas isso só ocorreria depois do fim da guerra. A perspectiva de como uma população camponesa em sua maioria analfabeta reagiria à liberdade inimaginável de um plebiscito desse tipo foi resumida por um comentário repetido várias vezes, em variantes diversas, nas ruas da Rússia: "Uma república! Claro que temos de ter uma república, mas precisamos de um bom tsar para cuidar dela".[12]

Foi necessária uma série de importantes concessões políticas para que o Soviete de Petrogrado concordasse com a criação do Governo Provisório, entre elas uma "anistia imediata em todos os assuntos políticos e religiosos, inclusive daqueles condenados por atentados terroristas, insurreição militar e crimes agrários. [...] Liberdade de manifestação, imprensa, assembleia, sindicatos e greves. [...] Abolição de todas as limitações de classe, religiosas e nacionais e a [...] substituição da polícia pela milícia nacional, com líderes eleitos e sujeitos às administrações locais".[13] Quanto à questão espinhosa, mas cada vez mais premente do voto feminino, Kerénski disse a Claude Anet que ela também seria adiada para depois da inauguração de uma Assembleia Constituinte: "Eles não tinham tempo nem os meios para organizar uma mudança tão vasta num período de tempo tão limitado".[14] Naquele momento, a primeira tarefa de Kerénski como ministro da Justiça foi supervisionar a anistia para todos os presos políticos, decretada em 6 de março; no dia 12, aboliu-se a pena de morte.

Embora o Governo Provisório se declarasse fiel ao esforço de guerra contínuo da Rússia, os adidos militares dos Aliados em Petrogrado já expressavam sérias dúvidas sobre o estado do exército russo e sobre a continuação de sua participação. Muitos, como o general Knox, temiam que ele estivesse à beira da capitulação e que os alemães tomassem Petrogrado. Knox havia pessoalmente considerado a controversa Ordem nº 1 do Soviete, que instruía soldados e marinheiros a obedecer às ordens do Governo Provisório somente se sancionadas pelo Soviete — "um golpe mortal para o exército russo". Na visão de Knox, a guarnição de Petrogrado degenerara numa turba armada e não havia nenhum entusiasmo pela guerra entre os soldados. Numa reunião na embaixada dos Estados Unidos, também prevalecera uma visão muito pessimista; todos concordaram que a revolução "tiraria todo o vigor das tropas no front" e a Rússia já não podia figurar "como um fator na guerra". Os soldados na frente de batalha estavam profundamente desmoralizados e desertando em massa. "Se a paz não vier em breve, eles vão depor as armas."[15] O embaixador Paléologue recebera garantias de Miliukov de que seu governo pretendia continuar "impiedosamente a guerra até a vitória", mas admitia que "a direção dos assuntos russos está agora à mercê de novas forças" — que Paléologue chamou de "doutrina proletária extremista" —, do tipo proposto agora pelo Soviete.[16]

A eficácia da Rússia na guerra tinha sido ainda mais prejudicada por atos violentos de rebelião na frota do Báltico estacionada em Kronstadt, a fortaleza naval que ficava trinta quilômetros a oeste de Petrogrado e protegia a cidade de ataques vindos do mar. Todo o sentimento de disciplina do Exército parecia ter evaporado. Estava ganhando terreno um novo tipo de soldado-cidadão, que achava que não precisava obedecer às ordens, tendo, em vez disso, como disse Arno Dosch-Fleurot, apenas "uma vasta e vaga concepção contagiosa de liberdade".[17] Claude Anet notou a perda de postura nos soldados que viu desfilar nas ruas, "encurvados agora de uma maneira desleixada e descuidada, em ordem ruim, sem manter o ritmo que lhes foi ensinado com tanto cuidado".[18] O meticuloso Sir George Buchanan ficou horrorizado com os níveis de desrespeito exibidos agora pelos soldados rasos nos trens, onde os viu "enfiar-se em vagões de primeira classe e comer em carros-restaurante enquanto os oficiais esperavam". Os oficiais eram humilhados a cada oportunidade: "Vi generais veneráveis", lembrou Isaac Marcosson, "com insígnias de serviço em duas guerras costuradas nas mangas, viajando de pé nos bondes, enquanto todos os assentos estavam ocupados por soldados comuns sorridentes e, às vezes, escarninhos".

Essa deterioração do respeito também irritava militares como o aviador americano Bert Hall. Na tarde de 3 de março, ele viu um general idoso numa estação ferroviária tentando conseguir algo para comer. Alguns soldados nas proximidades começaram a fazer comentários ofensivos a ele, e, quando o general pediu a um guarda armado que prendesse os soldados ofensores, o guarda se virou e prendeu o general. "Eles levaram o velho para fora e uma multidão se reuniu ao redor", lembrou Hall. Então alguém disse: "'O que vamos fazer com ele?'. 'Vamos enforcá-lo; ele já esteve do lado do tsar!' E o lincharam no ato". Hall o conhecia: "Era um bom homem, e um dos poucos especialistas em artilharia de toda a Rússia".[19]

Com a abdicação do tsar, uma nova forma de recreação pública tomou rapidamente conta de toda a cidade: a derrubada e destruição sistemática de todas as insígnias imperiais e outros aspectos visíveis do antigo regime.[20] Ao longo de toda a Niévski e em outras vias principais, bandos de soldados apareceram e começaram a remover as águias de duas cabeças e as armas dos Románov de fachadas de lojas que forneciam para a corte imperial, bem como de seus clubes favoritos e poços de água, tais como o Iate Clube Imperial. O nome de Nicolau, insígnias e brasões dos Románov, fotografias e pinturas da família imperial — tudo foi impiedosamente erradicado. Chegou-se inclusive a falar em derreter a bela estátua de Pedro, o Grande, feita por Falconet e erguida por Catarina, a Grande, na praça do Senado. A palavra "Imperial" foi apagada de tabuletas e placas de latão em todos os lugares em que foi encontrada. Derrubaram até mesmo a águia imperial da frente do Hospital Anglo-Russo: "A águia de nosso palácio encontrou seu fim, um amontoado de gesso na rua para onde orgulhosamente olhou por muitos anos", observou o dr. Geoffrey Jefferson. Os funcionários também receberam ordens para tirar a bandeira russa de cima da porta da frente: "esta não é a bandeira da nossa nação", disseram-lhes.[21]

Escadas foram trazidas de todos os lados por cidadãos ansiosos por remover a velha praga imperial da face da nova Rússia socialista. Quando não havia escadas, as pessoas trepavam pelos edifícios e sobre os telhados para fazer o trabalho. Depois de jogada na rua, a insígnia era pisoteada, queimada em grandes fogueiras ou simplesmente atirada nos canais. Algumas pessoas — entre elas, alguns residentes estrangeiros — estavam ansiosas para colher suas lembranças: "Queríamos suvenires", escreveu James Houghteling, "mas tudo que vimos era muito grande".[22] Infelizmente, na ânsia de acabar com todos os vestígios dos Románov, os iconoclastas que perambulavam pelas ruas em busca de alvos não conseguiram distinguir entre a águia imperial russa — símbolo de opressão — e a águia americana, símbolo da liberdade. Várias destas últimas foram destruídas, embora os americanos tenham conseguido salvar a enorme águia de ferro no alto do prédio da Singer, na Niévski, "envolvendo o orgulhoso pássaro na bandeira americana, até que apenas o bico se projetava para fora das dobras vermelhas, brancas e azuis".[23]

Um dos alvos mais óbvios da destruição de emblemas do tsarismo era o Palácio de Inverno. Segundo Robert Crozier Long, correspondente da Associated Press, um fanático havia exigido até "a demolição completa do Palácio de Inverno, declarando que 'os detritos podem ser deixados – um monte de pedras disformes e madeira podre – como um monumento melhor à queda dos Románov do que o monumento mais bonito à Liberdade erguido em qualquer outro lugar da Terra'".[24] Enquanto isso, a bandeira vermelha já havia sido desfraldada em cima do próprio palácio, substituindo a bandeira amarela imperial, e o brasão e as águias dos Románov foram removidos de seus históricos portões de ferro ou cobertos com pano vermelho. Houve uma tal demanda de tecido vermelho para isso, e para a quantidade de fitas, distintivos e bandeiras em evidência por toda a cidade, que no final as pessoas simplesmente cortavam fora as tiras azuis e brancas da agora rejeitada bandeira nacional russa e exibiam a faixa vermelha restante.[25]

Enquanto esse frenesi de destruição continuava, as insígnias e os aristocráticos diademas imperiais eram arrancados até das capotas de automóveis requisitados, e placas de rua elétricas formando um grande "N" com uma coroa também foram desmanteladas e destruídas. Agora, era considerado traição comprar ou exibir um retrato do tsar. "Onde os retratos do imperador não puderam ser removidos – como aqueles que estavam na Câmara do Conselho do Império –, foram cobertos por crepe branco."[26] Até mesmo na Academia de Arte, "as placas anexadas a várias pinturas que diziam terem sido doação ou empréstimo de membros da família real tiveram todas essas referências cortadas". As cerimônias da Igreja também sentiram o impacto imediato da mudança de regime e se tornaram consideravelmente mais curtas, pois todas as orações para a família imperial foram removidas da liturgia e substituídas por uma oração pela "proteção divina da Pátria".[27]

Para Meriel Buchanan, o indicador mais forte de mudança aconteceu num concerto no teatro Mariínski, onde ela ficou triste ao ver que as armas imperiais e grandes águias douradas tinham sido tiradas do auditório, "deixando buracos". A bela cortina imperial azul também se fora, substituída por "uma esquisita, vermelha e dourada".[28] Todo o antigo esplendor tsarista desaparecera:

os lanterninhas, antes bem-vestidos com seus uniformes bordados a ouro, agora usavam "jaquetas cinza simples que os faziam parecer indescritivelmente andrajosos e encardidos". Na opinião de Buchanan, a clientela desse novo teatro igualitário também era decididamente barata: "soldados de uniforme de brim cáqui manchado de lama refestelavam-se em todos os lugares, fumavam cigarros malcheirosos, cuspiam por toda parte e comiam as inevitáveis sementes de girassol em sacos de papel". Em outros lugares, uma multidão heterogênea de proletários sem banho estava sentada com suas roupas do dia a dia — jaquetas de couro substituíam o costumeiro traje noturno — e suas "botas enlameadas sobre os sofás de brocado". Para Buchanan, a nova "doutrina da Liberdade" socialista "pregava o desprezo pela beleza". Até o corpo de baile parecia "menos harmonioso, lento para obedecer à batuta do maestro, sussurrando pelos cantos, frouxo e desatento em seus movimentos". Aquele outrora belo teatro fora transformado em um lugar de encontro, um escritório. Era demais para a velha guarda europeia e para os aristocratas do serviço diplomático estrangeiro, tal como os Buchanan. Não se tratava de um admirável mundo novo, mas de um mundo de "dilapidação, desmoralização e decadência".[29]

Na noite de quinta-feira, 2 de março, houve uma tempestade de neve tão intensa que na manhã seguinte era impossível sair às ruas. O inverno perdurava como uma vingança, a temperatura mantinha-se congelante. Com a neve acumulada junto às fachadas de lojas e edifícios numa altura de cerca de quatro a seis metros, o clima certamente "esfriou o ardor revolucionário" e, como observou David Francis, "teve o efeito de manter até mesmo os socialistas desenfreados dentro de casa".[30] Isso não durou muito tempo: em 5 de março, os jornais finalmente reapareceram, após um silêncio de uma semana, e os vendedores eram "quase esmagados pela população faminta de notícias" que se aventurava no frio para ler sobre os dramáticos acontecimentos dos últimos dias. Para o jornalista Arthur Ransome, era uma visão especialmente estimulante: "o tom deles e até mesmo a forma são tão alegres que é difícil reconhecê-los. São tão diferentes dos mudos cheios de censura e coisas infelizes de uma semana atrás. Cada jornal parece executar uma dança de guerra de alegria [...] é como se toda a Rússia cuspisse fora as mordaças forçadas na boca pelo antigo regime de opressão".

Além dos jornais, "todos os tipos imagináveis de panfletos incendiários eram vendidos na calçada e sem restrição", e os muros de todos os lugares estavam "literalmente recobertos por proclamações, cartazes e boletins de propaganda".[31] Ao retornar à Rússia para seu segundo período como embaixador holandês, Willem Oudendijk* ficou fortemente surpreso com a liberdade de expressão predominante. No trem que o trouxe da Finlândia, ele se viu cercado por "emigrantes revolucionários" voltando para a Rússia, que "falavam e falavam sem cessar". "Todos se julgavam apóstolos de uma nova salvação", observou, "e propunham suas ideias com grande veemência a qualquer um que quisesse ouvir."[32] "Ao caminhar pela cidade, podia-se parar e ouvir opiniões expressas livremente em qualquer esquina", observou também o embaixador Paléologue. Viam-se *meetinki* (a palavra inglesa foi rapidamente adotada) improvisados ao ar livre "em andamento em todos os lugares". Grupos de vinte ou trinta pessoas reuniam-se espontaneamente e, então, "um deles sobe numa pedra, ou num banco, ou num monte de neve, e fala sem parar, gesticulando de modo descontrolado. O público olha fixamente para o orador e escuta numa espécie de concentração extasiada. Assim que ele para, outro toma o seu lugar e imediatamente recebe o mesmo silêncio fervoroso e atenção concentrada". Paléologue achava aquilo uma "visão ingênua e comovedora", sobretudo levando-se em conta "que a nação russa esperava há séculos pelo direito de manifestação".[33]

James Stinton Jones se perguntou se os russos estavam prontos ou eram capazes de lidar com uma abundância tão repentina de liberdade. Para ele, era tudo muito novo para que "entendessem seus usos e soubessem como evitar os abusos. [...] As classes mais pobres da Rússia nunca foram acostumadas a ter opinião própria. [...] Agora descobrem que são um fator político, estão irremediavelmente no mar, presas do último demagogo sem escrúpulos que ouviram". "Vai levar tempo para que a Rússia perceba o que ela quer", acrescentou. "Não há coesão, nenhum ideal comum para inspirar seu povo. Ela está consciente de que matou um dragão; isso é tudo."[34]

Não muito tempo depois que os jornais voltaram a circular, os bondes reapareceram, só que agora envoltos em bandeiras vermelhas e faixas com

* Consumado diplomata de longa carreira como Buchanan, Oudendijk servira na Pérsia e na China e era um talentoso poliglota. Já tinha sido embaixador da Holanda em Petrogrado em 1907-8.

inscrições como "Viva a República". James Houghteling viu o primeiro chegar através da ponte Tróitski do distrito de Petrogrado, "com uma banda tocando e um grande estandarte vermelho desfraldado em cima: 'Terra e a Vontade do Povo'".[35] Todo mundo em Petrogrado ficou contente com a volta da mobilidade, e os bondes familiares pareciam a afirmação definitiva de que a vida voltara finalmente ao normal. No entanto, isso não fora conseguido sem dificuldade: o Soviete de Petrogrado fora obrigado a emitir um aviso em que "chama a atenção para a [...] remoção das manivelas operacionais dos carros no início da revolução e pede que os patriotas que tenham manivelas em seu poder as devolvam à Repartição Municipal". Tendo de caminhar diariamente para seguir o desenrolar de uma reportagem, o jornalista Claude Anet ficou aliviado — vinha andando de vinte a 27 quilômetros por dia. "Se a Revolução continuasse, eu precisaria ter as pernas de um carteiro rural."[36]

Enquanto a maioria dos expatriados recebia com um grau de cinismo irônico a restauração gradual e espasmódica dos serviços na cidade, havia alguns que permaneciam incorrigível e irremediavelmente otimistas a respeito desse novo amanhecer maravilhoso na Rússia. Harold Williams, do *Daily Chronicle*, um pacifista e socialista militante de formação metodista, compartilhava da reação efusiva de Arthur Ransome aos eventos e falava animadamente de um "fluxo de sentimento fraternal" nas ruas e de como o "forte senso de responsabilidade comum pela ordem uniu todas as classes em um grande exército da liberdade". A vida na Rússia, insistia ele, estava "fluindo numa torrente curativa e purificadora. Nunca houve um país no mundo tão interessante como a Rússia é agora. Homens idosos dizem 'Nunc Dimittis',* homens jovens cantam ao amanhecer, e encontrei muitos homens e mulheres que parecem caminhar com um sentimento silencioso de bênção".[37]

Havia muitas mudanças drásticas a assimilar para os recém-chegados à cidade. O jornalista anglo-irlandês Robert Crozier Long foi pego de surpresa, ao chegar em 7 de março, pela "inversão sem precedentes de postos e condições que em uma semana a Revolução causara no país mais despótico e cristalizado em termos de classe da Europa".[38] "Encontrei a capital delirando de liberdade", recordou o jornalista norte-americano Isaac Marcosson, que

* Um cântico do Evangelho de são Lucas cujas palavras iniciais significam "Agora deixa teu servo partir em paz".

estivera cobrindo a Frente Ocidental, "as pessoas ainda piscam diante da luz da súbita libertação".[39] Para ele, a persistência do estado irreal de euforia em face de eventos recentes era como "a cidade de Nova York numa noite de eleição presidencial, mas com uma diferença: os resultados acumulavam-se durante todo o tempo e todo mundo parecia ter sido eleito".

Mais cedo ou mais tarde, a comemoração tinha de parar e a realidade devia impor-se. Mas os habitantes de Petrogrado estavam num estranho estado de negação, tendo imaginado que "a revolução significava um tíquete de refeição grátis e contínuo e um dia de trabalho de quatro horas".[40] A Rússia tinha de voltar ao trabalho, mas a igualdade recém-descoberta — num mundo em que todos chamavam uns aos outros de *továrisch* e reinava o amor fraterno — havia subido, como bebida forte, à cabeça das pessoas. Inflados com expectativas impossíveis e tendo sonhos irracionais com dias de trabalho muito reduzidos e salários muito melhores, muitos trabalhadores — do mais bem pago operário de fábrica de munições à criada doméstica mais humilde — faziam exigências impossíveis de aumentos salariais, de 50%, 100% e até 150%, ao lado de uma redução drástica em suas horas de trabalho.[41] As fábricas Putilov ainda estavam ociosas, com 35 mil homens nas ruas, e havia uma necessidade premente de munições no front.[42] "Disseram-me, ainda que seja difícil acreditar nisso", observou o visitante inglês especialista em silvicultura Edward Stebbing,

> que um pedreiro ganha cerca de 30 mil rublos por ano, um garçom de hotel, 80 rublos por dia, um mensageiro de hotel, 50 rublos, e assim por diante — salários que nenhum país no mundo teria recursos para pagar, e cumprindo uma jornada de apenas cerca de quatro a seis horas de trabalho —, e que o trabalho é tão mal executado que chega a ser absolutamente prejudicial. Testemunhas disso são o estado do material circulante nas estradas de ferro e os acidentes agora tão numerosos. Donos de fábricas e empregadores de mão de obra de todos os tipos estão desesperados para que o trabalho seja realizado e mantenha seus negócios em funcionamento.[43]

Isso foi confirmado por Negley Farson — naquela época, noivo de Vera Thornton, filha de um dos irmãos Thornton, donos da maior indústria de Petrogrado e que, como outros proprietários e gerentes expatriados de fábricas, estavam travando uma batalha perdida para manter seu negócio em funcionamento. "Os trabalhadores eram como ovelhas que tinham saído de seu redil e os administradores ingleses não conseguiam trazê-los de volta", escreveu Farson. "Eles não tinham ideia do que significava a liberdade, mas a maioria a entendeu como um convite para não trabalhar. Havia um drama diário em cada pátio de fábrica quando os administradores tentavam argumentar com os trabalhadores que exigiam salários ridiculamente altos."

Donald Thompson e Florence Harper notaram uma clara mudança na atitude dos funcionários do Astória. "Os criados estão começando a ficar convencidos com essa liberdade recém-nascida", escreveu Thompson; seu criado de quarto dissera-lhe que a partir daquele dia ele teria de lustrar seus próprios sapatos. "Você tem de chamá-los de camarada ou amigo", ele disse à esposa, em vez de *tchelovek* ("homem"); e, como os soldados rasos no exército, eles faziam questão do uso de *vy*, em vez do *ty* informal.[44] Um residente britânico notou que todas as noites suas duas criadas domésticas "passavam horas em pé nas esquinas da avenida Niévski ouvindo oradores que pregavam a igualdade e a justiça". Depois de um desses passeios, elas voltaram e disseram a ele e a sua esposa que, "no futuro, iriam ao cinema todas as noites", e não pretendiam trabalhar mais do que "oito horas por dia".[45] Às vezes, essa prepotência saía pela culatra. Uma criada russa de um importante residente americano "avisou o patrão que queria um aumento de 50% no salário e dia de oito horas". "O que você quer dizer com um dia de oito horas?", perguntou seu empregador. "Só vou trabalhar das oito às oito", foi a resposta. Sua exigência foi "rapidamente aceita".[46]

A imposição arbitrária de direitos iguais e uma participação no controle também se manifestaram numa nova forma de administração por comitê autoritária, que se infiltrou em todos os aspectos da sociedade russa (e que, na futura União Soviética, evoluiria para uma forma de arte). Um dia, no início de março, Claude Anet queria fazer uma chamada telefônica na Duma:

> Três mulheres impediam sua aproximação do telefone.
>
> "Você não pode telefonar", disseram.
>
> "E por quê?", perguntei.
>
> "Estamos reservando o telefone para assuntos públicos."
>
> "Mas quem são vocês?"
>
> "O Comitê do Telefone."

"E quem as nomeou?"

"Nós mesmas nos nomeamos."

Diante disso, empurrando-as delicadamente para o lado, passei por elas e telefonei.[47]

Havia também um aspecto muito mais preocupante nesse sentimento hipócrita e desenfreado de igualdade – e que veio na aplicação sumária e grosseira da justiça. O litógrafo britânico Henry Keeling ficou alarmado ao ver que "na Rússia, onde poucos esperavam justiça e onde a polícia tinha amplos poderes, a abolição da pena de morte pareceu significar o fim de todos os controles de crimes sociais" – sobretudo do roubo. Pessoas que se autoproclamavam justiceiras defendiam o bom nome da revolução punindo sumariamente aqueles que cometiam crimes, como logo Keeling testemunhou:

> Uma senhora num bonde lotado em Petrogrado [...] gritou de repente que tinham roubado sua bolsa. Disse que continha cinquenta rublos e acusou um jovem bem-vestido que acontecia de estar de pé atrás dela. Este protestou fervorosamente sua inocência e declarou que, em vez de ser chamado de ladrão, daria à mulher cinquenta rublos do próprio bolso. Nada lhe valeu; talvez tenham pensado que protestou demais. Ele foi levado para fora e prontamente fuzilado. O corpo do pobre homem foi revistado, mas não encontraram nenhuma bolsa. Os defensores da integridade da República Russa voltaram para o bonde e disseram à mulher que era melhor que fizesse uma busca mais cuidadosa. Ela fez isso e descobriu que a bolsa tinha deslizado para o forro através de um buraco no bolso. Nada poderia ser feito pela infeliz vítima de "justiça", então eles tomaram a única medida que lhes parecia resolver o caso e, levando a mulher para fora, também a fuzilaram.[48]

No sábado, 4 de março, James Houghteling e alguns de seus colegas da embaixada americana decidiram que chegara o momento de ver a nova política em ação e se dirigiram ao Palácio Tauride. Não tiveram nenhuma dificuldade para entrar porque foram confundidos com uma delegação oficial dos Estados Unidos que viera – assim esperavam – reconhecer o novo governo. Guiados até a antessala do presidente da Duma, foram recebidos por Gutchkov, que ficou um pouco desanimado quando eles admitiram o engano.[49] Estava claro que o Governo Provisório ansiava pela validação oficial por potências estrangeiras, e os homens foram direto à embaixada para contar ao embaixador.

Quaisquer que fossem os caprichos da forma improvisada de governo agora posta em funcionamento no Palácio Tauride, no grande esquema das coisas, David Francis viu o seu início como uma oportunidade preciosa. Decidira que a América republicana deveria fazer o grandioso gesto definitório e "ser a primeira a reconhecer a Rússia republicana".[50] Na tarde do dia 5 de março, escreveu um telegrama para o secretário de Estado americano Robert Lansing: "Esta revolução é a realização prática daquele princípio de governo que temos promovido e defendido, ou seja, governo pelo consentimento dos governados", argumentou. "Nosso reconhecimento terá um efeito moral estupendo, especialmente se for dado em primeiro lugar."[51] E ademais, com essa medida preventiva, à frente dos governos aliados de França, Grã-Bretanha e Itália, esperava que os Estados Unidos ampliassem seu comércio com a Rússia e suplantassem a influência dos britânicos. Esperando que os Estados Unidos entrassem na guerra a qualquer momento, acreditava também que isso era do interesse estratégico do país. Tendo surpreendido — se não mortificado — sua equipe ao redigir o telegrama sem consultar nenhum deles, Francis pediu a Phil Jordan que trouxesse casaco, chapéu e galochas e, sem mais delongas, partiu em seu trenó para ver o ministro das Relações Exteriores Miliukov, que assegurou a transmissão do telegrama de forma segura para os Estados Unidos. Menos de dois dias depois, Francis recebeu a aprovação de Lansing. Ficou muito feliz. "É um grande golpe para chegar à frente dos aliados da Rússia", disse a James Houghteling, "e põe os Estados Unidos na posição de melhor amigo do novo governo."[52]

Para marcar a ocasião, em 9 de março, Francis e sua "equipe oficial inteira, dez secretários de embaixada e adidos", subiram a Niévski até o Palácio do Conselho Imperial, no Palácio Mariínski, com os cavalos do trenó da embaixada exibindo bandeiras enfiadas na rédea sobre a orelha de fora (Norman Armour disse que era como andar "num carrossel").[53] Francis estava com "traje completo de noite, como um *maître d'hôtel*", pois tinha um uniforme diplomático oficial. Todo o Governo Provisório esperava por eles, embora não tivessem tido tempo de se vestir para a ocasião. Vieram "todos diretamente de seus gabinetes e usavam ternos de salão". James Houghteling achou que "pareciam preocupados, mas muito entusiasmados por terem conquistado um lugar entre as nações depois de alguns dias no cargo".[54] A breve cerimônia que se seguiu foi "impressionante", como J. Butler Wright anotou em seu diário, mas nenhuma "conversa fiada". E foi motivo de orgulho para os americanos, cuja embaixada, aos olhos de "alguns de nossos colegas diplomatas", como Wright sabia, "não conta muito".[55]

Dois dias depois, Sir George Buchanan, que acabara de recuperar-se de uma doença, fez a mesma viagem ao palácio com os embaixadores de França e Itália, para transmitir o reconhecimento oficial do Governo Provisório. Mas, ao contrário dos entusiasmados americanos, ficaram consternados ao serem recebidos em "uma sala com chão sujo e janelas quebradas". Maurice Paléologue ficou chocado com as mudanças no palácio: as grandes escadarias de mármore não tinham sido varridas desde a revolução, e havia marcas de bala em todo o reboco. O general Knox registrou uma "atmosfera geral de depressão" entre os diplomatas reunidos ali naquela tarde, todos temerosos de que a revolução tornasse mais difícil para os Aliados vencer a guerra.[56] Sir George, não sabendo russo, fez um breve discurso em francês fluente — a antiga língua da diplomacia da Rússia imperial —, "muito severo, mas muito ao ponto", no qual apelou para o restabelecimento da disciplina no Exército e o prosseguimento enérgico da guerra".[57] Enquanto Miliukov respondia com um discurso de agradecimento, Paléologue examinou os membros do Governo Provisório reunidos em torno dele: "Patriotismo, inteligência e honestidade podiam ser lidos em cada rosto; mas eles pareciam completamente esgotados pelo cansaço físico e ansiedade. A tarefa que empreenderam está manifestamente além de seus poderes. Que o céu não permita que tombem sob ela cedo demais!".

Somente um deles impressionou Paléologue como "um homem de ação": Aleksandr Kerénski. Mas tratava-se de uma figura esquiva que se mantinha distante e, quando surgia, parecia feito de cera e doente (ele estava sofrendo de tuberculose dos rins). Paléologue não teve dúvida, porém, que ali estava "a figura mais original do Governo Provisório". Kerénski era um homem que parecia "destinado a se tornar sua principal mola".[58]

Avenida Niévski em Petrogrado, c. 1910.

Uma festa de costura na embaixada britânica, em Petrogrado, organizada por Lady Georgina Buchanan, de pé à cabeceira da mesa.

Sir George Buchanan, retratado em 1912.

Maurice Paléologue, o embaixador francês na Rússia, c. 1914.

Sir George Buchanan jantando com a equipe na embaixada britânica em Petrogrado.

David R. Francis, embaixador dos Estados Unidos no Império Russo, e seu criado Phil Jordan, retratados a bordo do navio a vapor sueco *Oscar II* indo de Nova York para Oslo.

Francis e o conselheiro J. Butler Wright no Ford Modelo T da embaixada americana em Petrogrado, dirigido por Phil Jordan.

Leighton Rogers, jovem caixa americano do National City Bank de Nova York em Petrogrado.

Julia Cantacuzino-Sperânski, neta do presidente americano Ulysses S. Grant, esposa de um príncipe russo e, posteriormente, memorialista da Revolução Russa.

O intrépido fotógrafo de guerra e diretor de fotografia Donald C. Thompson.

James Negley Farson, jornalista e aventureiro americano.

Arthur Ransome, correspondente do *Daily News* na época da Revolução.

A jornalista Florence Harper retratada enquanto trabalhava como enfermeira num hospital de campo americano na Ucrânia, em 1917.

Fila do pão em Petrogrado, 1917.

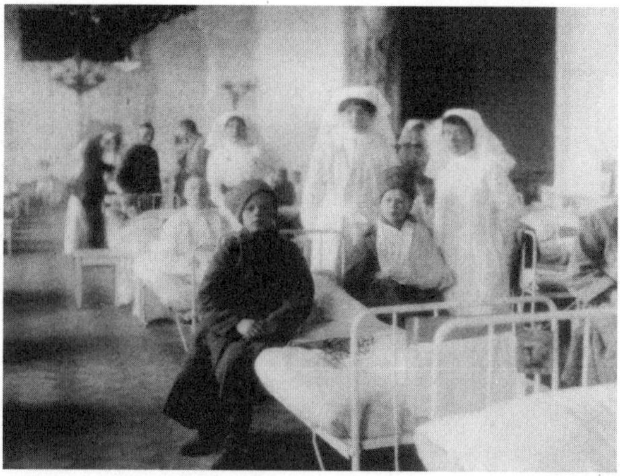

Irmãs enfermeiras e um jovem soldado ferido no Hospital Anglo-Russo.

Desfile do Dia Internacional da Mulher, em Petrogrado, 23 de fevereiro de 1917, que provocou uma onda de protestos populares contra a escassez de pão.

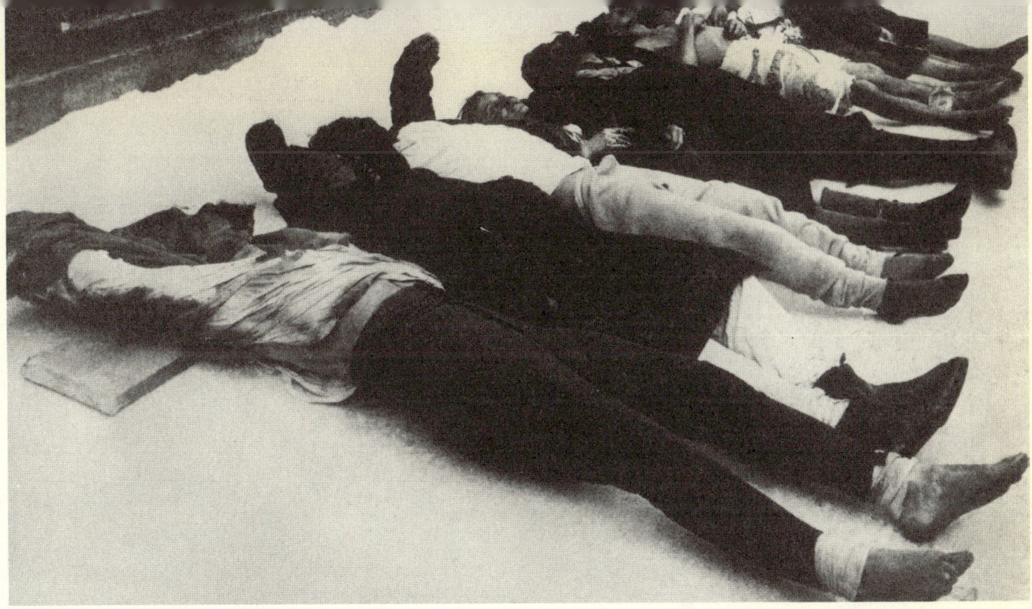

A foto de Donald C. Thompson mostra que a Revolução de Fevereiro provocou vítimas fatais com mais rapidez do que os necrotérios podiam dar conta.

Barricadas revolucionárias na avenida Litéini, março de 1917.

"Atirem nos faraós em seus telhados...": postal de propaganda incitando a resistência popular à polícia (conhecida pejorativamente como "faraós" ou *faraóni*), que atirava dos telhados nos revolucionários.

Patrulha de soldados cossacos em Petrogrado.

A derrubada de monumentos imperiais, 27 de fevereiro de 1917.

Emblemas imperiais da fachada de lojas jogados sobre o gelo debaixo de uma ponte sobre o canal Fontanka.

Enfermeiras com um soldado ferido no Hospital Anglo-Russo, observando os acontecimentos na avenida Niévski.

Representação feita por um artista do ataque contra o hotel Astória, 28 de fevereiro de 1917.

O saguão do Astória depois do ataque, com o piso manchado de sangue e uma sentinela revolucionária de guarda.

Edifícios oficiais do antigo regime tsarista, primeiras instituições a serem atacadas durante a Revolução de Fevereiro: o Tribunal Distrital...
... a prisão Litóvski
... e a Delegacia de Polícia nº 4.

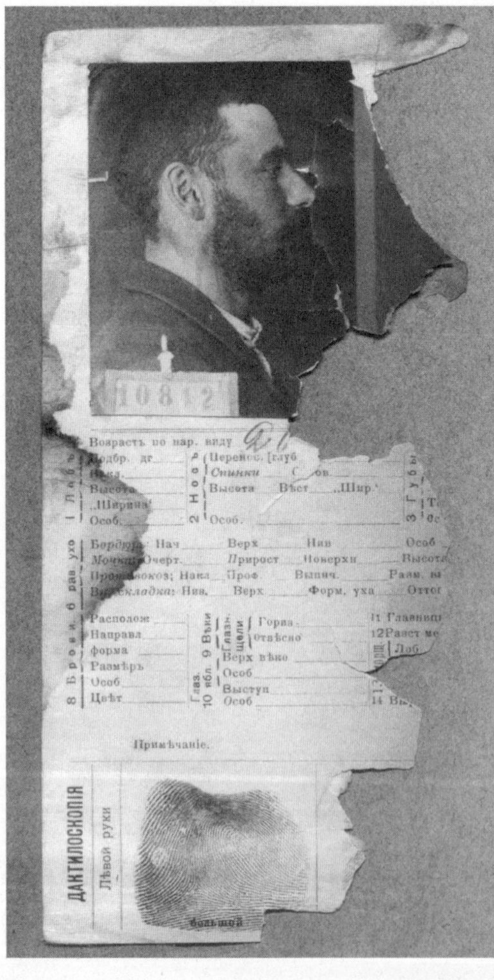

Fragmento queimado de um registro da polícia secreta apanhado na rua pelo caixa de banco americano Leighton Rogers.

Soldados cavam sepultura coletiva para vítimas da Revolução de Fevereiro no Campo de Marte.

Procissão fúnebre pelos mortos de fevereiro.

Uma sessão lotada do Soviete de Petrogrado, no Palácio Tauride.

Brasões dos Románov sendo queimados em Petrogrado, maio de 1917.

Tropas do Batalhão Feminino da Morte de Petrogrado.

Maria Botchkariova, comandante do Batalhão Feminino da Morte, com Emmeline Pankhurst: o respeito mútuo é evidente.

Jessie Kenney, sufragista e ex-trabalhadora de cotonifício que acompanhou Emmeline Pankhurst à Rússia.

THE DAILY MIRROR, Wednesday, September 19, 1917.

"THE VICTORY IS OURS," SAYS GENERAL SMUTS

The Daily Mirror

CERTIFIED CIRCULATION LARGER THAN THAT OF ANY OTHER DAILY PICTURE PAPER

No. 4,338. Registered at the G.P.O. as a Newspaper. WEDNESDAY, SEPTEMBER 19, 1917 One Penny.

CROWD MOWN DOWN BY MACHINE GUNS AT PETROGRAD

A terrible scene which occurred in the Nevsky Prospect, Petrograd's famous thoroughfare, during the Revolution. There were deadly encounters between the Leninites, the tools of German agents, and those who wished the war to be fought to a finish. The photograph shows the panic which occurred when the Leninites opened fire with machine guns on the crowd. The people are rushing wildly in all directions, while in the centre of the roadway a mother can be seen trying to shield her child.

D.S.O. A BRIDEGROOM.

Major G. H. Fair, D.S.O., of Winchester, and Miss Marjorie Secretan, of Hemel Hempstead, were married in London yesterday.

FATHER'S COME HOME FROM CAPTIVITY.

Major the Earl of Stair, Scots Guards, who was recently repatriated, is now at Lochinch Castle, his seat in Wigtownshire, and here he is seen in the grounds with his five children. He was accorded a great reception by the tenantry.—(Exclusive to *The Daily Mirror*.)

A COLONEL'S WEDDING.

Lieutenant-Colonel H. Cecil Batcliffe, D.S.O., and his bride (Miss Hester MacLeod) leaving St. Margaret's, Westminster, yesterday.

A primeira página do *Daily Mirror* noticia a violência das jornadas de julho em Petrogrado.

O jornalista americano John Reed, um "carismático socialista e profissional rebelde".

A jornalista feminista Louise Bryant, que viajou para a Rússia com o marido, John Reed.

Pessoas correm para se esconder durante um tiroteio na avenida Niévski, outubro de 1917.

Um quarto do Palácio de Inverno do tsar, saqueado pelos bolcheviques depois que tomaram o prédio, enfrentando pouca ou nenhuma resistência.

8. O Campo de Marte

Embora a vida em Petrogrado parecesse estar voltando ao normal, sua população ainda precisava calcular o verdadeiro custo da revolução: os mortos. Durante os distúrbios, eles foram levados às pressas em todas as direções e, durante dias, seus cadáveres congelados (e em muitos casos não identificados) permaneceram como testemunhas mudas, empilhadas como tantas pilhas de madeira nos hospitais da cidade e necrotérios improvisados à espera de sepultamento, enquanto parentes consternados ainda procuravam por eles.

Desejando cobrir uma história de tão forte interesse humano, Florence Harper procurou os hospitais para onde os mortos haviam sido levados. Foi primeiro ao mais próximo do hotel, um grande hospital da cidade junto ao canal Fontanka. Não sabendo onde encontrar a morgue, ela seguiu duas mulheres que choravam através de um pátio até "um grupo de edifícios isolados que não passavam de barracões". Ao ver uma cruz numa porta, supôs que aquele era o lugar. "Havia um fluxo de pessoas entrando" e ela as seguiu. Dentro, "tão alto quanto podiam ser empilhados, a capela estava cheia de caixões, alguns deles pintados de branco e alguns deles de pinho não pintado". Não tentou contá-los: "Era penoso demais". Mas, ao olhar pela janela de um barracão vizinho, viu coisa muito pior: "junto à vidraça, do outro lado, havia algo que me fez recuar". Era o corpo de um camponês completamente vestido, "mas todo o seu peito estava aberto". Suas mãos estavam levantadas "como se estivesse se defendendo", e seu cadáver estava encharcado de sangue do pescoço até a cintura. O corpo não tinha sido lavado e estava "deitado lá como tinha sido recolhido, congelado".[1]

Felizmente o frio preservara os muitos corpos que ela viu que não estavam em caixões, mas também os deixara em posições grotescas e contorcidas. Ao longo de três lados do barracão, Harper viu pilhas de corpos rígidos, enlameados e encharcados de sangue que haviam sido jogados lá dentro "como haviam sido apanhados", alguns dobrados, outros estendidos — homens, mulheres e crianças. Ao lado desse barracão havia outro, e depois outro com ainda mais cadáveres. Num grande galpão em frente, encontrou mais 150 corpos amontoados. As pessoas os puxavam, procurando por entes queridos, tentando identificá-los. "Um de uniforme da polícia estava irreconhecível", ela observou, "literalmente, tinha sido espancado até se transformar numa massa informe." Pouquíssimos cadáveres estavam de botas, pois elas eram uma mercadoria valiosa em tempo de guerra e as primeiras coisas a serem roubadas dos mortos. Com tantos para serem enterrados, os caixões eram escassos, e, assim, depois que as pessoas identificavam seus mortos, fixavam um bilhete neles, com seu nome e um pedido de dinheiro para ajudar a enterrá-los. As pessoas que visitavam essas morgues improvisadas jogavam alguns copeques nos cadáveres. Foi só mais tarde, ao visitar outro necrotério de hospital, onde os corpos tinham sido devidamente lavados e dispostos como figuras de cera, que Harper finalmente se deu conta do lúgubre horror de tantas mortes.[2]

Um grande funeral público para as vítimas da revolução — ou, antes, para aqueles cujos corpos ainda não haviam sido levados e enterrados separadamente por parentes — foi planejado, mas adiado três vezes porque, sem força policial para organizar um evento tão grande, o Governo Provisório e o Soviete temiam que pudesse desencadear manifestações antirrevolucionárias.[3] Eles esperavam que 1 milhão ou mais de pessoas tomassem as ruas e que pudessem provocar um tumulto, dado seu "estado de espírito inflamado".[4] Por fim, marcou-se a data para quinta-feira, 23 de março. Alguns sugeriram que os mortos fossem enterrados na frente do Palácio de Inverno, mas, em vez disso, escolheu-se um local no centro do antigo campo de desfiles conhecido como Campo de Marte, delimitado de um lado pelo quartel Pávlovski e do outro pelo Jardim de Verão, tendo numa das extremidades a embaixada britânica e o Palácio de Mármore.[5]

O frio havia sido tão intenso que foi impossível cavar manualmente a vala necessária: foi preciso usar dinamite para criar uma sepultura suficientemente grande no eixo transversal do terreno de desfile. Claude Anet visitou o túmulo quando estava sendo construído.[6] Em frente estavam as árvores do Jardim de Verão, com seus "ramos negros e murchos"; acima, um céu cinzento, cheio de nuvens pesadas de chuva. No meio, havia "uma grande mancha amarela": a terra que fora removida para os túmulos. "Bandeiras pretas e brancas, no topo de mastros, acenavam ao vento em torno da cova, algumas delas enfeitadas com guirlandas verdes e flores. Grandes placas vermelhas com inscrições decoravam a circunferência do espaço reservado." No centro, uma plataforma envolta em tecido vermelho fora construída como um ponto de observação para os membros do governo e os convidados ilustres que assistiriam à cerimônia.[7]

Pouco antes do funeral, ocorreu um súbito descongelamento de primavera, e as ruas de Petrogrado tornaram-se um mar de lama e neve derretida; no dia anterior, parte da avenida Niévski era um "lago de água". O dia 23, que fora declarado feriado nacional — "o primeiro dia da independência da Rússia" —, amanheceu sombrio e deplorável.[8] Soprava um vento úmido e gelado, com ameaça de mais neve do céu pesado e baixo, quando seis procissões separadas e lentas partiram de diferentes partes da cidade por volta das dez da manhã, para convergir ao local do enterro, no Campo de Marte. Mas tamanhas eram a multidão que comparecera e a morosidade do cerimonial que os grupos de pessoas que carregavam os caixões às vezes precisavam parar por horas para deixar que outras procissões avançassem.[9] O tráfego estava parado e toda a Niévski estava "cheia de espectadores de uma ponta à outra", com uma floresta de bandeiras e estandartes pretos e vermelhos cujas inscrições diziam: "Memória eterna aos nossos irmãos tombados", "Heróis que tombaram pela liberdade", "Salve a República Democrática". Todos que estavam nas procissões fúnebres haviam recebido um bilhete especial para participar delas e ser admitidos no local do enterro, no Campo de Marte. Eles foram divididos em dezesseis filas lado a lado de oito pessoas, lideradas por estudantes carregando varas brancas que eram levantadas ou abaixadas para indicar a necessidade de parar ou avançar. "Era exatamente como a ordem e a disciplina das tropas em marcha, e soldados treinados não poderiam ter marchado melhor", observou uma testemunha francesa.[10] A sensação de importância da ocasião era intensa: uma "emoção profunda parecia dominar essas longas filas de pranteadores", escreveu um residente inglês; naquele dia, a cidade parecia "transformada em uma vasta catedral".[11]

Hugh Walpole observou um grande número de camponeses na multidão que assistia: "Contaram-me que haviam permanecido ali, em poças de água gelada por horas, e estavam perfeitamente preparados para ficar assim por muitas horas mais se recebessem ordens para tanto". Edward Heald calculou ter visto "150 mil pessoas ao mesmo tempo na Niévski" – e isso "não era provavelmente mais do que um quinto do número total de manifestantes à vista em qualquer momento". "Deve ter havido meio milhão de pessoas em fila", estimou. "E que impressão causavam! Rostos e formas que mostravam uma vida inteira de sofrimento e para quem uma 'Rússia Livre' tinha um significado real."[12]

O americano Frank Golder observava os carregadores de caixão, que usavam faixas vermelhas nos ombros e braçadeiras vermelhas, descendo a Niévski. Os caixões dos mortos estavam cobertos com pano vermelho e eram seguidos por "um grupo bem treinado de cantores que entoavam as pompas fúnebres". Atrás deles vinham "numerosas organizações com estandartes e lemas, alguns cantando música religiosa, outros canções revolucionários e de '*svoboda*' [liberdade]".[13] Muitas bandas acompanhavam as procissões, alternando uma longa e lenta interpretação da "Marselhesa" – extraoficialmente adotada como hino nacional – com a monotonia cansativa da "Marcha fúnebre" de Chopin. De vez em quando, notou Edward Heald, os pranteadores "iniciavam uma música religiosa, uma oração ou um canto, e então os espectadores os acompanhavam, com a cabeça curvada e sem chapéu". Mas embora a "Memória eterna", a oração ortodoxa russa pelos mortos, estivesse nos lábios de muitos naquele dia, nenhuma presença oficial da Igreja teve permissão para conduzir a cerimônia. Sem sacerdotes, sem incenso, sem cruzes, sem exéquias junto ao túmulo e também sem ícones – o único outro acompanhamento para este espetáculo lutuoso foram os canhões da Fortaleza de Pedro e Paulo, que dispararam uma saudação para cada caixão que baixava ao túmulo.[14]

Durante todo o dia e noite adentro, as procissões continuaram ao longo das principais ruas da cidade, de braços dados, "uma poderosa onda de humanidade – velhas, crianças, trabalhadores, criados, soldados, marinheiros, sacerdotes, gente de todos os estratos sociais", lembrou Leighton Rogers. "Tão constante era o movimento e tão sólidas as fileiras que os não participantes achavam impossível atravessar a Niévski."[15] No final daquela noite, o túmulo no Campo de Marte permaneceu iluminado "sob o brilho de enormes holofotes militares cujos raios, varrendo acima da cabeça dos manifestantes, captavam os estandartes ao entrarem no campo, com seus portadores cantando uma nênia pesarosa, esquecidos da lama e da neve derretida, para depois arrastar-se para fora da luz e desaparecer na escuridão". Era "uma coisa para nunca mais se esquecer", escreveu Rogers.[16] Muitas das testemunhas oculares estrangeiras concordaram com a extraordinária calma e disciplina com que a enorme multidão marcara a ocasião, e sem a necessidade de qualquer presença policial. Um milhão "marcharam e choraram" naquele dia. "Uma comunidade, antes oprimida pela polícia e ainda tremendo de raiva diante de incessantes injustiças, manteve a paz quase sem sinal de autoridade", observou Isaac Marcosson.[17] "A ameaçada Comuna tornou-se um Confessionário Público de serena tristeza. Petrogrado estava tão segura quanto uma Convenção de Escolas Dominicais."

Toda a cerimônia solene e prolongada de 23 de março foi, em essência, um gesto simbólico. Muitas das vítimas já tinham sido enterradas em outros lugares por seus parentes, e os caixões não incluíam, é claro, os corpos de nenhum dos inúmeros policiais mortos; Meriel Buchanan ouviu dizer que alguns até continham pedras.* Bertie Stopford observou que, durante a cerimônia, "às vezes uma simples tábua de madeira era carregada ao lado dos caixões para representar outra vítima que já havia sido enterrada". Ele contara cerca de 150, mas ouvira dizer que havia 168 no total. Alguém disse a Claude Anet que as autoridades haviam preparado espaço para 160 caixões. Charles de Chambrun ouviu rumores de que tinham aumentado o número de mortos para a procissão acrescentando alguns chineses vitimados pela gripe.[18]

Uma coisa é certa: ninguém que registrou ou testemunhou a Revolução de Fevereiro de 1917 saiu com um cálculo exato do número de mortos e feridos.[19] Os números oficiais publicados pelo *Pravda* na época e perpetuados pela historiografia soviética tradicional foram de 1382 mortos e feridos.** Muitas outras estimativas circularam na época, mas variavam de maneira absurda. Claude Anet recebeu a informação confiável de alguém próximo do príncipe Lvov de que

* Contaram a Louise Patouillet que uma pobre zeladora sem dinheiro para enterrar o marido recém-falecido ficou encantada quando lhe ofereceram cem rublos para que seu cadáver fosse elevado a herói da revolução na procissão.

** Os números oficiais deram apenas 61 policiais mortos e feridos, uma estimativa extremamente baixa.

o "total de vítimas da Revolução [...] chegava a 7 mil em Petrogrado, incluindo todos os feridos atendidos em hospitais e ambulâncias e os mortos. A isso devem somar-se mil atendidos em casas particulares". Ele próprio estimou que houve cerca de 1500 mortos.[20] A residente francesa Louise Patouillet ouviu falar de "7 mil mortos"; mas muitos dos corpos enterrados naquele dia não eram de pessoas que tinham "morrido pela liberdade", pois estas já haviam sido piamente enterradas nos cemitérios da cidade, "sem barulho" ou quaisquer das "ostentosas exéquias" do Campo de Marte.[21]

Hugh Walpole relatou ao governo britânico que havia um consenso de que "as mortes totalizaram cerca de 4 mil". Arthur Reinke, da Westinghouse, escreveu que a melhor estimativa que havia obtido "põe o número de mortos entre 3 mil e 5 mil; o número de feridos chegou a dezenas de milhares". O "número mais conservador" oferecido a Isaac Marcosson foi de quinhentos civis mortos — mas isso não incluía os soldados e policiais. James Houghteling foi informado de que "houve provavelmente cerca de mil mortes", mas que, "numa cidade de 2 milhões de habitantes, mil mortes eram perfeitamente possíveis numa revolução". Florence Harper, que estivera, junto com Donald Thompson, perto de muita violência no nível da rua, relatou que a estimativa mais baixa de mortos era de 2 mil; a mais alta, 10 mil; Thompson colocou a perda de vidas em "5 mil ou um pouco mais".[22] Em geral, o número de mortos mais comumente citado foi de cerca de 4 mil, como resumiu a testemunha britânica James Pollock: "A verdade está provavelmente está entre 4 mil e 5 mil mortos. Nos dois dias que antecederam a revolução, cerca de quinhentos foram mortos no centro da cidade; durante os três dias de combate, muito mais, e isso não leva em conta as baixas do outro lado do rio, nos distritos de Petrogrado e Vyborg". De uma coisa Pollock não tinha dúvida: "as convenientes declarações sobre a ausência de derramamento de sangue são muito exageradas".[23]

Para os mortos da Revolução de Fevereiro haveria apenas um memorial coletivo e secular. "Desde a era arcaica de santa Olga e são Vladímir e, com efeito, desde que o povo russo apareceu pela primeira vez à luz da história, foi a primeira vez que um grande ato nacional foi realizado sem a ajuda da Igreja", escreveu o embaixador Paléologue em seu diário.[24] Ele ficou fortemente impressionado com o contraste: "Poucos dias atrás, todos os milhares de soldados e operários que passaram marchando por mim não podiam ver o menor ícone na rua sem parar, tirar os bonés e fazer fervorosamente o sinal da cruz".

Já passava das dez da noite quando os últimos participantes da procissão baixaram seus caixões naquele dia. Com a escuridão que desceu sobre a vasta sepultura aberta, a multidão começou finalmente a se dispersar na noite gelada. No dia seguinte, os trabalhadores começaram a encher o túmulo com concreto. O Campo de Marte assumiu um aspecto "desolado e sinistro", enquanto Maurice Paléologue ponderava sobre as ramificações desse momento importante na história da Rússia:

> Quando voltei à embaixada pelos solitários caminhos do Jardim de Verão, refleti que talvez tivesse testemunhado um dos mais importantes acontecimentos da história moderna. O que foi enterrado nos caixões vermelhos foi a tradição bizantina e moscovita do povo russo, e não só isso, mas todo o passado da Rússia sagrada ortodoxa.[25]

O que ele testemunhou foi, na verdade, o primeiro grande ato público do que viria a ser um novo ateísmo oficial.[26]* A quinta-feira, 23 de março de 1917, foi um enorme divisor de águas religioso e cultural, do qual a Rússia não olharia para trás por 73 anos.

* Paléologue notou que os cossacos se recusaram a participar do funeral em massa porque "a figura de Cristo não foi exibida", enquanto outros se queixaram de que a pintura vermelha dos caixões era "ímpia". A fim de acalmar as críticas, o Governo Provisório enviou mais tarde alguns sacerdotes para orar sobre as sepulturas.

9. *Bolcheviki!* A palavra que é "tudo o que o mundo teme"

"É o que eu digo! Há um sujeito incrível lá do outro lado da ponte Tróitski", um entusiasmado residente inglês contou a Negley Farson um dia, no início de abril:

> Ele está propondo a anarquia! Paz imediata, nada de anexações, ditadura do proletariado, revolução mundial! Nunca ouvi coisa parecida na vida! [...] Defende que os soldados voltem do front e derrubem o Governo Provisório [...] *agora*! Ele não sabe que há uma guerra em andamento?[1]

Nas semanas que se seguiram ao anúncio de uma anistia política em 6 de março, milhares de emigrados russos começaram a regressar a Petrogrado depois de longos anos de exílio, alguns na Europa, outros na Sibéria. Em alguns casos, o governo financiou o retorno; outros voltaram graças a subscrições populares feitas para ajudá-los. Os da Sibéria chegavam diariamente à estação Nicolau, de onde muitos tinham sido levados para o exílio. Só no dia 15 de março, J. Butler Wright observou que chegaram ali cinco trens lotados.[2] Mas em 3 de abril (a segunda-feira da Páscoa ortodoxa russa) a atenção voltou-se para outro lugar — a estação Finlândia —, onde a figura mais importante do movimento revolucionário no exílio estava prestes a concretizar seu retorno havia muito esperado.

Havia dias que circulavam rumores sobre o retorno a Petrogrado de um líder "fanático socialista"; Isaac Marcosson encontrara multidões entusiasmadas nas ruas próximas à estação e, quando perguntou sobre o que se tratava, disseram-lhe: "Lênin chega hoje".[3] A população russa em geral pouco conhecia o nome de Lênin ou o que ele representava exatamente, mas não havia dúvida sobre a mensagem inflamatória que esse líder revolucionário trazia consigo, depois de dezesseis longos e duros anos de exílio na Europa.

Seu nome verdadeiro era Vladímir Ilitch Uliánov, e o apelido "Lênin" era o último de uma sequência de pseudônimos que havia adotado durante seus anos de propaganda política feita a partir de uma sucessão de esconderijos em toda a Europa. Como teórico marxista e chefe da facção bolchevique do Partido Operário Social-Democrata Russo (POSDR), Lênin vinha semeando de longe a semente do descontentamento, através de uma rede de ativistas clandestinos em toda a Rússia, que faziam circular ilegalmente seus panfletos políticos sediciosos, entre eles o agora famoso "O que fazer?" e seu jornal clandestino *Iskra* (*Centelha*), que pregavam uma revolução popular liderada por uma elite intelectual engajada.[4]

A comunidade estrangeira de Petrogrado tivera pouco contato com as ideias de Lênin e não compreendia sua verdadeira posição política de bolchevique. Com efeito, era tamanha a confusão geral a seu respeito que ele era frequentemente chamado por residentes estrangeiros e jornalistas de "anarquista", termo que aplicavam sem nenhum critério a uma ampla gama de ativistas políticos.* Para Sir George Buchanan, Lênin era apenas mais um do "lote de anarquistas do exterior" que chegara recentemente à cidade. Muitos suspeitavam de uma ligação com os alemães: "Aquele horrível agente alemão Lênin está de volta à cidade, trabalhando dia e noite para causar problemas", Lady Georgina escreveu para casa, convencida de que Lênin trazia consigo o perigo de "intrigas alemãs".[5] Os americanos também não sabiam o que fazer dele: "Um ultrassocialista chamado Lênin andou espalhando muita conversa tola e aconselhou seus ouvintes a matarem todos aqueles que têm bens e se recusam a dividi-los", observou o embaixador Francis, já preocupado porque Kerénski não tinha força para lidar com ele. "Estamos vivendo um pouco em suspense", acrescentou em carta a seu filho Perry. "Os seguidores de Lênin são em número desconhecido."[6]

* Antes de a palavra "bolchevique" se tornar corrente, muitos observadores estrangeiros referiam-se a Lênin como "maximalista", termo que na verdade era usado para os membros da ala extremista do Partido Socialista Revolucionário.

Desde o momento em que chegou, Lênin empenhou-se claramente em enfraquecer e derrubar o Governo Provisório. Um americano que estivera no mesmo trem que o trouxera a Petrogrado da fronteira de Torneo disse a Edward Heald, funcionário da ACM, que as primeiras palavras de Lênin ao sair do trem foram: "Viva a Guerra Civil". "Deus sabe a tarefa que o Governo Provisório já tem à frente sem os problemas adicionais que esse agitador pode criar", escreveu Heald em seu diário.[7] As acusações de estar a soldo dos alemães certamente colariam, pois o regresso de Lênin com um dedicado círculo de seguidores fora facilitado pelos alemães em um trem "selado" especial que teve permissão para atravessar a Alemanha em guerra até Sassnitz, na costa do Báltico, de onde o grupo cruzou de barco até Trelleborg e depois atravessou de trem a Suécia e a Finlândia, até chegar à estação Finlândia de Petrogrado.[8] Com a circulação da notícia da chegada iminente de Lênin na noite do dia 3, uma quantidade considerável de partidários, operários e curiosos se reuniu para recebê-lo. Arno Dosch-Fleurot foi até lá na companhia de um "velho escritor de panfletos revolucionários" que o tinha informado sobre o papel do ausente Lênin no movimento revolucionário nos últimos dezesseis anos, e sobre o apoio que tinha no distrito industrial de Vyborg, onde fora agitador político antes de sua prisão, em 1898.

Quando os passageiros desceram do trem especial, Fleurot procurou por essa figura quase mítica — um homem que não era visto na cidade desde seu breve reaparecimento em 1905-6, e, mesmo então, somente por seus colegas mais próximos do partido. Mas tudo que Fleurot viu foi "um homem pequeno de traços asiáticos", que tinha a "figura baixa e inexpressiva de um tártaro do Volga, mas com os pronunciados zigomas e os olhos mais rasgados comuns entre os mongóis".[9]

O magnetismo pessoal de Lênin era, no entanto, inegável. A voz aguda e ameaçadora e aqueles inescrutáveis olhos de calmuco agitaram a multidão de simpatizantes e a comitiva oficial do Soviete de Petrogrado que o receberam na estação Finlândia enfeitada com guirlandas e bandeiras vermelhas. Uma multidão ainda maior o esperava na escuridão lá fora, com bandas que tocavam a "Marselhesa" e a "Internacional", numa cena "atravessada por feixes penetrantes dos holofotes dos carros blindados".[10] De lá, Lênin foi escoltado para sua nova base política na cidade — uma mansão pertencente à antiga amante de Nicolau II.

Do outro lado da ponte Tróitski, em frente à embaixada britânica, e à vista dos minaretes azuis da única mesquita da cidade, ficava a elegante casa de estilo moderno de Mathilde Kschessinska, primeira-bailarina do Balé Imperial, para quem a mansão fora especialmente construída em 1904-6. Pouco antes da Revolução de Fevereiro, avisada de que corria perigo, ela a abandonou e fugiu para a França.[11] Em 4 de abril, quando olhou de sua janela para o outro lado do rio, Meriel Buchanan viu "uma enorme bandeira vermelha esvoaçando acima dos muros". Descobriu então que a casa "fora tomada por um grupo de exilados políticos que acabavam de chegar da Suíça". Pouco depois de sua chegada à mansão, Lênin saiu no balcão para dirigir-se à multidão que o esperava. Em breve, estava fazendo "as arengas mais incendiárias em público", lançando invectivas ao Governo Provisório enquanto propagava o mantra "Paz, Pão, Terra" em seu novo órgão político, o jornal *Pravda*, que também montara uma base na mansão.[12]

Negley Farson contemplava a curta distância de lá, do outro lado do Nievá, até a embaixada britânica, onde "o melhor corpo diplomático na Rússia estava adivinhando para que lado o gato iria saltar", agora que Lênin chegara para agitar o ninho de vespas da rivalidade política. Adiante, na Furchtatskáia, os americanos "estavam fazendo a mesma coisa", "e, mais adiante, os italianos e os franceses; e, mais longe, o mundo inteiro, todos tentando adivinhar".[13] De início, Lênin parecia qualquer outro fanático político, e muitos deles povoavam as ruas de Petrogrado, fazendo arengas para gente de todos os cantos. Mas Sir George Buchanan estava seriamente preocupado: o Governo Provisório precisava agir com rapidez e impedir que Lênin "incitasse os soldados a desertar, tomar as terras e assassinar". Essa era a mensagem simples e brutal que ele trouxera consigo, como parte de sua campanha para provocar o que Sir George via como uma "desmoralização" do governo e a saída da Rússia da guerra.[14]

"Ele é o mais vermelho dos vermelhos", escreveu Claude Anet. "Esse Lênin é o que se chama, no horrível jargão socialista, um 'derrotista', isto é, um daqueles que preferem a derrota à guerra." Negley Farson não se deixou enganar pelas afirmações da "grandeza" mítica do recém-chegado. "Ele era 'grande' somente para algumas pessoas naquela época. Era apenas um novo agitador baixinho, com um velho jaquetão azul, as mãos nos bolsos, que falava com ausência total daquele sacudir de braços histérico que caracterizava todos os seus conterrâneos."[15] Arthur Ransome tinha em menor conta ainda o que considerava métodos risíveis de agitação política de Lênin na mansão de Kschessinska: "seus atos são tão exagerados que parecem de ópera cômica".

Mas sua influência sediciosa logo se fez sentir, como observou Edward Heald, quando pouco depois viu um desfile de rua organizado por Lênin condenando a guerra e o governo: "*Ali* está o veneno que destruirá a revolução democrática", observou ele com presciência.[16] A incitação à violência e à anarquia foi ouvida em toda a cidade. "Vocês querem ficar ricos: há dinheiro nos bancos", Louis de Robien ouviu Lênin exortar a multidão. "Vocês querem palácios, vão aonde quiserem. [...] Vocês não querem caminhar na lama: parem os carros! [...] Tudo isso pertence a vocês — é a vez de vocês —, vocês são o poder agora." De Robien percebeu o impacto da provocação de Lênin numa enorme manifestação de mulheres na Niévski, quando as ouviu cantar "letras sedentas de sangue ao som de um hino": "Vamos saquear! Cortaremos gargantas! Vamos destripá-los!".[17]

Com a chegada de Lênin, o resto do mundo além da Rússia começou finalmente a tomar conhecimento dessa nova e ameaçadora raça de *bolcheviki* — o nome entrara rapidamente em circulação e soava, para o jornalista William G. Shepherd, da *Everybody's Magazine*, "como tudo o que o mundo teme". "*Bolcheviki*! [...] Vocês não veem essa palavra nas manchetes?", perguntou aos seus leitores americanos. Ela vai colar. Vai estalar na boca, nos ouvidos e no cérebro de todos. *Bolcheviki!*"[18]

Depois que Lênin lá se instalou com sua equipe de agitadores intimidadores e incendiários, a mansão Kschessinska tornou-se uma colmeia de atividades de propaganda bolchevique. "Centenas de máquinas de escrever e copiadoras trabalhavam noite e dia, e não demorou para que instalassem impressoras", produzindo proclamações contra o governo aos milhares. Lênin estava ocupado demais com as reuniões e a politização e não tinha tempo para falar às multidões que começavam a se reunir diariamente sob o balcão, na avenida Kronvérski, na esperança de "ouvir o rugido do leão".[19] Ao contrário do pomposo orador Leon Trótski, que retornou do exílio em Nova York no mês seguinte,* Lênin não

* Trótski viajou no mesmo navio norueguês — o *Kristianiafjod* — em que viajaram William G. Shepherd e o célebre jornalista Lincoln Steffens, especializado em escândalos; ambos foram contratados pela *Everybody's Magazine* para ir a Petrogrado cobrir os acontecimentos.

fazia questão de ser o centro das atenções. Ele "se escondia e deixava que seus assessores fizessem o trabalho" e só de vez em quando se dignava a aparecer. Tampouco perdia tempo tentando conquistar aqueles que eram hostis a ele.[20]

Naquele momento, o correspondente Robert Crozier Long, da Associated Press, foi um dos poucos a ter acesso à Mansão Kschessinska, um prédio agora visto com alguma apreensão por moradores locais aterrorizados, com a reputação de estar cheio de metralhadoras escondidas e abrigar uma fábrica de bombas. O interior, em consonância com a deprimente "democratização" — ou antes, degradação — do Palácio Tauride, apresentava uma triste imagem:

> Em um belo vestíbulo branco, com estátuas de mármore, estavam soldados sujos que cuspiam e se debruçavam sobre escrivaninhas comparando relatórios [...] o belo jardim de inverno se tornara sede da organização de propaganda e estava lotado do teto ao chão de panfletos; o quarto de Kschessinska, de luxo oriental famoso em Petrogrado, estava cheio de exemplares do incendiário jornal *Pravda*; e — a pior vergonha de todas — sua banheira romana de mármore e azulejos, do tamanho de uma pequena sala, estava até a metade de pontas de cigarro, papéis e trapos sujos.[21]

Nesse antigo esplendor imperial tardio, Lênin reunia em torno dele "todas as cabeças exaltadas da revolução", observou Maurice Paléologue em seu diário. Para ele, o líder bolchevique era uma combinação de "sonhador utópico e fanático, profeta e metafísico, cego a qualquer ideia do impossível ou do absurdo, estranho a todos os sentimentos de justiça ou misericórdia, violento, maquiavélico e louco de vaidade". Paléologue julgava-o "ainda mais perigoso porque dizem que tem mente pura, é moderado e ascético. Aos olhos da minha mente, ele é uma mistura de Savonarola e Marat, Blanqui e Bakúnin". Donald Thompson compartilhava dessa opinião alarmista a respeito de Lênin e via apenas uma solução lógica. "A melhor coisa que a Rússia pode fazer é matar Lênin", escreveu à esposa, ou, pelo menos, "detê-lo e pô-lo na prisão." "Se não fizerem isso, um dia vou escrever-lhe uma carta contando que esse vira-lata está no controle das coisas aqui."

O "menino inocente" do Kansas sabia das coisas.[22]

No início de abril, a celebração da Páscoa ortodoxa russa calou por um período muito breve a nova linguagem sediciosa da revolução e trouxe um retorno transitório aos velhos tempos da Rússia imperial, quando as igrejas celebravam a missa com todo o habitual e opulento esplendor ortodoxo. Na noite de sábado, os sinos começaram a tocar à meia-noite em toda a cidade, e as igrejas ficaram lotadas para a vigília que durava até as três e meia da manhã do domingo de Páscoa. Viam-se grandes tochas queimando nos quatro cantos do telhado da catedral de santo Isaac e toda a cidade estava iluminada por quilômetros. Louis de Robien notou que "as grandes cúpulas da Igreja da Ressurreição, douradas no reflexo da luz das janelas de vitrais abaixo, brilhavam no céu. [...] Todos os sinos tocavam. Os canhões da fortaleza atiravam salvas". Por um curto período, teve-se a impressão de que os acontecimentos das últimas semanas tinham sido "um sonho ruim". "Era a antiga Rússia ressuscitando com Cristo", escreveu ele.[23]

Na igreja, os fiéis pareciam tão devotos como sempre; Edward Heald achou que havia "um novo espírito de esperança libertada e uma comovente demonstração de fraternidade".[24] Na catedral de Kazan, Maurice Paléologue viu "as mesmas cenas dos dias do tsarismo, a mesma majestade e magnificência, a mesma exibição de pompa litúrgica". Se havia alguma diferença, era que o grau de devoção estava ainda mais intenso, manifestado numa enorme onda de emoção quando o padre anunciou "*Khristos Voskres!*" — Cristo ressuscitou![25] A chegada da primavera logo depois aumentou esse sentimento de renovação. Com as castanheiras em flor, o gelo flutuante do Nievá começando a se romper, as cúpulas de ouro reluzindo ao sol da primavera e as pessoas e os comerciantes de rua desfrutando do degelo, veio um ressurgimento da esperança. Vieram também notícias muito bem-vindas da América.

J. Butler Wright e seus colegas da embaixada dos Estados Unidos precisaram de duas horas de trabalho com quatro livros de códigos para decifrar o documento formal telegrafado para eles de Washington dando ciência de que o presidente Wilson declarara guerra à Alemanha em 6 de abril (24 de março [EA]; a embaixada recebeu a notícia dois dias depois). Os funcionários da embaixada vinham recebendo telefonemas ansiosos de jornalistas, membros da missão aliada e de "americanos famintos por notícias", até que finalmente os chamaram à embaixada para ouvir o anúncio formal do embaixador, pouco depois da meia-noite, de que os Estados Unidos haviam entrado na guerra.

Todos na embaixada ficaram imensamente aliviados; os últimos dias tinham sido de uma tensão terrível. A reação na imprensa russa foi, como Wright recordou, "positivamente inspiradora".[26] Vários oficiais navais e militares americanos baseados em Petrogrado foram imediatamente à embaixada e pediram autorização para voltar ao seu país e alistar-se. E havia um suprimento pronto de ex-oficiais russos que haviam perdido seus postos — alguns dos quais estavam escondidos desde a revolução — e que agora "assombravam" o escritório do adido militar William J. Judson, "desejando ir para a América". "O destino deles era terrível", admitiu Judson, porque "se seus próprios soldados ou os bolcheviques não acabassem por matá-los", e os Estados Unidos não oferecessem refúgio, "o suicídio parecia-lhes o único recurso."[27]

As pressões sobre o governo americano e sua embaixada em Petrogrado para acenar com uma varinha mágica sobre o esforço de guerra russo foram inevitavelmente enormes: "*todos* nos procuram para tomar dinheiro emprestado, calar os socialistas, resolver a Transiberiana e 'levantar o ânimo' deste governo — o que vai ser um trabalho colossal", escreveu Wright em seu diário.[28] Só os problemas logísticos já eram muitíssimos, sobretudo na ferrovia Transiberiana, onde um congestionamento caótico de vagões, material circulante e suprimentos militares e alimentícios encalhados em Vladivostok precisava urgentemente de uma solução para fazer andar o sistema. Um contingente de especialistas americanos e canadenses em ferrovias estava agora a caminho da Rússia, chefiado por John F. Stevens, um dos construtores do Canal do Panamá, para tentar trazer ordem ao caos.

Outros visitantes estrangeiros, principalmente socialistas e líderes sindicais britânicos e franceses, estavam chegando desde meados de março para ver as mudanças que a revolução fizera na Rússia. Os representantes do Partido Trabalhista britânico James O'Grady e Will Thorne estavam entre os primeiros. Eram "trabalhadores honestos e decentes", admitiu o funcionário da embaixada Francis Lindley, mas "não tinham nada em comum com os teóricos intelectuais com quem discutiam horas a fio. Depois de uma dessas pelejas, vieram à minha sala e se refrescaram com uísque e soda, dando vazão à descrição mais agressiva de seus colegas russos. 'Um bando de *b-dy s-ds*, meu caro'", disse Thorne a respeito de seus anfitriões revolucionários. Enquanto isso, a imprensa socialista russa acusava os delegados britânicos de "mercenários de um governo imperialista que não representam de forma alguma os operários".[29]

O socialista ocidental mais preeminente – e membro do Gabinete de Guerra francês – era Albert Thomas, que chegou no dia 9 de abril no mesmo trem de um grupo de exilados que retornava da França, da Inglaterra e da Suíça. Uma multidão apareceu para recebê-lo, encabeçada pelo meticuloso Paléologue, de fraque e cartola de embaixador (eclipsando uma guarda de honra revolucionária um tanto surrada). "*Agora* vemos a revolução em toda a sua grandeza e beleza!", exclamou Thomas, entusiasmado, a Paléologue ao descer do trem.[30] O jovial francês, mais "caixeiro-viajante" do que político sofisticado, tanto na aparência como nos modos, foi acomodado no Hotel d'Europe, onde "tentou em vão fazer o papel de socialista feroz comendo sua asa de frango com a ponta da faca", enquanto Paléologue lastimava o fato de ser obrigado a entretê-lo na embaixada francesa com uma de suas últimas boas garrafas de borgonha. Apesar do apoio aberto de Thomas à revolução, os russos não tiveram boa impressão dele; no que lhes dizia respeito, ele também era um impostor – um "traidor socialista", um "burguês" que veio para representar o "capitalismo a favor da guerra".[31]

De sua parte, Thomas confidenciou a sua velha amiga Julia Grant (agora casada com um príncipe russo e conhecida como princesa Cantacuzino-Sperânski) que os socialistas russos "não eram socialistas, mas sim o que chamamos na França de anarquistas e *communards*".[32] Mas havia também outro objetivo em sua missão, aquele que Paléologue esperava. Thomas trouxera consigo uma carta do governo francês que o liberava do cargo de embaixador e convocava-o de volta a Paris, porque "sua posição de favor junto ao imperador tornaria mais difícil o exercício de suas funções sob o governo atual", explicou Thomas.[33] Paléologue aceitou a notícia com a equanimidade que o caracterizava, embora ressentido de que viesse do arrivista Thomas. Ele estava profundamente preocupado com a continuidade da participação da Rússia na guerra, convencido de que era essencial reforçar o apoio a Miliukov e aos moderados do Governo Provisório. Thomas, no entanto, apoiava Kerénski por ser o único homem "capaz de estabelecer, com a ajuda do Soviete, um governo digno de nossa [isto é, dos Aliados] confiança". Sabendo muito bem que o Soviete fazia campanha a favor da retirada russa, Paléologue telegrafou a Paris advertindo que era mais do que provável que ela logo desertasse da guerra.[34]

Até então, o embaixador Francis e seu assessor J. Butler Wright permaneciam relativamente otimistas em relação ao futuro político pós-revolucionário da Rússia, mas um incidente na noite de 9 de abril confirmou a volatilidade das turbas de Petrogrado. Francis estava recebendo convidados na noite de domingo quando Phil Jordan entrou apressado com uma mensagem avisando que uma multidão agitando bandeiras anarquistas pretas estava a caminho para atacar os "imperialistas americanos" na embaixada. Ao que parece, tinham sido incitados a fazê-lo em protesto contra a recente condenação à morte do organizador sindical americano e ativista político Thomas J. Mooney, após um julgamento de cartas marcadas em que ele fora acusado de envolvimento na explosão de uma bomba durante um comício operário em San Francisco.* Preparando-se para sua dramática resistência final, Francis imediatamente instruiu Jordan a carregar seu revólver e trazê-lo enquanto ele esperava por um destacamento de milícia do governo para vir defendê-los. Francis jurou atirar em qualquer um que tentasse entrar na embaixada, mas a turba nunca chegou a esse ponto e foi dispersada logo depois de iniciada a marcha. (Mais tarde, circularam histórias exageradas de que Francis os expulsara sozinho, o que o divertiu muito: "Todos pareciam preferir a história mais sensacional, então suponho que devo me resignar a esse papel heroico", escreveu.) Phil ficou extremamente aliviado: o embaixador, "até onde eu sei, jamais atirou com uma arma na vida, e eu sabia que, se atirasse na multidão, seria provavelmente o fim de nós dois".[35]

Arno Dosch-Fleurot vira a turba sendo incitada a atacar a embaixada americana por um agitador político na catedral de Kazan: "Venham comigo e faremos o embaixador americano prisioneiro até que libertem Mooney", ele gritara. Fleurot se apressou a ir para a embaixada, onde foi recebido pelo excitável Phil Jordan. "O embaixador é sortudo", Phil lhe disse.

> Toda noite o embaixador dá uma caminhada comigo. Eu disse a ele que não deveria fazer isso. Esta noite tivemos alguns convidados que ainda estavam aqui quando a milícia telefonou. Imagine só se estivéssemos caminhando e aqueles caras com a bandeira preta tivessem aparecido. O embaixador Francis só sabe duas palavras em russo, "*Amerikanski Posol*" (embaixador americano). Se aqueles caras lhe perguntassem alguma coisa, ele teria dito "*Amerikanski posol*". Não teriam eles esfregado as mãos e dito "Olha o que o bom Deus nos trouxe"?[36]

* A sentença foi comutada para prisão perpétua em 1918 e Mooney foi perdoado em 1939.

Inevitavelmente, nas memórias subsequentes de Francis e em outras recapitulações do incidente, o vívido vernáculo de Jordan foi higienizado.* O protesto transformou-se num fiasco. A culpa por incitá-lo foi logo atribuída a Lênin, mas, em particular, aquilo perturbara Francis e preocupara os funcionários da embaixada a respeito da segurança de sua missão e dos cidadãos americanos nesse novo clima de crescente anarquia.[37]

No dia 18 de abril (EA; 1º de maio EN), o Soviete de Petrogrado decidiu observar o Dia do Trabalho europeu de acordo com o calendário ocidental, "para acertar o passo com os proletários de todos os países e ilustrar a solidariedade internacional das classes trabalhadoras, apesar da guerra e das ilusões da burguesia". Se os enterros no Campo de Marte foram o primeiro ato público de luto da revolução, a "manifestação colossal" planejada para o Primeiro de Maio no mesmo local seria seu primeiro feriado público.[38] Os hóspedes dos hotéis da cidade foram avisados de que teriam de se virar sozinhos: os funcionários teriam folga e não haveria serviço de quarto nem serviriam refeições. Todos os restaurantes, empresas, escritórios e lojas estariam fechados. Tampouco haveria bondes ou *izvóztchiki*. "Ninguém fez nada durante todo o dia", lembrou mais tarde Leighton Rogers, "exceto desfilar e vociferar".[39]

A partir das cinco da manhã, as pessoas começaram a se reunir no centro de Petrogrado. Donald Thompson, virando-se como podia no caos ainda reinante do Astória, saltou da cama em seu quarto cheio de marcas de tiros quando ouviu bandas tocando do lado de fora da janela e viu milhares de pessoas

* No clima social muito diferente de 1931, muito antes dos tempos do politicamente correto, Fleurot não teve receio em transcrever o discurso de Jordan tal como o ouviu. Para uma versão não editada das cartas de Jordan que mantém sua pontuação e ortografia idiossincráticas, ver Mrs. Clinton A. Bliss.

Segue abaixo o texto original em inglês, com o que a autora chama de "idiossincrasias" de Jordan: "ebery night the ambassador takes a walk with only me, I tol' him he oughtn't t' do it. To-night we had some guests still here when de militia telephone. Jes' think if we'd been a-walkin' and dose fellers wid de black flag had a come along. Ambassador Francis only knows two words in Russian '*Amerikanski Posol*' (American Ambassador). If dose fellers as'ed him anything he'd a said '*Amerikanski posol*'. Wouldn't they 'a' rubbed their han's an' said, Look wa'at de good Lord has gone an brought us". (N. T.)

passando pelo hotel em direção à avenida Niévski. Todas as pontes estavam lotadas de gente que vinha dos distritos de Vyborg e Petrogrado trazendo bandeiras vermelhas. Fazia sol, mas soprava um vento frio e cortante, e o gelo que descongelava no Nievá voltara a congelar em grandes banquisas irregulares. O enorme e organizado desfile dos celebrantes durou o dia inteiro e foi realizado com grande efeito teatral: mais tarde, vários observadores estrangeiros o recordaram como sendo, para eles, o ponto alto da celebração pública da revolução. Para Morgan Philips Price, o deputado trabalhista britânico que estava em visita, parecia o amanhecer do Dia Vermelho do Socialismo. "Acho que nunca vi um espetáculo mais impressionante", escreveu mais tarde:

> Não era somente uma manifestação operária, embora todos os partidos socialistas e sindicatos da Rússia estivessem ali representados, desde os anarcossindicalistas até os mais moderados democratas da classe média. Não se tratava apenas de uma manifestação internacional, embora todas as nacionalidades do que fora o Império Russo estivessem ali representadas. [...] [era] na realidade uma grande festa religiosa, na qual toda a humanidade estava convidada a comemorar a fraternidade do homem.[40]

Para ele, essa imensa parada era a "mensagem ao mundo" da Rússia revolucionária, refletida numa "torrente contínua de oratória" que "fluía de centenas de tendas de oradores que cobriam todos os locais livres disponíveis nos parques e praças da cidade".[41] Edward Heald estava lá para ver; na praça em frente ao Astória tinham montado tantas plataformas para oradores que ele e seus colegas da ACM "podiam ficar em um lugar e ouvir seis oradores diferentes falando de igual número de plataformas". "Sem hesitar, com alma, com vigor, a torrente de eloquência fluía hora após hora. Assim que um orador cansava, depois de cerca de meia hora, outro era levado às pressas para a plataforma, içado, e continuava o discurso sem um segundo de interrupção." O mesmo acontecia na praça em frente ao Palácio de Inverno, decorado com um estandarte muito longo que proclamava "Viva a Internacional", onde uma sucessão aparentemente interminável de oradores — tanto a favor como contra o governo — se revezava, "todos eles recebendo aplausos animadores".[42]

Claude Anet também estava no Palácio de Inverno, cobrindo os eventos para *Le Petit Parisien*. "A enorme praça era como um oceano humano em que o balançar da multidão se assemelhava ao movimento das ondas", lembrou, com "milhares de bandeiras vermelhas com inscrições douradas tremulando ao vento." Todos pareciam tolerantes e afáveis. "Tirei fotografias; estava vestido como um *bourgeois*; eu não era obviamente alguém do povo", mas a multidão "recuou para não me atrapalhar e me observou trabalhando com interesse". Ele notou o cuidado e o respeito com que o povo escutava os oradores, e a capacidade de "suportar até o fim a tagarelice interminável".[43] Uma enorme mostra representativa dos trabalhadores russos estava presente: "funcionários dos correios e telégrafos, estudantes, fuzileiros navais, soldados, operários e operárias, com lenços de cores claras na cabeça, [...] escolares, pivetes de oito a dez anos, meninas e meninos de mãos dadas, criadas domésticas, com uma bandeira que proclamava a emancipação da empregada doméstica, da cozinheira e do lacaio, garçons de restaurantes".[44] Havia também dezenas de orquestras militares, tocando a obrigatória "Marselhesa" e canções populares de óperas e danças russas; e estandartes por todo lado clamando por "terra, liberdade, paz, abaixo a guerra".

Maurice Paléologue foi assistir ao "esplêndido espetáculo" no Campo de Marte na véspera de sua partida da Rússia. Depois de três anos como embaixador francês, era chegado o momento de uma reflexão dolorosa e um profundo sentimento de perda: para ele, o Dia do Trabalho de 1917 marcou "o fim de uma ordem social e o colapso de um mundo". Seus anos na Rússia deixaram-no pouco otimista: a Revolução Russa era "composta de elementos demasiado discordantes, ilógicos, inconscientes e ignorantes para que alguém julgasse no momento o que poderia ser seu significado histórico ou sua capacidade de difundir-se".[45]

Tendo passado por momentos difíceis em Petrogrado nos últimos seis meses, Leighton Rogers estava totalmente desiludido. Tão faminto se sentira naquele dia, e tão desesperado para escapar de seu apartamento frio e úmido, que passou seu tempo vagando pelo Hermitage, onde preferiu contemplar as naturezas-mortas de alimentos do Velho Mestre — "gansos depenados, peixes frescos, legumes e frutas" — a admirar a excepcional coleção de Rembrandts do museu. Mais tarde, saiu em busca de um restaurante para jantar com um colega, mas todos os lugares estavam fechados. Depois de várias horas, desistiram e voltaram para o apartamento, onde se contentaram com chá e pão preto — "tudo o que restava na despensa" — e se enfiaram na cama para se aquecer.

Rogers estava farto daquilo: "Paradas, paradas, paradas. Quando isso acabar, nunca mais quero ver outra. As ruas estão bloqueadas por eles todas as tardes, o trabalho parece ter sido abandonado e a parada adotada como negócio".[46]

Dois dias depois da grande onda de otimismo das comemorações do Dia do Trabalho, estouraram os primeiros rumores sérios de conflito no governo, relacionados a detalhes dos objetivos de guerra da Rússia, tais como estabelecidos em 1914. A recente entrada dos Estados Unidos no conflito fora a causa indireta do que seria um grande choque entre o governo de Miliukov e o Soviete. Ansioso por celebrar o anúncio da entrada dos americanos, Miliukov deu uma entrevista à imprensa sobre os objetivos de guerra do Governo Provisório em que reiterou o compromisso assumido pelo governo tsarista em 1914 de lutar por uma vitória decisiva e apoiar as anexações do pós-guerra pelos Aliados — especialmente a de Constantinopla pela Rússia — e a imposição à Alemanha de reparações de guerra punitivas. A "Nota" de Miliukov, como ficou conhecida, entrou imediatamente em choque com o Soviete de Petrogrado, que pressionava pela retirada incondicional da Rússia da guerra, sem compromissos.

Quatro dias depois, o governo foi forçado a emitir um desmentido, mas era tarde demais para evitar uma onda de protestos violentos dos revolucionários que denunciavam Miliukov, afirmavam que os objetivos da guerra deviam respeitar os ideais democráticos e exigiam a revogação de todos os tratados com os Aliados.[47] Lênin e seus seguidores fizeram desse conflito de objetivos motivo para uma batalha campal contra o Governo Provisório, incitando trabalhadores e soldados a protestar, a fim de obrigar o governo a capitular ou renunciar. Na tarde de 20 de abril, no palácio Mariínski, onde o Governo Provisório estava em conversações urgentes com o Comitê Executivo do Soviete, entre 25 mil e 30 mil soldados dos regimentos Pávlovski, 180º, Finlandês e Moscou, bem como alguns marinheiros, reuniram-se do lado de fora com baionetas caladas, mas foram persuadidos a dispersar-se pelo general Lavr Kornílov, novo comandante em chefe da guarnição de Petrogrado.[48]

Na avenida Niévski, Donald Thompson viu duas turbas — uma anarquista, outra a favor do Governo Provisório — vindo das ruas Morskáia e Sadóvaia. "Alguém abriu fogo e por alguns minutos foi um inferno naquela esquina, com todos deitados no chão", lembrou ele. Quinze minutos de pandemônio deixaram seis mortos e de doze a quinze feridos. Houve outros tiroteios mais tarde, em frente à catedral de Kazan e perto do consulado americano, no prédio da Singer em frente a ele. "Um tumulto constante prevaleceu na Niévski, até as dez e meia daquela noite", contou Thompson à esposa. "Milhares marchavam a favor e contra o governo, até que chegou um ponto em que não se sabia o que era o quê. Boris e eu decidimos tirar o chapéu e saudar todas as turbas que passavam." Mas depois que foram apanhados em um grupo de ameaçadores anarquistas armados que acenavam bandeiras negras, acabaram de novo deitados na calçada, temendo pela vida quando o tiroteio começou.[49]

Na manhã seguinte, Thompson estava ansioso para estar "em campo cedo" a fim de pegar os acontecimentos à medida que se desdobravam. Ele viu que havia avisos em todo lugar "pedindo que as pessoas não mais se reunissem na rua".[50] Agora, reuniões só eram permitidas "em salões, teatros ou edifícios públicos" — uma tentativa inútil de evitar mais incitamentos à confusão. Nos dias seguintes, escaramuças eventuais e discurseiras intermináveis dominaram as ruas de Petrogrado. Arno Dosch-Fleurot testemunhou uma "tempestade de oratória" positiva, em que "pessoas se reuniam às dezenas de milhares para aplaudir as exigências de paz — sem contribuição [tributação] ou anexação". Ele divertiu-se ao notar que esta última expressão se espalhara como um incêndio, com as palavras russas *kontribútsia* e *annéksia* sendo adotadas do inglês para esse propósito (não havendo equivalente russo para expressar o significado preciso). Infelizmente, alguns oradores "acreditavam que essas palavras designavam nomes de cidades e passaram a exortar seus ouvintes a não permitirem que a Rússia tomasse Constantinopla, Annéxia ou Contribútsia". Ella Woodhouse lembrou que sua criada lhe contou tudo muito animada: "Queremos paz. Não precisamos daquelas duas cidades romenas, Annéxia e Contribútsia. Estamos fartos da guerra!".[51]

Em consequência dessas violentas perturbações, o Governo Provisório foi obrigado a rever sua posição em uma nova nota aos Aliados, opondo-se a quaisquer contribuições ou anexações de guerra num futuro tratado de paz com a Alemanha. Todos, exceto os membros bolcheviques do Comitê Executivo do Soviete, aceitaram esse recuo, e as tropas que protestavam receberam ordens para voltar aos quartéis. Por enquanto, a situação fora desarmada, mas "os dias de Miliukov, Gutchkov e do príncipe Lvov estão contados", observou Maurice Paléologue.[52] O príncipe Lvov parecia cansado e pálido; estava exausto pelo excesso de trabalho e envelhecera terrivelmente desde a revolução, pensou o diplomata Robert Lockhart quando chegou de Moscou para visitá-lo, observando com pesar que "ele não era do material de que os primeiros-ministros revolucionários são feitos". Lockhart percebeu o "mesmo desamparo, as mesmas apreensões" em outros membros do governo. A revolução havia destruído todos os velhos amigos liberais de Lvov. O único homem com algum poder era Kerénski, porque só ele tinha o apoio dos sovietes.[53]

"Agora você está vendo o que vimos nos Sete Dias", disseram residentes americanos a um visitante no final da "semana mais intensa e emocionante na capital desde a revolução".[54] As bandeiras negras dos anarquistas desfilando pela Niévski durante os três dias de protestos provocaram arrepios na espinha de Edward Heald; eles estavam na rua para "mergulhar tudo na desordem". A Rússia, disse a J. Butler Wright, estava "na tampa de uma lata de pólvora". Negley Farson notou a profunda atmosfera de incerteza. Todos estavam absorvidos pelo problema da autopreservação, pois a vida em Petrogrado "se tornara uma grande aposta".[55] Na Niévski, em companhia do cônsul americano North Winship, topara com uma enorme parada de pessoas que exigiam "Terra e Liberdade". Mas, dessa vez, percebeu algo de novo e profundamente sinistro:

> Um bando de operárias marchando de braços dados; suas cabeças envoltas em xales voltadas para o céu; seus plácidos rostos eslavos iluminados com uma expressão de perfeito êxtase, e cantavam como se inspiradas pelo Hino da Revolução. [...] E então eu vi [...] uma enorme bandeira negra, com um crânio e ossos cruzados brancos, que parecia estar sorrindo sobre as palavras: "Bem-vinda, Anarquia!". [...] Havia algo de repugnante naquilo, como se fosse um convite espalhafatoso para entregar-se a todo tipo de bestialidade.[56]

Estava claro que, após a última derrota, "Lênin estava obtendo resultados", pensou Arno Dosch-Fleurot. "Fazia apenas três semanas que tinha voltado e o efeito de suas atividades podia ser visto por todos os lados [...] ele fornecia uma cabeça e uma diretriz para os revolucionários mais violentos que queriam tomar o poder eles mesmos." Lênin trouxera consigo a única coisa que a revolução até então não tivera: "violência com uma doutrina".[57]

Pouco antes de deixar Petrogrado, Maurice Paléologue confidenciou que, na sua opinião, a Rússia estava "entrando em um período muito longo de desordem, miséria e ruína". Ao partir para a estação ferroviária, refletiu sobre a "falência final do liberalismo russo e o triunfo que se aproximava do Soviete". "Chora, minha santa Rússia, chora!", escreveu, recordando as palavras do idiota da aldeia na ópera *Boris Godunov*, "pois estás entrando na escuridão." "Estão chamando Paléologue de volta no exato momento em que sua 'atitude forte' poderia produzir resultados", escreveu seu colega Louis de Robien com considerável pesar.[58] Enquanto o trem do embaixador saía da estação Finlândia sob uma grande nuvem de fumaça, Charles de Chambrun refletia que, com a partida de Paléologue, uma grande época diplomática acabava para sempre:

> Adeus, toda aquela ostentação, o brilho das decorações em ouro, as astúcias da diplomacia, os pratos pródigos, a libré tricolor, os lacaios empoados e suas meias brancas! Adeus, *belles lettres*, despachos "inteligentes" e frases pomposas e melodiosas! É a volta da simplicidade para nós! Jamais voltaremos a ver o carro do embaixador saindo da residência da encantadora princesa Paley, como, em outros tempos, as pessoas costumavam ver o cocheiro do sr. de Chateaubriand cochilando em seu assento à porta da sra. Récamier. Jamais esqueceremos que estávamos todos lá, testemunhas oculares da maior reviravolta da história![59]

No mesmo momento em que Maurice Paléologue era chamado de volta a Paris, o governo de Lloyd George em Londres discutia o futuro de seu igualmente respeitado colega, Sir George Buchanan, que talvez "não fosse mais o representante britânico ideal em Petrogrado", apesar de sua folha de serviços igualmente exemplar. O fato é que Buchanan, tal como o colega francês, era visto como associado demais ao antigo regime tsarista para merecer o respeito da nova geração de socialistas no governo. Houve um consenso em privado de que era preciso ter um novo enviado, com maior possibilidade de influência sobre os "elementos democráticos que agora predominavam na Rússia para prosseguir a guerra com energia".[60]

O deputado trabalhista e ministro Arthur Henderson — homem que compartilhava das simpatias socialistas do Soviete, mas que sob todos os outros aspectos não tinha nenhuma qualificação para a tarefa — foi escolhido pelo Gabinete de Guerra britânico para substituir Sir George, que seria, para todos os efeitos, convidado a voltar para casa de licença. Quando funcionários do Escritório da Chancelaria da embaixada de Petrogrado se deram conta disso, ficaram horrorizados, e alguns ameaçaram renunciar. O rumor chegou ao general Knox, que enviou imediatamente um telegrama confidencial para a Grã-Bretanha advertindo sobre o dano que a retirada de Buchanan causaria: "Nenhum embaixador britânico em Petrogrado jamais desfrutou da mesma confiança dos russos", asseverou. Sir George receberia o mesmo tratamento dispensado ao embaixador francês – esse homem que, como Paléologue, desfrutava da confiança dos moderados?[61]

Desconsolado, Sir George descobriu, na chegada de Arthur Henderson, em 20 de maio, que lhe haviam dado plenos poderes para assumir o funcionamento da embaixada britânica. Sir George o recebeu num jantar tenso, no qual Lady Buchanan mal pôde controlar seu ressentimento. O próprio Buchanan conseguiu conter "uma certa repugnância e desaprovação fastidiosa", reforçada pelo fato de que Henderson não sabia nada de francês ou de qualquer outro idioma para conversar com os mais distintos diplomatas e políticos poliglotas sentados ao redor da mesa. Deixando Henderson por sua conta e risco e recusando-se a oferecer-lhe os confortos da embaixada britânica, Sir George partiu para descansar na Finlândia.

Henderson logo se deu conta da medida de sua inadequação, encontrando uma forte hostilidade por parte do pessoal da embaixada a sua atitude solene e sentenciosa.[62] Ele ficou chocado com a anarquia que encontrou em Petrogrado e consternado por ser vítima dos eventuais saques que aconteciam em todos os quartos de hotel da cidade; "seu smoking e até as calças da noite desapareceram misteriosamente do quarto", e ninguém mostrou o menor interesse em ajudá-lo a encontrá-los. Forçado a admitir que estava mal equipado para lidar com os astutos russos, para não falar de construir um diálogo com eles, informou a Lloyd George que "chegara à conclusão de que nenhum bom propósito seria servido com a remoção de um homem que compreendia a Rússia" tão bem quanto Sir George Buchanan.[63] Henderson mostrara pouco interesse verdadeiro e ainda menos capacidade de percepção durante sua visita, e os socialistas russos que o receberam também não tiveram boa impressão: "Seu Henderson é burguês até a ponta dos dedos", disse um deles a um funcionário da embaixada. "Ele é como todos vocês. Levará a esposa à igreja às onze horas da manhã todos os domingos."[64]

* * *

No dia seguinte à partida de Maurice Paléologue, uma nova crise no governo renovou o desânimo de todo o corpo diplomático. Em 3 de maio, Miliukov, ministro das Relações Exteriores, e Gutchkov, ministro da Guerra, renunciaram, pois suas posições, após os protestos dos "Dias de Abril", eram agora insustentáveis. Sua saída marcou o fim de qualquer influência liberal no Governo Provisório. O Soviete, com seu controle crucial do Exército, era poderoso demais para ser desprezado; estava claro que esse governo duplo desarticulado e mal combinado, de soviete socialista e Governo Provisório burguês, não estava funcionando. A única solução foi a formação de um novo Governo Provisório de Coalizão, em 5 de maio, mais uma vez sob a liderança simbólica do príncipe Lvov e desta vez com a inclusão de seis socialistas, três dos quais — Irakli Tseretéli, Víktor Tchernov e Matvei Skóbelev — eram do Soviete de Petrogrado.[65] Aleksandr Kerénski, agora em firme ascensão como ministro da Guerra, foi encarregado da tarefa urgente de estimular a ofensiva russa na Frente Oriental.

Enquanto isso, a violência e a anarquia espalhavam-se pela cidade. "A anarquia levanta o dedo cada vez mais alto", escreveu Edward Heald, pois era "atraente demais para o caráter russo".[66] Uma jornada de trabalho de oito horas foi proclamada no início de maio, mas, apesar disso, a produção nas fábricas estava em crise, com a diminuição dos estoques de carvão e de matérias-primas forçando muitas a fechar. A situação interna do trabalho piorou com a continuidade das greves, especialmente nas bacias carboníferas russas. Havia uma atmosfera crescente de desencanto público à medida que a euforia revolucionária inicial retrocedia; todos estavam cansados de paradas e manifestações, de falação e filas intermináveis; as ruas estavam "cheias de mendigos, jornaleiros e prostitutas baratas".[67] Pauline Crosley, esposa recém-chegada de um adido naval americano, precisava empregar quatro criadas por causa do tempo que gastavam diariamente para ficar na fila "do pão, carne, peixe, leite, manteiga, ovos, querosene e velas". Era muito difícil conseguir lenha e também havia filas intermináveis para roupas e cigarros. "Nunca imaginei que veria tantos homens ociosos!", ela escreveu para casa no final de maio. "Milhares de homens de uniforme que não fazem nada a não ser ficar sentados nos bancos dos poucos parques comendo sementes de girassol!" Em todos os lugares a que ia, ouvia falar de como a Rússia poderia ser "salva". "Por que os Aliados não salvam a Rússia? Por que os Estados Unidos não fazem alguma coisa para salvar a Rússia?" – perguntavam-lhe com frequência.[68]

No final de maio, houve muitas partidas e vários recém-chegados na comunidade expatriada de Petrogrado. James Stinton Jones fora enviado de volta a Londres, onde seu relato sobre a Revolução de Fevereiro se espalhara pelas páginas do *Daily Mail*, "com toda a primeira página coberta com minhas fotografias e o verso cheio da história tal como a contei". Em julho, ele publicou suas experiências em forma de livro, com o título de *Russia in Revolution: Being the Experiences of an Englishman in Petrograd during the Upheaval* [Revolução na Rússia: Experiências de um inglês em Petrogrado durante a sublevação], um dos primeiros relatos de testemunhas oculares não russas a chegar ao Ocidente.[69] Isaac Marcosson também partiu de navio, para Aberdeen e depois para Londres, onde se instalou no Savoy Hotel para escrever *Rebirth of Russia* [Renascimento da Rússia], livro publicado em agosto. Não lamentara ver-se longe dos perenes problemas de acomodação que suportara: "Como a maioria dos hotéis de Petrogrado durante aquele período frenético", lembrou mais tarde, o dele tinha sido "uma espécie de hospício que abrigava uma estranha mixórdia de nacionalidades, que estava sem elevador, sem açúcar, sem banho e quase sem pão. A única coisa que tínhamos em abundância era o odor, que é um aspecto essencial da 'atmosfera' de Petrogrado". Ele estava contente por desfrutar de novo do conforto de um banheiro de verdade, e funcionando.[70]

Vários jornalistas estrangeiros também foram embora depois da excitação de fevereiro de 1917, porque agora achavam as coisas calmas demais em termos de reportagem. "Muitos não procuraram ocultar sua decepção; haviam esperado encontrar na revolução uma oportunidade única de obter uma boa reportagem e, em vez disso, perguntavam-se todas as noites como juntar cem linhas para enviar ao jornal", recordou um observador:

> Em suma, as ruas, afora as bandeiras vermelhas, a sujeira excessiva e os bondes carregados de soldados, apresentavam seu aspecto habitual. As crises ministeriais não eram nem mais nem menos frequentes do que em Paris. O próprio número de reuniões públicas acabava por torná-las insípidas. Na superfície, a vida russa parecia-se muito com antes da revolução: os funcionários dos ministérios ainda estavam em seus postos e, neste país, livre a partir de agora, num sentido em que

nenhum outro país do mundo jamais esteve, éramos lembrados pelos porteiros do Museu Hermitage de que devíamos tirar o chapéu.[71]

Em meados de maio, depois de quase quatro anos longe de casa, informando da Rússia e da Frente Oriental, Arthur Ransome estava cansado e desesperado para ir embora. "Não há como fugir da política, e é meu trabalho observá-los o mais que posso e adivinhar o que está acontecendo e o que vai acontecer", escreveu à mãe, informando-a de suas esperanças de voltar para casa por um mês, "mas [...] você não pode imaginar como estou farto de tudo isso. Ao mesmo tempo, as coisas aqui continuam acontecendo com tanta rapidez que sou igualmente levado a não arriscar ficar longe. [...] Não me atrevo a deixar Petrogrado por mais de 24 horas devido à probabilidade de alguma nova crise política, ou melhor, de uma nova manifestação da crise quase permanente." As infindáveis privações sofridas por muitos dos correspondentes estrangeiros nos últimos meses haviam desgastado todos, continuou ele: "Não somos mais seres humanos, mas pedaços de uma máquina, e temos de girar exatamente como devemos e não nos ocuparmos com a paisagem para o bem do resto da máquina". Seu colega Harold Williams, do *Daily Chronicle*, tivera um colapso nervoso e fora para o Cáucaso descansar. "Eu daria os olhos [...] para sair de Petrogrado", escreveu Ransome. "Política de Petrogrado com uns bons intervalos de front, tudo bem. Mas Petrogrado o tempo inteiro enlouqueceria o homem mais sadio."[72]

Em 24 de maio, a intrépida Florence Harper deixou seu colega Donald Thompson para se apresentar como enfermeira voluntária de um hospital volante americano na Frente Oriental, em Dvinsk.* Quando saiu, outra mulher assumiu o posto de única repórter americana em Petrogrado. A nova-iorquina Rheta Childe Dorr era uma experiente jornalista de esquerda, defensora do sufrágio feminino e da reforma trabalhista, e fora enviada pelo *Evening Mail* de Nova York. Antes que ela partisse, seu editor-chefe a chamou ao seu escritório e advertiu: "Pelo amor de Deus, sra. Dorr, não nos envie nenhum ensaio sobre a alma russa. Todo mundo já fez isso. Vá para a Rússia e faça um trabalho de reportagem".[73] A determinação de Dorr de fazer exatamente isso seria demonstrada com abundância nos três meses seguintes. Em Petrogra-

* Donald Thompson juntou-se a ela duas semanas depois.

do, ela também cruzaria caminho com sua velha amiga sufragista Emmeline Pankhurst, fundadora da União Política e Social das Mulheres (WSPU), com quem passara algum tempo em Paris no inverno de 1912-3, quando foi ghost-writer da autobiografia de Pankhurst, *My Own Story* [Minha história].

Com a confiança dos Aliados no esforço de guerra da Rússia em processo de desintegração, a indomável Pankhurst — não mais a bête noire do governo britânico, pois pusera sua campanha sufragista em compasso de espera enquanto durasse a guerra — decidira partir em missão para a turbulenta capital da Rússia, a fim de mobilizar sozinha o povo russo. Porém, o canal de sua campanha de propaganda a favor da guerra não era o Exército. Eram aquelas que o Exército havia deixado para trás: as mulheres de Petrogrado.

Parte II

Os dias de julho

10. "A maior coisa na história desde Joana d'Arc"

Emmeline Pankhurst chegou a Petrogrado, no início de junho de 1917, "com uma oração da nação inglesa à nação russa para que vocês continuem a guerra da qual depende a face da civilização e da liberdade". Ela realmente acreditava, insistiu num discurso publicado em *Novoe vrémia* (Novos Tempos), "na bondade do coração e da alma da Rússia".[1] Viajara com uma de suas mais dedicadas parceiras, Jessie Kenney, uma ex-operária de cotonifício que junto com a irmã Annie militava ativamente na União Política e Social das Mulheres (WSPU). Kenney fora a mais jovem organizadora nacional da sociedade, e agora, com trinta anos, tornara-se um apoio essencial para a cansada e frágil Pankhurst. Não era uma boa ocasião para uma mulher de 59 anos no estado de saúde de Pankhurst encontrar-se em Petrogrado, mas ela estava decidida, naquele momento crítico da guerra, a "fazer o impossível pela Rússia".[2]

Militante política e radical durante toda a vida, Pankhurst sempre fora simpática à causa revolucionária e, na década de 1890, havia recebido importantes exilados políticos russos para tomar chá em sua casa na praça Russell, em Londres. No início da guerra de 1914, abandonou imediatamente sua campanha militante pelo sufrágio feminino para apoiar o esforço nacional de guerra, e desde então viajava pela Grã-Bretanha recrutando mulheres para a causa. Ela se alegrara com a derrubada da antiga e opressiva ordem tsarista em fevereiro de 1917, mas, no início do verão, o Governo Provisório na Rússia parecia cada vez mais vulnerável aos olhos de seus aliados ocidentais. A possibilidade de a Rússia retirar suas tropas alarmou muitíssimo Pankhurst; ela "roubaria ao povo russo a liberdade pela qual havia feito sua revolução e o envolveria numa escravidão muito pior do que a antiga", afirmou. E assim ela se ofereceu para ir à Rússia junto com Kenney, como "mulheres britânicas patrióticas, leais à causa nacional e aliada", a fim de reanimar o moral público. Foi uma decisão que consternara muito sua filha pacifista Sylvia, que, ao mesmo tempo, estava em campanha para tirar a Grã-Bretanha e a Rússia da guerra.[3]

A iniciativa de Pankhurst foi recebida de braços abertos pelo primeiro-ministro britânico, David Lloyd George. Embora a missão criada por ela mesma e financiada em grande parte por fundos levantados através do jornal sufragista *Britannia* se destinasse a apelar a todas as classes, seu objetivo pessoal era "ajudar as mulheres da Rússia, organizá-las e ensinar-lhes como usar o voto".[4] Desse modo, viajou com a suposição um tanto pretensiosa de que as trabalhadoras russas não compreendiam o significado do voto ou do poder que ele lhes daria, e chegou "para dar-lhes o benefício de sua experiência".* Porém, sua preocupação imediata era o apoio das mulheres russas à guerra. Afinal, elas tinham desempenhado um papel fundamental na Revolução de Fevereiro, uma vez que seus protestos contra a escassez de pão desencadearam os tumultos; elas sabiam o que queriam "ainda melhor do que os homens".[5]

Antes de sua partida, Jessie Kenney foi a Paris consultar Christabel Pankhurst, cofundadora com a mãe da WSPU: "meu guarda-roupa estava ficando vazio, e, embora não houvesse tempo para fazer compras, era imperativo que eu obtivesse as roupas necessárias".[6] Ela não tinha roupas adequadas nem para o verão quente da Rússia, nem para o inverno gelado, caso ficassem por tanto tempo, e Christabel emprestou-lhe algumas peças de seu próprio guarda-roupa. Também lhe aconselhou comprar um "diário grande e sólido" e fazer anotações diárias. A coisa mais importante que ela queria saber era a opinião de Jessie sobre Kerénski, pois "seu caráter poderia afetar o destino da Rússia". Ao despedir-se, Christabel também deu a Jessie um saquinho com cinco libras esterlinas para conservá-lo pendurado no pescoço: "dinheiro fala,

* A esse respeito, as mulheres ririam por último, pois ganharam o direito de votar imediatamente após a Revolução de Outubro. Na Grã-Bretanha, apenas as mulheres com mais de trinta anos ganharam esse direito no final da guerra, em 1918; as mulheres britânicas com mais de 21 anos tiveram de esperar até 1928.

mesmo em revoluções", disse ela, "e, se algo acontecer que a separe de mamãe, você terá algum tipo de ajuda".[7]

Elas partiram de navio de Aberdeen, na única embarcação de passageiros que operava regularmente entre o Reino Unido e a Noruega em tempo de guerra, graças à proteção de um comboio aliado. O barco estava lotado de exilados que retornavam à Rússia, muitos deles mulheres e crianças. De Kristiania, seguiram para Petrogrado no mesmo trem de Lady Muriel Paget e de um grupo de médicos e enfermeiras que retornavam ao Hospital Anglo-Russo. Chegaram às duas e meia da manhã a uma cidade que "parecia enrolada no silêncio" e na magia "daquela luz misteriosa das noites brancas da Rússia".[8] Depois de alguns dias no Hotel d'Angleterre, mudaram-se para o Astória, para quartos providenciados pelo emissário checo Thomas Masaryk, que imediatamente lhes fez "duas advertências especiais": primeiro, "nunca sair se houvesse o menor risco de serem apanhadas entre as turbas adversárias", pois "não tinham ideia do que podiam ser a força e a violência de uma turba russa"; também deveriam estar preparadas para passar fome ou correr o risco de intoxicação alimentar, pois a comida nos hotéis estava agora "seriamente contaminada".[9]

A anfitriã de Emmeline Pankhurst na Rússia era Ana Chabánova, importante feminista e médica, fundadora da Sociedade de Filantropia Mútua das Mulheres Russas, uma organização moderada de classe média que, ao contrário da WSPU, buscava reformas sociais por meios estritamente legais.[10] Pankhurst ganhou também três intérpretes que liam diariamente os jornais russos para ela. Uma delas era Edith Kerby, que trabalhava na embaixada britânica, compilando relatórios semelhantes sobre a imprensa diária para a Agência de Propaganda Anglo-Russa,* e que havia perguntado a Sir George Buchanan se poderia ser liberada por dez dias para ser sua intérprete. Kerby achou a legendária sufragista "velha, calma e vestida com muita elegância, com rendas e babados, chapéus e luvas e uma rede elaborada sobre os cabelos crespos etc." — um sopro de finura inglesa antiquada que soava incongruente na revolucionária Petrogrado.[11]

* Biblioteca e centro de informações junto ao canal Fontanka, onde as pessoas podiam ler os jornais ingleses; era também uma fachada para o trabalho do Serviço Secreto de Inteligência britânico (SIS) em Petrogrado.

Poucos dias antes da chegada de Pankhurst, uma delegação americana mais prestigiosa — a Missão Root, composta de nove homens — chegara a Petrogrado vinda de Vladivostok, no que até recentemente havia sido o trem imperial, numa missão de boa vontade em nome do presidente Wilson. Para todos os efeitos, sua tarefa era acolher a Rússia na comunidade democrática e avaliar a continuidade de sua participação na guerra, mas a missão foi realizada "em meio a uma nuvem de incerteza e especulação", segundo Leighton Rogers, que conheceu alguns dos "supernumerários" da missão no Hotel d'Europe. Eles não tinham muita ideia do que esperavam alcançar, concluiu, mas, ao contrário do financiamento limitado de Pankhurst, tinham "600 mil dólares para gastar e iriam cumprir essa tarefa, pelo menos".[12] Não surpreende que os principais delegados tenham sido acomodados nas luxuosas suítes Románov do Palácio de Inverno e "alimentados melhor do que ninguém na Rússia". Eles tinham pão branco, açúcar, carne e, mais que isso, "toda a adega do tsar foi colocada à sua disposição". (O diplomata Norman Armour ouviu que, depois de vasculharem as adegas do palácio, seus anfitriões russos encontraram um uísque de centeio "que havia sido guardado para a visita do general Grant em 1878".)[13*]

Apesar da generosa hospitalidade oferecida a eles pelos padrões revolucionários de Petrogrado, os membros da missão não causaram nenhum impacto sobre o russo comum, sobretudo o desconhecido Elihu Root, um republicano, advogado empresarial e ex-secretário de Estado: "Quem é *Gospodin* Root [...] foi um de seus presidentes?", perguntaram os russos a Leighton Rogers. "No que diz respeito a representar o verdadeiro espírito da América, a missão podia muito bem ter vindo da Abissínia", pensou Rogers. "Há somente um homem nos Estados Unidos que deveria estar na liderança desse grupo, e esse homem é Teddy Roosevelt. Ele é conhecido e admirado por aqui."[14] O propósito de tudo aquilo escapou a Rogers, como aconteceu com a recém-chegada jornalista californiana Bessie Beatty, que escrevia para o *San Francisco Bulletin*. Root deu entrevistas coletivas nas quais ela percebeu "comentários simples, prontos, resumidos"; além disso, fez alguns discursos em inglês, que poucas

* Ulysses S. Grant, general da Guerra Civil Americana e presidente dos Estados Unidos, visitara a Rússia durante uma viagem ao Império Otomano em 1878. Encontrou-se com Alexandre II quando esteve em São Petersburgo em agosto daquele ano.

pessoas entenderam, e apertou a mão de vários oficiais russos.[15] Mas o tom de suas conversas foi de "reserva cordial", e ficou a sensação de que Root era um "capitalista" e "reacionário obstinado", e sua missão uma tentativa oportunista de um grupo de empresários americanos "que buscavam informações sobre a Rússia para ajudar na sua exploração".[16] Root pouco entendeu a Rússia, e admitiu que tudo era cosmético, um "jogo exibicionista". "Temos aqui uma turma infantil na arte de ser livre com 170 milhões de pessoas", telegrafou ao presidente Wilson, "e elas precisam do fornecimento de materiais do jardim de infância." Os russos, concluíra, eram "gente sincera, boa e generosa, mas confusa e aturdida".[17]

Enquanto a Missão Root progrediu através de uma sucessão de formalidades diplomáticas vazias, foi Emmeline Pankhurst que ocupou o centro do palco, recebendo no Astória um "grupo representativo da colônia estrangeira de Petrogrado tal como existia naquela época". Ela e Kenney foram absolutamente "incansáveis" ao assumir exaustivas rodadas de recepções, reuniões de comitê e entrevistas. "Tive a impressão de que elas trabalhavam dia e noite", observou Florence Harper, de volta a Petrogrado do hospital volante.[18] Todos os dias eram tomados por encontros com várias ativistas e reformistas russas, membros do Governo Provisório, funcionários da Cruz Vermelha e da ACM. Elas também visitaram o Hospital Anglo-Russo, e Pankhurst deu inúmeras entrevistas a jornalistas russos e estrangeiros, como Robert Wilton, do *Times*, e encontrou-se com a amiga Rheta Childe Dorr, também hospedada no Astória. Atuando como secretária e amanuense, Jessie Kenney tinha uma caixa de cartões de visitas que rapidamente se encheu de convites para chá com expatriados, tantos que Pankhurst não conseguiu dar conta do número de pessoas que queriam conhecê-la. Ela e Kenney ficaram cada vez mais exaustas, tendo dificuldade em dormir por causa das noites brancas e das "cantorias e conversas nas ruas até a madrugada".[19] Também perceberam uma escalada na inquietação política: "ouvem-se rumores e notícias durante todos os dias sobre revoluções, greves e contragreves ocorrendo com tanta rapidez que nunca sabemos o que vai acontecer de uma hora para outra", observou Jessie em seu diário. Elas temiam pela segurança do Governo Provisório, embora todas as mulheres russas que encontraram tivessem assegurado seu apoio a ele: "Elas não querem que os bolcheviques ganhem, nem a anarquia, mas querem algum tipo de governo democrático", acrescentou.[20]

Emmeline Pankhurst queria realizar toda uma série de comícios de massa ao ar livre enquanto estava na cidade, mas o Governo Provisório estava preocupado porque ela era muito favorável à guerra e essas reuniões poderiam ser provocativas para os bolcheviques e seus partidários. Depois de décadas de desafios ao governo britânico, ela não tinha escrúpulos em cortejar o risco de uma recepção russa hostil ao que tinha a dizer, mas o governo recusou-se categoricamente a conceder-lhe permissão para falar em reuniões públicas. No entanto, isso não a impediu de conversar com pequenos grupos em casas particulares e em seu hotel, e Kenney pelo menos foi autorizada a falar numa grande reunião ao ar livre de operárias, realizada diante da sede dos anarquistas sob a bandeira negra, num quente e ensolarado dia 18 de junho, com mulheres e meninas que usavam "vestidos de algodão leve e, na cabeça, pequenos lenços coloridos".[21] Embora tenha precisado de um intérprete, Kenney sentiu que teve "total atenção" e ficou "animada pelos muitos rostos sorridentes" enquanto falava da campanha britânica pelo sufrágio feminino e do apoio do seu país ao governo russo. "Queria muito que a sra. Pankhurst e eu pudéssemos ver mais pessoas da Rússia", escreveu Kenney mais tarde, "pois estávamos começando a amá-las cada vez mais."[22]

De todas as mulheres que Emmeline Pankhurst e Jessie Kenney esperavam encontrar em Petrogrado, no topo da lista estava Maria Botchkariova, a comandante do recém-criado Batalhão Feminino da Morte e provavelmente a mulher mais falada em toda a Rússia. Camponesa semialfabetizada do Volga, Botchkariova havia no curto espaço de um ano emergido da obscuridade para o status de heroína nacional. Seu pai alcoólatra abandonara a família quando era pequena e ela foi trabalhar de babá aos oito anos para ajudar a mãe a encarar as despesas. Casou-se aos quinze anos, mas logo abandonou o marido abrutalhado e seguiu o amante para Yakutsk, no leste da Sibéria, quando ele foi condenado ao exílio por roubo. Mas no início da guerra, em 1914, tomada de fervor patriótico, viajara quase 5 mil quilômetros até Tomsk, onde estava o comandante do 25º Batalhão de Reserva, e se apresentara como voluntária ao Exército russo. Ele lhe disse que só poderia ir como enfermeira, mas Maria Botchkariova queria lutar. Sem desistir, apelou diretamente por telegrama a Nicolau II, que concordou com seu pedido, ratificado pelo general Brussílov, comandante em chefe do Exército.[23]

Para ser um soldado combatente, Botchkariova tinha os atributos certos, pois era naturalmente musculosa, robusta e forte. Não vacilara em abrir mão das longas tranças escuras ao se alistar e cortou o cabelo rente à cabeça como qualquer recruta masculino. Vestida com os calções até os joelhos típicos dos soldados e botas pretas altas, depois do treinamento de tiro entrou em serviço no front, no 28º Batalhão de Infantaria Polotsk. Adotou o apelido de "Iachka", e sua figura masculina enganava muita gente: "Tinha a força, a corpulência e a voz grave e forte de um homem. Ao passar por ela na rua, era preciso olhar três vezes para ter certeza de que não era um homem", recordou Bessie Beatty quando a conheceu em junho. "Depois dos primeiros dias de protestos e resmungos, seus camaradas raramente lembravam que ela era mulher."[24]

Em 1915-6, atuando na linha de frente, Botchkariova demonstrou grande resistência e coragem em batalha e foi ferida quatro vezes; na última, ficou no hospital por meses, e foram-lhe concedidos dois graus da Cruz de são Jorge. Patriota devotada, foi uma fervorosa defensora da revolução quando ela irrompeu em fevereiro, mas na primavera de 1917 já estava consternada com a má preparação de seu povo para a liberdade. Porém, o que mais a alarmou foi a consequente quebra da disciplina e da ordem no Exército russo. Em maio, ele fora severamente enfraquecido pela guerra, com mais de 5,5 milhões de baixas. O moral era o mais baixo de todos os tempos e a taxa de deserção, alarmantemente alta. Os recrutas que estavam no front não queriam mais lutar contra os alemães; só queriam voltar para casa. Mas Botchkariova queria continuar lutando até o fim amargo.

Para o enfrentamento desse moral baixo, criaram-se formações de combate especiais, conhecidas como "batalhões de choque", com o objetivo de reforçar a determinação feroz da nação de morrer, se necessário, em defesa da Rússia. Botchkariova achava que a honra e até mesmo a própria existência de seu país estavam em jogo e queria que as mulheres da Rússia dessem um exemplo. "Dão armas aos homens para lutar contra a morte", reclamou, "mas as mulheres ficam simplesmente sentadas à espera da morte."[25] Botchkariova insistia que preferia morrer lutando — ela e suas compatriotas. Assim, quando o presidente da Duma, Mikhail Rodzianko, visitou o front em maio, Botchkariova pediu-lhe que apoiasse seu pedido ao ministro da Guerra Kerénski para que fosse autorizada a formar um Batalhão Feminino da Morte — o primeiro desse tipo no mundo. "Iremos aonde os homens se recusarem a ir", declarou.

"Lutaremos quando eles fogem. Levaremos os homens de volta às trincheiras." Em Petrogrado, Botchkariova realizou um comício no luxuoso entorno do Palácio Mariínski em 21 de maio no qual exortou:

> Homens e mulheres cidadãos! Nossa mãe está morrendo. Nossa mãe é a Rússia. Quero ajudar a salvá-la. Quero mulheres cujo coração seja de cristal puro, cuja alma seja pura, cujos impulsos sejam elevados. Com essas mulheres dando um exemplo de abnegação, vocês, homens, cumprirão seu dever nesta hora grave.[26]

Mil e quinhentas mulheres responderam ao chamado às armas de Botchkariova naquela noite, e esse número foi reforçado por outras quinhentas que se ofereceram depois de ver os relatos nos jornais no dia seguinte. Elas foram acomodadas em quatro grandes dormitórios no Instituto Feminino Koloménski, na rua Torgóvaia, que fora reservado especialmente para a base de Botchkariova.[27] Muitas foram logo rejeitadas pela disciplina moral rigorosa de Botchkariova (ela detestava "comportamento frouxo", tal como flertar com seus instrutores masculinos), e restaram quinhentas, principalmente as de dezoito a 25 anos. Outras foram deixadas de lado por não cumprirem suas ordens "com verdadeiro espírito militar".[28] Algumas mulheres mais politizadas mudaram de ideia quando Botchkariova se recusou terminantemente a permitir que criassem comitês ao estilo dos sovietes. Ela era a única responsável, e ponto-final.

Depois de confiscar todos os seus bens pessoais, exceto sutiãs, Botchkariova levou suas recrutas escolhidas a quatro barbearias para rasparem a cabeça; uma multidão composta principalmente de soldados esperou do lado de fora, ridicularizando as mulheres quando apareceram calvas. As voluntárias entraram então num ritmo rigoroso de instrução, levantando-se às cinco da manhã e passando dez horas por dia na prática de tiro e em treinamento, como qualquer recruta do sexo masculino. Botchkariova supervisionava tudo de perto, gritando ordens como qualquer sargento e dando tapas na cara de qualquer mulher insubordinada. Logo o batalhão reduziu-se a 250-300 mulheres, pois muitas saíram voluntariamente, incapazes de tolerar o regime severo da comandante.[29] A única concessão era a distribuição de carabinas de cavalaria, dois quilos mais leves do que o rifle-padrão da infantaria.

Para um repórter americano que as observou em treinamento, as que sobreviveram ao duro processo de seleção pareciam "soldados tão prováveis quanto quaisquer outros que eu tinha visto [...] elas levavam a si mesmas e o trabalho com a máxima seriedade e com a mesma falta de inibição".[30] Depois que passaram pelo treinamento, as mulheres vestiram os uniformes comuns do Exército, com as únicas marcas que as distinguiam: dragonas brancas especiais com uma listra vermelha e preta, e uma seta de pano vermelha e preta costurada à manga; essa insígnia, também usada por batalhões masculinos semelhantes, denotava que haviam jurado lutar até a morte pela Santa Rússia e pelos Aliados.[31]

O Batalhão Feminino da Morte de Petrogrado continha uma amostra muito diversificada de mulheres. Algumas eram ex-enfermeiras da Cruz Vermelha; a mais velha era uma médica de 48 anos de idade. O restante era uma mistura de "estenógrafas e costureiras [...] empregadas de escritório, criadas e operárias, estudantes universitárias e camponesas, e algumas eram antes da guerra apenas parasitas", como observou Bessie Beatty.[32] Repórter experiente que naquele momento tinha uma coluna regular intitulada "Ao redor do mundo em tempo de guerra", Beatty chegara a Petrogrado pouco depois de Rheta Childe Dorr e, como ela, procurara imediatamente Botchkariova, pois o Batalhão Feminino da Morte era uma grande notícia e em breve seria destaque na imprensa mundial. As duas repórteres logo descobriram que as mulheres que haviam se alistado tinham motivos diferentes, e muitas vezes dramáticos, para isso.

Uma delas era a jovem Maria Skridlova, de vinte anos, ajudante de campo de Botchkariova. Alta e aristocrática, era filha de um almirante que se distinguira na guerra russo-japonesa e foi uma das seis enfermeiras da Cruz Vermelha que se alistaram no batalhão. Educada num convento da Bélgica, talentosa música e linguista, Skridlova foi mais tarde agraciada com a Cruz de são Jorge por sua coragem, mas depois disso sofreu estresse pós-traumático e passou a mancar. Durante a Revolução de Fevereiro, antes de entrar para o batalhão, deparara--se com toda a força da fúria popular contra a antiga aristocracia, quando a turba invadiu o hospital naval onde ela trabalhava e assassinou oficiais feridos em suas camas. Ela contou a Florence Harper que outros feridos, a quem dedicara cuidados durante a noite, "voltaram-se contra ela agora que a Rússia [estava] livre e a amaldiçoaram como nunca ouvira uma pessoa ser amaldiçoada na vida".[33] Depois de ver assassinadas outras enfermeiras do bloco de apartamentos onde morava, e meninas serem atacadas e estupradas, ela "tirou o uniforme da Cruz Vermelha e jurou que não mexeria mais um dedo enquanto gente como aquela estivesse no poder". Quando ouviu falar da formação do batalhão de Botchkariova, foi direto se apresentar, "sem sequer pôr chapéu e casacão, correndo a maior parte do caminho", como voluntária. Tal como sua comandante, tudo que queria fazer era servir à Rússia.

Apesar da óbvia dedicação do Batalhão Feminino da Morte, nem todos os russos as admiravam; nas ruas, quando desfilavam, eram muitas vezes saudadas por assobios e vaias dos homens. Mas retrucavam na mesma moeda: "Voltem, seus covardes. Vocês não têm vergonha de deixar as mulheres saírem de casa para ir lutar no front pela Rússia sagrada?". Bessie Beatty admirava a "confiança absoluta" com que enfrentavam a perspectiva da morte sob sua "Gospodin Natchálnik" Maria Botchkariova. "O que mais podemos fazer?", disseram-lhe. "A alma do Exército está doente e precisamos curá-la."[34]

Em junho, Emmeline Pankhurst e Jessie Kenney visitaram Botchkariova e suas recrutas várias vezes em seus barracões e tiraram fotografias com ela. Pankhurst inspecionou orgulhosamente as mulheres recrutas e observou seus exercícios; fez questão de falar individualmente, por meio de sua intérprete, com o maior número possível delas. Encheu-se de orgulho ao ver a destemida Maria Botchkariova — "aquela mulher maravilhosa e esplêndida" — à frente delas. Mais tarde, disse que foi "a maior coisa na história desde Joana d'Arc". Ela e Botchkariova, como a comandante relatou mais tarde, tornaram-se "muito ligadas uma à outra", e Pankhurst a convidou para jantar no Astória.[35] Em considerável declínio físico, após anos de repetidas greves de fome e alimentação forçada na cadeia que haviam destruído seu sistema digestivo, Pankhurst tinha uma figura que contrastava com a estrutura robusta de sua nova amiga russa e parecia prematuramente envelhecida. Não obstante, permaneceu o mais ereta possível durante as inspeções do batalhão, imaculada em seu terno de linho branco, de gorro preto e luvas combinando, erguendo a mão direita numa saudação de solidariedade feminina — imagem captada por Donald Thompson, que tirou várias fotografias do batalhão naquele verão, depois de voltar de uma visita ao front.[36*]

* Muitas dessas fotografias foram distribuídas para a imprensa americana e podem ser vistas no álbum fotográfico de Thompson, *Blood-Stained Russia* [Rússia manchada de sangue].

Em um discurso que lhe permitiram fazer num concerto de angariação de fundos para o Batalhão Feminino da Morte, realizado no Salão do Exército e da Marinha de Petrogrado em 14 de junho, Emmeline Pankhurst aproveitou a oportunidade para elogiá-las: "Homenageio essas mulheres que são um exemplo para seu país. Quando olhei para seus corpos leves, pensei como era terrível que tivessem de lutar, além de trazer crianças ao mundo". "Homens da Rússia", exortou, "as mulheres devem lutar, e haverá homens que ficarão em casa e as deixarão lutar sozinhas?"[37]

Em 21 de junho, numa cerimônia realizada na grande praça em frente à catedral de santo Isaac e com a presença de Kerénski, Miliukov, Rodzianko e outros membros do governo, Maria Botchkariova recebeu orgulhosamente seu estandarte dourado e branco, brasonado com as palavras "1º Batalhão Feminino da Morte de Maria Botchkariova". No mesmo dia, foi promovida a alferes, e o general Kornílov presenteou-a com um cinto de oficial, um revólver de cabo de ouro e um sabre, como sinais da apreciação da nação.[38] No entanto, Rheta Childe Dorr notou que os uniformes cáqui das mulheres eram "um tanto surrados", e que "cerca de metade delas usava, em vez de botas do Exército, os sapatos femininos com que se haviam alistado". (Ela descobriu depois que tamanha era a falta de botas fornecidas pelo Exército que as mulheres as receberam somente um dia ou algo assim antes de entrar em ação.) Kenney e Pankhurst também assistiram à cerimônia e ficaram comovidas com o que viram e ouviram na ocasião, em particular com o canto dos padres: "Como Ethel Smyth adoraria essa música!", exclamou Pankhurst a Kenney, pensando com carinho em sua amiga sufragista e compositora.[39]

Dois dias depois, antes de sua partida para a frente de batalha, um te-déum ao ar livre foi rezado para o Batalhão Feminino da Morte perante um altar erguido nos degraus da catedral de Kazan. Botchkariova e seu batalhão deixaram todos esperando, chegando finalmente depois das cinco da tarde. "Se tiverem de atacar e esperarem uma hora e meia para empoar o nariz, o que os alemães farão com elas?", zombaram os soldados presentes.[40] Mas, em sua maioria, a multidão estava em silêncio, "mulheres com lágrimas nos olhos, homens que arrastavam os pés inquietos, num desconforto envergonhado", em número muito maior do que os poucos soldados, que eram "mal-humorados, grosseiros, insolentes!". Jessie Kenney estava lá (em nome de Pankhurst, indisposta), assim como Lady Georgina Buchanan e outros distintos residentes e visitantes, bem como repórteres estrangeiros. Florence Harper achou que as mulheres do batalhão pareciam ligeiramente ridículas com seus uniformes cáqui desajeitados e bonés grandes demais, e ouviu alguém dizer que pareciam o "coro de um espetáculo burlesco de terceira categoria".[41] Não obstante, inspiravam admiração — e algumas, pena — na maioria dos que ali se reuniram naquele dia, enquanto seguravam orgulhosamente estandartes que proclamavam: "A morte é melhor que a vergonha" e "Mulheres, não deem as mãos aos traidores".[42]

Consta que milhares de pessoas acorreram pela cidade para prestar respeito quando o Batalhão Feminino da Morte marchou para a estação Varsóvia de Petrogrado após a cerimônia de despedida, cada mulher carregando duzentos cartuchos de munição, com as panelas e caçarolas fazendo "um barulho e tanto" à medida que andavam, de acordo com Donald Thompson.[43] Muitas tinham flores nos canos dos fuzis, enfiadas pela multidão quando passavam. "Tantos rostos jovens, empolgados e sérios faziam a gente chorar ao vê-las passar [...] com uniforme completo de soldado, impávidas diante das dificuldades e do peso que tiveram de suportar, ou de todo o escárnio que terão de enfrentar — o escárnio de seus compatriotas, que provavelmente será mais difícil de enfrentar do que as balas alemãs", escreveu uma enfermeira do Hospital Anglo-Russo. "Lá iam elas fazer o trabalho de um homem e mostrar o caminho para os hesitantes. Enquanto seguíamos com a multidão que as acompanhava pela Niévski, um velho general entrou na frente delas e gritou: 'Deus as abençoe! Vocês todas chegarão lá, vocês não são como os outros!'."[44]

Mas bolsões de hostilidade às mulheres ainda prevaleciam. Quando o batalhão entrou na avenida Izmailóvski, a banda que as acompanhava parou de repente de tocar, porque seu caminho foi barrado por um grupo de homens do quartel Izmailóvski, situado nas proximidades. Sacando o sabre que lhe fora recentemente presenteado, Botchkariova deu um passo à frente, ordenou que a banda voltasse a tocar e, com a cabeça erguida e o sabre orgulhosamente levantado, liderou suas mulheres, recebendo aplausos entusiásticos da multidão, enquanto os soldados retrocediam.[45]

Na estação, os partidários bolcheviques de Lênin fizeram todo o possível para fomentar a animosidade em relação às mulheres enquanto elas abriam caminho para o trem, onde ganharam a honra de viajar em vagões de segunda classe, em vez da incômoda terceira classe normalmente reservada às tropas. Grandes grupos de soldados russos se levantaram, assobiaram e zombaram:

"Aquelas mulheres não deveriam ter permissão para ir à guerra", disseram ao repórter William G. Shepherd. "É um maldito insulto à Rússia e aos seus homens. [...] Todos sabem que elas não vão lutar. Estão indo para o front apenas para insultar os soldados russos e com maus propósitos."[46] Esses "maus propósitos" foram articulados com mais clareza por outro soldado da multidão: "Elas só se alistaram para se prostituir", gritou ao alcance do ouvido de Florence Harper, que também havia ido para a estação. Ela viu que a observação do homem provocou uma resposta rápida: mulheres enfurecidas na multidão "correram para ele, como cães de caça ao redor de um animal selvagem, arranhando seu rosto, batendo nele e puxando seus cabelos". Harper temeu que a multidão o matasse e tentou bloquear o caminho. Os homens da milícia felizmente chegaram logo e levaram o sujeito para a delegacia de polícia, a turba atrás deles.[47]

De Petrogrado, o trem do Batalhão Feminino da Morte dirigiu-se para a frente de batalha, perto de Molodetchno, onde foi designado para o Décimo Exército. No dia 7 de julho, elas saíram das trincheiras contra os alemães, durante uma batalha de cinco dias em Smorgon (na atual Belarus).[48] No final do dia, cinquenta mulheres de Botchkariova estavam mortas ou feridas. Pouco depois, a própria Botchkariova ficou inconsciente quando uma bomba explodiu perto dela; foi levada para um hospital de campo na retaguarda. Acabou num hospital em Petrogrado, promovida a segundo-tenente e extremamente orgulhosa porque nenhuma das mulheres que entrou em batalha vacilou. Emmeline Pankhurst sentiu-se satisfeita e orgulhosa de telegrafar para a Inglaterra:

> Primeiro Batalhão Feminino número duzentos e cinquenta. Tomou lugar tropas em retirada. Em contra-ataque fez cem prisioneiros, inclusive dois oficiais. Apenas cinco semanas treinamento. Sua líder ferida. Ganharam fama eterna, grande efeito moral. Mais soldados mulheres treinando, também fuzileiros navais. Pankhurst.[49]

Antes de partirem para uma visita a Moscou, Pankhurst e Kenney continuaram a fazer a ronda da sociedade de Petersburgo e da comunidade de emigrados. Pankhurst encontrou-se novamente com Lady Muriel Paget no Clube de Almoço Russo-Britânico, um lugar elegante que ainda sobrevivia aos estragos da guerra e do racionamento. Ela também conheceu o primeiro-ministro, o cordial príncipe Lvov, e o agora famoso Félix Iussúpov, que achou encantador. A "cortesia requintada e o inglês" de Iussúpov agradaram muito a Pankhurst, quando ele ofereceu a ela e a Kenney uma visita guiada ao seu palácio junto ao canal Moika, mostrando-lhes o quarto onde Raspútin foi assassinado e regalando-as com os detalhes sinistros da história.[50]

Embora Pankhurst não tivesse permissão para encontrar o ex-tsar e sua esposa, Alexandra, agora sob prisão domiciliar no Palácio Alexandre, ela e Kenney fizeram uma visita particular a Tsárskoie Seló, onde Gueórgi Plekhánov, antigo colega político de Lênin e fundador do Partido Operário Social-Democrata Russo (POSDR), residia agora depois de trinta anos de exílio na Suíça. Plekhánov parecia "pálido e doentio", mas seus modos foram perfeitos quando as recebeu com chá russo: um samovar borbulhante e "um delicioso pão branco, muita manteiga, caviar e algumas outras guloseimas" — tudo muito bem-vindo a Pankhurst, que estava sofrendo agonias com o estômago. "Que alegria ter um pouco de comida limpa, agradável, saudável e digerível", comentou ela. Plekhánov foi extremamente cortês. "Não era nada demagogo", pensou Kenney, "e, apesar de ter sofrido muito mais pela causa do que Lênin, não tinha nada da amargura odiosa deste." Ele falou a Pankhurst sobre sua admiração por Botchkariova e disse que tinha medo de que a Rússia caísse na anarquia e abandonasse a causa aliada. Kenney nunca esqueceu suas tristes palavras de despedida: "Há duas coisas que as pessoas só apreciam quando as perdem: sua saúde e seu país".[51]

A saúde era certamente uma coisa que Emmeline Pankhurst, tal como o frágil Plekhánov (que morreria de tuberculose no mês de maio seguinte), havia perdido. Ela não conseguia digerir o grosseiro pão preto oferecido no hotel, e suas admiradoras russas — principalmente enfermeiras e professoras — faziam turnos na fila do pão branco precioso para ela.[52] Com o Astória, como todos os hotéis de Petrogrado, vítima de intermináveis greves de garçons, camareiras e cozinheiras (como a de 30 de junho), essas voluntárias também limpavam e serviam seu quarto e providenciavam chá e outros alimentos. Através de todas as vicissitudes da vida na Petrogrado revolucionária, Pankhurst manteve sua inimitável atitude régia que, como observou Florence Harper, fez com que parecesse "totalmente a rainha viúva dos militantes" numa reunião que fez no Astória sobre "a melhor forma de chegar às trabalhadoras russas e ensinar-lhes o significado da política".

Harper não era sufragista, embora não pudesse deixar de admirar a indomável determinação da sra. Pankhurst, bem como suas indubitáveis boas intenções; mas sua missão, Harper tinha certeza, estava condenada ao fracasso. Ela não tinha nenhuma compreensão ou experiência da vida e da mentalidade das classes trabalhadoras russas, especialmente das mulheres. "Aqui sofremos durante anos com coisas com que as inglesas nunca sonharam", disse uma delas a Harper. "Que direito tem a sra. Pankhurst de pensar que pode nos ensinar? Aceitamos e apreciamos sua simpatia, mas isso é tudo. Que ela vá para casa e prossiga com o seu trabalho de guerra."[53] O tempo restante de Pankhurst em Petrogrado foi inevitavelmente gasto com pregações aos poucos convertidos, e não com a agitação das massas, como ela esperava.

No final de junho, o calor do verão trouxe um cheiro insuportável dos esgotos sujos para Petrogrado, agravado pelas águas estagnadas e fedorentas dos canais. Uma praga de moscas atacou, trazendo disenteria e cólera. Avisos foram colocados em todos os edifícios públicos, consulados e embaixadas, aconselhando as pessoas a não comerem frutas e legumes frescos, exceto se cuidadosamente lavados em água esterilizada. Era mais do que Florence Harper podia suportar: resistir à tentação dos morangos frescos. Emmeline Pankhurst e Jessie Kenney ficaram horrorizadas ao vê-la comê-los um dia, mas Harper se protegia com doses imensas de óleo de mamona. "Todo mundo estava sofrendo com problemas de estômago de um tipo ou de outro", recordou ela.[54]

A contínua escassez de comida tornava mais difícil encontrar algo seguro para comer, então ela aferrou-se a "bolachas duras, caviar e sardinhas", extravagâncias dispendiosas, mas necessárias se quisesse ficar bem. Ainda havia comida nas províncias, e ela conseguiu obter mel e um precioso queijo contrabandeado por um amigo inglês. Mas, no Astória, na maioria das manhãs, os pedidos de pão, leite e manteiga de Harper eram todos respondidos com um "*niet*" mal-humorado. Em geral, café preto era a única coisa oferecida, bebido com um torrão de açúcar de seu precioso suprimento: "Guardava-o ciosamente e o escondia com cuidado; na verdade, era a única coisa no meu quarto que estava sempre trancada". Um amigo chegou uma noite com farinha, açúcar e bacon, este a única coisa pela qual todos os americanos ansiavam. "Se ele tivesse trazido 1 milhão de rublos, não seria mais bem-vindo. A emoção de ver o verdadeiro bacon americano", recordou ela, "foi tão grande que no mesmo instante organizamos um almoço-festa simplesmente com o objetivo de comê-lo."[55]

Jantar fora também implicava muitas restrições, devido à escassez de alimentos; à medida que a pouca comida que havia em oferta nos restaurantes ficava pior, os preços subiam. Até mesmo o Donon, outrora um refúgio da antiga elite imperial e de muitos membros da comunidade de expatriados, podia oferecer pouco mais do que sopa de repolho naqueles dias, ou "peixe, que era geralmente bom, um pedaço minúsculo de caça ou, ocasionalmente, alguma carne, uma salada de duas folhas de alface (que ninguém comia com medo da disenteria) e água gelada". Essa refeição principesca custaria a jornalistas como Harper nove rublos, o equivalente a 27 dólares americanos na taxa oficial do governo. Era possível ainda pedir champanhe, mas custaria cem rublos (trezentos dólares) a garrafa.[56]

Todas as pessoas com quem Harper falava estavam obcecadas com comida. Para os residentes estrangeiros sitiados, que, quanto mais tempo ficavam presos em Petrogrado, mais sentiam falta de suas iguarias preferidas, a chance de ter algum deleite culinário era um grande evento. A única maneira de conseguir algo decente para comer acontecia quando uma das embaixadas realizava uma recepção ou festa. Durante a visita da Missão Root, Harper notou que os "homens da colônia americana [...] caçavam descaradamente convites para almoçar ou jantar com amigos que faziam parte da Missão". "Não vejo por que vocês estão se queixando, comentou um dos seus delegados, há anos que eu não comia tão bem." Florence Harper relembrou que a única vez em que viu boa comida durante os nove meses que passou na Rússia foi quando foi convidada para uma recepção na embaixada americana, "ocasião em que comi pão branco e sorvete de verdade" — ambos, sem dúvida, obtidos graças à perseverança e aos esquemas do astuto Phil Jordan. David Francis certamente fez o possível para oferecer guloseimas raras aos cidadãos dos Estados Unidos, mas escreveu em julho para um colega diplomata dizendo que "apreciaria se em algum momento você pudesse encontrar alguém que me traga uns vinte quilos de bacon para o desjejum".[57]

No entanto, um ou dois pequenos milagres persistiam em meio a todo o anseio por alimentos inalcançáveis. Todas as tardes, no Astória, o chef da confeitaria fazia doces franceses — só Deus sabe de onde ele tirava a farinha —, e "cada quarto podia ficar com dois bolos, a quarenta copeques cada"; se Harper subornasse o garçom, em geral conseguia mais do que isso. Era também segredo de polichinelo entre a colônia americana que, se alguém fosse ao Café Império por volta das quatro da tarde, talvez tivesse a sorte de comprar pãezinhos brancos recém-assados e café — com leite. Não era um lugar onde mulheres respeitáveis fossem vistas, mas Florence Harper ia assim mesmo, especialmente quando, como acontecia com frequência, não comera nada desde a noite anterior. Em certo momento daquele verão, ela passou trinta horas sem comer.[58]

Muitos dos expatriados americanos do sexo masculino sentiam falta não apenas de sua comida favorita; tinham saudade também de seus esportes nacionais, tanto que os jovens funcionários do National City Bank pediram à sede em Nova York que enviasse uma "caixa de equipamento de beisebol". Eles improvisaram um jogo numa rua lateral, entre o banco e o Palácio de Mármore, antiga residência do grão-duque Konstantin. A polícia logo os expulsou, e eles passaram a jogar no Campo de Marte. "Nossas rotações atraíram um grande número de soldados e civis", lembrou Leighton Rogers. Eles "ficavam tão perto que corriam o perigo de ser atingidos, mas não sabiam disso até que um rapaz levou uma bola suja bem entre os olhos". Rogers ficou surpreso ao ouvir uma voz que soava americana gritar da multidão: "Ei, de onde vocês são?". Descobriram que era de um russo que morara em Boston por cinco anos, onde se tornara um "ardoroso torcedor dos Red Sox".[59]

Os funcionários da embaixada dos Estados Unidos, no entanto, tinham pouco tempo para recreação. Tão ocupados estavam J. Butler Wright e o embaixador Francis que a única ocasião em que podiam discutir assuntos da embaixada era na viagem de ida e volta a Murino para um jogo ocasional de golfe.[60] A embaixada estava sobrecarregada com muito mais trabalho do que seu pessoal podia dar conta, como registrou Wright:

> Comissários, visitantes, publicidade comercial, ferrovias, extradições, valores da terra, preparativos militares, estatísticas navais, finanças, passaportes, assistência a prisioneiros, propaganda cinematográfica, capacidade de impressoras, remodelação de mobiliário e reparos, passaportes perdidos, censura, inspeção de correio, capacidade e taxas de cais e portos, embarcações de socorro, abastecimento de alimentos, greves, operações da mineração de carvão, mensageiros para correios,

cabos oceânicos etc. etc. etc. constituem o trabalho diário de nossa embaixada nestes dias.[61]

Isso para não mencionar almoços, chás e jantares para autoridades americanas em visita que continuavam a chegar a Petrogrado depois que a Comissão Stevens das Ferrovias e a Missão Root distraíram sua atenção das realidades de uma cidade mais uma vez à beira de reincidir na violência. "Até mesmo o otimista mais fanático não podia deixar de reconhecer que o Governo Provisório estava cambaleando", escreveu Florence Harper em junho. Os bolcheviques, embora ainda em minoria e com poder de fogo menor do que o dos socialistas revolucionários e mencheviques, haviam exibido recentemente sua força no primeiro Congresso dos Sovietes de Todas as Rússias. Durante o congresso, Lênin fizera uma diatribe contra a guerra, acusando-a de não ser nada mais que "uma continuação da política burguesa", com raízes no imperialismo.[62] Mas sua tentativa de entravar o pedido de Kerénski por um mandato que o autorizasse a iniciar uma nova ofensiva russa fracassou. Numa última tentativa de mobilizar o nacionalismo patriótico, Kerénski partiu para uma visita ao front sudoeste em maio, durante a qual explorou seu dom para a oratória repetitiva em numerosas exortações às tropas. Em 16 de junho, ordenou uma maciça barragem de artilharia contra linhas inimigas e, dois dias depois, um grande ataque na Galícia. Com a assim chamada "Ofensiva de Kerénski", o Governo Provisório disparou seu último cartucho.

Enquanto isso, ressurgiam na capital as grandes manifestações de rua contra a guerra, fomentadas por Lênin e pelos bolcheviques. No final de junho, os membros da Missão Root foram aconselhados a mudar para a Finlândia para sua própria segurança. "A colônia aliada de Petrogrado ficou desapontada e indignada", escreveu Florence Harper. "Sabiam que, se a Missão esperasse um pouco mais, veria uma exibição de tumultos que convenceria seus membros da fraqueza do Governo Provisório."[63]

11. "O que diria a colônia se fugíssemos?"

Durante a Revolução de Fevereiro, Kronstadt, uma fortaleza sombria e base naval situada numa ilha da foz do Nievá, a trinta quilômetros de Petrogrado, fora cenário de eventos da mais selvagem violência quando 30 mil marinheiros se amotinaram; o almirante e 68 oficiais – a nata da Marinha Imperial – foram massacrados numa orgia brutal de assassinatos, vista como retaliação pela dura disciplina que os homens haviam suportado sob o sistema tsarista. Desde então, a região tornara-se um foco de militância revolucionária, cheia de armas apreendidas durante a revolução e madura para a exploração bolchevique. Em desafio à autoridade do Governo Provisório, os revolucionários de Kronstadt apoderaram-se dos navios que estavam atracados e do arsenal e criaram seu próprio soviete autônomo dominado pelos bolcheviques, que funcionava praticamente como um feudo até que, por fim, caiu sob o controle do Soviete de Petrogrado no final de maio.[1] Kronstadt continuou a ser um lugar perigoso e volátil do qual os bolcheviques planejavam obter um apoio importante nos dias seguintes; era também um lugar que Florence Harper e Donald Thompson queriam investigar.

No final de junho, porém, quando chegaram a essa "fortaleza" supostamente ameaçadora, tudo que viram foi "uma ilha de verde e branco" onde a bela cúpula da catedral se erguia acima dos outros edifícios. Eles tinham sido avisados de que não seriam autorizados a desembarcar, mas "Thompson apenas sorriu" e desembarcou com suas câmeras. Quando foi parado e lhe perguntaram por que tinham vindo, explicou que queria "ver os homens que estavam fazendo história em Kronstadt".[2] Junto com Harper, ele caminhou pelas ruas de paralelepípedos até a sede do Soviete, onde conheceu o "*továrisch* Partchévski", o comissário bolchevique de polícia. Lisonjeado por Thompson querer "fazer imagens de cinema" de Kronstadt, Partchévski colocou dois carros à disposição deles e os levou para uma visita guiada, acompanhados por vários guarda-costas bolcheviques de aspecto carrancudo. "Todos eles pareciam degoladores", pensou Harper. "Estavam sujos, de barba por fazer, e a maioria não tinha colarinho." Este, ao que parece, era a marca da burguesia, "e, em Kronstadt, ser burguês era assinar sua sentença de morte".[3*]

Durante o dia que passaram lá, os guarda-costas revolucionários de Thompson e Harper trataram de se posicionar diante da câmera em cada foto-oportunidade. "Cada casa era apontada com orgulho como cena de mais um assassinato", recordou Harper, enquanto os homens contavam suas histórias repugnantes sobre a "gloriosa luta pela liberdade do povo de Kronstadt".[4] Ela se sentiu extremamente desconfortável em companhia dos *továrischi*: "Não é agradável ser imperialista num ninho de socialismo".

Thompson, no entanto, não se abalou com a experiência e alguns dias depois foi à Mansão Kschessinska para tentar ver Lênin. Esperou por duas horas e, quando o líder bolchevique finalmente apareceu, pediu-lhe que "posasse para uma foto". O intérprete Boris explicou que Thompson era americano e Lênin lhe disse que "não queria nada comigo e que era melhor que saíssemos de Petrogrado".[5] Boris ouvira dizer que no dia seguinte — 3 de julho — haveria "problemas com Lênin e seu bando de assassinos". Rumores de uma segunda revolução ou golpe abundavam desde que o líder bolchevique retornara do exílio. "Há uma corrente subterrânea aqui, claramente evidente, mas que um estrangeiro não consegue rastrear e é impossível de descrever, indicando que podemos esperar uma sublevação em breve", escreveu a esposa do adido naval Pauline Crosley. "Sei de reuniões, exercícios, propaganda e acumulação de armas que só podem significar uma coisa. Quando isso vai acontecer, ninguém que não tenha estado nas 'reuniões' pode dizer." Mas ela esperava que, mais cedo ou mais tarde, os russos começassem a se matar novamente.[6]

* Arthur Ransome escreveu algo semelhante sobre a provocação da burguesia: "todo aquele que usar colarinho será contado como inimigo da humanidade".

Com efeito, uma renovação de violência aconteceu no início de julho, quando Lênin decidiu que era hora de explorar as fraquezas fatais do Governo Provisório. Aproveitando-se do recente colapso da ofensiva russa na Galícia, seguida de perdas catastróficas no front, Lênin e os bolcheviques começaram a minar ainda mais o apoio público ao esforço de guerra russo. A ofensiva foi lançada em 18 de junho, com uma manifestação de massa que supostamente clamava por unidade pública: embora pacífica, foi deliberadamente orquestrada para se transformar num protesto contra o governo. Com mais conivência bolchevique, outras marchas e manifestações realizadas logo a seguir se transformaram rapidamente em violência, que o governo parecia impotente para controlar. No início de julho, sua posição foi ainda mais enfraquecida pelo súbito pedido de demissão de quatro ministros do Partido Democrata Constitucional (Cadetes) na noite de 2 para 3 de julho, em protesto pela capitulação do governo à exigência dos ministros mencheviques e socialistas revolucionários de autonomia para a Ucrânia. Tratava-se de uma concessão que os patrióticos Cadetes não admitiriam, temendo que encorajasse os instintos separatistas de outras nacionalidades e levasse ao desmembramento da Rússia.

Bolcheviques e anarquistas aproveitaram esse enfraquecimento da autoridade do governo para suscitar protestos de seus partidários na guarnição de Petrogrado, na Marinha em Kronstadt e entre trabalhadores militantes nos distritos fabris. Correu também a notícia entre os 10 mil homens do 1º Regimento de Metralhadoras, aquartelado no distrito de Vyborg, de que seriam enviados para o front, uma medida projetada para livrar a capital dos piores agitadores bolcheviques da guarnição, nos quais Lênin confiava para ser a força de qualquer golpe futuro contra o governo. Depois de dois dias de reuniões febris inflamadas por discursos de Trótski e outros, os soldados votaram por organizar uma manifestação armada nas ruas de Petrogrado e ganharam o apoio de outros da guarnição, inclusive do Regimento Pávlovski.[7] Mas o Comitê Central bolchevique subestimou a dificuldade de manter essa turba violenta sob controle depois de incitada. De pavio seco, o protesto logo se transformou em chama crepitante.

No dia 2 de julho, Rheta Childe Dorr voltou para Petrogrado, depois de duas semanas na Frente Oriental, e foi informada de que os "bolcheviques estavam criando confusão de novo". Na manhã seguinte, ela saiu para comprar jornais e foi passear pela Niévski quando de repente ouviu tiros de fuzil e, em seguida, de uma metralhadora, seguidos por um desfile de caminhões cheios de homens armados a toda a velocidade pela avenida. Donald Thompson estava perto da junção da Niévski com o rio Fontanka quando foi apanhado no fogo cruzado e se jogou no chão. Ficou ali por algum tempo, junto com muitos outros civis, e por fim saiu correndo, rápido como "uma lebre do Kansas".[8] Os tiros intermitentes e uma crescente presença de homens armados em caminhões nas ruas continuaram ao longo do dia, mas foi só na noite do dia 3 que os verdadeiros sinais de confusão começaram.

Meriel Buchanan estava se vestindo para o jantar quando viu passar pela embaixada vários caminhões e carros cheios de soldados armados acenando bandeiras vermelhas. Depois do jantar, ainda mais veículos cruzaram ruidosamente a ponte para a cidade, seguidos por uma enorme multidão de manifestantes liderados por bolcheviques dos distritos fabris. Sir George e Lady Georgina tinham planejado tomar o ar noturno do outro lado do rio em sua carruagem aberta, mas hesitaram: "Alguma coisa vai acontecer", advertiu Sir George.[9] Não obstante, fiel a seus hábitos regulares ingleses, eles saíram, mas foram obrigados a voltar por causa de um engarrafamento de veículos na ponte Tróitski. De volta ao cais, encontraram uma densa multidão de trabalhadores na praça Suvórov, em frente à embaixada, carregando uma grande quantidade de estandartes que celebravam a anarquia e condenavam a guerra, a burguesia e as classes altas, enquanto mais e mais veículos e pessoas continuavam a atravessar vindas do distrito de Petrogrado.

A essa altura, os bondes haviam parado de circular e por toda a cidade soldados armados forçavam os carros particulares a parar, "expulsavam os ocupantes e entravam em seus lugares como um enxame de insetos", carregando metralhadoras.[10] Diplomatas e residentes estrangeiros não estavam imunes: o Rolls-Royce do embaixador belga Conrad de Buisseret foi parado na rua e confiscado pelos bolcheviques, assim como o carro alugado por Donald Thompson (seu motorista foi morto mais tarde).[11] Nellie Thornton, esposa de um dos irmãos Thornton, donos de fábricas, teve uma experiência muito mais terrível. Ela dirigia-se a Petrogrado, com três meninas pequenas, para ir ao cinema, quando o Rolls-Royce em que estavam foi encurralado por "seis caminhões armados com metralhadoras Maxim". Quatro homens entraram no carro com elas e obrigaram o motorista a levá-los a um pátio isolado, onde foram cercados por homens armados. Nellie pensou que iam ser estupradas ou fuziladas; implorou aos homens que não tomassem o carro nem a obrigassem a caminhar vinte quilômetros até em casa junto com as crianças aterrorizadas. Os soldados acabaram por permitir que fossem embora. Por que tinham feito aquilo?, Nellie perguntou a eles. "Para lhe mostrar que temos o poder", responderam-lhe.[12]

Naquela noite, as ruas do centro de Petrogrado fervilhavam de gente; muitos se reuniram diante do Palácio Tauride, por onde o oficial da inteligência britânica Denis Garstin se pôs a caminhar, "circulando de grupo em grupo e perguntando o que eles realmente queriam". Mas não conseguiu nenhuma resposta clara de ninguém, exceto gritos de slogans. "Ninguém sabia. Ao contrário, todos queriam saber por que haviam sido chamados com suas armas e estandartes e vagas queixas." Garstin notou que havia entre eles agitadores anarquistas — "homens de chapéus pretos e rostos negros" —, que tentavam incitar as pessoas à violência e depois desapareciam.[13] Com 10 mil ou mais pessoas reunidas na Niévski, o tiroteio foi inevitável, seguido de tumultos e de pilhagens, na busca frenética por bebidas alcoólicas que agora dominava a cidade.[14*] A confusão prevalecia; as ruas estavam "efervescentes", cheias de pessoas que tinham saído para ver o que estava acontecendo e agora se viam no meio de um tiroteio indiscriminado de todos os lados. "Todo mundo perguntava a todo mundo o que estava acontecendo", relembrou Bertie Stopford. "Havia um sentimento de pânico no ar", escreveu o jornalista norte-americano Ernest Poole, da *New Republic*, que acabara de chegar e fora pego no meio dos eventos.[15]

Em seu apartamento da rua Kírotchnaia, perto do Palácio Tauride, o adido naval dos Estados Unidos Walter Crosley e sua esposa Pauline estavam sentados na sala de visitas quando a campainha tocou e um mensageiro chegou, dizendo-lhes para "colocarem suas coisas pequenas mais valiosas em um saco e estarem prontos para sair para a embaixada em cinco minutos". Quando Pauline perguntou o motivo daquilo, ele lhe disse para olhar pela janela: "Lá

* Um residente francês ouviu dizer que as tabacarias eram um alvo popular, assim como as farmácias e perfumarias, por causa de suas colônias e do álcool, produtos com os quais os saqueadores se embebedavam.

estavam eles!!! *Centenas* de homens armados com a pior cara que eu já vira, chegando em nossa rua! Os rumores se confirmavam e a confusão estava em cima de nós". Ela correu para empacotar as coisas, enquanto os passos pesados de uma turba de "anarquistas ou leninistas" (ela não estava certa do que eram) se aproximavam cada vez mais – a esquina em que se localizava sua casa fora "um lugar muito sangrento" durante a Revolução de Fevereiro, recordou ela. Enquanto se apressavam a sair pela porta da frente, a rua ficara "*cheia* de criaturas de aparência perigosa e tivemos de encará-las quando saímos". Quando os Crosley chegaram à embaixada dos Estados Unidos, membros da equipe estavam trazendo relatos de luta em muitos locais; funcionários da embaixada estimaram que cerca de 70 mil trabalhadores e soldados armados estivessem "no controle da cidade naquela noite", reforçados pela intimidação de motoristas armados em caminhões e em carros sequestrados.[16]

Lady Muriel Paget, do Hospital Anglo-Russo, estava jantando no palácio do príncipe Iussúpov, junto ao canal do rio Moika, naquela noite, quando, "de repente, ouvimos tiros e gritos, e cavalos sem cavaleiro passaram em disparada". Algumas das balas começaram a atingir o palácio e o anfitrião levou os convidados para a sala de jantar do porão por segurança. Alguém do HAR telefonou para avisar Lady Muriel que não tentasse voltar para lá, mas ela insistiu. Bertie Stopford, que estava jantando com eles, se ofereceu para acompanhá-la, com a condição de que ela "se lembrasse das regras da Revolução – primeiro, deitar-se no chão enquanto o tiroteio estivesse acontecendo, e, segundo, encostar-se numa parede quando a turba engrossasse nas ruas".[17] Quando se aventuraram cautelosamente pelas ruas laterais, viram uma multidão na Niévski "descendo em direção ao fogo dos soldados, pisando sobre os corpos de seus camaradas mortos". Lady Muriel virou uma esquina e viu-se "olhando para o cano de um revólver com um russo feroz atrás dele. Empurrei o revólver para o lado e ri para o soldado, que me deixou passar".

Mas, logo depois, eles foram envolvidos pela multidão e carregados por ela por vários quarteirões. Finalmente chegaram ao hospital à uma e quinze da manhã e descobriram que muitos dos feridos da luta na Niévski haviam sido levados para lá.[18] No caminho de volta para o hotel, pela Niévski, Stopford viu muitos outros sendo carregados em macas. Foi ali que Arno Dosch-Fleurot também se viu no meio do "tiroteio mais violento ao qual jamais pensou que ficaria exposto" e se jogou na sarjeta para se abrigar. Viu-se deitado ao lado de um oficial russo. "Perguntei o que estava acontecendo", escreveu em um despacho para o *New York World* três dias depois, ao que o homem respondeu: "Os russos, meus compatriotas, são idiotas. Esta é uma noite branca de loucura".[19]

Com efeito, tamanha era a loucura desencadeada naquele dia que, tarde da noite, as ruas de Petrogrado haviam-se transformado "num caos completo e ininteligível", nas palavras do jornalista neozelandês Harold Williams. Estava quente e úmido para aquela hora, e a multidão vagava "sem rumo e excitada", enquanto caminhões e automóveis "passavam cheios de soldados que gritavam".[20] Noite adentro, uma grande turba ainda permanecia na esquina da Litéini com a Niévski. Funcionários tentaram dispersá-la: "Vão para casa. Camaradas, vão para casa. Já houve vítimas". Mas mesmo assim a multidão não ia embora. "Era uma visão estranha", escreveu Williams, "aquela grande e silenciosa massa movediça ao crepúsculo, com a mancha das armas, bonés e baionetas dos homens em caminhões e as figuras curvadas de soldados em cavalos da artilharia, todos em silhueta contra o céu pálido."[21]

Ernest Poole também ficou na rua até tarde: "ainda a multidão, e ainda os discursos, ainda o rugido baixo e incessante e o pisotear de pés incontáveis". Mas havia algo diferente. "Não senti grande poder de massa ali", recordou. Não era a mesma atmosfera de excitação e vibração, com pessoas cantando e apertando as mãos, como na Revolução de Fevereiro, como um russo lhe disse. "Olhe para essa multidão. Eles saíram para a rua só para ver o que aconteceria. Agora se cansaram e vão para casa."[22] Quando a Niévski se esvaziou, tudo o que restou foram as ambulâncias que levavam os últimos mortos e feridos e alguns soldados que vagavam e bebiam avidamente dos hidrantes, "enquanto outros se sentavam em longas filas no meio-fio, falando em voz baixa, a maioria fumando cigarros".[23]

A terça-feira, 4 de julho, amanheceu cinzenta e pesada. À medida que a manhã avançava, tornou-se sufocantemente quente e opressiva, enquanto as pessoas se reuniam mais uma vez para outro "dia de espera". O ar de expectativa nas ruas era "como nos primeiros dias da revolução", lembrou Louis de Robien.[24] Bessie Beatty também sentiu a mudança dramática na atmosfera ao retornar naquela manhã de uma viagem ao front, quando saiu da estação

Nicolau "para encontrar a temperatura subindo e a Niévski estranhamente diferente daquela da qual eu havia partido". "Entrar na Niévski naquela manhã foi como abrir um telegrama", lembrou-se:

> Eu nunca tinha muita certeza do que encontraria lá, mas o primeiro olhar sempre contava toda a história. A Niévski era o termômetro revolucionário. Quando a cidade de Pedro seguia o caminho calmo e normal, a avenida pavimentada de madeira indicava isso. Quando as paixões agitadas da revolta estavam em alta, o temperamento da população era igualmente registrado com clareza.[25]

A atmosfera estava agourenta. Não havia um bonde à vista e quase nenhum *izvóztchiki*, e as persianas das lojas estavam bem fechadas; "diante do Gostínny Dvor [mercado interno] havia homens com martelos, pregando placas de madeira atravessadas nas janelas de vidro", nas quais Beatty notou buracos de bala recentes. Os sinais não enganavam: "os bolcheviques estavam tomando posse da cidade".[26] Com efeito, as fileiras dos manifestantes bolcheviques inflaram tremendamente naquela manhã, quando vários milhares de marinheiros "de aspecto maligno" chegaram de Kronstadt numa série de barcaças, rebocadores e vapores. A presença desses homens belicosos, armados até os dentes, com todas as armas em que puderam pôr em mãos e com as fitas de seus bonés com os nomes dos navios "viradas do avesso, para que não pudessem ser identificados", fez com que as manifestações de rua se tornassem progressivamente mais violentas, com metralhadoras montadas em caminhões atirando indiscriminadamente na multidão e as pessoas — que "se encolhiam" de medo ao ver os marinheiros — correndo sem rumo em todas as direções.[27*] Mas prevalecia a mesma falta de coesão e de liderança do dia anterior: ninguém parecia saber quem estava do lado de quem, "muito menos os próprios manifestantes", como observou Harold Williams.[28] A violência era confusa e elementar; aqueles que estavam armados no meio das turbas desorganizadas iam de um lado para o outro atirando, muitas vezes por puro susto, e depois batendo em retirada diante da menor retaliação.

* Não há números precisos sobre quantos marinheiros de Kronstadt se dirigiram para Petrogrado naquele dia. Alguns falam em 2 mil, enquanto outras fontes estimam esse número em até 20 mil.

À tarde, a Litéini ficou "muito agitada", tal como havia ficado "nos maus dias" de fevereiro, escreveu Louis de Robien, com a atmosfera ainda pior graças ao afluxo dos marinheiros de Kronstadt. "A rua estava cheia de bonés e bastões pelo chão, entre os escombros do gesso derrubado das paredes pelas balas", recordou ele. Por todos os lugares em que esteve naquela tarde, viu grupos de "homens carrancudos e desabotoados, com rifles pendurados nas costas, nas mãos ou debaixo dos braços como se estivessem atirando". Não havia organização para essa gentalha; "eles arrastavam os pés" e estavam "todos misturados com as mulheres", e não queriam ser arregimentados ou lutar de forma disciplinada.

Harold Williams observou uma "interminável procissão" atravessando a ponte Tróitski. "Não notei muito entusiasmo", lembrou. "A maioria dos soldados parecia bastante cansada e entediada e ninguém era capaz de dar alguma razão inteligível para a manifestação."[29] Quando essa multidão passou pela embaixada britânica, "homens de aparência rude subiram às janelas com rifles e ordenaram que fechássemos as janelas", relembrou Lady Georgina Buchanan; eles foram forçados a "ficar sentados em salas fechadas, morrendo de calor" o dia inteiro, pois seu marido havia recusado a oferta do Governo Provisório de um refúgio seguro.[30] Sua filha Meriel viu "3 mil dos temidos marinheiros de Kronstadt" passarem a caminho do Campo de Marte, na direção da Niévski. "Ao olhar para eles, a gente se perguntava qual seria o destino de Petrogrado se aqueles rufiões, com o rosto barbudo, seu caminhar desleixado, sua brutalidade total, ficassem com a cidade à sua mercê."[31]

Por volta das duas da tarde, irromperam intensos combates na Niévski, quando os marinheiros "tomaram posse de algumas metralhadoras e varreram a avenida de ponta a ponta, matando e ferindo mais de cem civis e pessoas inocentes". Naquele momento, a Niévski estava "lotada de gente, com pessoas apinhadas de parede a parede" e o ruído baixo e incessante de milhares de pés caminhando pesadamente misturado ao fogo de rifles e metralhadoras.[32] Bessie Beatty estava lá, observando horrorizada e se perguntando se isso seria a culminância da profecia que ela ouvira sem parar desde sua chegada: "As ruas de Petrogrado se transformarão em rios de sangue".[33] No final da tarde, a situação se tornou extremamente perigosa. Na embaixada americana, "uma turba tão perigosa quanto eu jamais esperava ver, composta de marinheiros semibêbados, soldados amotinados e civis armados, desfilou pela rua, ameaçando as pessoas nas janelas e bebendo abertamente de garrafas", escreveu J. Butler Wright em seu diário.[34]

Leighton Rogers e seu colega Fred Sikes, com graduação em Princeton, trabalhavam até tarde no National City Bank quando ouviram cascos de cavalos trovejando lá fora "e chegaram à sacada a tempo de ver uma tropa de duzentos cossacos e três canhões de campo leves passar a galope, tendo à frente oficiais que gritavam e brandiam sabres.[35] Era uma visão emocionante, mas eles sabiam que, se o governo tinha chamado os cossacos",* o problema era sério. Decidiram ir para casa "enquanto o caminho estava bom". Nuvens escuras acumulavam-se no céu e uma tempestade se aproximava. Eles estavam preocupados com os dois quilos de açúcar que tinham acabado de conseguir com seu cozinheiro russo no banco; estava em um saco de papel e ficaria arruinado se molhasse. Por razões de segurança, decidiram dirigir-se para casa através do espaço aberto do Campo de Marte, "onde poderíamos ver o que estava por vir", mas não tinham andado cinquenta metros quando ouviram o estalo dos fuzis e "algumas balas passaram z-z-zunindo sobre nossa cabeça, e então um bando delas rasgou o ar e cuspiu poeira ao nosso redor".

Lá estavam eles, agarrados ao seu precioso saco de açúcar, e o único abrigo possível que podiam ver era "atrás da cerca temporária ao redor da enorme tumba dos heróis da Revolução". Outra saraivada de balas obrigou-os a uma corrida louca na direção da cerca, "enquanto Fred segurava o saco de açúcar à sua frente, como se estivéssemos tentando alcançá-lo". "Bum! Um dos canhões de campo que estavam do outro lado do Jardim de Verão disparou e aterrissamos na poeira atrás da cerca — e Fred continuava a proteger o açúcar como se fosse um saco de diamantes." Por fim, eles saíram de seu refúgio perto da tumba quando soou uma enorme trovoada e a chuva despencou. Chegaram em casa com segurança e com o açúcar, notando como a chuva havia espantado rapidamente as pessoas das ruas. "Pergunto-me se uma ou duas mangueiras de alta pressão não seriam mais eficazes nessas brigas de rua do que jatos de chumbo", ponderou Rogers mais tarde em seu diário.[36]

Na embaixada britânica, todos estavam jantando quando o porteiro entrou correndo para contar que os cossacos estavam atacando na praça Suvórov, perto

* Eram oito esquadrões de cossacos do Don, as únicas tropas totalmente leais nas quais o governo ainda podia confiar.

do Cais do Palácio. Todos correram para as grandes janelas do escritório de Sir George que davam para a praça e viram uma multidão de marinheiros de Kronstadt atravessando a praça e ao longo do cais de ambos os lados, e "atrás deles, numa nuvem de poeira sobre o Campo de Marte, vinham os cossacos, alguns de pé nos estribos para atirar nas figuras em fuga, outros brandindo espadas ou inclinando-se nas selas com longas lanças posicionadas de maneira perversa".[37] Quando desapareceram da vista, irrompeu uma forte saraivada de balas, seguida pelo alto estrondo de um canhão de campo, e, "um momento depois, três ou quatro cavalos sem cavaleiro passaram em disparada". Aparentemente, a tropa de cossacos que Rogers e Sikes tinham visto ao longo do cais fora emboscada por manifestantes perto da ponte Litéini e "subiu a galope a rua Litéini", onde foi recebida por bolcheviques instalados numa barricada improvisada defendida por metralhadoras, as quais destroçaram os cossacos. Bessie Beatty estava lá e assistiu horrorizada quando os cossacos "deram meia-volta com seus cavalos e fugiram, mas não antes que meia dúzia deles tivesse caído diante das armas".[38] Cavalos aterrorizados, sem cavaleiro, saíram galopando pelas ruas laterais.

Phil Jordan viera correndo da vizinha Furchtatskáia e também viu tudo e, pouco depois, escreveu excitado para a sra. Francis, em St. Louis:

> Os cossacos e soldados tiveram um confronto terrível a apenas uma quadra da embaixada. Os cossacos, como a senhora sabe, sempre lutam a cavalo. Eles fizeram uma carga contra os soldados que estavam no meio da rua com metralhadoras e canhões. Meu Deus, que massacre! Após trinta minutos de luta, contei em meia quadra 28 cavalos mortos. Quando os cossacos fizeram sua carga, os soldados começaram a atirar com as metralhadoras e viam-se homens e cavalos caindo por todos os lados.[39]

Meia hora depois, quando o embaixador americano David Francis visitou a cena sob chuva torrencial, "o sangue literalmente corria pela rua" e "os corpos estavam espalhados por quatro quadras". Louis de Robien também se aventurou a sair de sua embaixada naquela tarde e foi recebido por "uma visão dolorosa": "cavalos mortos, com suas peles retesadas e brilhantes da chuvarada que acabara de cair, jaziam na rua molhada, entre poças de água, algumas das quais estavam tingidas de vermelho". De Robien contou doze deles entre as ruas

Chpalérnaia e Sérguievskaia, mas havia outros mais adiante, perto da avenida Niévski. Já havia gente ao redor deles e estavam roubando rédeas e selas.[40] Naquele dia, foram mortos cerca de trinta cavalos e dez cossacos. Mas como disse um melancólico cossaco a Leighton Rogers: "Podemos conseguir mais homens [...] mas cavalos como esses não". Outro repórter viu um condutor de táxi grande e corpulento chorando sobre os cavalos mortos. "A perda de doze cavalos bons foi demais para o coração de um *izvóztchik*."[41] Quanto ao número de mortos e feridos naqueles dias de julho, os dados oficiais publicados pelo Comitê Executivo Central dos Sovietes falavam de quatrocentos, mas os serviços centrais de primeiros socorros de Petrogrado estimaram em mais de setecentos, e, em 6 de julho, o *Novoe vrémia* afirmou que mais de mil foram mortos somente durante os motins de 2 e 3 de julho.[42*]

Naquela noite "fomos para a cama tentando imaginar o que aconteceria a seguir", escreveu Lady Georgina Buchanan para a família na Inglaterra. "Durante toda a noite houve tiroteios, de modo que o sono foi quase impossível."[43] Ela sentia-se grata por estar seguramente enfiada na cama, mas, na embaixada americana, quando as armas e canhões começaram a rugir novamente por volta da meia-noite, o irreprimível Phil Jordan "pulou da cama e correu para a ponte do Palácio de Inverno" para ver o que estava acontecendo:

> Os bolcheviques tinham começado a vir para este lado da cidade e os soldados estavam esperando por eles ao pé da ponte. Justo quando se encontravam perto do meio da ponte os soldados abriram fogo com metralhadoras e canhões. Foi uma grande visão. O céu estava cheio dos mais bonitos fogos de artifício que você já viu. Você sabe que durante uma revolução ou qualquer tipo de luta todo mundo tem de deitar de estômago para baixo no chão. Eu estava deitado atrás do homem que manejava a metralhadora.[44]

Mais tarde, quando ditava sua própria versão dos acontecimentos em uma carta a Jane, meditando sobre quando poderia voltar para casa, Francis observou que Phil esperava que eles não fossem embora tão cedo, pois lhe havia dito

* Tal como em fevereiro de 1917, as cifras de baixas citadas foram inteiramente arbitrárias. Ninguém tinha ideia do número de mortos naqueles dias, que variavam entre quatro e quinhentos, mas é provável que tenham sido muitos mais.

que "estamos tendo tantas revoluções aqui agora que é interessante demais para nós cogitarmos partir".[45]

A chuva torrencial que caiu a noite inteira manteve a maioria das pessoas fora das ruas e persistiu durante toda a quarta-feira, 5 de julho. Lojas ficaram fechadas, bondes não circularam e apenas alguns *izvóztchiki* estavam à vista. Bertie Stopford ouviu dizer que todas as pontes seriam levantadas para isolar os bastiões revolucionários dos distritos de Vyborg e Petrogrado. Ficara sabendo de fonte confiável que os bolcheviques seriam "liquidados" naquela noite, pois o governo estava decidido a pôr as coisas sob controle, com a ajuda de tropas que Kerénski, que também regressava a Petrogrado, mandara voltar da frente de batalha.[46] Todos esperavam agora que ele conseguisse sozinho tirar a cidade da beira da catástrofe. Enquanto isso, os bolcheviques controlavam a Fortaleza de Pedro e Paulo e dirigiam operações, à medida que havia algum plano coerente, de seu bastião na Mansão Kschessinska.

A praça em frente ao Palácio de Inverno foi transformada em acampamento militar, com carros blindados, artilharia e ambulâncias da Cruz Vermelha preparadas em frente ao Departamento de Guerra, que ficava nas proximidades; havia guardas postados em cada esquina que paravam carros e questionavam seus motoristas. Na praça Suvórov, Meriel Buchanan ouviu tropas que iam e vinham todo o dia e metralhadoras sendo arrastadas para uma posição. Os Buchanan ainda estavam sendo convencidos a deixar a capital para sua própria segurança, "mas, naturalmente, não podíamos nem faríamos isso", escreveu Lady Georgina, pois estabeleceria um mau exemplo; afinal, "o que diria a colônia se fugíssemos?".[47] Mas, às seis da manhã do dia 6, eles foram acordados e lhes pediram que descessem para a carruagem, exatamente como estavam, de chinelos e roupão, e ficassem prontos para sair a qualquer momento. As tropas governamentais tinham recebido ordens para tomar a fortaleza e a Mansão Kschessinska, exatamente do outro lado do rio. A embaixada britânica estava na linha direta de fogo e temia-se que os bolcheviques voltassem os grandes canhões da fortaleza em direção a ela. Sir George, no entanto, não era alguém que pudesse ser apressado e suspirou, cansado: "Eu gostaria que essa gente adiasse isso para um pouco mais tarde"; e, em seguida, "virou para o outro lado e recaiu no sono".[48]

Quando saiu finalmente do quarto, Sir George recusou-se a deixar a embaixada: "Muito obrigado, mas minha esposa e minha filha querem ver os acontecimentos", insistiu. Alarmado, Bertie Stopford correu para a embaixada ao saber do próximo assalto à fortaleza e encontrou o embaixador "na sacada, rodeado por seus secretários — em vez de sentado no porão, como lhes fora ordenado —, observando avidamente os soldados que avançavam rastejando pela ponte Tróitski". Sir George registrou mais tarde que passara "uma manhã excitante" observando, até por volta da uma da tarde. De seu ponto de observação privilegiado, na sala de estar do canto, Lady Georgina achou tudo muito emocionante: "De fato, a gente quase sentia que estava nas trincheiras do front".[49]

Leighton Rogers vira chegar da frente de batalha em Dvinsk os primeiros reforços, "um regimento de soldados em bicicletas portáteis" que iria participar do ataque à fortaleza. Ele notou que se tratava de um grupo diferente das tropas indisciplinadas e desleixadas da cidade:

> Que eram lutadores experientes, ficava óbvio ao observar seus rostos rudes e bronzeados e a aparência desgastada de seu equipamento, que estava completo e pronto para as cozinhas de acampamento e os carrinhos com feno para os cavalos que os puxavam. Lentamente e mantendo as rodas dianteiras de suas bicicletas em perfeito alinhamento, rodaram ao longo do cais e viraram na ponte [Litéini]. E, de maneira metódica e profissional, prepararam-se para um assalto. Era uma cena estranha: aqueles homens preparando-se com tanta calma para uma matança, a fortaleza sinistra com o farrapo vermelho de uma bandeira que mal se mexia no ar quente do verão, as fileiras de canhões apontados para o outro lado do sereno Nievá.[50]

Acontece que não foi preciso mais do que uma demonstração de força do governo; por volta das onze e meia da manhã, a Mansão Kschessinska capitulou sem lutar e cerca de trinta homens de Lênin foram presos (o próprio Lênin tinha sido levado para uma casa segura); pouco depois da uma da tarde, a fortaleza também se rendeu. Donald Thompson estava com as forças governamentais quando entraram na Mansão Kschessinska. Encontraram-na abastecida de material: "setenta metralhadoras novas e uma grande quantidade de provisões e armas, assim como numerosos carros requisitados no pátio".

Mais adiante, no mesmo dia, mostraram-lhe "um monte do que disseram ser documentos importantes", que "revelavam que Lênin estava inquestionavelmente ligado aos alemães".[51] Foi então que o Governo Provisório puxou seu único trunfo. Os documentos encontrados na sede de Lênin mostravam que os bolcheviques vinham recebendo financiamento do Estado-Maior alemão. Essas provas eram dinamite política num momento de ódio público desenfreado contra o inimigo alemão. Uma declaração foi rapidamente publicada no vespertino *Jivoe slovo* [Palavra viva], e alguns detalhes também foram passados para os regimentos amotinados da guarnição de Petrogrado. A notícia virou a maré contra os bolcheviques e trouxe os hesitantes para o lado do governo.

Durante os "Dias de Julho", como o período ficou conhecido, Donald Thompson saiu com sua câmera e tripé, às vezes a pé, mas muitas vezes percorrendo as ruas para cima e para baixo num carro aberto alugado onde a "câmera sobressaía da carroceria", parecendo "um novo tipo de arma", como recordou Florence Harper. "Com efeito, parecia tão perigoso que nos abriu caminho para subir a Niévski." De forma imprudente, Thompson montava sua câmera em todas as oportunidades "e começava a girar a manivela".* Mas, no final daquela tarde, ele testemunhou uma demonstração final repugnante da selvageria da multidão que lembrou os dias de fevereiro, e que não registrou em filme. No Palácio Tauride, viu três revolucionários vestidos de marinheiros atirarem de um automóvel num grupo de oficiais nos degraus do edifício e logo em seguida fugirem velozmente, mas tiveram de parar logo depois porque um caminhão bloqueava a rua. Os homens foram tirados do carro e prontamente linchados pela multidão que se reuniu. Era um novo tipo de selvageria que ele não tinha visto antes: "eles os penduraram na cruzeta de um poste de telégrafo e não amarraram suas mãos. Então eles os ergueram do chão por cerca de um metro. Os três, enquanto estavam pendurados, tentaram se segurar um no outro, mas a multidão afastou suas mãos e eles se estrangularam lentamente até morrer". Não era exatamente a história mais reconfortante para concluir uma carta para sua esposa, Dot, no Kansas.[52]

* Consta que um colega correspondente de jornal disse em tom excitado ao embaixador Francis que Thompson estava "tirando fotos da batalha na Niévski com uma arma em cada mão e carregado de munição".

Com a diminuição dos distúrbios, Arthur Ransome, em telegrama para seu jornal enviado naquela noite, resumiu o caos e a futilidade dos eventos recentes de forma curta e dramática:

> Nada poderia ser mais triste do que acontecimentos destes últimos dias pt soldados levados para ruas por agitadores sob todo tipo de pretextos marcham sem menor compreensão do motivo de toda confusão pt [...] cidade inteira inclusive soldados em estado de nervos excitados pt um único tiro em qualquer lugar dá início fuzilaria em que sofrem pessoas inocentes que caem vítimas do pânico dos outros pt [...] Nenhum objetivo visível buscado pelos manifestantes e nenhum alcançado pt por vinte e quatro horas cidade praticamente à mercê deles e absolutamente nada feito [...] grande número pessoas mortas feridas e tudo sem propósito pt isso tornando-se óbvio para muitos manifestantes pt [...] nada do entusiasmo da revolução pt em vez disso intrigou gente simples movendo-se para lá e para cá provocada por agitação contraditória.[53]

"Petrogrado está calma agora", escreveu Harold Williams em seu despacho para o *New York Times*, "mas há um sentimento pesado e amargo de humilhação e degradação no ar em relação a essa aventura insana e absurda. Por que foi permitida? Por que não foi impedida desde o início?" Ele estava horrorizado com o comportamento inescrupuloso e covarde da "praga leninista" que havia provocado violência "nessas massas ignorantes" com sua "propaganda criminosa".[54]

Kerénski estava furioso porque o governo não fora capaz de controlar essa situação durante sua ausência. Em 7 de julho, ao assumir o posto de primeiro-ministro em substituição ao desmoralizado príncipe Lvov, estava certo de que lhe seriam concedidos "poderes ditatoriais para trazer o Exército de volta à disciplina", e exigiu novos controles que não se submetessem a "qualquer interferência por parte dos comitês de soldados".[55] Conservando o cargo de ministro da Guerra, Kerénski nomeou para comandante em chefe do Exército o general Kornílov, cuja reação imediata foi pedir a restauração das cortes marciais e a pena capital para a deserção na frente de batalha. As tropas amotinadas da guarnição de Petrogrado seriam dissolvidas e punidas com o envio para o front; os marinheiros de Kronstadt foram desarmados e mandados de volta para sua base, embora o governo, infelizmente, não tivesse vontade ou força para puni-los.

No dia 7, ao acordarem, os habitantes de Petrogrado descobriram que "por algum tempo, pelo menos, o poder dos bolcheviques acabara".[56] Já fora emitido um mandado de prisão contra Lênin, Trótski e os líderes bolcheviques. Trótski foi rapidamente detido, mas Lênin escapou. Depois de passar alguns dias escondido em Petrogrado numa casa segura, viajou para o norte até Razliv, onde se escondeu num celeiro de feno até raspar a barba, pôr uma peruca e roupas de trabalho e fugir para Helsinque. "Esse Lênin, que escapou [...] e seu confederado, Trótski, que era garçom numa cafeteria barata de Nova York alguns meses antes, fizeram mais para arruinar a Rússia do que qualquer dupla que eu conheça na história", contou Donald Thompson à esposa. "Acho que a única solução de Kerénski é pegar esses dois e dar-lhes o limite. Sei que, se tivesse a chance, me sentiria muito orgulhoso de matá-los." O embaixador Francis, raras vezes tão enfaticamente crítico, também não duvidou do fracasso do governo em tomar o controle e prender Lênin, Trótski e os outros líderes bolcheviques, julgá-los por traição e executá-los. Se tivessem feito isso em julho, escreveu mais tarde, "a Rússia provavelmente não teria sido forçada a passar por outra revolução".[57]

Dez dias após os conflitos, um dia de luto foi reservado para os pródigos ritos funerários de sete dos vinte cossacos mortos na luta de rua.[58] Em forte contraste com o funeral secular das vítimas da Revolução de Fevereiro, o cerimonial de 15 de julho foi intensamente ortodoxo, projetado para ser, de acordo com o que disseram a um observador britânico, uma "repreensão" aos grupos socialistas que organizaram os enterros do Campo de Marte sem nenhuma cerimônia religiosa. Aparentemente, alguns dos parentes das vítimas enterradas ali haviam pagado posteriormente por serviços privados realizados sobre as sepulturas. Kerénski, sempre propenso aos grandes dramas e à exploração do sentimento público, quis transformar essas exéquias em um momento de teatralidade comunitária, pensou Ernest Poole, proclamando que os heróis cossacos deveriam ser "enterrados no cemitério onde estavam os grandes duques russos".[59]

Às cinco da tarde do dia 14, os mortos foram trazidos em caixões cobertos de pano prateado, cercados por uma guarda de honra cossaca que carregava flâmulas pretas em suas lanças, para ser velados na catedral de santo Isaac.

Cobertos de flores e rodeados por velas flamejantes, os esquifes passaram a noite em catafalcos erguidos em posição de grande honra diante do "portão sagrado" da iconóstase e rodeados pelas "colunas altíssimas de lápis-lazúli e malaquita" da catedral. Uma infinidade de pranteadores entrou na igreja durante toda a noite: "Cossacos, soldados, marinheiros, enfermeiras da Cruz Vermelha, sacerdotes e tártaros, georgianos e circassianos, em trajes e uniformes de uma centena de tipos e matizes".[60] A catedral estava tão escura no interior que "se podia ver apenas sombras humanas pressionando ao seu redor", relembrou Ernest Poole, "mas no chão pavimentado de pedra ouvia-se o arrastar lento de milhares de pés".

No dia seguinte, depois de um longo e elaborado funeral com toda a panóplia russa ortodoxa de ícones e cruzes brilhantes, incenso e um coro de duzentos meninos — uma "sinfonia triunfal de luto", como lembrou Rheta Childe Dorr —, o cortejo fúnebre deixou a catedral.[61] Do lado de fora, a imensa multidão que se reunira na praça e nas ruas adjacentes o aguardava, muitos chorando e carregando bandeiras de luto negro. Para variar, não havia bandeiras vermelhas revolucionárias à vista. Grandes ondas de música tocadas por inúmeras bandas subiam e desciam pelas ruas, enquanto os caixões, "carregados em carros funerários ornamentados com dosséis e puxados por cavalos negros", passaram por fileiras de cossacos, os cavalos "perfeitamente atentos", e foram levados para o enterro no Mosteiro Aleksandr Niévski, na outra extremidade da avenida Niévski.[62]

"Bem, pelo menos não foram enterrados como cães, como os nossos", observou uma mulher na multidão, refletindo amargamente sobre a falta de cerimônia religiosa para as vítimas da Revolução de Fevereiro.[63] Louis de Robien ficou comovido ao ver os pais de alguns cossacos mortos — camponeses simples de lugares tão distantes quanto os Urais ou o Cáucaso — que tinham vindo de lá para acompanhar os caixões de seus filhos. Na tradição cossaca, os cavalos sem cavaleiros dos mortos seguiam o cortejo, com estribos cruzados sobre as selas vazias. Um dos cavalos fora gravemente ferido, observou De Robien, "e mancava lastimavelmente atrás do caixão do seu dono". Em outro cavalo, "o filho do morto, um pequeno cossaco de cerca de dez anos, fora colocado na sela".[64]

Incapaz de perder um espetáculo como esse, Phil Jordan estava como sempre por perto, espantado com a imensidão da ocasião: "a imprensa disse mais de um milhão de pessoas [...] pense em uma multidão tão grande e todos assustados até a morte. Toda vez que o homem batia em seu bumbo, a multidão tremia", contou ele a Jane Francis.[65] Rheta Childe Dorr viu a ocasião como "uma hora de esperança" — uma demonstração do governo de Kerénski destinada a refrear o Soviete e servir de advertência aos extremistas. "O observador casual de Petrogrado teria dito que os distúrbios revolucionários eram coisa do passado", escreveu Bessie Beatty depois do funeral cossaco, "que a ordem viera para ficar. Mas o observador casual teria deixado de compreender a amplitude e a profundidade dos movimentos que se agitavam sob a superfície." Para Beatty, de trinta anos de idade, uma socialista convicta que cobrira as greves dos mineiros em Nevada, os Dias de Julho haviam sido "apenas o início da luta de classes na Revolução".[66]

No dia do funeral dos cossacos, em sua primeira aparição pública como primeiro-ministro, Aleksandr Kerénski, vestido com um uniforme de brim cáqui simples e grevas, chegou numa limusine quando o último caixão era tirado da catedral de santo Isaac e foi recebido por "uma forte saudação" enquanto as pessoas se aproximavam gritando seu nome. Ele fez um breve discurso nos degraus da catedral e depois "acenou para silenciar a multidão e ordenou que ficassem parados", para em seguida caminhar sem chapéu e com a cabeça curvada atrás da procissão. "Ele não seria humano se não tivesse sentido uma emoção de triunfo nessa recepção", observou Rheta Childe Dorr. Ernest Poole notou o poder carismático de Kerénski: "Naquele dia, o governo parecia encarnado nesse único homem", e, nas primeiras semanas após os Dias de Julho, todos os visitantes estrangeiros de Petrogrado quiseram encontrar-se com o novo primeiro-ministro.[67]

Mas ele era um homem difícil de ver, "pois permitia que todos se insinuassem junto a ele", observou Jessie Kenney, ao saber que os ministros de Kerénski estavam tentando "protegê-lo contra a dissipação de suas energias". Em 21 de julho, ela e Emmeline Pankhurst foram finalmente convidadas ao Palácio de Inverno para encontrá-lo. "As pessoas dizem que ele quer ser outro Napoleão", Kenney anotara em seu diário alguns dias antes, e, quando chegaram naquela manhã, Kerénski parecia se comportar à altura do papel, adotando a pose apropriada no momento certo e sentado a uma mesa anteriormente usada pelo tsar, "com o polegar de uma das mãos enfiado no casaco". "Na época, perguntei-me se seria o gesto napoleônico."[68] Ele então conduziu Pankhurst a um assento ao lado da lareira, onde conversaram em francês, com um intérprete ocasionalmente acrescentando coisas em russo a pedido de Kerénski. Kenney notou a animação com que ele falava, mas

> não tive a impressão de um homem dedicado a um fim, do modo como Lênin era [...] ou Plekhánov, ou a sra. Pankhurst. Ele havia sido um excelente advogado, era um entusiasta, um orador eloquente, mas não tinha o controle sobre si mesmo que os outros possuíam. Havia vacilação aqui, um homem aberto a sua paixão e seus humores. [...] Obviamente, não era páreo para Lênin, que, implacável e dominador, passaria impiedosamente por cima de tudo e de todos em seu caminho.

No fim das contas, Kenney achou Kerénski um pouco arrogante e notou uma antipatia em relação a Pankhurst; talvez, pensou, ele estivesse com ciúmes de que tantas pessoas tivessem pedido para conhecê-la. Antes que elas se retirassem, ele fez questão de apontar para o tinteiro de prata ornamentado e a caneta de pena colocada em sua mesa: "O tsar costumava assinar seus documentos com esta pena", disse-lhes fatidicamente.[69]

Kenney concluiu que ali estava um homem preso entre muitas forças conflitantes e que a tarefa era simplesmente grande demais para ele. Com certeza, não lhe faltava o magnetismo necessário para o papel de primeiro-ministro, pensou Rheta Childe Dorr, mas nem mesmo Kerénski podia "pegar aquela enorme, desorganizada, inculta, inquieta e ansiosa multidão russa pelo pescoço e obrigá-la a escutar a razão".[70] A princesa Cantacuzino-Speránski, compatriota de Dorr, tinha opinião semelhante. Kerénski "parece que perdeu o controle sobre as coisas" após os Dias de Julho, fosse por problemas de saúde ou pela tensão de suas responsabilidades esmagadoras. Ela notou que a imagem de "homem do povo" dos primeiros dias da revolução — um homem em quem as pessoas confiavam por sua honestidade e patriotismo — se desvanecera; e agora que estava morando no Palácio de Inverno, em quartos anteriormente ocupados por Alexandre III, "dormindo na cama do imperador, usando sua mesa e seus carros, dando audiências com muita formalidade e cerimônia", parecia ter perdido aquele toque comum e se tornado cada vez mais grandiloquente. Tal como Kenney, ela viu um "homem lutando para manter sua popularidade pessoal ao ser forçado a compromissos difíceis".[71]

Kerénski "corre de um lado para outro, da retaguarda para o front e de um front para outro, fazendo discursos apaixonados, mas a desintegração continua", escreveu Pauline Crosley em 13 de julho. Ela também não estava convencida de sua capacidade de reunir esforços: "Meus amigos russos me asseguram que as coisas vão ficar 'normais' (normalmente instáveis) por um tempo, que os anarquistas não farão outra tentativa séria até que tenham concluído sua organização, que eles sabem agora como é fácil tomar a cidade e, da próxima vez que a capturarem, vão mantê-la".[72]

Nesse estado contínuo de inquietação, Petrogrado, no final de julho de 1917, continuava a ser uma cidade em fluxo, parecida com um acampamento armado. Era também uma cidade (da metade do tamanho de Nova York) que o colapso do antigo regime em fevereiro deixara sem nenhuma proteção policial eficaz e organizada, exceto uma milícia criada às pressas.[73*] Embora os distúrbios tivessem sido por enquanto sufocados, a cidade não parecia mais segura do que antes, e os rumores de mais distúrbios continuavam a ser "grandes e variados". "Um curioso estado de espírito tomou conta do povo russo", relembrou Willem Oudendijk a respeito daquele final de verão. "Não se esperava mais nada de bom, nenhuma esperança enchia o coração de ninguém, uma sensação desanimada de aquiescência com qualquer outra desgraça que o futuro pudesse trazer invadia todos os lugares." O pouco que havia de governo, escreveu Rheta Childe Dorr, continuava a existir "somente pela vontade da turba".[74]

Mas a liderança bolchevique também estava desordenada, tendo se mostrado incapaz de reagir às manifestações montadas rapidamente em julho. Lênin vacilara a respeito de conduzir ou não a agitação para uma segunda revolução e no final optara pela tática do "esperar para ver", assim como o Comitê Central do Soviete de Petrogrado. A verdade é que a vanguarda revolucionária em Petrogrado tinha tanta incerteza a respeito da direção que as manifestações tomariam — revolução proletária ou golpe de Estado? — quanto

* Em paralelo com a dualidade do Soviete de Petrogrado e do Governo Provisório, ambos lutando pelo controle político, a milícia que substituiu a antiga força policial tsarista era composta de dois corpos rivais: a milícia da cidade controlada pela Duma da cidade de Petrogrado, criada para servir a todos conforme princípios democráticos, e a milícia operária autônoma, formada para servir apenas aos interesses da classe operária e aos objetivos da revolução.

qualquer outra pessoa. E com as revelações prejudiciais sobre as ligações de Lênin com o dinheiro alemão, os bolcheviques foram forçados a recuar. Mas por quanto tempo?

A crise na guerra também havia aumentado naquele mês, com contínuos desastres militares russos, inclusive a rendição de dois corpos de exército e uma grande derrota em Tarnopol; extensos territórios na Galícia e na Bucovina também foram perdidos. Em 22 de julho, 1 milhão de soldados russos já estavam em retirada; muitos milhares foram capturados e mais ainda desertaram. Havia agora o medo real de um avanço alemão sobre a capital. Arthur Ransome estava desesperado para ir embora. Tivera mais um ataque de disenteria (o quarto naquele ano) e estava fraco, faminto e com saudades de casa. Não podia esperar que sua família, mesmo vivendo sob racionamento de guerra na Inglaterra, tivesse alguma compreensão de como as coisas eram difíceis na Rússia:

> Vocês não veem os ossos que furam a pele dos cavalos na rua. Você não veem a esposa do porteiro implorar por uma parte de sua ração de pão, porque ela não consegue o suficiente para alimentar os filhos. Vocês não vão a um salão de chá para tomar chá sem bolos, sem pão, sem manteiga, sem leite, sem açúcar, porque não há nenhuma dessas coisas. Vocês não pagam sete xelins e nove pence por libra de carne de segunda categoria. Vocês não pagam 48 xelins por uma libra de tabaco.*

"Se eu conseguir chegar em casa", concluiu, "meu único interesse será a glutoneria."[75]

Donald Thompson sentia-se igualmente desanimado. Ele também vinha perdendo muito peso. "Meu estômago tem o direito de ter um rancor pessoal contra mim", disse à esposa, "pois é tão raro que eu lhe dê nem que seja um gostinho de comida adequada." Tão faminto e exausto ele estava que prometeu a ela que aquela seria a sua última missão no exterior. "Hoje [8 de julho] sinto-me como você sempre quer que eu me sinta — farto de ser um fotógrafo de guerra."[76] No dia 15, começou a fazer planos para viajar de volta para casa; mas não partiria sem antes obter uma permissão, assinada pessoalmente por

* Em torno de vinte libras esterlinas (29 dólares) e 120 libras esterlinas (172 dólares) respectivamente em dinheiro de hoje.

Kerénski, para levar suas preciosas filmagens e imagens fotográficas para fora do país. Em 1º de agosto, pegou finalmente o expresso transiberiano para Vladivostok. De lá, tomou um vapor para o Japão e atravessou o Pacífico até a Califórnia.

Thompson não se arrependeu de ter ido embora. Cinco meses antes, vira o povo de Petrogrado marchar com uma intenção clara, em nome dos conceitos revolucionários idealistas de Liberdade, Igualdade e Fraternidade; mas, agora, não conseguia mais encontrar palavras de esperança. "Vejo a Rússia indo para o inferno, como nunca um país foi antes."[77]

12. "Desta capital pestilenta"

Nas primeiras horas de terça-feira, 1º de agosto, Nicolau Aleksándrovitch, antigo tsar de todas as Rússias, mas agora simples coronel Románov, foi enviado de trem, junto com a família, de Tsárskoie Seló para a Sibéria Ocidental. Ficariam largados na Casa do Governador, em Tobolsk, nos nove meses seguintes, enquanto o governo discutia o que fazer com eles.* Sua velha casa, o Palácio Alexandre, ficou vazia; e a linha ferroviária privada do tsar que ligava Tsárskoie Seló à capital foi desmontada e seus trilhos e dormentes enviados para reutilização em outras partes. Poucos observadores estrangeiros em Petrogrado tiveram muito a dizer sobre o fim da dinastia Románov depois de mais de trezentos anos; a remoção do tsar — cujos detalhes não foram revelados, tampouco seu destino — deixou a maioria deles indiferente, enquanto os moradores da capital continuavam a lutar com a terrível escassez de alimentos, o governo instável e a agitação civil. A Rússia tsarista já parecia uma coisa remota do passado.

Alguns membros escolhidos dentre os quarenta da missão da Cruz Vermelha americana, que haviam chegado à cidade no dia 25 de julho, tiveram permissão para ver o interior do palácio deserto pouco tempo depois que a

* No final de abril de 1918, foram transferidos 580 quilômetros a sudoeste para uma casa em Ekaterinburg, onde, na noite de 16 para 17 de julho, toda a família foi brutalmente assassinada pelos bolcheviques.

família imperial foi levada embora, antes de sua abertura como museu. Eles notaram muitas lembranças tocantes da família do tsar: livros abertos em mesas, partituras ainda apoiadas no piano. "Era evidente que fora abandonado às pressas, coisas largadas por todo lugar, brinquedos das crianças no chão, uma carta inacabada na escrivaninha da imperatriz", comentou George Chandler Whipple.[1] "Aqui e ali, sobre uma mesa ou uma prateleira, havia uma série de fotos tiradas com Kodak, evidentemente pelas crianças", relembrou seu colega, Orrin Sage Wightman. O mais pungente de tudo talvez fosse a visão de um dos livros de exercícios franceses abandonados pelo tsaréviche Aleksei, nos quais havia posto seu nome no topo da página "e com sua letra infantil escrevera em francês: 'A lição de francês é muito difícil hoje'". Esse breve e privado vislumbre de uma era agora desaparecida fora bastante "contundente", escreveu Wightman. "Entrar na casa de um tsar deposto, não muito tempo depois que a nação a transformara em museu, mas quando as marcas de sua presença viva ainda estavam frescas, foi realmente um privilégio do qual jamais me esquecerei."[2]

Os membros da missão da Cruz Vermelha tinham vindo de Vladivostok para Petrogrado pela estrada de ferro Transiberiana, no trem imperial em que Nicolau II assinara a abdicação. Acomodados em seus nove vagões suntuosos, haviam desfrutado do conforto de "banheiros de prata e níquel, belos bancos de couro russos, almofadas forradas de seda", e dormido em "camas de linho adamascado com fronhas de seda, todas marcadas com a águia dupla e o timbre".[3] Bessie Beatty estava na estação Nicolau para testemunhar a chegada deles, que foram recebidos pelo embaixador Francis e sua equipe. Embora admirasse a visível "riqueza de simpatia humana" do grupo, a expertise de sua equipe de médicos e engenheiros sanitários e as setenta toneladas de suprimentos cirúrgicos que haviam trazido, ela se perguntava "que tipo de impacto" aquilo poderia causar na Rússia naquela fase final.[4*]

* A missão também trouxera seu próprio cinegrafista oficial, o tenente Norton C. Travis, um autônomo experiente que trabalhava para a Pathé, a Fox e a Universal. Tal como Donald Thompson, ele estava filmando no meio da ação: "Eu poderia passar o dia filmando cenas da população saqueando lojas, fábricas e residências. Liberdade significava simplesmente servir-se de tudo que queriam", escreveu ele mais tarde. E, como Thompson, Travis também filmou o Batalhão Feminino da Morte no front e passou a maior parte do seu tempo na Rússia filmando perto de Minsk.

Assim que a missão saiu da estação, Orrin Sage Wightman notou como as ruas de Petrogrado estavam cheias de gente e empoeiradas e crivadas de marcas de balas. Não havia sinal de polícia; nenhum controle do trânsito, e era preciso arriscar a vida para tentar atravessar a rua.[5] Todos os prédios estavam "sujos e surrados e cobertos de cartazes e avisos relacionados à revolução". Eles cobriam "as lojas, as igrejas, os palácios, as bases de estátuas, os postes telegráficos, as cercas. Onde quer que fosse possível colar, ali ficava colado. Isso dava à cidade uma aparência muito desleixada". Todos os sinais de esplendor imperial tinham sido desfigurados ou arrancados, e havia bandeiras vermelhas por toda parte, inclusive uma "colocada nas mãos da estátua de bronze de Catarina, a Grande, no parque junto à Niévski". O único alívio aconteceu quando, durante três dias, pequenos quiosques de gala decorados com flores, ramos de teixo e sempre-vivas e bandeirolas surgiram por toda a cidade, vendendo títulos do Empréstimo da Liberdade, recentemente lançado pelo governo.[6]*

Alguns dos membros da missão foram acomodados no Hotel de France, na rua Morskáia. "Um lugar miserável, mas o melhor disponível no momento", relembrou o engenheiro civil e pioneiro da reforma da saúde pública George Chandler Whipple. Os quartos eram "nada muito limpos"; o café da manhã era pão preto duro e chá fraco, reforçando a percepção de que "estávamos em uma cidade tomada pela guerra". Com efeito, a escassez drástica de comida era tamanha que o gerente do hotel havia avisado "que às vezes poderia nos dar uma boa refeição e às vezes não".[7] Whipple e alguns de seus colegas logo se transferiram do sujo e malcheiroso "Buggery",** como tinham apelidado o Hotel de France, infestado de percevejos, para o claramente mais limpo e mais alegre Hotel d'Europe, onde ficaram empolgados ao receber café com leite fervido no café da manhã. Depois de conviver alguns dias com as rações de Petrogrado, o grupo caiu de boca numa recepção em sua honra na embaixada americana, durante a qual J. Butler Wright observou que a missão da Cruz Vermelha "consumia chá, açúcar e pão branco de forma alarmante".[8]

* Os títulos eram vendidos pela pequena quantia de vinte rublos (quatro dólares). Cerca de 4 bilhões de rublos (800 milhões de dólares) foram levantados.

** Além da referência a insetos, especialmente percevejos (*bugs*), o termo *buggery* em inglês britânico significa sodomia, bem como é usado como interjeição, equivalente a "merda!". (N. T.)

No Astória – ou "Hotel da Guerra", como ela o chamou, de forma apropriada, pois seu exterior ainda mostrava cicatrizes de batalha –, Bessie Beatty ficou satisfeita ao notar uma clara melhoria nas condições, graças a consertos e renovações recentes. "Depois de passar um verão inteiro cada um por si mesmo, tomando café da manhã, almoçando, tomando chá e jantando em nossos próprios quartos, de repente saímos do esconderijo e nos entreolhamos."

> As manchas de sangue da Revolução haviam sido removidas do tapete cor-de-rosa da sala de estar. As tábuas tinham saído das janelas quebradas, e novos vidros e belíssimas cortinas cor de amora haviam tomado seu lugar. A sala de jantar, que poucas semanas antes tinha sido o repositório de cadeiras sem braços e mesas sem pernas, vítimas mudas da vingança de uma turba enfurecida, agora enfrentava o mundo vestida de toalhas brancas.[9]

Um observador casual poderia imaginar que os moradores do Astória estavam vivendo no luxo, "mas não havia nada disso". A comida continuava tão terrível como sempre: no almoço, o primeiro prato era "folhas de repolho recheadas com carne picada e *kacha*, e o segundo, a mesma carne picada e *kacha* inadequadamente escondidas pela metade de um pepino".[10]

Depois que descarregou e armazenou seus preciosos remédios e suprimentos de alimentos sob proteção governamental, a missão da Cruz Vermelha começou a avaliar sua oferta e distribuição em toda a Rússia e a criação de estações móveis de desinfecção para combater a propagação alarmante do tifo. George Chandler Whipple percebeu que teria uma luta árdua pela frente: "não servirá para nada falar de limpeza a pessoas ameaçadas de inanição", observou ele em seu diário.[11] As filas do pão eram alarmantes e ele ficou impressionado com a forma como os métodos grosseiros usados para cortar e pesar as rações de pão retardavam as coisas, tornando a espera ainda mais interminável para aqueles que já estavam na fila havia horas. Ficou claro para ele que a crise alimentar ficara "duplamente severa devido ao influxo de soldados, refugiados e outros", pois a guerra havia aumentado a população da cidade de 2 milhões para 3 milhões. "As autoridades esperam uma onda de fome em Petrogrado neste inverno, com a morte por inanição de talvez várias centenas de milhares, a menos que sejam tomadas algumas medidas drásticas." Whipple notou que enormes estoques de lenha estavam aparecendo em toda parte, trazidos para os cais por barcaças de superfície plana. Petrogrado era uma cidade que queimava lenha, pois havia pouco ou nenhum carvão disponível, e o preço da lenha estava disparando. Não havia nada para comprar nas lojas e não se viam sapatos em nenhum lugar; as roupas também ficariam escassas no próximo inverno, observou ele. As pessoas podiam estar torrando no calor de agosto, mas, em setembro, quando a chuva começasse, as coisas mudariam drasticamente.[12]

Os colegas americanos que Whipple encontrou, e que haviam trabalhado em projetos de assistência social na cidade, pareciam desanimados pela batalha perdida. Franklin Gaylord, que vivera em Petrogrado durante dezoito anos e se dedicara a trabalhar com a Mayak — a afiliada russa da ACM —, chegara à triste conclusão de que Petrogrado era "a pior, mais podre e mais fedorenta cidade da Europa, as ruas são ruins, o trabalho é inútil, não há saneamento, não podemos beber a água, não podemos conseguir comida, os quartos estão cheios de percevejos, não vemos o sol durante todo o inverno, é fria e sombria e o ar não é adequado para respirar".[13] Era um início desanimador, mas a missão da Cruz Vermelha empreendeu devidamente seus deveres de investigação, visitando mercearias, a Cruz Vermelha e outras instituições de assistência social, viajando para hospitais e comunidades de enfermagem dentro e ao redor da cidade, inspecionando o sistema de fornecimento de água e de esgoto. O tifo, a tuberculose e o escorbuto eram as principais preocupações médicas da missão, e seus integrantes consideraram que trabalhar com os russos era um desafio. O dr. Orrin Sage Wightman achava que eram "parecidos com um monte de crianças que, depois de um longo período de opressão, adquiriram de repente uma liberdade que se transformou em abuso de liberdade". Ele ficou chocado com a "preguiça e indiferença" que via em toda parte: a "ideia suprema do povo" de Petrogrado parecia ser não fazer nada. "O espírito de indolência, que eles interpretam como liberdade, degradou-os tanto que nada menos que um sofrimento intenso pode trazê-los de volta à razão."[14]

"Tudo aqui é um caos!", escreveu Raymond Robins, o membro mais preeminente da missão e destacado economista e político progressista na Inglaterra.* Como cristão evangélico, viajara para Petrogrado com uma atitude de cruzada

* A irmã de Robins, Elizabeth, era bem conhecida na Grã-Bretanha como atriz, por suas interpretações de Ibsen, sendo também escritora e uma ardente sufragista. Era ainda muito amiga de Emmeline Pankhurst e Jessie Kenney.

para com os desafios que teriam de enfrentar. Mas tinha de admitir que a vida na capital era "uma batalha diária. [...] A incerteza está em toda parte [...] a perspectiva é tormentosa ao extremo".[15] Essa sensação de incerteza foi reforçada em sua mente quando se encontrou com Kerénski, em 1º de agosto, e achou-o completamente desgastado, "tão ocupado com a mera tarefa de manter as coisas funcionando no dia a dia que podemos vê-lo apenas em momentos formais. Ele parece tão nervoso e estressado a ponto de nos perguntarmos se será capaz de resistir aos próximos seis meses – isto é, até que um governo possa ser formado por uma Assembleia Constituinte eleita.

Tal como seus colegas, Robins via o futuro da Rússia dependente da situação econômica e da perigosa escassez de alimentos. Estava profundamente preocupado com as longas filas de pão, carne, leite e açúcar: "Assim como andam as filas, assim vai o Governo Provisório. Se encurtam, o governo vive; se se alongam, ele morre".[16] Mas tinha a impressão de que o Governo Provisório era composto de "homens sonhadores com responsabilidade e sem capacidade de transformar seus sonhos em realidade agora que detêm o poder". Em sua opinião, coisas demais dependiam de um só homem – Kerénski –, "a única possibilidade de controlar este lado da reação ou de um ditador militar". Mas por enquanto, pelo menos, Robins ainda estava agarrado a um teimoso idealismo romântico em relação ao futuro da Rússia: "O russo há de se aferrar a um conteúdo espiritual e trazer de volta a adoração e a reverência à vida do homem", escreveu esperançosamente a sua esposa, Margaret, em 6 de agosto. "Ele há de encontrar a grande democracia social e dar à raça a melhor chance para a igualdade de oportunidades, liberdade e fraternidade."[17]

Em 21 de agosto, outro golpe no esforço de guerra da Rússia veio com a notícia de que o importante porto báltico de Riga, 560 quilômetros a sudoeste, tinha caído para os alemães – ou melhor, seus defensores russos o haviam simplesmente abandonado sem luta. Apesar disso, o estado mental de negação a respeito da desintegração do Exército russo persistia na capital. Willem Oudendijk foi à ópera naquela noite com sua esposa para ouvir Chaliápin cantar na *Russalka* de Rímski-Kórsakov: o público foi entusiástico, correndo para a frente de seus assentos e "chamando Chaliápin de volta várias vezes ao final de cada ato. Ninguém parecia estar pensando na revolução, nem nos alemães, tampouco na guerra naquela noite. Petrogrado estava agora na zona de guerra, mas o que importava? Ali estava Chaliápin cantando! Viva! E aplausos! Bravo, Chaliápin!".[18]

A queda de Riga aconteceu pouco depois de uma tentativa de última hora feita numa conferência realizada em Moscou para aproximar os burgueses e os grupos políticos socialistas em guerra e uni-los em apoio ao governo de Kerénski. Ele próprio apareceu vestido com túnica militar, flanqueado por dois ajudantes, e com sua conhecida pose napoleônica — que lhe valera o apelido de "Napoleontchik" — fez um de seus familiares pedidos emocionais de apoio. No entanto, até mesmo a "improvisação brilhante, mas impetuosa" de Kerénski, como observou Louis de Robien, já não bastava. Os russos podiam tradicionalmente "ficar ainda mais inebriados do que os próprios franceses com tagarelices e frases vazias", mas simples palavras já não eram "o suficiente para alimentar o povo ou acabar com a anarquia".[19] No palco, Kerénski foi contestado pelo general Lavr Kornílov, o comandante em chefe que havia nomeado em julho, que fez um discurso intransigente, no qual apresentava as medidas draconianas que julgava necessárias para trazer a Rússia de volta da beira da derrota para os alemães, e que a conferência ovacionou.[20]

Durante as semanas que passou em Petrogrado, Bessie Beatty observou como Kerénski lutava para "seguir um caminho intermediário" que satisfizesse tanto a direita reacionária quanto a esquerda bolchevique, e como resistiu aos apelos para recorrer à força, como desejava Kornílov. Ela achava que ele tinha razão ao fazê-lo e que "as massas considerariam qualquer tentativa de instalar um ditador um ataque à sua Revolução e abandonariam o homem responsável por isso". Emmeline Pankhurst riu-se dela quando arriscou emitir essa opinião no jantar. A Rússia deve ter mão forte, afirmou, e Kerénski era um fraco. O único homem que poderia "salvar a situação" era Kornílov, que "governaria com mão de ferro".[21] A nomeação do direitista Kornílov após os tumultos dos Dias de Julho, apesar da oposição dos mencheviques e dos socialistas revolucionários que participavam do governo, fora vista como um endurecimento de Kerénski, uma tentativa de reforçar seu governo trôpego diante da crescente oposição bolchevique. Kornílov, que vinha de uma família humilde de cossacos, era um soldado de carreira autodidata, um patriota e, aos olhos de seus homens, "um chefe natural".[22] Mas não era conciliador, e tampouco político. Na opinião do general Knox, que o observara de perto no front, era um "soldado de cabeça dura, vontade forte e grande coragem", que ganhara respeito por seus feitos e não por suas palavras.[23] Violentamente oposto aos sovietes e seus comitês de soldados, Kornílov exigia agora o controle absoluto sobre o Exército, na frente e na retaguarda.

Sir George Buchanan percebeu que Kerénski perdera terreno desde os Dias de Julho e que Kornílov, "se afirmasse sua influência sobre o Exército e se este se tornasse uma forte força de combate, [...] seria senhor da situação". Mas, por enquanto, os dois homens precisavam um do outro: "Kerénski não pode esperar restaurar a situação militar sem Kornílov, que é o único homem capaz de controlar o Exército; ao passo que Kornílov não pode prescindir de Kerénski, que, apesar de sua popularidade decrescente, é o homem mais apto a atrair as massas e garantir a aceitação das medidas drásticas que devem ser tomadas na retaguarda para que o Exército enfrente uma quarta campanha de inverno".[24]

A conferência de Moscou, que terminara num impasse, mostrara claramente que havia um grau irreconciliável de antagonismo entre os dois homens. Frustrado com a relutância de Kerénski em conceder-lhe os poderes ditatoriais necessários para recuperar o controle sobre o Exército, Kornílov enviou a Kerénski um ultimato em 27 de agosto: ele deveria renunciar ao posto de primeiro-ministro e ceder-lhe o pleno controle militar. Para sustentar sua reivindicação, começou a mover tropas da frente noroeste na direção de Petrogrado, comandadas pelo general Aleksandr Krymov, com a intenção de prender os agitadores anarquistas e bolcheviques, pôr a guarnição de Petrogrado sob controle e prevenir o golpe bolchevique contra o Governo Provisório que ele sabia que aconteceria mais cedo ou mais tarde. "Está na hora de enforcar os partidários e espiões alemães liderados por Lênin", dissera Kornílov. "E devemos destruir os sovietes para que nunca mais possam se reunir novamente."[25] Essa era a única maneira de salvar o Exército da dissolução e o país do caos.

O desafio de Kornílov "causou um escarcéu em Petrogrado". Todos temiam que a cidade voltasse a ser um campo de batalha.[26] A perda de Riga já criara pânico, com as pessoas cercando as estações ferroviárias para qualquer trem que as levasse para a segurança do campo. "No Hotel da Guerra, centro tempestuoso do centro da tempestade", escreveu Bessie Beatty, "sentamos e esperamos o inevitável." Arno Dosch-Fleurot aconselhou-lhe ir embora antes que a confusão começasse: "O hotel ainda pode estar aqui de manhã, mas talvez não, e de nada adianta correr riscos", disse ele. Os militares com quem Beatty conversou no Astória concordaram que Kornílov e Kerénski eram sujeitos determinados, "portanto, será uma luta até o fim". A maioria deles esperava ansiosamente a chegada de Kornílov: "Para eles, tudo estava resolvido. Kerénski seria derrubado e Kornílov capturaria a cidade. A pena de morte seria restabelecida, os líderes do soviete seriam enforcados. Os problemas da Rússia acabariam".[27]

O domingo, 27 de agosto, amanheceu quente, sem nuvens e ensolarado; a Niévski "estava lotada com as habituais massas de pedestres em movimento, gente impelida para cá, puxada para lá, apressando-se, vagando, odiando, amando, vivendo apesar da guerra e da revolução", relembrou Leighton Rogers.[28] Sir George Buchanan tinha saído para o campo de golfe de Murino e somente quando voltou à noite é que foi informado, ao ser convocado para ir ao Ministério das Relações Exteriores russo com o novo embaixador francês Joseph Noulens, que Kornílov estava marchando em direção a Petrogrado e Kerénski o declarara traidor. Faziam-se preparações frenéticas em toda a cidade para resistir a esse avanço. Mas, para conseguir isso, Kerénski fora forçado a pedir o apoio dos bolcheviques do Soviete de Petrogrado. Lênin estava escondido na Finlândia; da cadeia, Trótski defendeu apoiar Kerénski naquele momento, a fim de neutralizar a ameaça de Kornílov. Em sua fortaleza do Instituto Smólni, para onde fora transferido do Palácio Tauride em julho, o Soviete de Petrogrado recrutou os líderes da guarnição e a nova milícia voluntária de trabalhadores — os Guardas Vermelhos, criados após a Revolução de Fevereiro — para organizar os operários, marinheiros de Kronstadt e civis comuns na defesa da cidade.

Milhares de trabalhadores receberam de volta as armas que haviam sido confiscadas após os Dias de Julho e, no que parecia ser um ato de loucura, ganharam armas e munições adicionais. Em todas as ruas de Petrogrado, grupos de milicianos começaram a exercitar-se. Bessie Beatty testemunhou trabalhadores das fábricas de munições, auxiliados por engenheiros e sapadores, cavando trincheiras e construindo barricadas, numa corrida para "fazer uma trincheira ao redor da cidade". Phil Jordan viu "milhares e milhares de soldados" na estação Nicolau que acabavam de chegar do front, que foram direto para a Niévski cavar trincheiras. "Imagina cavar trincheiras no coração da cidade", cacarejou, enquanto esperava ainda mais violência nas ruas.[29]

No dia seguinte, circulou a notícia de que a "Divisão Selvagem" do general Krymov estava a apenas dois dias de distância. Meriel Buchanan relembrou que as pessoas estavam tão temerosas disso – a guarda avançada de Kornílov de 4 mil cavaleiros caucasianos, em grande parte muçulmanos, lendários por sua ferocidade – quanto dos marinheiros de Kronstadt.[30] Os membros do corpo diplomático foram aconselhados a partir para Moscou ou para a Finlândia, porém mais uma vez Sir George Buchanan se recusou a deixar a colônia britânica sem proteção diplomática, e sua esposa e filha também não aceitaram a evacuação. Em vez disso, o Hospital da Colônia Britânica de Lady Georgina, que havia fechado recentemente, foi preparado para oferecer refúgio a mulheres e crianças da comunidade, se necessário. Embora não se sentisse de forma alguma ameaçado ou preocupado com sua segurança pessoal, o embaixador americano David Francis reconheceu que muitos de seus concidadãos estavam nessa situação e, em resposta, instruiu J. Butler Wright a fretar um pequeno barco a vapor, "no qual os americanos que assim o desejarem poderão refugiar-se caso ocorram distúrbios". Enquanto isso, como observou Wright em seu diário, o corpo diplomático se via "na inaceitável situação de ter de se comportar como se concordasse e apoiasse o governo enquanto secretamente desejava com todo o fervor que Kornílov vencesse".[31]

Petrogrado estava agora sob lei marcial: "O ar está cheio de rumores", escreveu Raymond Robins, "é um momento tempestuoso".[32] Por volta das cinco da manhã, Florence Harper foi despertada pelo som de tiros na praça do Astória e ouviu uma onda de pessoas entrando no saguão do hotel. Espiando para fora de seu quarto, viu marinheiros batendo nas portas de vários quartos e levando oficiais russos embora sob guarda. Bessie Beatty também foi perturbada pelo barulho e, quando se aventurou a sair do quarto, encontrou um "mar de alfanges" no hall. Estava "cheio de marinheiros russos, talvez uns duzentos, tipos robustos com fuzis nas mãos, e cada fuzil encimado pela lâmina de aparência mais sanguinária que eu já tinha visto". "A vida não tem mais terrores para o homem ou a mulher que encarou duas centenas dessas armas todas reunidas em um ponto", observou ela. Em comparação, "um submarino no oceano Atlântico pareceria um vizinho amigo em visita".[33]

De início, ela pensou que os homens eram de Kronstadt: tinham tomado posse do hotel e agora estavam examinando passaportes e vasculhando quartos. Na verdade, eram do soviete e "decidiram agir por conta própria e prender todos os oficiais suspeitos de tendências contrarrevolucionárias" que pudessem ficar ao lado de Kornílov. No processo, tinham aterrorizado as mulheres residentes do hotel, que foram reunidas em grupos nos patamares. Alguns homens forçaram a entrada no quarto de Harper, vasculharam-no e foram embora com sua câmera. No almoço, ela encontrou todo mundo murmurando com uma mistura de excitação e medo. Quarenta oficiais russos haviam sido presos e levados do hotel; sete outros foram presos mais tarde. Todos foram levados para a Fortaleza de Pedro e Paulo sob a acusação de "conspirar contra a revolução".[34]

E então, tão repentinamente quanto se manifestara, a ameaça de Kornílov evaporou-se. Na quarta-feira, dia 30, os jornais publicaram uma nota do governo de Kerénski dizendo que a "revolta" — se de fato havia sido isso — tinha fracassado. A marcha de Kornílov sobre Petrogrado foi derrotada antes mesmo de começar; e não por uma ação militar para repeli-la, mas pelos ferroviários favoráveis aos bolcheviques que se recusaram a mover seus trens de transporte de tropas e também sabotaram a rede ferroviária necessária para pegar os trens para Petrogrado, atravancando pontos de sinalização, danificando pontes e destruindo ou bloqueando as linhas férreas.* Os trens que transportavam as tropas de Krymov ficaram parados. E quando sua guarda avançada encontrou tropas da oposição, os soldados se recusaram a agir contra Kerénski e o Soviete de Petrogrado; com efeito, confraternizaram-se abertamente com essas tropas e foram persuadidos por elas a se retirarem.[35]

Kerénski ordenou então a prisão de Kornílov. Sua posição durante todo esse episódio tinha sido muito ambivalente. O conselheiro da embaixada britânica Francis Lindley sentiu que Kerénski, "dividido entre o medo de ajudar um movimento contrarrevolucionário e o desejo honesto de fazer valer a autoridade do governo", tomara a decisão errada. "Tal como todos os socialistas em posição semelhante, preferia a lealdade do partido ao bem do país. Era o fim dele."[36] Ainda não está claro se Kerénski acreditou de fato que Kornílov pretendia dar um golpe contra ele, e não apenas suprimir o soviete liderado pelos bolcheviques. Willem Oudendijk certamente achou que o "medo de Kerénski de ser substituído por Kornílov o fez agir com impulsividade imprudente e fatídica".[37]

* Kornílov admitiu para o diplomata norte-americano DeWhitt Clinton Poole, quando o encontrou no sul da Rússia em 1918, que foi isso que impediu seu avanço sobre Petrogrado.

A residente Pauline Crosley relatou rumores amplamente difundidos nos círculos diplomáticos de que havia sido "plenamente compreendido" que Kornílov pretendia estabelecer um governo militar — "com o conhecimento e aprovação de Kerénski" — para proteger a Rússia de um golpe bolchevique; que fora planejada uma entrada teatral e triunfante em Petrogrado para as tropas de Kornílov, mas que "durante a noite [...] alguém ou algum pensamento sugeriu a Kerénski que perderia poder e prestígio enquanto os de Kornílov aumentariam". A conclusão dela era que a ambição de Kerénski "não suportou aquela pressão" e que "ele havia frustrado uma tentativa honesta de salvar a Rússia", e, em consequência, a Rússia estava "pior do que nunca".[38]

De qualquer maneira, o caso Kornílov provocou um aumento inevitável do apoio aos bolcheviques, que rapidamente recuperaram o terreno que haviam perdido após a debacle dos Dias de Julho. No dia 1º de setembro, Kornílov foi detido e levado para a cadeia. Em 4 de setembro, Trótski e muitos dos líderes bolcheviques foram libertados da prisão por ordem de Kerénski, o qual proclamou que a Rússia era agora uma república, mas ninguém do Soviete ou do seu governo anterior quis trabalhar com ele em mais uma coalizão condenada ao fracasso. Como uma última medida desesperada — e garantida para alienar ainda mais a opinião pública —, Kerénski assumiu o comando do Exército e impôs um Diretório de estilo revolucionário francês de cinco membros, com ele próprio no papel de virtual ditador.

Florence Harper topou com Arno Dosch-Fleurot no saguão do Astória depois que chegou a notícia da prisão de Kornílov. "Nós dois usamos uma linguagem não exatamente educada", ela relembrou. "Eu estava cheia de raiva. Todos nós sabíamos que era a última chance. Os bolcheviques estavam armados; a Guarda Vermelha estava formada. O rompimento era definitivo; Kerénski estava condenado."[39] Nos círculos diplomáticos, todos concordavam que seu governo se encontrava fatalmente enfraquecido. David Francis simpatizava com Kornílov, embora fosse obrigado a manter uma postura imparcial em público. Kornílov era "um bravo soldado e patriota cujo erro foi fazer exigências antes que o sentimento público a seu favor fosse suficientemente forte para forçar a aceitação delas".[40] Ele achava que o Governo Provisório só poderia salvar a situação se tomasse "medidas rápidas e decisivas para restaurar a disciplina do Exército e da Marinha". Mas, dentro da embaixada dos Estados Unidos, ele era a única pessoa com alguma esperança de que isso pudesse acontecer. "Todos, com exceção de D. R. F., acreditam que um choque muito sério está prestes a ocorrer", escreveu J. Butler Wright. Ele e seus colegas estavam profundamente desanimados, depois de terem visto em Kornílov a última esperança da Rússia. E estavam começando a duvidar da compreensão que o embaixador de 67 anos tinha da situação: ele parecia cansado, velho e desconectado da realidade.[41]

O fracasso da marcha de Kornílov sobre Petrogrado, no final de agosto, acelerou muito a partida, já iniciada após os Dias de Julho, de cidadãos estrangeiros de Petrogrado. Todas as embaixadas restantes na cidade começaram a fazer planos de contingência para a evacuação de seus funcionários e suas colônias de expatriados. "Todos aqueles cujos deveres lhes permitem ir estão sendo mandados embora", disse Pauline Crosley à família. "Todas as embaixadas estão planejando a fuga daqueles que precisam permanecer. Não há medo de que os alemães cheguem em breve, mas se prevê uma séria revolta bolchevique, e seu sucesso significa *Anarquia*."[42] No final de agosto, J. Butler Wright foi enviado por David Francis para "fazer o reconhecimento de uma saída possível desta capital pestilenta no caso de o governo explodir ou sermos forçados a evacuar de repente".[43] Decidido a não correr risco, em 9 de setembro Wright pôs a esposa e o filho em um trem para Moscou, mais longe da frente alemã, e onde a situação interna era menos grave.

O adido naval Walter Crosley, seguindo as instruções de Francis, já havia fretado "um navio grande o suficiente para acomodar toda a colônia americana", o qual estava ancorado no Nievá. Em 3 de setembro, já estava pronto um plano para a evacuação de 266 pessoas: toda a colônia dos Estados Unidos, o pessoal da embaixada e do consulado e membros da missão da Cruz Vermelha, mas isso seria um último recurso, se a evacuação segura e ordenada para Moscou por via férrea se revelasse impossível. O consulado americano também já havia evacuado uma grande quantidade de seus arquivos por correio especial para seu equivalente em Moscou, e outros documentos importantes foram enviados da embaixada junto com a missão da Cruz Vermelha, quando ela partiu para lá.[44]

Os britânicos vinham fazendo planos de contingência semelhantes, até mesmo discutindo a possibilidade de ancorar "dois de nossos submarinos" no Nievá, em frente à embaixada, para uma evacuação de emergência. O cônsul britânico Arthur Woodhouse observou em uma carta que "se pode dimensionar a situação pelo número de britânicos que deixam o país. Em uma palavra, não é um lugar apropriado para senhoras e crianças inglesas". Mas seu dever "exige claramente minha presença aqui", disse à esposa em resposta a seus pedidos para que partisse. "Devo ficar até o fim. [...] Hoje em dia, o escritório é praticamente uma agência de turismo. O trabalho consular habitual é coisa do passado."[45]

Algumas das famílias britânicas que moravam em Petrogrado havia gerações e que tinham construído casas e aberto negócios na cidade já se preparavam para retornar à Inglaterra, forçadas a abandonar suas empresas, deixar para trás muitas de suas coisas mais queridas e viajar apenas com o que podiam carregar. "Eu estava vestindo todas as minhas roupas, não conseguia dobrar os braços de jeito nenhum, e tinha soberanos de ouro costurados no revestimento do casaco. Mamãe carregava seu precioso bule das bodas de prata", relembrou Dorothy Shaw, que tinha treze anos na época e cujo pai era gerente do lanifício Thornton em Petrogrado; eram uma das 36 famílias inglesas que trabalhavam na empresa e que se instalaram nas proximidades da fábrica. Ela e sua mãe foram para Bergen, onde, após uma espera de três semanas, pegaram o HMS *Vulture*, um navio-correio oficial britânico que operava entre a Inglaterra e a Noruega, escoltado por dois torpedeiros que as levou junto com outros refugiados britânicos de volta à pátria, através de um mar do Norte encrespado de submarinos alemães.[46]

Foi um período profundamente desanimador para famílias britânicas como essa, obrigadas a assistir, impotentes, a suas fábricas ficarem ociosas, serem irreparavelmente danificadas por greves punitivas ou forçadas a fechar diante de exigências salariais impossíveis. Ao longo de 1917, cidadãos britânicos viram as fortunas que seus antepassados haviam acumulado na São Petersburgo imperial — alguns desde o século XVIII — se desfazerem no caos da revolucionária Petrogrado. "Todos os domingos, a igreja inglesa ao longo do cais ficava mais vazia", recordou Edward Stebbing. "Rostos familiares estavam ausentes dos grupos de trabalho semanais na embaixada, havia tristeza, separação, dispersão em todos os lugares." A tensão de manter a unidade também estava afetando Sir George Buchanan. Stebbing ficou chocado ao ver "como ele parecia mesmo doente". Com a ameaça de outra revolução crescendo, Sir George enviou um pedido a todos os súditos britânicos para que notificassem o consulado de seus endereços, número de telefone e detalhes completos de todos os membros da família. Ele queria garantir que os cidadãos britânicos pudessem sair em segurança e com dignidade, se e quando chegasse a hora.[47]

Membros da aristocracia russa, temerosos da virulenta antipatia que agora enfrentavam, também estavam vendendo tudo e deixando a Rússia. "Todo mundo gostaria de emigrar, mas é difícil devido à impossibilidade de levar dinheiro para fora, ou de recebê-lo da Rússia", observou Louis de Robien; sua embaixada era assediada diariamente por russos que queriam ir para a França.[48] Até mesmo Elizaveta Naríchkina, ex-camareira da imperatriz e a mais antiga dama na corte, estava vendendo seus objetos de valor. Tinha um busto de porcelana de Sèvres de Maria Antonieta, dado pela própria rainha a seu avô, e estava desesperada para que o Louvre o comprasse, de modo que pudesse sobreviver.[49] Essa opção parecia infinitamente preferível ao busto que "um dia enfeitou a sala de um comerciante transatlântico de porcos". Nas ruas, os membros da antiga aristocracia imperial eram obrigados a enfrentar a hostilidade pública cada vez mais. Tentavam ser discretos, por medo de chamar a atenção, pois havia agora uma grande animosidade contra qualquer pessoa, russa ou estrangeira, percebida como representativa da burguesia. "Todos os que andavam bem-vestidos pareciam ansiosos", observou a princesa Cantacuzino-Speránski; "ninguém usava roupas elegantes". "Eu cobria discretamente qualquer artigo de vestuário que *talvez* pudesse despertar a ira deles com algo quase surrado quando saía à rua", escreveu Pauline Crosley.[50]

A atriz francesa Paulette Pax, sempre que saía, tratava de virar sua gola de pele de modo que esta não aparecesse, e pediu à criada que lhe emprestasse as botas desgastadas que lhe havia dado algum tempo antes.[51] Phil Jordan preocupava-se constantemente quando o embaixador saía em uma de suas longas caminhadas por Petrogrado: "Chefe, o senhor tem de parar de se pavonear com aquele chapéu de peles, aquela gola de peles de seu casaco, e as polainas e a bengala", admoestou-o. Ele estava certo ao fazê-lo, pois os estrangeiros eram perseguidos aos gritos à manifestação mais modesta de roupa elegante.[52] Claude Anet foi repreendido por ser um burguês na Niévski: "Você não é um dos nossos", foi-lhe dito. "Está usando luvas." Ella Woodhouse relembrou que estava com seu sobretudo comum e chapéu combinando quando embarcou em um bonde lotado. "O bonde chacoalhou, fui empurrada contra uma passageira de pé, que se virou para mim irada, e ouvi outra passageira dizer:

'*Dolói chliapku!*'" – Abaixo o chapéu! – acessório percebido como a insígnia de uma burguesa. "Não preciso acrescentar", continuou ela, "que desci na parada seguinte. Depois disso, passei a sair com um casaco velho com um botão visivelmente faltando e um xale sobre a cabeça."[53] "*Pense* em um país, uma capital, em que é imprudente aparecer na rua 'bem-vestida'", resumiu Pauline Crosley, exasperada. Ela ficou consternada por não ter visto um único homem "usando um chapéu de seda" nessa "grande capital de um país grande" durante todo o tempo em que esteve lá.[54]

Com o pânico se espalhando devido a um possível avanço alemão, uma parte da população civil de Petrogrado também estava agora tentando deixar a cidade. Milhares, "impulsionados pelo medo irracional" do desastre iminente, estavam desesperados para voltar a suas aldeias, onde achavam que tudo estaria bem. Pauline Crosley não conseguia ver o sentido desse êxodo em massa, "pois não ouvimos falar senão de desordens em toda a Rússia, e não sei de nenhuma localidade que seja realmente *segura*".[55] Louis de Robien viu as longas filas de pessoas esperando por passagens de trem, muitas vezes por até dois dias. Na estação Nicolau, "a sala de reservas, as plataformas e as linhas estavam cheias de pessoas acampadas no meio de sua bagagem, esperando pegar qualquer trem disponível":

> Soldados, *továrischi* e mulheres com seus filhos estavam de cócoras nas plataformas ou sentados sobre seus pacotes, cercados de sacos, caixotes amarrados com cordas, baús de madeira pintados de cores vivas, malas anódinas, samovares, colchões enrolados, utensílios domésticos e trompas de gramofone.[56]

Quando um trem finalmente chegava – muitas vezes depois de dois dias ou mais de espera – a multidão o invadia e abria caminho a cotoveladas; os que tinham dinheiro ofereciam subornos enormes para conseguir um assento precioso. Mas muitos dos desesperados eram pisoteados e feridos enquanto lutavam para subir a bordo.

Em setembro, para os estrangeiros que permaneceram na cidade, a vida se tornou cada vez mais instável, com multidões beligerantes protestando uma vez mais nas ruas. Emmeline Pankhurst, da janela de seu quarto, via os bolcheviques armados marcharem para lá e para cá brandindo armas.[57] Preocupado com a segurança dela, um grupo de oficiais russos que estavam no hotel se ofereceu para servir-lhe de guarda-costas armados quando precisasse sair, mas ela não aceitou; ela e Jessie Kenney não acataram a sugestão de que se disfarçassem de proletárias, a fim de evitar a ameaça de ataque nas ruas por serem membros desprezíveis da burguesia. Por intermédio da embaixada britânica, elas receberam alguns presentes preciosos na forma de comida inglesa, que apreciaram com gratidão; mas, quando saíram para uma visita a Moscou em agosto, muitas das coisas que deixaram no hotel foram roubadas. "As noites sem sono e a comida ruim, a tensão emocional" — tudo estava cobrando seu preço, escreveu Kenney, e o serviço no hotel estava ficando cada vez pior.[58]

A verdade era que, apesar das melhores intenções e do seu empenho enérgico, a missão de Emmeline Pankhurst na Rússia fora um fracasso. Ela demonstrara pouca ou nenhuma compreensão das mulheres russas, e muitas daquelas que procurara atrair julgaram que seu comportamento era paternalista. Por que deveria Pankhurst — uma inglesa de posição social de relativo conforto e privilégio — pregar a mulheres como elas, que tinham passado a vida inteira lutando para sobreviver contra um tipo de opressão política e social que estava além de sua compreensão ou experiência? No fim das contas, como observou Florence Harper, "as mulheres da Rússia estavam muito ocupadas revolucionando para se preocupar em serem organizadas".[59] De sua parte, Jessie Kenney gostava de pensar que, quando mais não fosse, "fomentamos a esperança e fizemos tudo que pudemos para manter a coragem e a fé".[60] Além do mais, Pankhurst fizera aquilo com considerável dor física e exaustão. "Ela parecia agora mais envelhecida e desgastada com uma luta após a outra, e os problemas gástricos contínuos a estavam consumindo", relembrou Kenney, e elas decidiram voltar para a Inglaterra. Mas Emmeline Pankhurst iria embora com fortes lembranças de Petrogrado, em especial de Maria Botchkariova, e levaria consigo uma advertência de que a situação na Rússia era "tão ruim quanto possível". O desafio que o governo tradicional enfrentava agora, com a política revolucionária — que Pankhurst achava arbitrária e brutal —, oferecia, em sua opinião, "uma lição objetiva para as democracias do mundo"; e "como era terrível essa lição".[61]

Antes de sua partida de Petrogrado com Pankhurst, Jessie Kenney providenciou para que seu diário da visita fosse contrabandeado para fora da Rússia, tendo sido avisada de que todo material de leitura não censurado era rotineiramente confiscado na fronteira com a Suécia, em Torneo. No caminho para a Inglaterra através da Finlândia e da Suécia para tomar o navio em Bergen, elas mais uma vez compartilharam o mesmo trem com Lady Muriel Paget.* Florence Harper também estava a bordo, tão "farta da Rússia, do pão preto, das metralhadoras e dos tumultos, dos assassinatos e da discórdia" que "sacudira a lama de Petrogrado de seus sapatos com mais prazer do que previra". Ao chegar a Londres, ela foi direto para seu primeiro desjejum decente em sete meses: "mingau, linguado, arenque defumado, bacon e ovos, torradas, geleia e chá"; mas naquela noite houve um ataque aéreo alemão.[62] Podia ter escapado da revolucionária Petrogrado, mas ainda estava na zona de guerra.

No entanto, alguns jornalistas estrangeiros obstinados permaneceram na cidade, aguardando a grande notícia de uma tomada do poder pelos bolcheviques, enfiados nos hotéis cada vez mais degradados da cidade. No Hotel de France, os americanos Ernest Poole, William G. Shepherd e Arno Dosch-Fleurot aprenderam a se defender. O hotel tinha sido refém de repetidas greves de garçons, cozinheiros e camareiras; havia lixo, sujeira e poeira em todos os lugares; os lençóis não eram lavados e as camas não eram feitas. Um dia, desesperados por algo para comer, eles foram até a enorme despensa do hotel, "onde do chão ao teto estavam empilhados copos, pratos e bules de café sujos". Pegaram um pouco da louça, lavaram-na e foram para a cozinha, onde "um velho cozinheiro, que não tinha entrado em greve com o resto, nos deu um café preto repugnante e grandes pedaços de pão de centeio pastoso", que levaram para seus quartos.[63] Assim era a vida de um correspondente estrangeiro, concordaram com humor sombrio. A maioria mal podia esperar para ir embora, mas outros ainda estavam chegando, mesmo naquele momento.

Na última semana de agosto, depois de fazer a longa viagem marítima de San Francisco a Yokohama, seguida por uma jornada de onze dias de Vladivostok a Petrogrado, um escritor inglês chegou à cidade com uma missão ambiciosa — e secreta. Fora enviado pelo Serviço Secreto de Inteligência (hoje MI6) "para impedir a revolução bolchevique", como disse mais tarde em tom grandioso, "e para manter a Rússia na guerra". Parecia uma ordem difícil para

* Após retornarem, Pankhurst e Kenney falaram sobre sua "missão russa" em duas grandes reuniões realizadas no Queen's Hall de Londres, nos dias 7 e 14 de novembro.

um espião britânico inexperiente, tuberculoso e solitário, recrutado porque conhecia um pouco de russo a partir da leitura dos contos de Tchékhov e que, por casamento, era parente de Sir William Wiseman, o homem do SSI em Nova York. Seu codinome era Somerville, e seu disfarce, o de jornalista fazendo reportagens sobre a situação na Rússia para a imprensa britânica. Seu verdadeiro nome era Somerset Maugham.

Ele já trabalhara como agente secreto britânico na Suíça em 1915-6 e morava em Nova York quando Wiseman o recrutou para ir a Petrogrado com o objetivo de subverter a propaganda alemã em favor da retirada da Rússia da guerra e oferecer apoio a Kerénski. Maugham chegou a Petrogrado em 19 de agosto com generosos 21 mil dólares para cobrir suas despesas e esperava manter-se "ocupado na cidade presumivelmente até o fim da guerra".[64] Como esteta e membro do círculo literário inglês, sua primeira visão da Niévski — depois de ter desfrutado da "extravagância" da Rue de la Paix e do "esplendor" da Quinta Avenida — foi deprimente. Achou-a "lúgubre, sórdida e dilapidada" e as vitrines das lojas "vulgares", mas a diversidade de sua densa população era completamente nova para ele, e julgou-a apaixonante: "ao caminhar ao longo da Niévski, via-se toda a galeria dos personagens dos grandes romances russos, de tal modo que se podia atribuir um nome a um após o outro".[65]

Maugham não demorou a ser apresentado a Kerénski, graças à sua amizade com Aleksandra Kropótkin, filha do lendário revolucionário, príncipe Piotr Kropótkin. "Acho que Kerénski deve ter pensado que eu era mais importante do que realmente era", escreveu Maugham mais tarde, "porque ele foi ao apartamento de Sacha em várias ocasiões e, andando de um lado para o outro da sala, discursava para mim como se estivesse num comício público, por duas horas de cada vez."[66] Maugham entrou rapidamente para o circuito social dos expatriados, encontrando-se com Hugh Walpole, da Agência de Propaganda Anglo-Russa, e jantando caviar e bebendo vodca com ele e outros amigos — e também com Kerénski — "às custas de dois governos", no conhecido restaurante Medved.[67] "Não creio que Maugham soubesse muito sobre a Rússia", Walpole referiu-se a ele num livro de memórias posterior, "mas sua recusa a fazer suposições sentimentais apressadas e sua pretensão cínica de que 'tudo ia de qualquer forma ficar pior' (ele não acreditava nisso nem por um momento) lhe davam um equilíbrio e uma calma de que alguns de nós precisavam muito".

O Maugham homem de letras e espião cavalheiro tinha uma qualidade que os espiões profissionais não tinham: "Ele observava a Rússia como se assistisse a uma peça de teatro, encontrando o tema e, em seguida, tentando perceber como o artista o desenvolveria", acrescentou Walpole.[68] Tratou de absorver a cultura, indo ao balé e ao teatro e atualizando sua leitura dos clássicos russos. Também tratou de se relacionar com os agentes aliados que estavam no Hotel d'Europe e no Astória, voltando ao seu quarto à noite para criptografar cuidadosamente as mensagens para seu controlador, Wiseman, em Nova York, nas quais Kerénski era "Lane", Lênin "Davis" e Trótski "Cole" e o governo britânico ganhou a alcunha de "Eyre & Co.".[69]*

Dezoito dias depois que Maugham se instalou discretamente no Hotel d'Europe, um novo par de repórteres americanos chegou à cidade. Ao contrário de seus compatriotas pragmáticos e experientes Florence Harper e Donald Thompson, que haviam chegado sem fanfarra em fevereiro, o carismático socialista e rebelde profissional John Reed e sua esposa, a jornalista feminista Louise Bryant, chegaram a Petrogrado com uma reputação de sentimentos esquerdistas e transbordantes de generosos ideais socialistas que garantiram a atenção.

Reed, que tinha trinta anos e vinha de uma família abastada e convencional de Portland (Oregon), fora uma espécie de playboy e palhaço durante seus anos de Harvard. Mudou-se para Greenwich Village e tornou-se uma figura-chave da vanguarda boêmia. Foi repórter da revista radical *The Masses*, de Nova York, na qual ganhou reputação por suas convicções políticas intransigentes ao abordar questões sociais e defender os trabalhadores, sendo um vigoroso apoiador dos militantes Wobblies (Operários Industriais do Mundo). Em 1913, durante a Revolução Mexicana, participou das forças rebeldes de Pancho Villa, e seus relatos vívidos contribuíram ainda mais para sua reputação. O trabalho de Reed para a liberal *Metropolitan Magazine* o enviou para a Europa em 1914. Ele queria escrever sobre a Frente Oriental, mas, embora no verão de 1915 tenha conseguido chegar a Petrogrado, onde foi brevemente detido pelas autoridades, recusaram-lhe permissão para trabalhar na zona militar

* As impressões de Maugham de Petrogrado em 1917 seriam mais tarde imortalizadas em sua coleção de contos *Ashenden*, publicada em 1928, que inclui um retrato devastador do frigidamente correto Sir George Buchanan no personagem de Sir Herbert Witherspoon.

russa. De volta a Nova York, continuou a produzir artigos inflamados contra a guerra e o envolvimento americano nela.[70]

Em dezembro de 1915, em Portland, Reed conhecera Louise Bryant, uma atraente e ruiva repórter social e ilustradora de moda de Nevada, que atuava no movimento sufragista feminino. Pouco depois, ela deixou o marido dentista e foi com Reed para Nova York, onde se casaram, após seu divórcio, em novembro seguinte. Depois da Revolução de Fevereiro, Reed estava ansioso para ir para a Rússia e ver as coisas por si mesmo, mas somente em agosto conseguiu levantar o dinheiro para sua viagem, como repórter da *The Masses* e de outro semanário socialista, o *New York Call*. Bryant viajou com ele, pois Reed conseguira seu credenciamento para escrever para a *Metropolitan Magazine* e a rede Bell. Em 1917, a imprensa convencional ainda não reconhecia correspondentes de guerra do sexo feminino, e a função de Bryant seria, nominalmente, escrever sobre a Rússia "do ponto de vista feminino".[71]

Devido ao orçamento apertado, o casal achou que os hotéis de Petrogrado eram mais caros do que poderiam pagar e então se instalaram num apartamento alugado enregelante, na rua Tróitskaia, 23 (onde dormiam de sobretudo). Queriam muito conhecer Arno Dosch-Fleurot, cujos relatos de Petrogrado acompanhavam desde 1916, e logo se juntaram a ele e aos colegas socialistas e jornalistas americanos Bessie Beatty e Albert Rhys Williams (um ex-ministro congregacional que Reed conhecera em Greenwich Village), que estavam na cidade desde junho e proporcionaram contatos valiosos, juntamente com os serviços compartilhados de um intérprete, Aleksandr Gumberg.

O relato definitivo de John Reed sobre a Revolução de Outubro se tornaria mais tarde o padrão-ouro dos relatos de testemunhas oculares sobre a Rússia revolucionária, mas em setembro de 1917 ele chegou a esse caldeirão político sem conhecimento da linguagem ou experiência de sua cultura e sua política, e sem contatos pessoais no governo, na sociedade ou no movimento revolucionário. Para compensar, tinha todo o arrojo, impulso e carisma, os poderes literários e o instinto jornalístico para encarar uma notícia tão grande e dramática, e percebeu que a história que estava fermentando seria a glória de sua carreira. Juntos, Reed, Bryant, Beatty e Rhys Williams uniram forças para contar a história da Rússia a partir de seu ponto de vista socialista comprometido, como partidários e *tovaríschi*, determinados a "sentir sua força — livre de cadeias" e, assim esperavam, testemunhar "o alvorecer de um novo mundo".[72]

Parte III

A Revolução de Outubro

13. "Pela vibração, pelo terror e pela grandeza, isso faz o México parecer pálido"

Graças aos atrasos de uma semana em Halifax, Nova Escócia e Estocolmo, John Reed e Louise Bryant viajaram durante quase um mês para finalmente chegarem enlameados e esgotados a Petrogrado. Haviam partido de Hoboken, Nova Jersey, em 17 de agosto de 1917 (EN), para Kristiania, na Noruega, em um navio a vapor dinamarquês, o *United States*. A maioria das pessoas a bordo era da Escandinávia, mas havia alguns homens de negócios americanos, bem como um contingente de exilados judeus retornando à Rússia para viver finalmente — assim esperavam — em liberdade. De seu convés da primeira classe, Louise podia ouvir suas vozes cantando canções revolucionárias no convés da terceira classe.[1]

Entre os passageiros americanos havia um grupo de sete jovens recém-formados que tinham sido recrutados pelo National City Bank para se juntar a Leighton Rogers, Chester Swinnerton e outros na filial de Petrogrado, de modo que alguns funcionários pudessem ser transferidos para Moscou. John Louis Fuller, trainee de 23 anos, de Indianápolis, era um deles. Nunca viajara para o estrangeiro e desfrutou da divertida companhia de Reed e Bryant na viagem de trem de Kristiania a Petrogrado, durante a qual teve "muitas" discussões políticas com eles.[2] Todos ficaram alarmados com o vigoroso roubo de suas bagagens quando soldados ordenaram que descessem do trem em Beloóstrov, última parada antes da estação Finlândia, e lastimaram a perda de "artigos de toalete, camisas, meias, colarinhos e lâminas" que foram confiscados por serem supostamente contrabando. Pior ainda: "O casal Reed perdeu a maior parte de suas coisas, inclusive sua carta de crédito", que estava na carteira de Reed, que também fora roubada, e Louise foi humilhada por ser "obrigada a se despir quando a revistaram".[3]

O embaixador David Francis foi cauteloso com eles quando se apresentaram pela primeira vez na embaixada. Eles chegaram com uma carta de apresentação de um funcionário federal de Nova York, pedindo que Francis oferecesse qualquer ajuda que pudesse na missão deles de estudar as condições sociais em Petrogrado. É possível que Francis tivesse visto o conteúdo da carteira roubada de Reed, que foi milagrosamente "devolvida" ao consulado americano logo depois (embora sem os quinhentos rublos em dinheiro que continha), tendo sido batida provavelmente por ordem superior, para que as credenciais de Reed pudessem ser checadas.[4] De qualquer maneira, depois que averiguou que Reed fora "recebido cordialmente pelos bolcheviques, aos quais havia aparentemente avisado de sua vinda", Francis ficou de guarda. "Naturalmente, eu considerava o sr. Reed um caráter suspeito e mandei vigiá-lo e investigar seu histórico e seus atos", relembrou ele. Essas suspeitas aparentemente se confirmaram quando, alguns dias depois, Reed apareceu em um comício de massa para protestar contra a prisão nos Estados Unidos e o julgamento vindouro de um anarquista russo-americano chamado Aleksandr Berkman, acusado de conspiração.[5] Leighton Rogers vira os cartazes colados em painéis espalhados pela cidade que anunciavam comícios para protestar contra essa punição do "Irmão Berkman na Oligarquia Capitalista dos Estados Unidos". Esses slogans violentos e o fato de Reed apoiá-los eram mais do que suficientes para alarmar Francis e seus funcionários.[6]

Pouco depois de sua chegada, Reed escreveu a um velho amigo que tinha "mais coisas do que posso escrever". "Estamos no meio dos acontecimentos, e, acredite em mim, é eletrizante. Há tanta coisa dramática para escrever que não sei por onde começar." Petrogrado já havia empolgado sua imaginação, contou-lhe Reed: "Pela vibração, pelo terror e pela grandeza, isso faz o México parecer pálido". Ele estava cheio de perguntas e ansioso para "ver tudo de uma só vez", como relembrou seu amigo Albert Rhys Williams, mas era impedido por ter apenas um conhecimento mínimo de russo. Não demorou muito para superar isso: com a ajuda de seu intérprete, Aleksandr Gumberg, logo dominou o suficiente do idioma para ser capaz de entender o essencial.[7] Rhys Williams ajudou-o a conhecer a cidade e apresentou-o junto com Bryant a seus muitos contatos russos; também os levou num passeio a pé a todos os lugares importantes ligados a eventos recentes, descreveu-lhes as manifestações e tumultos que havia testemunhado no início do ano, e juntos discutiram sobre o caminho que o desenlace da revolução poderia tomar a partir daquele momento.

Reed queria saber quem era o orador mais impressionante: Lênin ou Trótski? Mesmo sendo um socialista dedicado e bem informado, ignorara o esquivo líder bolchevique até que a imprensa norte-americana começou finalmente a falar de Lênin depois dos Dias de Julho, e estava ávido por conhecê-lo.[8] Rhys Williams tinha certeza de que a Rússia revolucionária significaria a maioridade de Reed, tal como tinha sido para ele próprio: "A revolução não era algo com que se pudesse brincar. Não era possível começá-la e depois largá-la. Era algo que se apoderava de você, o sacudia e possuía". Os bolcheviques estavam trabalhando pelo tipo de justiça social em que ambos acreditavam, e eles queriam isso "com mais paixão do que qualquer outro grupo". Viam a batalha que se aproximava como uma franca guerra de classes: "Ninguém comerá bolo até que todos tenham pão", pregava Rhys Williams. Esses ideais elevados eram maravilhosos em princípio, a uma distância segura, mas, como eles logo descobririam, a prática revolucionária em Petrogrado era outros quinhentos.[9]

A interceptação de comentários inflamatórios de Reed, sugerindo que se os bolcheviques ganhassem o controle, "a primeira coisa que fariam seria expulsar todas as embaixadas e todos aqueles ligados a elas", sugeriu ao embaixador Francis que Reed apoiava abertamente a derrubada do governo de Kerénski.[10] Reed e Bryant já estavam prevendo "problemas em algumas semanas, quando os sovietes combinados realizam sua reunião aqui", como observou John Louis Fuller. Na viagem dos Estados Unidos, Fuller "os ouviu profetizar muitas coisas que não se tornaram realidade, então talvez este seja outro de seus falsos alarmes".[11] Para a maioria dos americanos que o encontraram em Petrogrado, o obstinado e franco Reed parecia provocador, mas também politicamente bitolado e até mesmo tolo.[12*] Sua visão de Petrogrado parecia

* Leighton Rogers não tinha Reed em muito alta conta, como anotou em seu diário: "Esse jovem [...] está circulando em Petrogrado brincando de revolucionário. Eu o vi em cima de caminhões jogando folhetos vermelhos e posando de forma visível ao lado de oradores em comícios de rua bolcheviques. [...] Deixa-me furioso ver esse arrogante poseur ajudando os

muito limitada e politicamente ingênua para aqueles expatriados que moravam lá havia muitos anos. A Rússia, para os impressionáveis Reed e Bryant, era uma aventura política, uma chance de testemunhar um experimento socialista em construção, mas, tendo chegado "na crista de uma contrarrevolução", no final do caso Kornílov, eles logo experimentaram o pleno impacto de uma cidade sob cerco político e econômico.[13]

Louise Bryant ficou chocada com as longas filas de "pessoas escassamente vestidas de pé no frio cortante" e com as lojas "deploravelmente vazias"; para seu horror, uma pequena barra de chocolate americano de cinco centavos custava atualmente sete rublos — cerca de 75 centavos de dólar.* Ela ficou impressionada com uma anomalia absurda: embora lhe dissessem que a cidade tinha comida suficiente para apenas três dias e não houvesse roupas quentes para comprar em nenhum lugar, passava por "vitrine após vitrine cheias de flores, espartilhos, colarinhos clericais e perucas".[14] Ainda mais absurdo era o fato de que os espartilhos eram do "tipo cintura de vespa mais caros e fora de moda" e de que as mulheres da antiga aristocracia que poderiam usá-los "haviam desaparecido em grande parte da capital". Mas a "Petrogrado Vermelha" a impressionou, com sua tremenda solidez e presença, "como se fosse construída por um gigante que não tivesse consideração pela vida humana". Ela mantivera a "força rude" de Pedro, o Grande, que a construíra duzentos anos antes com tremenda determinação despótica; e todos os estragos de guerra que se acumularam sobre ela não tinham ainda sufocado completamente seu espírito ou sua vida cultural.

"A Niévski depois da meia-noite era tão divertida e interessante quanto a Quinta Avenida à tarde", observou Bryant. "Os cafés não tinham nada para servir, exceto chá fraco e sanduíches, mas estavam sempre cheios." "O champanhe ainda borbulhava em cabarés e boates à luz de velas, muito tempo depois que o fornecimento de energia elétrica fosse cortado."[15] O cinematógrafo, onde se podia ver os últimos filmes americanos de Chaplin, Fairbanks e Pickford,

---

bolcheviques com o argumento de que o 'proletariado americano' os apoia em sua paz separada. [...] Quando penso nos bons jovens americanos que terão de suportar o peso do ataque maciço alemão que certamente está por acontecer na França [...] em quantos deles serão mortos, meu sangue ferve ao pensar em John Reed".

* Em 1917, a taxa de câmbio era de cerca de onze rublos por dólar.

estava "brilhante, com luzes até o anoitecer, e lotado até às portas". Podia-se ainda ir à ópera no Mariínski, ver *Príncipe Igor* ou *Boris Godunov* — e ouvir Chaliápin cantar —, ou juntar-se à plateia lotada para ver a requintada Karsávina dançar *Paquita*.[16] Após uma ausência de vários meses, a trupe francesa retornara ao Mikháilovski com um repertório de comédias francesas leves para contrabalançar a melancolia dramática da produção de Meyerhold de *A morte de Ivan, o Terrível*, de Aleksei Tolstói, que estava em exibição no Aleksandrínski.[17] "A única diferença era a clientela", que era agora "uma multidão heterogênea cheirando a couro de bota e suor" e que provavelmente "ficara sem pão para comprar os ingressos baratos".[18]

John Reed também ficou surpreso ao ver que "os clubes de jogo funcionavam freneticamente do crepúsculo à alvorada, com o champanhe rolando e apostas de 20 mil rublos. No centro da cidade, à noite, prostitutas com joias e peles caras andavam de um lado para o outro, enchendo os cafés".[19] "Como a Pompeia de antigamente, a cidade festejava e se alegrava" enquanto o vulcão roncava, observou uma testemunha ocular.[20] No entanto, havia um considerável nervosismo gerado por rumores de um avanço alemão, e continuava a ameaça de ataques de zepelim e até mesmo de aviões. Faziam-se exercícios frequentes "em caso de ataque, com o som de sirenes, a mobilização de bombeiros e o desligamento das luzes", mas essas coisas pareciam inúteis numa cidade onde poucas edificações tinham porões em que as pessoas pudessem refugiar-se. A atmosfera era de tanto desespero que alguns expressavam abertamente o desejo "de que os exércitos alemães viessem e tomassem logo posse — quanto mais cedo melhor —, para que a angústia pudesse acabar, mesmo pela ocupação de uma potência estrangeira".[21] Qualquer coisa era melhor do que aquele perpétuo estado de incerteza. "Cada dia, o moral russo afunda mais, e logo pode chegar a um ponto em que a Alemanha possa fazer com ele o que quiser", escreveu Leighton Rogers. "Parece-me que alguns milhões de dólares de vigorosa propaganda aliada, realizada por homens que entendem a situação, seriam capazes de conter os alemães e salvar este grande e generoso povo para nós. Mas não temos essa propaganda e estamos perdendo por omissão."[22]

Enquanto a frágil vida política da cidade se estremecia a cada nova crise, iniciou-se, em 14 de setembro, um Congresso Democrata de nove dias no teatro Aleksandrínski de Petrogrado, com a participação de cerca de 1600 delegados, no qual a liderança nacional apresentaria um programa de democracia revolucionária para o novo governo a ser votado pela Assembleia Constituinte. Semelhante ao Congresso de Moscou realizado em agosto, tratava-se de uma última tentativa de construir algum tipo de unidade entre o establishment de direita, os cadetes liberais e a esquerda socialista, no meio do caos político contínuo. Mas poucos tinham alguma esperança de sucesso. "A Conferência Democrática é como um muro áspero e construído às pressas, cheio de lacunas e fendas", escreveu Harold Williams. "As pessoas se aglomeraram nele para obter calor e abrigo dos ventos frios e cortantes que sopram sobre a Rússia neste outono da Revolução, mas não há muito conforto a ser encontrado."[23] O quarteto americano de Beatty, Bryant, Reed e Rhys Williams estava lá, bem como alguns repórteres estrangeiros e diplomatas aliados, que tiveram permissão para observar os pronunciamentos sentados nos antigos camarotes imperiais, que haviam tido as insígnias dos Románov arrancadas e substituídas por bandeiras vermelhas e estandartes revolucionários.

Para Somerset Maugham, sofisticado membro da alta sociedade, a experiência de um congresso socialista volátil e combativo, povoado por plebeus do tipo com o qual ele jamais conviveria normalmente, foi bastante reveladora. Ele examinou os tipos "camponeses" da plateia com considerável desdém, manifestando sua impressão geral de que se tratava de um "povo atrasado e rústico" com "rosto ignorante e um olhar vazio". Apesar da falta de instrução, essa assembleia parecia feliz por ser submetida a longos discursos pronunciados com "grande fluência, mas com fervor monótono", por oradores que eram o tipo de homem, pensou Maugham, que se pode ver "falando no comício de um candidato radical para eleitores do sul de Londres". Ele julgou-os, apesar de toda a fluência e agressividade, medíocres; e achou "incrível" que gente daquele tipo "estivesse no controle desse vasto império".[24]

Arthur Ransome também estava lá, em uma de suas últimas tarefas antes de retornar à Inglaterra, e observou que "o único entusiasmo verdadeiro despertado na reunião foi por Kerénski", que subiu à tribuna vestido com o uniforme cáqui de soldado raso. Maugham ficou impressionado com sua falta de força física. Parecia estar "com a cara verde de susto" e ter "um olhar estranhamente assombrado" enquanto fazia um discurso intenso e apaixonado por mais de uma hora sem anotações, no qual pedia um voto de confiança, insistindo que somente um governo de coalizão poderia salvar o país.[25] Ransome, que estava "a um metro" de Kerénski, notou que ele parecia estar extremamente estressado. "Vi o suor cair na sua testa, observei sua boca mudar enquanto enfrentava ora um, ora outro grupo de seus adversários", escreveu em seu despacho ao *Daily News*, impressionado com o "tremendo esforço" que Kerénski fizera para lidar com a "interrupção constante da esquerda".[26]

Ao escrever para o *Daily Chronicle*, Harold Williams não conseguiu se entusiasmar com o estilo declamatório estridente de Kerénski, pronunciado sempre no mesmo tom incansável, e sentiu-se constrangido nos momentos fingidos de "doloroso emocionalismo". Mas tinha de admitir que "fosse Kerénski um grande ou pequeno homem", não havia "nenhum outro na Rússia" naquele momento que pudesse tomar seu lugar; com certeza, não os seus ridículos detratores bolcheviques.[27] Ransome ficou consternado com o comportamento deles: "Somente eles, num momento de terrível dificuldade, trouxeram para a assembleia a indiferença irresponsável de uma sociedade de debates", enquanto "sorriam, indiferentes às palavras que para os oradores representavam sangue e lágrimas".[28]

Durante seu discurso, Kerénski "ficara praticamente no meio do público, como se quisesse apelar pessoalmente a cada indivíduo"; Somerset Maugham percebeu que seu apelo era "ao coração e não à mente". Para ele, era uma "expressão superficial de sentimento" que ele, inglês reservado, achou "um pouco embaraçosa", mas que Kerénski manipulou com tanta habilidade que causou um "tremendo efeito" nos russos mais suscetíveis, que pareciam ser conquistados com facilidade pelo poder das palavras. No final do seu discurso, Kerénski recebeu uma ovação, mas seria sua última. "A impressão final que tive", recordou Maugham, "foi a de um homem exausto."[29] A exaustão de Kerénski era sintomática de um congresso cada vez mais marcado pela desunião, por um sistema de votação exasperante e por intermináveis e cansativos atrasos nos procedimentos. Prevaleceu a reação bolchevique extremamente hostil a todos os gestos conciliatórios, culminando num abandono do recinto em massa, o que possibilitou uma resolução aprovada por pequena maioria para que Kerénski formasse um pré-parlamento antes da eleição de uma Assembleia Constituinte.[30]

Em 26 de setembro, Arthur Ransome partiu para a Inglaterra por via marítima com uma sensação muito clara do perigo que se aproximava; o que ele vira no congresso o convencera de que os bolcheviques preparavam o terreno para tomar o poder. Ele esperava, no entanto, que uma breve pausa na Inglaterra, para um descanso muito necessário e um lugar para pescar, lhe desse tempo de recuperar as energias antes de retornar a Petrogrado para o confronto final. Mas estava errado: os acontecimentos não iriam esperar por ele.* Seu amigo e colega jornalista Harold Williams permaneceu em Petrogrado para aguardar o inevitável, sentindo-se cada vez mais sombrio sobre o que estava por vir: "Pouco importa quais resoluções sejam aprovadas", escreveu pouco depois do congresso. "O destino da Rússia não deve ser decidido aqui. Outras forças estão agindo, concretas, severas, inexoráveis, e guiando a Rússia. Mas para quais destinos, quem nesta época amarga e trágica pode prever ou predizer?"[31] Sir George Buchanan, que também observou algumas das sessões, foi enfático sobre seu impacto: em carta ao Ministério das Relações Exteriores, declarou que "o único resultado foi dividir a democracia em um número infinito de pequenos grupos e minar a autoridade de seus líderes reconhecidos". E fez uma advertência:

> Os bolcheviques, que compõem uma minoria compacta, são os únicos que têm um programa político definido. Eles são mais ativos e mais bem organizados do que qualquer outro grupo, e enquanto eles e as ideias que representam não forem finalmente esmagados, o país continuará a ser presa da anarquia e da desordem. [...] Se o governo não for forte o suficiente para derrubar os bolcheviques pela força, ao risco de romper totalmente com o Soviete, a única alternativa será um governo bolchevique.[32]

Em contraste com tanto pessimismo e desânimo, o enérgico enviado da Cruz Vermelha dos Estados Unidos, Raymond Robins, continuava otimista. Assistira a todas as sessões do congresso, embora tivessem sido "uma atividade contínua da natureza mais cansativa", com sessões que duraram até as quatro horas da manhã em duas ocasiões. Ele estava entusiasmado com isso, a "primeira Conferência Social-Democrata da história mundial em que

* Ransome perdeu a Revolução de Outubro, tendo voltado a Petrogrado no dia de Natal (EN, 12 de dezembro EA). O correspondente Robert Wilton, do *Times*, também perdeu, tendo ido embora em meados de setembro. Com a partida de Wilton, não havia correspondente do *Times* em Petrogrado para cobrir os eventos que eclodiram em outubro.

o poder do governo estava representado pela liderança socialista".[33] Mas ao mesmo tempo que notou os indubitáveis dons oratórios de Kerénski, Robins viu o carismático Trótski mobilizar seus partidários bolcheviques durante a conferência e saiu sentindo que "o líder mais habilidoso e perigoso da extrema esquerda era Trótski"; além disso, percebeu que o congresso tornara próximo um choque inevitável entre os bolcheviques (o "partido que tendia à paz separada destruidora") e os moderados. Muitas pessoas já haviam deixado Petrogrado, "acreditando que faltam apenas um ou dois dias para a comuna e a guerra civil com assassinatos e saques", contou Robins à sua esposa em 24 de setembro, mas ele continuava convencido de que o novo governo de coalizão "ainda dominaria a situação". Apesar de todas as incertezas, estava otimista quanto ao sucesso de sua missão: "O fato de vivermos na beira de um vulcão e podermos ser esmagados a qualquer momento simplesmente aumenta o prazer do serviço. [...] Estou satisfeito que a Revolução nunca voltará atrás e que a Rússia alcançará uma grande realização da liberdade e do progresso social".[34]

O cansado Sir George Buchanan, depois de muitos anos na Rússia, não tinha esse otimismo. Pouco depois do Congresso Democrata, ele convidou seus colegas franceses, italianos e americanos para fazer um contato coletivo com o governo de Kerénski a fim de tratar "da situação tanto militar quanto interna".[35] David Francis recusou-se a participar, atitude que seu assistente J. Butler Wright comentou com consternação: "*Todos*, com exceção de [Francis], acreditam que um choque — e um choque grave — está prestes a ocorrer em breve. Desejamos fervorosamente que ele venha e seja superado".[36] Em 25 de setembro, Buchanan e seus colegas encontraram-se com Kerénski para exortar o governo a "concentrar todas as suas energias no prosseguimento da guerra" e restaurar a ordem interna, aumentar a produção fabril e restabelecer a disciplina no Exército. Mas quando Sir George leu a declaração conjunta vazada em termos moderados, Kerénski interrompeu a entrevista com "um aceno de mão" e foi embora exclamando: "Vocês esquecem que a Rússia é uma grande potência!". Sir George achou esse "toque napoleônico" petulante indigno dele. Como o colega diplomata Louis de Robien observou concisamente: "O tsar também se recusou a ouvir Sir George em circunstâncias semelhantes: algumas semanas depois, perdeu a coroa!".[37]

Enquanto setembro se transformava em outubro, a vida de Petrogrado continuava sendo medida pelo mesmo e tedioso conflito entre facções e slogans, por reuniões entorpecedoras, greves não autorizadas pelos sindicatos, rumores e contrarrumores. "A falação interminável quando era necessária a ação, as vacilações, a apatia quando a apatia só podia resultar em destruição, os protestos altissonantes, a insinceridade e a falta de entusiasmo que encontrei em toda parte me davam náuseas", escreveu Somerset Maugham, cansado.[38] "Os agitadores são persistentes", observou Leighton Rogers. "Realizam-se comícios diários em várias partes da cidade, em protesto contra isto e aquilo, qualquer coisa, desde que seja um protesto. [...] Assim que se levanta um pouco de esperança, vem algum rumor desanimador e a derruba. O nível do ânimo da cidade está afundando lenta e inevitavelmente."* "Sempre o mesmo caos, a mesma incerteza", escreveu a residente francesa Louise Patouillet. "Esta revolução é verdadeiramente o caminho para o Calvário."[39]

Um sopro nítido do inverno que se aproximava encheu então o ar, enquanto a cidade esfomeada se tornava mais uma vez um lugar de névoas úmidas, ventos enregelantes, pouco ou nenhum sol e chuva persistente. As ruas compunham uma visão triste, com blocos do pavimento tirados e buracos escancarados deixados em seus lugares. O capim crescia entre os paralelepípedos da outrora imponente praça diante do Palácio de Inverno. As ruas lotadas de Petrogrado no outono, com sua gente pardacenta já sem a cor do verão, davam "uma intensa impressão de sujeira, algazarra e movimento caótico".[40] Sob o céu plúmbeo e chuvoso, a cidade parecia ainda mais melancólica. "Pobreza e sujeira. Essas são as minhas impressões ao chegar aqui", escreveu o desconsolado novo embaixador belga, Jules Destree, quando desceu do trem em meados de outubro de 1917:

> Nesta época de final do outono, Petrogrado é uma cloaca revoltante. Uma lama líquida e pegajosa cobre as ruas e as calçadas. Ela salpica as janelas dos andares inferiores dos edifícios e se espalha sobre os sulcos da rua, esguichando traiçoeiramente

* Um dos pontos positivos da retirada da proibição tsarista de reuniões públicas foi o renascimento na Rússia do Exército de Salvação; pregadores da Finlândia retornaram à cidade após a Páscoa de 1917 e realizaram uma série de grandes comícios públicos. Mas não durou muito; o governo soviético proibiu o Exército de Salvação em 1923.

> sob os pés, tornando arriscado pisar em pedras soltas. Nunca vi nada tão horrível, exceto em certas ruas barrentas de Constantinopla. Os habitantes da cidade sorriem diante de meu melindre, enquanto se debatem nesse lamaçal com sua habitual resignação. É um dos males da guerra — há outros, muito piores. Nos dias de antigamente, as ruas eram excelentes e bem mantidas, mas o Exército convocou toda a mão de obra e a sujeira tomou conta da capital indefesa.[41]

Os rostos da população faminta e rota de pé nas filas eram o que mais afligia o estressado Destree, tal como acontecia com todos os novos visitantes da cidade: pareciam "dóceis, submissos, e, sem nenhuma indicação da polícia, eles simplesmente entram na fila, um atrás do outro [...] simplesmente esperam na chuva e sob o vento gelado, tiritando de frio". Ele concluiu que tinham "a mentalidade de escravos fatalistas" e não importava que tipo de governo tivessem.[42]

Enquanto Petrogrado definhava numa apatia induzida pela fome e exaustão, um novo perigo rondava as ruas. Como o fornecimento de eletricidade doméstica fora reduzido para o período entre seis da tarde e meia-noite e as luzes da rua não eram acesas por medo de ataques de zepelim, ocorreu um aumento dramático de roubos, estupros e homicídios à noite. Pouquíssimas pessoas se aventuravam a sair após as onze horas; os estrangeiros que o faziam mantinham-se no meio da rua, afastados dos recessos e cantos escuros, e, se tivessem, carregavam um revólver no bolso.[43]* Arthur Reinke observou que seus amigos estavam comprando revólveres para se proteger, ao preço de 125 dólares cada um. "Acho desejável, à noite, levar consigo trinta rublos", acrescentou, "prontos para serem entregues a um assaltante a fim de evitar uma entrevista dolorosa e confusa." Para os residentes estrangeiros daquela época, eram muitos os perigos nas ruas:

> Das mulheres, tiravam os sapatos dos pés; dos homens, tiravam as roupas na rua. Três homens entraram numa loja de peles em frente ao hotel; um começou a empacotar algumas peles valiosas pelas quais não havia pagado; o dono da loja

* Uma noite, John Reed foi assaltado e roubado, mas, depois de conseguir explicar em algumas palavras russas que ele era "americano e socialista", seus objetos foram "prontamente devolvidos, apertaram-lhe a mão cordialmente e, para seu júbilo, foi mandado embora".

pediu ajuda, o que trouxe uma turba irritada; os três homens foram rapidamente cercados e linchados pela multidão; descobriu-se depois que dois deles eram clientes inocentes. De um amigo meu, um soldado roubou o alfinete de gravata na Niévski, em plena luz do dia. [...] Sua mãe, quando estava sentada num bonde, teve a bolsa de couro tirada do colo por um soldado que, antes de descer, se virou para ela da porta, ameaçando a de brincadeira com o dedo, como se fosse uma criança [...] um hóspede de nosso hotel desapareceu e seu corpo foi encontrado uma semana depois no rio — sem uma grande quantia de dinheiro que se sabia que levava consigo.[44]

Pessoas eram muitas vezes esfaqueadas e mortas simplesmente porque não entregavam seus objetos de valor rapidamente quando abordadas, e Reinke relembrou que os ladrões sempre usavam uniforme de soldados e portavam um fuzil, parando pedestres sob o pretexto de pedir para ver seus documentos, após o que "limpavam os bolsos" de suas vítimas. Entrementes, muitas coisas acabavam no centro da cidade, numa "Feira dos Soldados", onde se viam centenas de soldados "vendendo os despojos de seus roubos": "quase todos os artigos possíveis, inclusive seus uniformes, botas, armas, joias, pinturas, estatuária e outras coisas obviamente roubadas por eles".[45] O roubo era endêmico, e não apenas em Petrogrado. Os suprimentos dos distritos de cultivo de alimentos eram constantemente interrompidos porque os trens que os carregavam para Petrogrado eram atacados e saqueados muito antes de chegarem à cidade. Essa violência era sintomática do que estava acontecendo no campo russo, onde o gênio da anarquia havia muito reprimido fora finalmente solto com uma vingança terrível e brutal. Os camponeses, particularmente no sul da Rússia, estavam atacando fazendas, matando seus proprietários, saqueando e vandalizando suas casas senhoriais, incendiando-as, abatendo gado e queimando os grãos armazenados em seus celeiros.

No outono de 1917, na ausência do "arquirrevolucionário Lênin", que ainda estava escondido na Finlândia, a figura mais persuasiva do palco político de Petrogrado era, sem dúvida, Leon Trótski.[46] Embora fosse originalmente um menchevique e, por algum tempo, uma espécie de diletante político, a sua organização de greves e manifestações na esteira do massacre do Domingo

Sangrento de 1905 marcara o início de sua ascendência política. Depois de fugir do exílio na Sibéria em 1907, passara um tempo na França e na Espanha, antes de ser deportado e se fixar em Nova York. Quando irrompeu a Revolução de Fevereiro, deixou apressadamente seu apartamento no Bronx para retornar à Rússia, aderindo finalmente aos bolcheviques. Como o neurótico Lênin ainda estava temeroso de se mostrar, Trótski tornou-se o rosto público da liderança bolchevique. Louise Bryant achou-o "parecido com Marat" quando o viu falar no Congresso Democrata. Sua oratória de estilo "fogo e enxofre" tinha sido "veemente, como de uma serpente", e ele havia "balançado a assembleia como um vento forte agita o mato alto". Nenhum outro orador havia criado "tamanho alvoroço" como Trótski, ou provocado "tamanho ódio à menor declaração" com suas violentas e "cortantes palavras", ao mesmo tempo que mantinha a cabeça fria.[47]

No dia 25 de setembro, Trótski reforçou sua ascensão quando foi eleito presidente do Soviete de Petrogrado, no qual os bolcheviques tinham agora a maioria. Arno Dosch-Fleurot esteve no Instituto Smólni para testemunhar a reunião, que se realizou na grande sala de conferências dessa antiga escola feminina:

> Com exceção de um pequeno grupo de operários, o chão estava coalhado de soldados — grandes e barbudos soldados camponeses loiros do norte da Rússia, que haviam desertado do front de Riga. No palco havia uma dúzia de homens escuros com rosto ardente, a maioria vestida com calças e jaquetas de couro preto, tal como usadas pelos carteiros de motocicleta do Exército. Vistos acima dos milhares de cabeças loiras, seus cabelos pretos e roupas pretas faziam um forte contraste.[48]

O couro preto já se tornara o uniforme onipresente dos bolcheviques, observou Fleurot. Trótski usava-o também — e seria doravante sua marca registrada. Tal como Bryant, Fleurot testemunhara a violência de sua invectiva, quando Trótski disse a sua plateia no Smólni que a Revolução Russa estava chegando ao ponto em que a Revolução Francesa estava "quando os jacobinos ergueram a guilhotina". Ao ver Trótski ser eleito naquele dia, Fleurot teve certeza de que "haveria uma revolução bolchevique bem-sucedida".[49] Leighton Rogers também notou o poder da retórica de Trótski: "Esse tal de Trótski é o rei dos agitadores; ele poderia provocar tumulto em um cemitério", escreveu depois de ouvi-lo falar diante da Mansão Kschessinska, onde ficou alarmado com a "expressão selvagem em seus olhos agitados de gato". Trótski falara com "o entusiasmo e a verborragia de um fanático incapaz de acompanhar o voo de suas ideias e sem respeito pela precisão".[50] O russo de Rogers era muito bom e ele não tinha dificuldade em entender a essência da retórica bolchevique familiar e exagerada de Trótski. Na opinião de Rogers, ela se resumia aos mesmos componentes estridentes e revoltosos, que parafraseou em tom de brincadeira em seu diário:

> Camaradas, em algumas semanas, uma semana, alguns dias, vamos nos levantar da nossa escravidão ao governo capitalista de Kerénski, instrumento dos imperialistas britânicos e franceses, e arrancar o poder de suas mãos. Faremos isso por vocês, para que possam ser homens livres como a Revolução quer que vocês sejam. Vocês devem apoiar o Soviete porque lhes daremos: primeiro, paz; segundo, pão; terceiro, terra. Sim, tomaremos toda a terra dos ricos e a dividiremos entre os camponeses; e reduziremos as horas de trabalho, meus camaradas das fábricas, para quatro, com o dobro do salário que agora recebem. E vocês verão punidos os criminosos do antigo regime e do governo autocrático de Kerénski, junto com os capitalistas proprietários que escravizaram vocês e os camponeses. Portanto, apoiem-nos, camaradas, e acrescentem suas vozes ao nosso grito de guerra de "Viva o proletariado internacional e a Revolução Russa!". Trabalhadores do mundo, uni-vos; vocês só têm suas correntes a perder!

Rogers sabia que era "mentira", e admitiu em seu diário que "alguma coisa nesse homem me provoca inquietação". "Ele tem um grande número de seguidores e é perigoso. Essas pessoas são facilmente hipnotizadas pela conversa." Trótski estava espalhando sua mensagem inflamatória por toda a Petrogrado, argumentando que o povo russo não poderia salvar a revolução enquanto a Rússia ainda estivesse lutando na guerra. Precisava de paz a fim de ser livre para "fazer a guerra à burguesia".[51]

Em contraste com o vigor de Trótski, Kerénski era um homem muito doente. Durante algum tempo, sofreu de problemas de estômago, pulmões e rins, e estava cada vez mais dependente da morfina e do brandy para controlar não apenas a dor física, mas também seu profundo cansaço.[52] Quando Louise Bryant e John Reed conseguiram finalmente encontrá-lo no Palácio de Inverno, ele parecia alquebrado. Encontraram-no na biblioteca privada de Nicolau II, "[deitado] num sofá com o rosto enterrado nos braços, como se tivesse ficado subitamente doente ou estivesse completamente exausto". Bryant atribuiu muito desse cansaço ao fato de Kerénski saber que a "luta de classes que se aproximava" seria longa, e que talvez não tivesse estômago ou energia para ela. "Lembre-se, esta não é uma revolução política", disse à esposa de John Reed. "Não é como a Revolução Francesa. Trata-se de uma *revolução econômica*", que exigiria uma "profunda reavaliação das classes" e um realinhamento das muitas nacionalidades russas. "Lembre-se de que a Revolução Francesa demorou cinco anos e que a França era habitada por um único povo", disse ele, acrescentando que "a França é do tamanho de um dos nossos distritos provinciais. *Não, a revolução russa não acabou, está apenas começando.*"[53]

Incapaz de resistir mais, Kerénski voltou-se, em desespero, para o agente britânico Somerset Maugham, convocando-o ao Palácio de Inverno. Maugham já enviara uma mensagem codificada a seu controlador Wiseman, em Nova York, informando que a popularidade de Kerénski estava despencando. Na sua opinião, o governo britânico deveria a apoiar os mencheviques contra os bolcheviques e investir dinheiro num programa de espionagem e propaganda com essa finalidade, a ser levado a cabo por agentes secretos tchecos que ele conhecia na cidade. No encontro realizado no Palácio de Inverno, Kerénski pediu a Maugham que memorizasse uma mensagem secreta para o primeiro--ministro britânico, David Lloyd George, e a levasse para a Inglaterra, pedindo--lhe que enviasse urgentemente armas e munições e que removesse de seu posto Sir George Buchanan, de quem Kerénski não gostava. "Não vejo como podemos continuar", disse a Maugham. Ele precisava de alguma coisa positiva para dizer ao Exército, para mantê-lo na luta.[54]

Maugham saiu de Petrogrado na mesma noite num destróier britânico em direção a Oslo. Os pedidos de Kerénski, quando os apresentou, foram sumariamente rejeitados por Lloyd George, mas Maugham nunca conseguiu retornar a Petrogrado para transmitir a mensagem. Enquanto isso, Sir George Buchanan, que ainda insistia tenazmente com Kerénski para que assumisse uma postura ativa e erradicasse o bolchevismo antes que fosse tarde demais, teve mais uma vez sua sugestão rejeitada. Ele não conseguiria controlar os bolcheviques, disse Kerénski, "a não ser que eles próprios provocassem uma revolta armada", pois isso poderia resultar numa contrarrevolução.[55] Somerset

Maugham compreendeu essa incapacidade de tomar medidas positivas: Kerénski estava "mais temeroso de fazer a coisa errada do que ansioso para fazer a certa", escreveu posteriormente em suas memórias, "e assim ele não fazia nada até ser forçado pelos outros a agir".[56*] Para Kerénski, o apaziguador, uma resposta reativa ao golpe vindouro bolchevique era a única opção que lhe restava. Mesmo nesse estágio tardio, ele ainda acreditava que poderia vencer: "Eu só queria que eles pusessem a cabeça para fora", disse a Sir George, "e então eu os esmagaria".[57]

Em meados de outubro, houve novos relatos de uma crescente hostilidade contra os estrangeiros em Petrogrado. Desde o início do mês circulavam rumores sobre planos bolcheviques de "matar americanos" ou até mesmo iniciar "um massacre geral dos estrangeiros" a qualquer momento.[58] "Deve haver alguma coisa nas ameaças", escreveu Leighton Rogers em seu diário, "porque a embaixada informou a todos os americanos que haverá um barco fluvial no cais acima da ponte Litéini pronto para levá-los a bordo caso acontecesse uma irrupção de violência [...] preparado para navegar rio acima até o lago Ladoga e uma cidade costeira junto à ferrovia de Murmansk, onde os passageiros podem transferir-se para os trens". O vapor requisitado por Walter Crosley estava pronto e à espera, provido com mapas de navegação; além disso, dois guardas voluntários da colônia americana estavam sempre a bordo.[59] Leighton Rogers e seu colega Fred Sikes haviam assumido recentemente a função, trazendo consigo "uma lata de feijão, meu fogão a álcool e uma garrafa térmica de café". Armados com um antigo Colt .38 para se defender, tinham notado a folha de instruções que lhes recomendava "atirar para matar", se necessário. Ficaram desolados ao descobrir que o bom navio "Getaway" [Fuga] — assim batizado por seu colega de banco, John Louis Fuller — não era grande o suficiente para acomodar metade dos americanos de Petrogrado e não tinha nenhum suprimento de comida. Na melhor das hipóteses, seria possível espremer de 150 a duzentas pessoas a bordo. No entanto, na escuridão não muito distante, Rogers e Sikes podiam distinguir "um dos maiores e mais luxuosos vapores fluviais,

* Como John Reed havia observado com perspicácia a respeito de Kerénski: "A vida aqui é terrivelmente rápida para os conciliadores".

com espaço suficiente para centenas em caso de emergência"; descobriram que fora "fretado pela embaixada francesa".[60]

"Aqui, as coisas estão chegando a um belo ponto", o cônsul britânico Arthur Woodhouse escreveu para casa em 11 de outubro, quando soube que os bolcheviques haviam anunciado que em breve começariam a "suprimir" a burguesia. "Confesso que gostaria de estar fora disso, mas este não é o momento de agir como um covarde. Não posso pedir licença agora, não importa quão iminente seja o perigo. Ainda há mais de mil britânicos aqui, e eu e meu pessoal podemos ser de utilidade e assistência a eles numa emergência. O certo é que, a julgar pela quantidade de pessoas que ainda vêm ao consulado, somos necessários aqui neste momento."[61] David Francis ouvira os mesmos rumores de que "os bolcheviques fizeram uma lista de pessoas que pretendiam matar e que, enquanto o embaixador britânico encabeça a lista, eu não estou muito distante do seu topo". "Não acredito nisso", tranquilizou seu filho em casa, "e consequentemente não estou regulando minhas ações ou movimentos em conformidade com isso."[62] O pragmático Phil, no entanto, estava se preparando para a confusão:

> Alguns dias e noites você verá na avenida Niévski 10 mil ou 20 mil marchando com bandeiras e estandartes pretos que dizem que estamos no nosso caminho para matar todos os americanos e todos os ricos — isso inclui a mim e [quem quer que] esteja vestido com uma camisa branca. Vou dizer ao Gov que eles estão a caminho de novo para nos matar. O Gov dirá tudo bem, você está pronto. Eu direi sim, estou pronto, então o Gov me dirá para carregar a pistola e ver se ela está funcionando, em ordem. Ele diz que pegará duas ou três antes de ir.[63]

Em 19 de outubro, apesar de tanta incerteza, Leighton Rogers e seu colega Fred Sikes ficaram entusiasmados com a perspectiva de mudar de sua acomodação atual fria e ventosa para um apartamento novo e chique que lhes seria emprestado de graça nos próximos seis meses por um casal americano ligado à American International Corporation, que voltava para os Estados Unidos. Estava belamente decorado com "belos tapetes, bela mobília e tapeçarias e pinturas que eram um prazer para os olhos". E havia também livros e uma vitrola grande com uma extensa discoteca de discos Gold Seal, para não mencionar um banheiro moderno, uma cozinheira e duas criadas para manter tudo em funcionamento. Seria bom escapar de sua moradia atual e barulhenta: "não mais ouviremos a garota do andar de cima tocar 'Get Out and Get Under' vinte vezes seguidas, enquanto os membros dos Mineiros de Sal da Sibéria ou quem quer que sejam os convidados de pés pesados dançam até que o teto de gesso polvilhe nossos tapetes". Eles tinham marcado uma data para se mudar: domingo, 22 de outubro.[64]

Evidentemente, Rogers não sabia que, doze dias antes, Lênin regressara a Petrogrado, sem barba e disfarçado com peruca e óculos, e estava agora escondido num apartamento no distrito de Vyborg, tramando a queda final do governo de Kerénski. Na noite de 10 de outubro, realizou-se uma enervante reunião de dez horas dos doze membros do Comitê Central bolchevique, na qual foi aprovada por dez votos contra dois (dos moderados Kámenev e Zinóviev) uma insurreição armada imediata. Lênin estava ardendo de impaciência; insistira durante semanas que a tomada do poder deveria acontecer *agora*, mas vários membros da liderança relutavam em atacar cedo demais. As pessoas estavam exaustas; responderiam a ainda mais agitação, quando a simples sobrevivência cotidiana já era suficientemente árdua? O consenso, defendido por Trótski, que passara a dominar o planejamento do levante na ausência de Lênin, era que eles deveriam ter cautela e esperar até que o 2º Congresso dos Sovietes de Todas as Rússias, que deveria abrir-se em 25 de outubro, desse ao golpe maior legitimidade.

Essa decisão era um segredo de polichinelo, e muita gente na cidade desejava a tomada do poder pelos bolcheviques, "para aliviar essa situação extraordinária".[65] Entre eles, John Reed, que, com Albert Rhys Williams, havia retomado a sua "busca incansável" por uma reportagem depois do Congresso Democrata, "indo do Palácio de Inverno ao Smólni, da embaixada americana a Vyborg, tentando estar em toda parte ao mesmo tempo, procurando tradutores para ler os jornais, examinando freneticamente declarações contraditórias". Eles estavam, relembrou Rhys Williams, "como o resto da capital, esperando cansados, mas sem desistir, que alguma coisa acontecesse. O suspense era como uma febre".[66]

14. "Ao acordarmos, encontramos a cidade nas mãos dos bolcheviques"

"Os bolcheviques anunciaram que haveria agitação de novo, desta vez no dia 21 ou 22 deste mês, estilo russo", escreveu o bancário John Louis Fuller em seu diário em 11 de outubro, mas, tal como seus colegas Rogers, Sikes e Swinnerton, não levou esse anúncio a sério. Eles tinham ouvido tudo aquilo antes: "Sempre que anunciam tão amplamente suas intenções, nada acontece". Dessa vez, no entanto, ele admitiu que havia uma atmosfera sinistra na cidade, e a promessa de uma renovação de distúrbios foi reiterada alguns dias depois. Fuller estava convencido de que "a agitação chegará em algum momento com muito pouco barulho – e então será para valer".[1]

Desde a recente transferência de doze funcionários para a agência de Moscou, todos estavam trabalhando a todo vapor no National City Bank, cada um dando conta do trabalho de quatro. Na noite de sábado, 21 de outubro, Fuller trabalhou até tarde e foi um dos últimos a sair do banco. Estava totalmente escuro, exceto pela lâmpada de sua escrivaninha: "Se não soubesse que havia dois soldados de guarda na frente do banco, eu acharia que era o único ser vivo por ali".[2] Haviam ficado sem querosene, o que significava que durante os cortes de energia, que duravam um dia inteiro, tinham de se esforçar para enxergar o que estavam fazendo, mas, depois que a luz começava a sumir, era muito difícil continuar trabalhando após as quatro da tarde. No fim das contas, o dia 21 passou calmamente; Fuller foi para a sua aula habitual de russo e, em seguida, saiu em busca de geleia de cereja para alimentar sua insaciável fome de doce; e, depois de muito caminhar, voltou para casa com mais de sete quilos de geleia e um pouco do precioso mas terrivelmente caro chocolate ao leite inglês. A geleia, porém, teria de ser consumida com parcimônia, uma vez que era iminente uma redução ainda maior da ração de pão e chá com que poderia apreciá-la. Todos tentavam conseguir ovos, pois os cartões de racionamento lhes davam direito a apenas um por semana. Leighton Rogers brincara que a escassez de ovos era tamanha que até mesmo as galinhas tinham entrado em greve. "Logo poderemos saber a resposta à pergunta que intrigou os filósofos durante séculos: 'O que veio primeiro, a galinha ou o ovo?' — ao ficarmos sabendo o que virá em último lugar."[3]

Como todos os outros funcionários do banco, Rogers vinha observando as ruas em busca de sinais de confusão, mas esperava que o Governo Provisório estivesse apenas esperando o momento oportuno para suprimir a ameaça bolchevique. No sábado, enquanto seu amigo Fuller se preocupava em procurar geleia, Rogers saiu à rua para assistir a desfiles, numa demonstração de força, primeiro de jovens cadetes militares da escola de formação de oficiais, depois, de um dos batalhões femininos de Petrogrado: "Com o novo uniforme russo oficial, de casaco longo e cinto, chapéu cinza de astracã inclinado no ângulo apropriado e fuzil com baioneta no ombro do braço esquerdo, subiram a rua com toda a empáfia do soldado de infantaria russo". Rogers ficou impressionado, especialmente quando as mulheres começaram a cantar. Lembraram-lhe as Valquírias.[4]

No dia seguinte, a cidade estava tensa, mas calma, embora houvesse uma enorme concentração de cerca de 10 mil pessoas no Cirque Moderne, uma enorme sala de concertos ao norte do Nievá que se tornara um lugar habitual de comícios políticos; E na Casa do Povo, outro ponto de reunião, Trótski fez um de seus habituais discursos estridentes, para uma multidão que ouviu com fervor quase religioso. Os curiosos se arriscaram a sair às ruas naquele domingo para ver o que poderia acontecer, mas o dia passou sem perturbações, apesar da presença em cada esquina, como notou Leighton Rogers, de agitadores políticos que "falavam com pressa frenética e seguiam adiante".[5] Tendo adiado por três dias a mudança para seu novo apartamento, para que essa última explosão prometida de violência revolucionária estivesse terminada, ele e Sikes finalmente se decidiram por uma data: quarta-feira, 25 de outubro. Muito em breve, eles se arrependeriam dessa decisão.

* * *

"Eles começaram; estão nisso agora enquanto escrevo", rabiscou Rogers excitado em seu diário no dia 25 de outubro. "Metralhadoras e fuzis rosnam e latem por toda a cidade. Parece uma enorme máquina de pipoca. E escolhemos esta tarde para nos mudar!"

Naquela manhã, tendo saído mais cedo do trabalho para arrumar as últimas coisas, os dois colegas notaram "uma sensação elétrica no ar, como se os nervos de um milhão e meio de pessoas estivessem tensos". Mas, depois de três dias de falsos alarmes, "deram pouca atenção a isso", até que saíram a fim de encontrar três *drójki* para transportar seus pertences ao novo endereço e deram com as ruas cheias de gente, apressadas, "quase correndo na direção do rio e, em especial, para a ponte do Palácio". Imaginaram que o motivo da correria era porque a ponte seria levantada, como havia acontecido nos últimos dias, para evitar que os trabalhadores e soldados pró-bolcheviques dos distritos de Vyborg e Petrogrado entrassem no centro da cidade. Mas eles precisavam atravessar aquela ponte para chegar ao seu novo apartamento, e, quando conseguiram encurralar três *drójki* e regatear freneticamente com seus condutores para baixarem o preço exorbitante de dez rublos cada um* para transportar seus baús, "as ruas estavam tomadas pelas pessoas que seguiam para a ponte do Palácio".[6] Os *drójki* foram quase levados pela multidão quando partiram nessa direção. Na luta para manterem juntos os três veículos que continham todas as suas coisas (agravada pelo fato de que um dos condutores estava totalmente bêbado), Rogers e Sikes não chegaram à ponte a tempo: guardas atravessados na rua bateram nos cavalos com suas armas e os forçaram a voltar.[7] A praça em frente à ponte fervilhava:

> Homens e mulheres corriam para lá e para cá, gritando e gesticulando; a multidão aglomerada nas esquinas, nos degraus dos prédios vizinhos, empurrada contra vitrines e portas, concentrada na plataforma e atrás das colunas da Bolsa de Valores, pressionada contra as paredes dos edifícios, esperando com aquela temerosa expectativa com que vemos a pressão sendo aplicada a um enorme elástico e nos perguntamos quando ele vai romper-se e quão dolorosa será sua ferroada.[8]

* O equivalente a 110 dólares pela taxa de câmbio de outubro de 1917, que aumentara de 6,20 rublos em janeiro para onze rublos por dólar.

Então alguém abriu fogo e, em resposta, ouviram-se disparos de todos os lados. Houve um pandemônio — automóveis buzinando, sinos de trens ressoando — enquanto a multidão entrava em pânico, e os três condutores de *drójki*, apanhados no meio da confusão, "ficavam de pé, puxavam e sacudiam as rédeas, uivando; e a cada uivo, exigiam mais e mais rublos".[9] Desesperados, Rogers e Sikes instaram seus cocheiros a seguir ao longo do cais até a ponte Tróitski, em frente à embaixada britânica, que ainda não fora levantada. A essa altura, o condutor bêbado ameaçou abandonar os baús na rua e sair correndo, "dizendo que era bolchevique e que podia fazer o que quisesse". Em resposta, relembrou Rogers, "Fred e eu nos erguemos irados, brandimos nossos punhos em seu rosto, dissemos que comíamos bolcheviques no café da manhã e que, se ele tentasse qualquer tolice, bateríamos nele". Parece que isso resolveu o problema — os três *drójki*, "com um condutor razoável, outro morto de medo e o terceiro bêbado", conseguiram se libertar da turba e se dirigiram para a ponte Tróitski, onde atravessaram para o distrito de Petrogrado, mas não sem antes parar no National City Bank, localizado em frente à ponte, onde Fred entrou para pegar mais dinheiro a fim de pagar a seus cocheiros rapaces. Na chegada, eles foram bem recompensados pelos percalços com 25 rublos cada um, "influenciados, suponho, pela onda de sentimento religioso que nos tomara quando o tiroteio começou". Rogers e Sikes mal haviam levado seus pertences para o novo apartamento no andar de cima quando "irrompeu a guerra civil em toda a cidade, as metralhadoras pipocaram, e lá estavam eles novamente no meio de tudo".[10]

No entanto, foi só na manhã seguinte, quando foi a pé para o banco, que Leighton Rogers se deu conta de que o governo havia caído "e que meu destino neste país seria guiado a partir de então por um governo de anarquistas".[11] A mesma reação tiveram outros residentes estrangeiros, que em 26 de outubro descobriram que uma segunda revolução tinha ocorrido enquanto estavam dormindo em suas camas. Tudo se passara com muito pouco drama em comparação com fevereiro, observou o conselheiro da embaixada britânica Francis Lindley. "Esta manhã, ao acordarmos, encontramos a cidade nas mãos dos B[olcheviques]", e a tomada do poder parece ter sido bastante discreta: "Estou feliz por dizer que, no momento, não há nada daquela correria infernal e tiroteio no ar". O Governo Provisório "parecia ter sumido", acrescentou. "Não sabemos para onde."[12]

* * *

Depois de meses de alarmes e previsões, o esperado golpe bolchevique em Petrogrado, quando chegou, não foi o confronto heroico dos trabalhadores relatado pela historiografia soviética, mas mais uma capitulação exausta do governo moribundo e praticamente indefeso de Kerénski. Não há dúvida de que, em meados de outubro, os bolcheviques estavam em vantagem em Petrogrado, com cerca de 50 mil membros do partido e o controle do Soviete da cidade. Eles estavam bem armados, e os soldados e marinheiros que tinham vindo para a cidade estavam cada vez mais beligerantes. Pela primeira vez, Bessie Beatty via a cidade que ela passara a amar "desolada, feia e ameaçadora". "A morte estava no ar", e, às vezes, ela tentava bloquear sua apreensão enrodilhando-se no hotel com um livro de poesia. Durante semanas, as pessoas haviam procurado sinais de mais turbulência: "Ela chegou?", perguntavam constantemente umas às outras. "Toda vez que a luz elétrica falhava, a água era desligada ou alguém batia uma porta ou deixava cair um bloco de madeira, Petrogrado saltava automaticamente para a mesma conclusão: ela chegou!"[13]

"Dia após dia, membros da colônia britânica vinham ao meu pai para perguntar o que deveriam fazer", relembrou Meriel Buchanan. "Havia alguma esperança de que a situação melhorasse? Seria seguro para as esposas e famílias se permanecessem?" Era um enorme fardo de responsabilidade para Sir George, mas "ele podia apenas aconselhá-los a diminuir suas perdas e ir embora".[14] A própria família Buchanan estava empacotando suas coisas, pois Sir George deveria viajar a Paris com o ministro russo das Relações Exteriores, Mikhail Tereschenko, para participar de uma conferência dos Aliados, e Meriel e sua mãe viajariam com ele e passariam seis semanas na Inglaterra.

Os primeiros indícios da "aproximação de uma tempestade", como definiu Sir George, surgiram quando a embaixada ganhou uma guarda armada de cadetes militares na tarde do dia 22, pois corria a notícia de que os bolcheviques iriam "fazer alguma coisa"' naquele dia.[15] Em reação ao aumento da tensão na cidade, Kerénski mandou fechar os dois principais jornais bolcheviques, *Soldat* [Soldado] e *Rabótchi put* [Caminho dos Trabalhadores], que estavam fomentando abertamente a agitação. O Governo Provisório também aprovou uma resolução que ordenava a prisão de Trótski e dos membros de seu recém-criado Comitê Militar Revolucionário, que controlava agora o Exército e a guarnição em Petrogrado, bem como dos líderes do Soviete de Petrogrado. Uma vez mais, porém, não querendo provocar os bolcheviques a dar o primeiro passo, Kerénski tergiversou.

Em vez disso, foi criada uma guarda nominal da sede do governo no Palácio de Inverno, composta de cadetes jovens e inexperientes, um pelotão de bicicletas, duas companhias de cossacos e um contingente de cerca de 135 mulheres do Batalhão Feminino de Petrogrado, que Kerénski passara em revista no dia anterior. No total, a guarda do palácio era composta de cerca de oitocentos soldados,* além de seis canhões de campanha, alguns carros blindados e metralhadoras.[16] As mulheres, algumas das quais eram veteranas do Batalhão da Morte de Botchkariova,** esperavam ser enviadas para a frente de batalha contra os alemães e não tinham vontade de defender o governo de Kerénski. A condessa Nostitz as vira assumir a posição no início do dia. Ao atravessar a Praça do Palácio, ela "olhou com curiosidade para aquelas garotas soldados, enquanto andavam em torno das entradas do Palácio, com fuzil na mão. Compunham um grupo heterogêneo. Jovens camponesas saudáveis e robustas, operárias fabris, prostitutas recrutadas nas ruas, aqui e ali, mulheres ligeiramente mais velhas de outro tipo — intelectuais, de rosto pálido, fanáticas".[17] Algumas estavam ocupadas carregando feixes de lenha de um lado para o outro para construir uma barricada na entrada principal.

Na tarde do dia 24, Louise Bryant, John Reed e Albert Rhys Williams não tiveram dificuldades para passar pelos cadetes de guarda do palácio, mostrando seus passaportes americanos e dizendo que estavam em "missão oficial". No interior do edifício, foram recebidos pela extraordinária aberração de porteiros que ainda exibiam seus velhos "uniformes azuis de botões de latão com colarinhos vermelhos e dourados", que "educadamente pegaram nossos casacos e chapéus".[18] Notaram um ar de expectativa nervosa entre os cadetes, que haviam feito colchões de palha para si mesmos no chão e estavam amontoados em cobertores tentando descansar um pouco, e que olharam

* Os números variam muito. No início, a guarda talvez fosse composta de 2 mil soldados, mas muitos desertaram de seus postos nas horas seguintes.

** Botchkariova, recuperada de seus ferimentos no hospital de Petrogrado, fora a Moscou tentar conseguir que o Batalhão Feminino fosse com ela para defender Riga. Em 1919, foi detida pelos bolcheviques, acusada de ser "inimiga do povo". Foi fuzilada em 16 de maio de 1920.

para os americanos com espanto. "Eram todos jovens e amistosos e disseram que não faziam objeção a que estivéssemos na batalha; na verdade, a ideia os divertiu um pouco." Bryant sentiu pena deles. Pareciam bem cultos, alguns até falavam francês. Mas tinham muito pouca comida, e seus suprimentos de munição eram baixos e eles já estavam sem moral. Sem nenhum sinal, ainda, de qualquer ação no Palácio de Inverno, os americanos voltaram para o que, na visão deles, era o verdadeiro epicentro da revolução socialista que tinham vindo testemunhar: o Instituto Smólni.

Edifício gracioso de estilo *palladiano*, com colunas e um grande pórtico na frente, o Smólni estava situado na extremidade leste de Petrogrado, cujo acesso era feito por um largo caminho de entrada, cercado naquela época do ano por gramados cobertos de neve. Suas cinco delicadas cúpulas azuis faziam parte de um convento que fora construído pela imperatriz Isabel em meados do século XVIII. Não muito longe delas, uma estrutura mais austera de três andares e 180 metros de comprimento fora acrescentada no início do século XIX a fim de sediar uma escola de aperfeiçoamento para as filhas da nobreza russa. Ali acampara o Soviete de Petrogrado depois que seus membros conseguiram destruir sua base no Palácio Tauride, que agora estava sendo redecorado. A chegada de centenas de ativistas políticos e suas botas sujas, junto com o cheiro de corpos não lavados e o fedor rançoso de cigarros, acabou transformando também o Smólni no mesmo tipo de acampamento transitório, barulhento e superlotado, "carregado de sujeira da revolução" do Tauride.[19] Na manhã de 24 de outubro, o Smólni era o "Estado-Maior" não oficial dos bolcheviques, com seus acessos fortemente guardados por duplas fileiras de sentinelas nos portões exteriores e grandes barricadas de lenha. Dois canhões navais e duas dúzias de metralhadoras também estavam posicionados do lado de fora, com soldados com baionetas fixas em guarda na porta.

No interior, com seus cem quartos ainda apresentando sinais de seu uso anterior como salas de aula, o Smólni fora apressadamente adaptado às necessidades dos agitadores políticos. As salas de aula, onde outrora as meninas graciosamente vestidas estudavam francês e literatura e aprendiam costura e piano, bem como os dormitórios em que haviam dormido em fileiras organizadas de camas, estavam agora entregues a todo tipo de comitê político. No andar de cima, no elegante salão de baile com pilares, com seus candelabros de cristal ornamentado, onde até recentemente as jovens refinadas do Smólni, com seus aventais brancos longos e engomados, tinham aprendido a dançar, o Soviete de Petrogrado estava em sessão permanente e beligerante.

Para John Reed, o Smólni era o lugar para estar, o coração pulsante da revolução: era dinâmico, visceral, excitante, revigorante e "zumbia como uma colmeia gigantesca".[20] A visão de Albert Rhys Williams era ainda mais utópica; ele o via como um refúgio, o bastião de um novo mundo corajoso. "À noite, resplandecendo com cem janelas iluminadas, ele se ergue como um grande templo — um templo da Revolução", escreveu ele, vendo fantasiosamente os dois braseiros junto aos pórticos da frente flamejantes "como fogos de altar". Esse grande novo fórum, "rugindo como uma gigantesca ferraria em que oradores chamavam às armas", seria o lugar onde todas as "questões de vida e morte" da nova Rússia Soviética seriam resolvidas por uma raça super-humana de trabalhadores — "dínamos de energia; insones, incansáveis, milagres de homens sem nervos, enfrentando questões momentosas".[21]

Esses "dínamos de energia" chegavam dia e noite com caminhões cheios de suprimentos de comida, armas e munições. Enxames de soldados e trabalhadores entravam e saíam do prédio, pegando e carregando enormes pilhas de cartazes e folhetos produzidos em massa para serem distribuídos por toda a cidade, empilhando-os sobre mesas de cavaletes dispostas ao longo dos corredores brancos do instituto, já cheios de pontas de cigarro e outros detritos. Não havia nenhuma formalidade, nenhuma organização e nenhum sentido de precedência na maneira como o espaço era utilizado. Nomes de comitês, rabiscados à mão num pedaço de papel, eram apressadamente pregados em paredes e portas; as reuniões eram ad hoc, em altas vozes, confusas, combativas e muitas vezes exaustivamente prolongadas, como o quarteto de observadores americanos logo descobriu. À medida que o trabalho chegava a um pico febril, os voluntários exaustos se deitavam e dormiam em qualquer lugar, ou pegavam o alimento que houvesse — sopa de repolho, um pedaço de pão preto, uma tigela de *kacha* (mingau) ou talvez alguma carne de proveniência duvidosa — no enorme refeitório do porão, antes de seguir para sua próxima reunião.[22]

Durante a noite de 24 para 25 de outubro, enquanto o Smólni dava as boas-vindas às centenas de delegados ao II Congresso dos Sovietes de Todas as Rússias, os bolcheviques tomaram a iniciativa discretamente e quase despercebidos. Lênin ressurgiu finalmente do esconderijo e apareceu no Smólni ainda usando seu disfarce, e com o acréscimo de uma bandagem em volta do rosto para parecer alguém com dor de dente. Ali fechou-se numa sala dos fundos, onde assumiu o controle e insistiu que os bolcheviques deviam dar um lance no dia seguinte — 25 de outubro, quando o congresso deveria abrir — "para que possamos dizer: 'Eis o poder! O que vocês vão fazer com ele?'".[23] Com suas fileiras reforçadas pela adesão na segunda-feira de 8 mil soldados da guarnição de Petrogrado, e com os principais edifícios governamentais sem guardas eficazes, naquela noite, o Comitê Militar Revolucionário de Trótski enviou destacamentos armados de Guardas Vermelhos, soldados e marinheiros para montar bloqueios com carros blindados e ocupar a Central dos Telégrafos, os Correios e a Central Telefônica. O Palácio Mariínski foi cercado; o Banco do Estado e as estações ferroviárias Nicolau e do Báltico logo estavam sob controle bolchevique e a principal estação de energia elétrica também foi tomada por eles.[24] Por fim, às três e meia da manhã do dia 25, o cruzador naval *Aurora* e três destróieres vieram de Kronstadt e ancoraram junto ao Palácio de Inverno. Estava claro que o final chegara para ele, o último bastião simbólico da antiga Rússia imperial.

Fechado em sessão com seus ministros no Palácio de Inverno, Kerénski sabia muito bem que estava perdendo o controle da situação. Os cossacos leais restantes, dos quais ele dependia para a defesa da cidade, recusaram-se a fazê-lo sozinhos, ainda ressentidos com a traição sofrida por seu líder Kornílov em julho. Não havia escolha a não ser correr para a frente de batalha em busca de reforços. Mas, quando Kerénski quis sair, descobriu-se que todos os carros do governo estacionados no Estado-Maior haviam sido sabotados — os magnetos que controlavam seus sistemas de ignição tinham sido removidos. Em desespero, ele foi forçado a abandonar seus ministros no Palácio de Inverno e requisitar um Renault da embaixada americana, acompanhado por um segundo carro com a bandeira dos Estados Unidos, para levá-lo a Pskov a fim de reunir o que houvesse de tropas leais.[25] Com o Governo Provisório em desordem, Lênin não precisou esperar para anunciar o triunfo da tomada do poder pelos bolcheviques.

Às dez horas da manhã, sem o apoio do Comitê Militar Revolucionário nem — como inicialmente previsto — a ratificação do II Congresso dos Sovietes, que se reuniria naquela noite, Lênin lançou um comunicado à imprensa. "O Governo Provisório foi deposto", declarava. "A autoridade do governo passou às mãos do órgão do Soviete de Petrogrado."[26] Naquela tarde, quando os delegados vindos de toda a Rússia finalmente se reuniram no antigo salão de baile do Smólni, um cordão de soldados bolcheviques e Guardas Vermelhos estava em posição em torno do Palácio de Inverno e em barricadas sobre o rio Moika e o canal Ekaterinínski que davam acesso a ele. Os fios de telefone do palácio foram cortados (embora uma linha direta tenha sido esquecida), e às seis e meia da tarde os bolcheviques exigiram a rendição incondicional do Governo Provisório. Esse ultimato expirou às sete e dez, mas tudo permaneceu quieto. Vozes da multidão resmungaram: "Por que esperar? Por que não atacar agora?". Albert Rhys Williams ouviu a resposta de um Guarda Vermelho barbudo: "Não", disse ele, os cadetes "se esconderiam atrás das saias das mulheres. [...] Então a imprensa diria que atiramos nas mulheres. Além disso, *továrisch*, estamos sob disciplina: ninguém age sem ordens do comitê".[27]

Mesmo nesse momento crítico, a decisão pelo comitê prevaleceu, e, deixando-os envolvidos na discussão, os quatro americanos voltaram para a Niévski, que parecia curiosamente despreocupada. Havia pessoas passeando, algumas claramente a caminho do teatro, que era para onde os quatro deveriam ir, pois tinham entradas para o balé no Mariínski. "Toda a cidade está na rua esta noite", observou Reed, "exceto as prostitutas", que pareciam ter percebido o perigo no ar. Descartando uma noite no balé, o quarteto decidiu voltar para o Smólni e assistir à sessão de abertura do II Congresso. "Uma calma estranha, uma calma fácil, quase uma serenidade parecia ter caído sobre a velha cidade cinzenta junto com a névoa", observou Rhys Williams. Ele ficou impressionado com o fato de aquela revolução parecer "tão disciplinada, e até mesmo um pouco gentil".[28]

No Smólni, o grande salão do andar superior estava lotado e fervilhante de atividade; não havia aquecimento, exceto "o calor de corpos humanos sujos", e apesar das frequentes exortações para que os camaradas não fumassem, o ar estava cheio de fumaça de cigarro.[29] Seguiu-se uma espera interminável pelo início do congresso. Por fim, um membro do grupo menchevique informou aos delegados que "seu partido ainda estava em reunião, sem conseguir chegar a um acordo". "Os nervos estavam à flor da pele", relembrou Beatty, e o público estava ficando irritado e nervoso. E então, quarenta minutos depois, "de repente, através das janelas que se abriam para o Nievá, veio um constante *bum! bum! bum!*". Eram os canhões do *Aurora* atirando no Palácio de Inverno.[30]*

* Na verdade, a carga foi de festim, embora posteriormente tenha sido perpetuado o mito de que os tiros tinham sido para valer.

Todos que estavam no Smólni ouviram as reverberações, e, em seguida, a sessão de abertura do congresso virou um caos, com os mais moderados socialistas revolucionários e mencheviques (que tinham três colegas ministros do Governo Provisório presos dentro do palácio) exigindo que a prioridade do congresso fosse a resolução urgente da crise governamental, que levara o país à beira da guerra civil. Duas horas depois, com o "bum metódico" dos canhões da Fortaleza de Pedro e Paulo juntando-se ao bombardeio do Palácio de Inverno com balas de verdade que faziam as janelas tremer, os delegados estavam agora em discórdia, "gritando uns com os outros".[31] Em protesto, cem ou mais deles saíram para dirigir-se ao palácio e tentar assegurar a libertação segura de seus colegas. Beatty, Bryant, Reed e Rhys Williams os seguiram. Mas, primeiro, cada um deles teve de obter um pedaço de papel muito importante do escritório do Comitê Militar Revolucionário, permitindo-lhes "passagem livre por toda a cidade". "Esse pedaço de papel", com seu selo azul, relembrou Beatty, seria "o abre-te sésamo de muitas portas fechadas antes do nascer cinzento da manhã".[32]

Já passava da meia-noite e o palácio ficava a três quilômetros de distância; não havia bondes em circulação e nenhum *izvóztchiki* à vista. Felizmente, no pátio do Smólni, o grupo conseguiu subir num caminhão cheio de soldados e marinheiros que estavam prestes a sair para a Niévski com a missão de distribuir folhetos. Eles "advertiram-nos alegremente de que seríamos todos provavelmente mortos e disseram-me para tirar uma faixa amarela do chapéu, pois poderia haver tiros de tocaia", recordou Bryant.[33] Enquanto o caminhão avançava veloz e Bryant e Beatty obedeciam à ordem de deitar no chão e segurar-se firmemente, os homens atiravam maços de folhetos brancos da carroceria nas ruas escuras e aparentemente desertas, nas quais "pessoas apareciam misteriosamente de portas e pátios para agarrá-los e ler seu anúncio dramático: 'Cidadãos! O Governo Provisório está deposto. O Poder do Estado passou para o órgão do Soviete de Petrogrado dos Representantes dos Trabalhadores e dos Soldados'".[34]

Quando o caminhão entrou na Niévski, dirigiu-se para o palácio, mas no canal Ekaterinínski o grupo não teve permissão para prosseguir e foi obrigado a descer; havia tiroteio à frente e a entrada lhes foi proibida por marinheiros armados que guardavam uma barricada sob um enorme arco de luz elétrica.[35] Depois de alguma persuasão e a apresentação de seus passes azuis, eles finalmente encontraram um Guarda Vermelho que lhes permitiu a passagem por um cordão de marinheiros até o Arco Vermelho que levava à Praça do Palácio, de onde tudo o que podiam ouvir era o "som do esmagamento de vidros quebrados espalhados como um tapete sobre os paralelepípedos", das muitas janelas destroçadas do Palácio de Inverno.[36]

Foi então, por volta das 2h45, que um marinheiro emergiu subitamente da escuridão. "Está tudo acabado", ele gritou. Logo adiante, o Palácio de Inverno, apesar dos estragos nas janelas, estava iluminado "como se fosse para uma festa", e os americanos puderam ver pessoas se movendo lá dentro. Os quatro "passaram sobre as barricadas" atrás dos guardas e marinheiros e os seguiram até o grande palácio, agora "inundado de luz", e entraram no edifício por qualquer porta ou janela que encontraram.[37]* Os restantes jovens cadetes aterrorizados que estavam de guarda no interior foram rapidamente desarmados e pareceram gratos por poder sair ilesos. Acenando seus passes azuis, os americanos entraram e viram grupos de marinheiros subirem as escadas e começarem uma busca cômodo por cômodo por membros do Governo Provisório, que logo foram encontrados no Salão de Malaquita no andar de cima e presos.[38] "Alguns caminhavam com passo desafiador e cabeça erguida", relembrou Beatty. "Alguns estavam pálidos, exaustos e ansiosos. Um ou dois pareciam totalmente esmagados e alquebrados." Os americanos observaram em silêncio enquanto os homens se afastavam; eles foram levados para a Fortaleza de Pedro e Paulo, no lado oposto do Nievá. Depois disso, os americanos foram autorizados a subir as escadas e dar uma olhada na câmara do conselho e nos "aposentos destruídos", marcados de balas, onde as cortinas de seda "pendiam em retalhos".[39] Mais adiante, foram detidos por um grupo de soldados cheios de suspeita que os acusaram de ser membros desprezíveis da "burguesia". Mais uma vez, os passes azuis salvaram a situação, mas não antes que os homens tivessem devidamente conferido os passes e votado entre eles se os deixariam passar.

Enquanto o grupo atravessava as salas do andar de cima, ficou claro que alguns insurgentes haviam sucumbido ao inevitável impulso de continuar a violência e começaram a abrir as pilhas de caixotes cheios de artefatos preciosos

* A versão mais dramática de John Reed do "assalto ao Palácio de Inverno" (que não houve) se tornaria matéria de lenda, imortalizada no filme igualmente hagiográfico de Eisenstein, *Outubro*, de 1928.

preparados para a evacuação; outros davam vazão à fúria destruindo espelhos, chutando painéis de parede, revolvendo gavetas, pilhando e quebrando o que não podiam pilhar. Os gabinetes foram destruídos, saquearam seus armários e espalharam papéis por toda parte. Rhys Williams e Bryant notaram um esforço concertado para deter a pilhagem e viram soldados exortando os saqueadores: "Camaradas, este é o palácio do povo. Este é o nosso palácio. Não roubem do povo". Ao ouvirem isso, alguns ficaram envergonhados e desistiram de seu saque patético: "um cobertor, uma almofada de sofá de couro gasto, uma vela de cera, um cabide, o cabo quebrado de uma espada chinesa".[40]

Para aqueles menos próximos da ação, que se concentrara essencialmente no Palácio de Inverno, o dia 25 de outubro passou como qualquer outro dia. John Louis Fuller esteve em sua escrivaninha no National City Bank e notou pouca mudança, além de um constante movimento de homens e caminhões no quartel das proximidades — "tal como uma sede de distrito eleitoral nos Estados Unidos em dia de eleição".[41] É verdade que houve explosões esporádicas de tiros e escaramuças e uma renovada presença de carros blindados nas ruas, mas todos tinham se habituado a isso. "Ninguém fica em casa simplesmente porque há lutas nas ruas", observou Pauline Crosley em uma carta escrita naquele dia, e todos tinham aprendido a evitar as partes da cidade de onde ouviam tiros. Ainda na noite anterior, enquanto ocorriam distúrbios, ela havia oferecido outro grande jantar. Mas admitiu que as coisas lá fora estavam esquentando: "há *de fato* alguma excitação, e, enquanto escrevo, a atmosfera é pontuada por todos os tipos de tiros — fuzis, pistolas, metralhadoras, canhões de campanha e grandes canhões a bordo do navio!".[42] Vira e ouvira os flashes dos canhões da Fortaleza de Pedro e Paulo, que atiravam com balas de verdade, mas permaneceu imperturbável. Em seu apartamento no Cais dos Franceses, ela estava mais preocupada com seu precioso estoque de "frutas e vegetais enlatados, leite condensado, cacau etc.", que recebera recentemente dos Estados Unidos. "Nada realmente pior do que já aconteceu desde que estamos aqui pode acontecer", acrescentou com confiança.[43]

Naquela noite, o chefe da Chancelaria Britânica, Henry James Bruce, fechou o escritório cedo para ir ao balé ver *O quebra-nozes* e chegou lá "tranquilamente de bonde", embora tivesse ouvido naquela tarde que "toda a cidade estava nas mãos dos bolcheviques". Ao voltar a pé do teatro, achou que as ruas pareciam calmas, até que ele e a dama que o acompanhava encontraram "a própria raiva sagrada do Senhor, em torno do Palácio de Inverno, onde o governo estava gastando seu último cartucho". No meio disso, ele avistou o sr. Havery, o porteiro da chancelaria, que estava diligentemente caminhando seus três quilômetros habituais até o Correio Central e fora parado por um soldado; ouviu-o responder "em seu incomparável russo estropiado que ele não podia ajudá-lo (o soldado) em seus problemas: tinha algumas cartas para postar, com batalha ou sem batalha". No conjunto, a caminhada de Bruce para casa naquela noite foi "um negócio muito nervoso", admitiu ele, que no entanto conseguiu escoltar a pé "Madame B" até um lugar seguro "ao som de um obbligato de metralhadora".[44]

De fato, o tiroteio no Palácio de Inverno cessou em torno das duas e meia da manhã e as baixas eram muito poucas. Apenas sete foram mortos — dois cadetes, quatro marinheiros e uma soldado; os feridos era cinquenta. "Nunca vi uma revolução na qual o governo derrubado fosse defendido apenas por mulheres e crianças armadas", observou Walter Crosley, incrédulo.[45] Com efeito, muitos dos cadetes e cossacos famintos e desanimados dentro do palácio haviam abandonado seus postos muito antes que os insurgentes chegassem, e a maior parte do Batalhão Feminino, aterrorizada pelo bombardeio, se escondera num quarto dos fundos. Mais tarde, circularam histórias sobre os maus-tratos que receberam depois que se renderam. A condessa Nostitz as viu sendo maltratadas ao sair do palácio. "Seus gritos ecoavam pela praça enquanto lutavam em vão. Os soldados gargalhavam diante de seus esforços para fugir, silenciando-as com a coronha de um fuzil quando se tornavam muito incômodas", à medida que as mulheres eram levadas para o outro lado do rio, ao Quartel Grenadérski, no distrito de Petrogrado, onde foram submetidas a uma "saraivada de ofensas verbais" e algumas foram espancadas. Nostitz tinha razão em temer o pior e ligou para a embaixada britânica, suplicando-lhes que "enviassem alguém para fazer um protesto oficial contra o estupro dessas infelizes garotas".[46]*

Uma sensação de irrealidade em relação ao que acontecera em Petrogrado persistia no dia 26. Olhando para fora pelas janelas da embaixada britânica,

* As fontes mais confiáveis sugerem que houve três casos de estupro e um suicídio.

Meriel Buchanan se perguntou "se o trovejar dos canhões, que nos manteve acordados, fora de verdade, pois tudo parecia muito normal. Bondes lotados atravessavam a ponte, os pombos protegiam-se do vento nas balaustradas do Palácio de Mármore e a linda e delgada torre de são Pedro e são Paulo ainda brilhava com o mesmo brilho de sempre sob os raios intermitentes de sol".[47] As ruas estavam cheias de operários e soldados armados, mas, apesar de um sentimento de inquietação e de incerteza, "a vida normal da cidade continuava como se nada tivesse acontecido". "A própria cidade parece considerar todo o evento sob a luz de uma excitação agradável", observou um funcionário da Cruz Vermelha dinamarquesa.[48]

Uma multidão de curiosos reuniu-se diante do Palácio de Inverno com o único objetivo de olhar para suas janelas de vidro estilhaçadas e suas paredes marcadas pelos tiros de fuzis e metralhadoras, "como num caso de sarampo". Os residentes estrangeiros notaram que, levando-se tudo em consideração, o dano era relativamente pequeno. "Caminhamos ao redor do Palácio de Inverno e vimos as marcas da briga", escreveu Pauline Crosley, "mas apesar de todos os disparos que *ouvimos* e dos lampejos das armas que *vimos*, bem como as curtas distâncias em questão, notamos somente *dois* lugares onde algo maior do que uma bala de fuzil tinha atingido aquele edifício perfeitamente enorme". Um amigo tinha visto os bolcheviques abrirem fogo contra o palácio com um canhão de campanha — e errar várias vezes.[49] Com efeito, embora houvesse muitos buracos de bala na fachada de estuque verde e nas colunas brancas no lado sul, voltado para a Praça do Palácio, o edifício fora atingido apenas por artilharia em cerca de três lugares no lado norte, voltado para o Nievá. O fato é que os disparos da Fortaleza de Pedro e Paulo, distante a menos de quatrocentos metros, do outro lado do rio, foram imprecisos; de acordo com o diplomata francês Louis de Robien, os artilheiros tinham conseguido errar o alvo "em quase todos os tiros, enviando seus estilhaços para a água, aos seus pés, ou então para o diabo".[50]

Dentro do Palácio de Inverno, a história foi diferente: os danos causados pela ocupação dos cadetes e do Batalhão Feminino e a subsequente tomada pelos bolcheviques eram visíveis em toda parte. Centenas de pegadas lamacentas haviam sujado os elegantes pisos de parquê; cortinas de seda tinham sido derrubadas e agora eram usadas como roupa de cama. Mas, estranhamente, lembrou Julia Cantacuzino-Speránski, "a turba passara sem tocar em móveis, pinturas, porcelanas e bronzes de grande valor e até olhara sem compreender para uma vitrine cheia de joias gregas antigas lavradas em ouro puro", embora "se apressassem a cortar revestimentos de couro dos assentos de cadeiras modernas nas antessalas e na sala de estar do imperador" para fazer e remendar botas, e "a derrubar o gesso dourado das paredes, certos de que devia ser ouro de verdade". O grande Salão de Malaquita foi "estraçalhado sem possibilidade de reparo, e causaram um dano infinito em alguns dos apartamentos de cerimônia".[51]

Na tarde do dia 26, dois oficiais de aparência ansiosa que vinham atuando como instrutores do Batalhão Feminino chegaram à embaixada britânica e imploraram a Lady Georgina Buchanan que "interviesse em favor delas", temendo, como disse a condessa Nostitz, que estivessem "completamente à mercê dos Guardas Vermelhos e dos marinheiros de Kronstadt".[52] A pedido de Lady Georgina, o coronel Knox dirigiu-se imediatamente ao Smólni, onde falou com "um ou dois comissários truculentos e finalmente os persuadiu de que o tratamento desumano a essas mulheres soldados seria condenado pela Inglaterra e pela França". Pouco depois, as mulheres foram libertadas e escoltadas até a estação Finlândia, de onde viajaram de trem para se juntar ao seu batalhão em Levachovo. Antes de partirem, quatro delas foram à embaixada para agradecer a Knox e perguntaram se poderiam ser transferidas para o Exército britânico.[53] As mulheres eram um tanto desdenhosas de seus atacantes no Palácio de Inverno. "Como se os Guardas Vermelhos fossem soldados! Eles não sabem segurar um fuzil; não conseguem sequer lidar com uma metralhadora" — um fato em sua opinião confirmado pelo número de tiros que tinham passado longe do palácio.[54]

Em 26 de outubro, Lênin lançou uma proclamação que anunciava a criação de um novo governo. No espírito dos *commissaires* do Diretório francês, ganhou o nome de Conselho dos Comissários do Povo, tendo Lênin como presidente e Trótski como comissário para as Relações Exteriores. Mas esse novo governo não tinha a anuência dos moderados socialistas revolucionários e mencheviques do Soviete de Petrogrado nem a ratificação de uma Assembleia Constituinte; até então, o governo da Rússia não passaria de uma sucessão de comitês ad hoc sem legitimidade política. Não obstante, no congresso realizado no Smólni naquela noite, Lênin, depois de passar a revolução inteira numa sala dos fundos, em vez de liderá-la das barricadas, surgiu finalmente triunfante.

"Meus olhos estavam fixos na figura baixa e robusta de terno grosso e gasto, com um maço de papéis em uma das mãos, que caminhou rapidamente até o pódio e varreu o salão espaçoso com seus olhos pequenos, penetrantes, mas alegres", lembrou Albert Rhys Williams. "Qual era o segredo daquele homem tão odiado e amado em igual medida?", perguntou-se. Lênin não tinha o magnetismo nem a presença dominante de Trótski.[55] Em comparação, parecia mais "pedestre" em seu comportamento na tribuna; até mesmo John Reed achou que ele parecia levemente absurdo, com calças compridas demais para o seu tamanho. No entanto, ali estava, "o ídolo da multidão [...] um estranho líder popular, líder puramente em virtude do intelecto", enquanto o volátil Trótski era líder pela oratória.[56] Para Rhys Williams, a primeira aparição de Lênin no pódio naquela noite não teve "mais desenvoltura do que a de um professor experiente que aparece perante sua classe durante meses, todos os dias". Ele ouviu um repórter comentar que, se Lênin "se arrumasse um pouco mais, seria possível tomá-lo por um prefeito burguês ou banqueiro de uma pequena cidade francesa".[57] Mas o discurso de Lênin, pronunciado em voz rouca, no qual pedia a paz sem anexações e reparações e propunha um armistício de três meses com a Alemanha, provocou uma reação extática e gritos de "Viva Lênin". A revolução social iniciada na Rússia, insistiu Lênin, logo se espalharia pela França, Alemanha e Inglaterra. Que a Revolução Russa marque o fim da guerra! Em resposta, vozes irromperam numa interpretação estimulante da "Internacional".

Excitado demais com os eventos do dia, o quarteto de americanos não dormiu a noite toda. Ficaram conversando e aquecendo as mãos numa fogueira acesa no pátio; às sete da manhã tomaram finalmente o bonde para casa. Em contraste, os residentes estrangeiros mais experientes de Petrogrado tiveram dificuldade em ter qualquer sentimento de entusiasmo, esperança ou expectativa diante dessa última mudança de governo. Willem Oudendijk tinha andado pela cidade com sua esposa e "achou tudo quieto". "Desse modo, a segunda Revolução se realizara", escreveu depois. "Não percebemos o grande dia histórico que vivíamos enquanto caminhávamos para casa pelas ruas perfeitamente tranquilas, cheias de gente apática e indiferente."[58]

Durante alguns dias, não houve notícias de Kerénski. "Ninguém tinha a mais remota ideia" do que iria acontecer a seguir, relembrou Bessie Beatty. "Onde está Kornílov?*[...] Onde estão os cossacos?" E por último e pior de tudo, "onde estão os alemães? O rumor estava montado num corcel louco".[59] Em resposta à prisão dos ministros de Kerénski e à proclamação preventiva de poder dos bolcheviques, os moderados da esquerda criaram seu próprio "Comitê para a Salvação do País e da Revolução", a fim de tentar reunir grupos antibolcheviques e garantir que um governo legítimo fosse eleito pela Assembleia Constituinte prometida para novembro. Na noite do dia 27, começaram a circular rumores de que Kerénski estava a caminho com os cossacos e que agora estavam em Gátchina, 46 quilômetros ao sul de Petrogrado. No dia seguinte circulou uma proclamação de que Kerénski tomara Tsárskoie Seló e estaria em Petrogrado no domingo, 29 de outubro. Em resposta à notícia de que reforços estavam a caminho e encorajados pelo Comitê de Salvação a tomar uma posição, naquela manhã uma companhia de cadetes disfarçados de soldados do Regimento Semiónovski e usando documentos falsos e as senhas corretas conseguiu passar pelos poucos Guardas Vermelhos na central de telefonia na rua Morskáia, enquanto outros usando o mesmo disfarce ocupavam o hotel Astória.[60] No hotel, Bessie Beatty ficou surpresa diante da juventude de seu líder, "um menino oficial, com um cigarro pendurado no canto da boca e um revólver na mão", que "pôs os guardas bolcheviques contra a parede e os desarmou".[61]

Os cadetes, alguns dos quais foram capturados no Palácio de Inverno no dia 25 e libertados, certamente não careciam de coragem, mas, sem reforços e com muito poucas provisões de munição, e ainda menos sinal de organização ou liderança adequadas, não poderiam aguentar por muito tempo. Beatty e Rhys Williams não tiveram nenhuma dificuldade — como "*Amerikanskie továrischi*" — para entrar na Central Telefônica, a duas quadras do Astória, e ver por si mesmos. Beatty achou que os cadetes pareciam "meras crianças nesse negócio da guerra" e estavam construindo barricadas de "caixas e tábuas" complementadas com toras de uma pilha de lenha para defender sua

* Kornílov fugiu da prisão em 6 de novembro e foi para o sul a fim de se juntar a forças cossacas antibolcheviques na região do Don. Passou a comandar uma unidade voluntária contra as forças bolcheviques, mas foi morto em abril de 1918 na região de Kuban, no sul da Rússia.

posição. Rhys Williams achou que eles pareciam confiar na chegada iminente das tropas de Kerénski.[62] Do interior do edifício, ele e Beatty observaram-nos ocupar posições atrás da barricada de lenha e de dois caminhões, quando um "vendaval de balas" veio de uma força atacante de Guardas Vermelhos e marinheiros.

Logo os cadetes recuaram para uma sala dos fundos, onde tinham "jogado as armas e estavam esperando pelo fim".[63] Em uma despensa, Beatty encontrou "um rapaz oficial com uma enorme faca de pão, tentando cortar os botões do casaco com mãos que tremiam tanto que tornaram longa a tarefa". Outro tentava desesperadamente arrancar suas ombreiras identificadoras. Ela não pôde deixar de ver a ironia: "de repente, a coisa pela qual esses rapazes tinham se esforçado — a cobiçada trança de ouro e os botões de bronze do uniforme de um oficial, símbolo de sua superioridade — transformara-se em sua maldição". Beatty percebeu que naquele momento "qualquer um deles daria a última coisa que possuísse no mundo por uma roupa de trabalhador comum". Num corredor, ela encontrou Rhys Williams diante de um desesperado cadete oficial, que implorava ao americano que lhe desse seu casaco, para que assim ele pudesse tentar fugir disfarçado. Ela viu a angústia nos olhos do rapaz, mas estava claro que Rhys Williams, como socialista devoto, estava diante de um dilema moral. Ele ganhara o respeito e a confiança dos operários russos durante o tempo em que estava em Petrogrado: "Se eu lhe der meu casaco, eles o reconhecerão e me considerarão um traidor". Ele não conseguiu ajudar o rapaz, mas, assim como Beatty, reconheceu que "toda a tragédia estava no empenho de um ser humano fraco tentando salvar a própria vida".[64]

À tarde, o prédio foi invadido. Enquanto os cadetes eram levados pelos Guardas Vermelhos e marinheiros que "gritavam por vingança", Rhys Williams apelou a eles que não "sujassem os ideais de sua Revolução", cedendo à tentação de matá-los. Em suas memórias, Rhys Williams e Beatty silenciaram sobre o destino dos cadetes, mas, como John Reed observou, embora a maioria daqueles da Central Telefônica tenha "saído livre", "uns poucos [...] em seu pânico, tentaram fugir pelos telhados, ou esconder-se no sótão, e foram encontrados e jogados na rua".[65]

Durante todo aquele dia, Reed escutou o som "das saraivadas, dos tiros isolados e do matraquear estridente de metralhadoras que vinha de longe e de perto", enquanto grupos de cadetes travavam escaramuças com os Guardas

Vermelhos em toda a cidade.[66] Eles também foram sitiados em duas de suas bases: a Academia Militar Aleksandróvski, junto ao canal Moika, e a Escola Militar Vladímirski, na rua Grebetskáia no distrito de Petrogrado. Os que estavam nesta última ofereceram forte resistência e conseguiram repelir dois carros blindados com metralhadoras, mas então os bolcheviques trouxeram três canhões de campanha e começaram a bombardeá-los. "Abriram-se grandes buracos nas paredes da escola", escreveu Reed; os cadetes montaram uma defesa frenética enquanto "ondas gritantes de Guardas Vermelhos, em assalto, encrespavam-se sob a explosão devastadora".[67] O tiroteio durou até as duas e meia da tarde, quando os cadetes foram forçados a içar uma bandeira branca. "Com uma corrida e um grito", Reed viu soldados e Guardas Vermelhos entrarem na escola, "através de janelas, portas e buracos na parede". Cinco dos cadetes foram brutalmente espancados e espetados por baionetas até a morte, e os restantes duzentos que se renderam foram levados para a Fortaleza de Pedro e Paulo. No caminho, outros oito foram atacados por uma multidão de Guardas Vermelhos e assassinados.[68] A própria escola Vladímirski foi quase reduzida a escombros pelo bombardeio bolchevique.

A condessa Nostitz ficou horrorizada com as cenas que se desenrolaram na Academia Militar Aleksandróvski. Para ela, o "heroísmo desses rapazes, meras crianças de quinze e dezesseis anos", foi "o único traço redentor naquele negro dia de horrores". Quando veio o ataque, alguns dos cadetes se protegeram atrás das enormes pilhas de madeira que estavam na frente da academia, prontas para o inverno:

> Forçados a sair, subiram ao topo e atiraram nas fileiras dos bolcheviques em uma última tentativa desesperada de deter seu avanço. Em situação de irremediável inferioridade numérica, lutaram até acabar sua munição, depois ficaram de pé, as faces redondas e infantis pálidas como papel, à espera da morte. Foi horrível ver os bolcheviques brincarem com eles como um gato brinca com um rato, prolongando o momento de suspense, selecionando cuidadosamente seus alvos vivos, até que os mataram, um a um.[69]

Os corpos dos cadetes permaneceram ali durante dias, sem vigilância, "amontoados uns sobre os outros sobre a pilha de lenha". Conforme o relato de um funcionário da Cruz Vermelha, à medida que os que estavam dentro da academia se rendiam, "vários deles foram enfileirados ao lado do canal Moika, com as mãos amarradas atrás das costas, e fuzilados por trás, caindo de cara na água".[70] Em outros lugares, os cadetes identificáveis encontrados nas ruas nos dias seguintes foram atacados e assassinados por marinheiros saqueadores e Guardas Vermelhos, tal como a polícia fora procurada em fevereiro. Louis de Robien viu quando um carro cheio de cadetes tentando escapar quebrou na rua Gógol e os Guardas Vermelhos agarraram e massacraram todos eles; seus corpos mutilados foram deixados na rua durante horas.[71] Felizmente, os britânicos conseguiram proteger os oito cadetes que guardavam sua embaixada e, "vestidos como civis", mandaram-nos para casa.[72]*

Para Bessie Beatty, a aniquilação dos cadetes foi "um dia de vergonha", "um sacrifício de inocentes tão desnecessário quanto inútil", e ela atribuiu grande parte da culpa àqueles que enviaram esses jovens rapazes para lutar por eles, enquanto se mantinham fora do alcance dos bolcheviques. O "malfadado levante dos cadetes" marcara um teste de força breve e desigual entre o novo governo de Lênin e o Comitê da Salvação.[73] "Kerénski voltou a falhar, como fez quando do levante de julho e do caso Kornílov", escreveu tristemente Sir George Buchanan em seu diário, em 30 de outubro. Depois de reunir brevemente o apoio de dezoito companhias cossacas sob o comando do general Krasnov, Kerénski acompanhou sua marcha contra Tsárskoie Seló. Porém mais uma vez ele tergiversou, e Krasnov recuou para Gátchina diante da perspectiva do sacrifício de seus 1200 homens contra uma força mista de 50 mil bolcheviques e trabalhadores que estava sendo mobilizada contra eles. Pouco depois, Kerénski fugiu — ninguém sabia para onde — e se escondeu, antes de escapar para a Finlândia em maio de 1918.**

Em 2 de novembro, o governo de Lênin anunciou a derrota final do Governo Provisório. Mas foi uma derrota sem honra. O abandono da defesa de Petrogrado a "alguns cossacos, um batalhão de mulheres e algumas crianças",

* Sir George Buchanan, no entanto, notou com alguma repugnância que, enquanto guardavam a embaixada, os cadetes furtaram um pouco de seu uísque e de seus vinhos, se embebedaram estupidamente e ficaram doentes.

** Kerénski estabeleceu-se na França, envolveu-se na política dos expatriados e criticou com frequência o novo governo soviético. Depois, viveu em Berlim e Paris, antes de se instalar nos Estados Unidos em 1940, onde escreveu suas memórias e participou regularmente de programas de rádio sobre assuntos russos. Morreu em Nova York, em 1970.

como Louis de Robien concluiu, "só conseguira o distanciamento de todos" e fizera do governo de Kerénski "um objeto de ridículo".[74] Além disso, garantira que o fim do antigo governo burguês – e o início do novo governo soviético – fosse "ignominioso, sem fanfarra ou heroísmo".

15. "Pessoas malucas matando umas às outras do mesmo jeito que matamos moscas em casa"

Em 17 de novembro, Phil Jordan sentou-se para escrever uma de suas longas cartas anedóticas em que descrevia os acontecimentos recentes. Havia sido um período angustiante; os bolcheviques, contou a Annie Pulliam, prima da sra. Francis, "destruíram Petrogrado a tiros". "Estamos todos sintados [sentados] numa bomba, só esperando que alguém acenda um fósforo", acrescentou, com seu habitual senso vívido do dramático. "Se o embaixador sair dessa confusão com nossa vida teremos uma sorte terrível." Para variar, o formidável Phil estava ansioso: "Essas pessoas malucas estão matando umas às outras do mesmo jeito que matamos moscas em casa". Até mesmo seu chefe estava admitindo para o filho Perry que "nunca soube de um lugar onde a vida humana é tão barata quanto é agora na Rússia". Era triste dizer, mas assassinatos, roubos e atos violentos de vingança eram agora tão comuns que ele se descobrira "acostumado" a eles.[1]

Em Moscou, a Revolução de Outubro fora muito mais selvagem e sangrenta. Os cadetes de lá haviam sido "advertidos e prevenidos" e ocupado posições defensivas fortes no Kremlin e em outros edifícios estratégicos.[2] Foram necessários dez dias para que os bolcheviques tomassem o poder; as batalhas encarniçadas nas ruas e ao redor do Kremlin deixaram mais de mil mortos, e as atrocidades contra os cadetes que se renderam foram muito mais disseminadas do que em Petrogrado. O consulado americano foi gravemente danificado por tiros; o Hotel Metropole, que hospedava muitos estrangeiros, foi parcialmente destruído. Os colegas de Leighton Rogers na agência moscovita do National City Bank — que estavam alojados no Hotel Nacional de Moscou — tiveram de se refugiar nas caixas de batata do porão e, segundo o que ele ouviu dizer, tinham jogado pôquer durante os três piores dias dos combates.[3]

Em Petrogrado, embora não tenham sido atacadas, as embaixadas britânica e americana ficaram praticamente isoladas do mundo exterior; nenhum de seus telegramas foi transmitido, seus mensageiros diplomáticos não tiveram permissão para sair e sua correspondência também foi bloqueada. Funcionários da embaixada dos Estados Unidos faziam todo o possível para convencer seus cidadãos a deixarem a Rússia assim que pudessem, e, em particular, estavam evacuando mulheres e crianças pela ferrovia Transiberiana. No dia 5 de novembro, com a primeira nevada de inverno para valer, 35 homens, mulheres e crianças americanos saíram da cidade de trem, junto com muitos dos membros da missão da Cruz Vermelha americana que haviam decidido ir embora.[4] O problema de tirar esses cidadãos da Rússia era complexo: havia esposas que não queriam abandonar os maridos; mulheres temerosas de viajar sozinhas; pessoas que não tinham o dinheiro da passagem; até mesmo "inimigos que não suportam a ideia de passar dez dias no mesmo carro", como observou J. Butler Wright — para não mencionar a natureza perigosa da jornada em si, com os trens sendo parados e abordados por turmas da Guarda Vermelha em muitos pontos ao longo da linha. Para os britânicos, a situação tornou-se ainda mais tensa quando Trótski recusou autorizações de saída a membros da colônia que desejavam sair, em retaliação pela prisão e internamento na Inglaterra de dois bolcheviques que difundiam propaganda contra a guerra. "No momento, os britânicos são praticamente prisioneiros na Rússia", contou o cônsul Arthur Woodhouse à sua filha de vinte anos, Ella, que já estava de volta à Inglaterra:

> Estamos tendo um período animado neste escritório. Frenéticos H.H.H.s ("*helpless, hopeless, hystericals*") ainda aparecem, como de costume, e se recusam a ser consolados. Estou grato por dizer que a maior parte dos britânicos partiu. Aqueles que ainda estão aqui gostariam de fazê-lo, é claro, mas ou não podem, por falta de meios, ou, nas condições atuais, não têm permissão para sair.[5]

Foi também um momento particularmente difícil para o embaixador. Havia ameaças de assassinato contra Sir George Buchanan na imprensa bolchevique,

que o ridicularizava chamando-o de "Tsar de Petrogrado", e corriam rumores de que Trótski mandaria prendê-lo. A família de Sir George implorou ao embaixador que não saísse em suas caminhadas diárias, mas ele não concordou, assegurando-lhes que "não levava as ameaças de Trótski muito a sério".[6] Ele não mudou de ideia e, "com grande dignidade e determinação", também se recusou resolutamente a receber Trótski e declinou de sua oferta de Guardas Vermelhos "para a proteção da embaixada".[7] Buchanan informou a Londres que "o governo está agora nas mãos de um pequeno grupo de extremistas, que se empenham em impor sua vontade ao país por métodos terroristas", e ele não queria ter nada a ver com eles. O secretário de Relações Exteriores, Arthur Balfour, telegrafou da Inglaterra, pedindo-lhe que voltasse para casa, mas Sir George foi inflexível: "Não me convém sair de Petrogrado, pois minha presença aqui tranquiliza a colônia", respondeu no início de novembro. Mas sua esposa, temendo pela saúde fraca do marido, achou tudo aquilo uma tensão terrível e admitiu que estavam passando por um momento horroroso.[8]

Tal como Buchanan e Woodhouse, David Francis se recusou a ser intimidado; "Nunca falarei com um maldito bolchevique", grunhiu ele e também recusou a oferta de guardas bolcheviques para a embaixada dos Estados Unidos. "Evidentemente, nunca lhe ocorreu deixar o posto em qualquer circunstância", escreveu sua amiga Julia Cantacuzino-Speránski, "embora falasse com franqueza das ameaças e perigos a que estava constantemente sujeito."[9] Isso para não mencionar a tensão a que Francis fora submetido nos últimos tempos, graças a mexericos dentro da embaixada sobre a sua amizade com a residente russa Matilda de Cram, que conhecera no navio que os trouxera da América, e que ainda era suspeita de ser uma espiã alemã. Distante da família e cada vez mais isolado dos funcionários que o reprovavam, muitos dos quais duvidavam seriamente de sua competência profissional, Francis se apegara de maneira obstinada à encantadora companhia de madame Cram — que ainda o visitava com frequência para lhe ensinar francês — e a seu aliado mais fiel, Phil Jordan. Mas, recentemente, o assessor de Francis, J. Butler Wright, ficara muito preocupado com a saúde do embaixador, notando um aumento da exaustão mental e física (muitas vezes, Francis trabalhava até duas ou três da manhã, como sabia Phil Jordan). Mais preocupante, no entanto, era o fato de que se tornara confuso e inconsistente em seus negócios oficiais; parecia ter "perdido as amarras". Em 22 de novembro, um cabograma codificado foi enviado a Washington, recomendando que, "para evitar humilhação pública, fossem enviadas ordens formais ao embaixador para voltar logo para Washington".[10]

Para os muitos expatriados britânicos e americanos que não podiam sair de Petrogrado, não havia nada a fazer naquele inverno senão manter-se discreto e "ver como esse novo governo de operários e camponeses seria constituído [...] e traduzir seu sonho em realidade".[11] O Smólni continuava a ser um caldeirão de debates políticos, rivalidades e invectivas, mas as massas deixaram de se importar e tratavam de fazer o melhor para levar suas vidas. Na opinião de Louis de Robien, o povo estava "entediado com toda a questão". O que a liderança escondida no Smólni tinha para lhe oferecer? Certamente não pão. Nada além de "teorias, dogmas, opiniões, doutrinas, hipóteses — todas expressas em palavras sem senso de proporção". Conforme escreveu a residente francesa Louise Patouillet, "essa é a bagagem moral que a maioria dos líderes revolucionários carrega consigo":

> Reuniões com um número ilimitado de grupos dissidentes ou sessões plenárias, votações intermináveis de questões de ordem ou correções de questões de ordem. Debates inúteis e, consequentemente, inevitáveis que se prolongam sem interrupção, durante todo o dia, toda a noite. Um fluxo sem fim de oradores cujas mãos estão presas pelas cadeias do dogma partidário e que só podem ver as coisas através de seus olhos doutrinários e mortos.[12]

O que os russos comuns precisavam, escreveu Patouillet, era de "ações e não palavras". Seu compatriota Louis de Robien também se tornou profundamente cético em relação a qualquer perspectiva de uma solução política viável na Rússia: "Fundam-se partidos, criam-se cartéis, pessoas fazem fusões, formam-se comitês, assim como conselhos de comitês e comitês de conselhos: todos alegam estar salvando o país e o mundo, mas todos os dias ouve-se falar de alguma nova divisão e de algum novo remendo sensacional".[13]

Nessa atmosfera contínua de conflito e de incerteza, Lênin havia avançado, sem questionamentos, com o programa bolchevique de socialização e destruição sistemática de todos os vestígios da antiga ordem imperial. Sua primeira e mais dramática medida foi o Decreto sobre a Terra que abolia a propriedade privada e confiscava todas as terras para redistribuição entre os camponeses. Os delegados do Congresso dos Sovietes o haviam ratificado por unanimidade antes da dissolução do congresso, em 27 de outubro. A liberdade de imprensa também foi suprimida, e muitos jornais de oposição se tornaram clandestinos, tal como ocorrera com a imprensa revolucionária na época tsarista; o Banco do Estado foi tomado e a publicidade tornou-se um monopólio controlado pelo Estado. A liberdade de expressão foi sufocada sem piedade: primeiro fecharam-se os clubes políticos e, em seguida, proibiram-se todas as reuniões públicas, com exceção das do governo oficial.

A Duma Municipal de Petrogrado, que até o final de novembro resistiu valentemente à intimidação bolchevique, foi dissolvida a ponta de baioneta e seu prefeito e conselheiros foram presos.[14] Todos os tribunais que se opunham ao novo regime soviético foram fechados e substituídos pelo Tribunal Militar Revolucionário, que passou a tratar impiedosamente como "contrarrevolucionários", "especuladores" e quaisquer outros inimigos percebidos do novo Estado socialista. "Petrogrado recebeu o dia da primeira sessão do tribunal com apreensão", lembrou Bessie Beatty, declarando-o "o começo do terror". Naquele dia sombrio, "a imprensa e o povo discutiram pouca coisa além da guilhotina".[15] Em um ato final agourento de repressão oficial, em 7 de dezembro criou-se um novo órgão para 'Combater a Contrarrevolução': a Tchrezvitcháinaia Komíssia, mais conhecida pelo acrônimo TcheKa e localizada discretamente no quarto andar de uma casa na rua Gorókhovaia.[16] Foi para lá que membros preeminentes da burguesia e da aristocracia (se ainda não tinham fugido da Rússia) foram levados para interrogatório. Às vezes, à noite, ouvia-se o estalo ocasional de um fuzil; dizia-se que havia uma vala ao longo de uma parede dos fundos do edifício, para onde as pessoas eram levadas e fuziladas.

Em 12 de novembro, começou finalmente a eleição para a tão esperada Assembleia Constituinte. Leighton Rogers julgou-a um exercício interessante: havia dezenove partidos políticos disputando assentos e a campanha foi uma verdadeira "batalha de cartazes". Em toda a cidade, "edifícios, muros e todos os espaços de propaganda disponíveis estavam repletos deles, com até dez de grossura", pois, como observou Rogers, "os membros dos partidos consideravam realmente esperto sair furtivamente à noite e cobrir os cartazes da oposição com os seus". Um dos grupos tinha um diretório em seu prédio, e "em três ocasiões" ele vira seus representantes "saírem depois da meia-noite com rolos de cartazes e baldes de cola". E acrescentou: "Pode haver alguma verdade na declaração feita outro dia em tom de piada de que o partido com mais cola e cartazes vencerá".[17]

No final do período de duas semanas de votação, ficou claro que os bolcheviques não tinham obtido o mandato que esperavam com confiança; longe disso, eram muito minoritários, com apenas 24% dos votos. Lênin ficou indignado e adiou a abertura da Assembleia prevista para 28 de novembro para o Ano-Novo; se tivesse feito as coisas como queria, teria acabado com ela por completo.* O vácuo político foi marcado por um aumento inexorável da tirania bolchevique e pela prisão e assassinato de opositores políticos. O inverno 1917-8 inaugurou o que Willem Oudendijk chamou de "baionetocracia" — uma "ditadura dos soldados", nas palavras de Louis de Robien — e, com ela, a imposição generalizada da justiça sumária. O fuzil e a baioneta governavam numa cidade cheia de soldados ociosos que voltavam do front, conhecidos pelo comportamento imprevisível e anárquico. "Nossa revolução burguesa de 1789 caiu nos excessos do Terror e acabou com Bonaparte e suas guerras", observou Robien. "Mas isso não foi suficiente para nos curar."[18] Via pouca esperança para os russos, tendo testemunhado recentemente um exemplo típico da face feia de violência irracional e arbitrária ao ver "dois soldados negociando maçãs com uma velha vendedora de rua:

> Decidindo que o preço era alto demais, um deles atirou na cabeça dela enquanto o outro a atravessava com a baioneta. Naturalmente, ninguém ousou fazer qualquer coisa aos dois soldados assassinos, que seguiram calmamente seu caminho, observados por uma multidão indiferente, mastigando as maçãs que haviam comprado por tão pouco, sem pensar na pobre velha cujo corpo permaneceu na neve durante parte do dia, perto de sua pequena barraca de maçãs verdes.[19]

A ansiedade aparecia aonde quer que se fosse: "Nunca se via um sorriso em qualquer rosto que passava", lembrou Meriel Buchanan, "nunca, em nenhuma das ruas largas, havia o som de uma risada, uma nota de música ou mesmo o

* Quando se reuniu finalmente às quatro da tarde do dia 3 de janeiro de 1918, a Assembleia Constituinte durou precisamente doze horas: foi dissolvida por Lênin às quatro da manhã do dia seguinte.

som dos sinos das igrejas". "Quando saí, esse sentimento de ódio em relação a quem não pertencia obviamente ao proletariado era quase tangível. Sentia-se isso literalmente sempre que se saía para a rua", relembrou Ella Woodhouse.[20]

Para os americanos, era exatamente o mesmo; Phil Jordan admitiu que a situação em Petrogrado estava "terrível":

> As ruas estão cheias de todos os assassinos e ladrões que existem na Rússia. Pode-se ouvir as metralhadoras e canhões rugindo noite e dia. Milhares estão sendo mortos. Por que estamos vivos, não sei dizer. Eles invadem casas particulares e roubam e matam todas as pessoas. Numa casa não muito [longe] da embaixada eles mataram uma menina e doze baionetas de fuzil foram encontradas enfiadas em seu corpo. Oh, as vistas horríveis que há para serem vistas. [...] Descobri que a melhor coisa a fazer agora é manter a boca fechada e se parecer tanto com um americano quanto possível. [...] Todos os bandidos que foram retirados da prisão estavam armados com fuzis [...] não sabemos em que minuto os alemães vão tomar Petrogrado. Se eles viessem neste exato momento não sei o que faríamos porque não podemos sair. Somos como um rato numa ratoeira. Os bolcheviques destruíram todas as estradas de ferro. Não sei, mas este Ford pode ser um salvador de vida. Todas as casas de negócios e bancos estão fechados. A cidade está totalmente escura. Às vezes só temos velas de sebo para iluminar, as fábricas não têm carvão e muito pouca madeira. Os bancos estão a cargo dos bolcheviques, e ladrões e condenados fugidos estão de guarda com metralhadoras e fuzis, a questão alimentar está piorando a cada dia [...] o embaixador me disse há dois dias para embalar poucas coisas porque talvez tenhamos de ir embora e deixar tudo para trás.[21]

O recente Decreto sobre a Terra — e, com ele, a disseminação do ditado marxista preferido de Lênin de que "propriedade é roubo", implicando que as pessoas devem roubar de volta o que lhes foi roubado — "tinha iniciado uma avalanche". "A propriedade privada estava à mercê do público", escreveu Leighton Rogers, "enquanto os bolcheviques insistiam para que fosse revistada e apreendida com a força que fosse necessária."[22] Com a pilhagem, o assalto e o assassinato transformando-se na ordem do dia — e da noite —, era difícil para aqueles observadores estrangeiros que tinham um certo grau de simpatia pelos ideais da Revolução de Fevereiro se manterem fiéis às suas convicções, quando as viam agora traídas diariamente pelas aberrações da nova ditadura bolchevique.[23] Até o oficial da Cruz Vermelha Raymond Robins, que saudara com entusiasmo o novo amanhecer de outubro, dizendo a sua esposa, Margaret, que "Esta é a Grande Experiência", estava começando a ter suas dúvidas. "Pense nisso", escreveu a Margaret em 8 de novembro, "o mais extremado governo socialista-pacífico-semianarquista do mundo mantendo seu controle pela baioneta, proscrevendo todas as publicações, exceto as que são a favor de seu programa, detendo pessoas sem mandado e mantendo-as presas por semanas sem julgamento e sem acusação."[24]

O único raio de esperança surgiu quando, em 2 de dezembro, Trótski anunciou que os bolcheviques haviam feito um armistício com os alemães; as negociações de paz começariam em Brest-Litovsk no dia 9. Todos queriam o fim da guerra e o retorno à normalidade, pois a Rússia tinha agora diante de si o próximo ato do drama: a fome. Além da paz, o único tópico de conversação, não apenas entre as pessoas comuns nas ruas, mas nos salões mais grandiosos de Petrogrado, era "a melhor maneira de obter um saco de farinha ou alguns ovos".[25] "Até mesmo a colônia estrangeira, cujos membros estavam em muito melhor situação do que os russos", relembrou Bessie Beatty, "ouviu o uivo da fome. Éramos um grupo faminto da manhã à noite. A maioria de nós passou a ter um apetite como nunca tínhamos visto. Raspávamos os pratos."[26]

Phil Jordan arriscava-se constantemente a sair no Ford do embaixador para ir a feiras de rua distantes e aldeias da periferia para tentar encontrar comida. "Depois de viver num país selvagem como este por dezoito meses, isso faz você se sentir como se houvesse apenas dois lugares decentes para viver", disse ele a Annie Pulliam. "Um é o céu, o outro é a América."[27] Recentemente, quando estava juntando suas compras e se preparando para voltar, "cerca de trezentos bocheviques entraram correndo no mercado com fuzis engatilhados". Um deles lhe disse que ninguém podia comprar mais no mercado porque "vamos levar tudo para os nossos amigos". "Saia daqui e seja rápido. Eu disse que não vou deixar este lugar até que meu dinheiro seja devolvido. Ele então disse ao balconista para me dar meu dinheiro. Eles então começaram [...] a atirar para assustar as pessoas e pegaram tudo que havia no mercado."[28]

Como a busca por comida era um exercício perigoso e caro entre a relativamente privilegiada comunidade de expatriados, não admira que, quando Robbie Stevens, diretor do National City Bank, ofereceu um jantar de Ação de Graças em 2 de novembro para os seus 24 funcionários, todo mundo tenha comparecido "com todos os seus felizes trapos" para desfrutar de um pouco de boa comida.

Enquanto o "lobo cinzento" da fome continuava sendo uma "serpente adormecida" e ainda não fomentava mais agitação social em Petrogrado, a ameaça sempre presente das bebidas alcoólicas era, como Bessie Beatty observou, muito mais séria.[29] Todos os observadores estrangeiros haviam concordado que a proibição tsarista da venda de vodca tinha sido a única coisa que salvara a Revolução de Fevereiro de uma selvageria e violência ainda piores, provocadas por turbas enlouquecidas pela bebida. Mas, na noite de 23 para 24 de novembro, os revolucionários finalmente puseram as mãos no inexplorado nirvana alcoólico que jazia nas adegas do Palácio de Inverno.

Depois que o palácio foi tomado, descobriu-se que as caves do tsar ainda estavam intactas, abarrotadas de vinho, champanhe e conhaque. Na verdade, Petrogrado ainda conservava mais de oitocentas adegas pertencentes aos clubes e à antiga aristocracia, sendo que somente uma delas continha 1,2 milhão de garrafas. Entre as bebidas estocadas no Palácio de Inverno estavam inestimáveis garrafas de champanhe que "haviam permanecido imperturbadas por trezentos anos", segundo Bessie Beatty, todas valendo algo em torno de "30 milhões de rublos". Uma vez divulgada a descoberta, os bolcheviques sabiam que os *továrischi* viriam correndo. O Comitê Militar Revolucionário ponderou o que fazer. Precisavam muito de fundos, e a opção mais óbvia e mais fácil seria vender as garrafas, talvez para britânicos ou americanos.[30] Uma alternativa mais segura seria tirá-las do palácio e despejá-las por atacado — talvez no Nievá — antes que a turba pusesse as mãos nelas. No final, a melhor solução parecia ser simplesmente enviar um contingente de Guardas Vermelhos "cujo espírito revolucionário fosse suficientemente forte para resistir à tentação da bebida", quebrar as garrafas e derramar todo o seu conteúdo, pois as adegas seriam inundadas pelo líquido.[31]

Na noite em que os Guardas Vermelhos entraram no palácio, Bessie Beatty pensou que "toda a população seria morta", pois ouviu o som constante do que julgou serem fuzis. Mas não, era o som do "estalo de milhares de rolhas" no Palácio de Inverno.[32] Inevitavelmente, os homens enviados para levar a cabo a destruição não resistiram à atração do raro Tokay do reinado de Catarina, a Grande, e felizes passaram a beber "a herança de Nicolau Románov".[33] Marinheiros armados foram enviados para tentar restaurar a ordem, mas uma grande quantidade de homens bêbados estava então causando estragos, cambaleando até o tornozelo no vinho das garrafas quebradas e sem disposição para dispersar. Começaram os tiros e as brigas. Por fim, foram enviadas três companhias de bombeiros para atacar as adegas com suas mangueiras, inundando-as e quebrando muito mais garrafas de vinho no processo. Vários homens que estavam bêbados demais para escapar foram afogados ou congelados até a morte na água gelada do rio que saía das mangueiras.[34] Leighton Rogers soube de um soldado que contou a história em um bonde, lamentando o fato de que "63 de seus camaradas haviam morrido na farra da adega do Palácio de Inverno, baleados por seus companheiros em brigas ou bêbados demais para nadar no dilúvio criado pelos carros de bombeiros"; ao escutar o relato, uma mulher sentada do outro lado do corredor "ergueu os olhos piedosamente e suspirou: '63, graças a Deus'".[35]

A notícia sobre a rica colheita a ser feita no Palácio de Inverno espalhou-se rapidamente por Petrogrado. Em breve, todos estavam participando, lembrou Meriel Buchanan: "Multidões ansiosas por um pequeno saque chegaram à cena. Soldados em caminhões chegaram e foram embora com caixas cheias de vinhos inestimáveis. Era possível ver homens e mulheres, com sacolas e cestos cheios de garrafas, vendendo-as aos transeuntes nas ruas. Até mesmo as crianças tiveram sua parte do butim e eram encontradas cambaleando sob o peso de meio garrafão de champanhe, ou uma garrafa de licor valioso".[36] Durante dias o cheiro de álcool azedo pairou sobre o Palácio de Inverno.* O aroma foi longe e chegou até a embaixada britânica. Soldados e marinheiros jaziam totalmente embriagados na neve, que estava manchada de vermelho, dessa vez não de sangue, mas de vinho. "Em alguns lugares, a multidão pegava-o com as mãos em concha, tentando tirar a última gota de sabor, lutando uns contra os outros pelos restos", relembrou Meriel Buchanan; outros deitavam-se nas sarjetas tentando beber o vinho que escorria de tantas garrafas quebradas.[37]

Mas o saque e as mortes não pararam no Palácio de Inverno; a ânsia por bebida alastrou-se pelos Guardas Vermelhos, bem como entre os soldados e marinheiros que enchiam a cidade, e muitos saíram numa busca desenfreada, invadindo adegas de vinho particulares e bebendo até cair num estupor bestial.

* O que sobrou da coleção de vinhos do Palácio de Inverno acabou sendo levado para Kronstadt e destruído por marinheiros leais.

O Clube Inglês logo sucumbiu, bem como o empório Elisséiev, na esquina da Niévski, o preferido pela comunidade diplomática estrangeira. A única maneira que o restaurante Contant encontrou para proteger sua adega foi "montar uma guarda de vinte ou mais sujeitos robustos com fuzis, metralhadoras e granadas, aos quais pagava, alimentava e abastecia com bebida em abundância". (No Natal, o Contant seria o único restaurante ainda capaz de servir vinho.)[38] Os amigos russos do casal Buchanan começaram a chegar à embaixada britânica porque os soldados haviam invadido suas casas e "não estavam apenas bebendo todo o seu vinho, mas quebrando os móveis, e, bêbados demais para saber o que faziam, entregavam-se a um tiroteio promíscuo".[39] Uma noite, Phil Jordan ouviu um "tremendo golpe" e o som de vidro quebrado a três portas da embaixada; ao sair, descobriu que oito ou nove soldados haviam entrado numa loja de vinhos e "ficaram tão bêbados quanto podiam". A temperatura era de −20°C, e mesmo assim, "na manhã seguinte, uma quadra da rua estava cheia de soldados bêbados, alguns dormindo na neve, tal como se estivessem na cama". E acrescentou: "E a sra. Francis pensa: nenhuma lei, nem um policial, nem ninguém para dizer 'Parem'".[40]

"Toda a Petrogrado está bêbada", admitiu o recém-nomeado comissário do Povo para o Esclarecimento, Anatóli Lunatchárski, em um momento de exasperação.[41] "Noite após noite vinham os sons da bagunça", escreveu Leighton Rogers, enquanto a bebedeira continuava: "falação, risos, gritos, gemidos, flashes de luz na escuridão, lampejos de velas, tiros e tropeços frenéticos [...] toda a cidade parecia ter apanhado a febre do carrossel".[42] Da embaixada britânica, Meriel Buchanan podia ouvir o pandemônio interrompido por "intermináveis coros de canções folclóricas russas". Logo surgiu um florescente comércio de bebidas roubadas, e vinhos finos antigos, ainda com o brasão imperial, eram revendidos por saqueadores. Até membros das colônias britânica e americana admitiram ter comprado em certas ocasiões. Louis de Robien observou que alguns fraudadores particularmente empreendedores tinham vendido garrafas de "champanhe" do Palácio de Inverno que haviam esvaziado de seu conteúdo original durante suas bebedeiras e substituído por "água do Nievá". Enquanto isso, o governo bolchevique continuava tentando destruir as lojas de vinho antes que a turba chegasse até elas: nas adegas da Duma, 36 mil garrafas de conhaque foram destruídas; garrafas de champanhe no valor de 3 milhões de rublos foram destruídas em outro lugar. Porém, houve uma consequência imprevista do trabalho dos fiéis quebradores oficiais de garrafas: mesmo que se abstivessem de beber qualquer coisa, embriagavam-se inevitavelmente com os vapores alcoólicos.[43]

À medida que se aproximava o Natal de 1917, a vida em Petrogrado parecia mais arbitrária e mais perigosa do que nunca. "Os bolcheviques estão nominalmente à frente das coisas", escreveu Denis Garstin, "mas, na realidade, é a lei da turba, em que a multidão está lá, mas não a lei. Trótski e Lênin, odiando cada vez mais a burguesia, emitem novos decretos destruindo tudo, renegando dívidas, casamentos, assassinatos, alianças, crimes dos inimigos — ah, eles estão se divertindo."[44] "Tenho medo de um russo com uma arma", admitiu Pauline Crosley, que, tendo optado por permanecer em Petrogrado com o marido, evitava sair tanto quanto possível, tal como a maioria de seus amigos. Outros estrangeiros que decidiram não partir, como Paulette Pax, que estava determinada a cumprir seu contrato no teatro Mikháilovski, "pelo prestígio da França", ficavam em casa. Mas ela achava difícil suportar os intermináveis dias trancada em seu apartamento com as janelas fechadas e por fim arriscou-se e saiu, simplesmente para fugir "da sufocante sensação de sepultura".[45]

Mas não valia a pena aventurar-se, pois outro inverno esquálido abateu-se sobre a cidade: um Nievá congelado e ruas cheias de neve; igrejas vazias "onde ninguém rezava"; poucos bondes em funcionamento, e os que havia estavam superlotados; metade das lojas fechadas e trancadas; cortes prolongados de energia, piorados pela grave escassez de carvão, lenha, querosene e velas; pão feito de palha; manteiga e ovos, quase inexistentes. E, durante todo o tempo, o poder de compra do rublo continuava a despencar. "As comparações com os preços anteriores estão além da minha capacidade aritmética", escreveu Pauline Crosley. "Eu simplesmente sei que preferiria andar a pagar quarenta rublos (cerca de quatro dólares atuais) a um *izvózchik* por uma corrida de quinze minutos." O que mais ela podia contar a sua família? "Em geral a notícia é: Petrogrado ainda está aqui; uma parte de Moscou não está mais lá; muitas propriedades bonitas não estão mais em lugar algum; os bolcheviques estão em toda parte."[46] E agora os bancos estavam em greve. "Todos os negócios estão andando por inércia e aproximando-se do ponto de imobilidade", escreveu Leighton Rogers em 29 de novembro. "Então, nós nos arrastamos junto, esperando a cada dia que o seguinte revele uma melhoria na situação; mas esperamos por isso há oito meses, e as coisas ficam cada vez piores."[47]

No início de dezembro, Sir George Buchanan ficou doente de novo. "Meu médico me diz que estou no fim de minhas forças", admitiu ele. Foi forçado a concordar que deveria deixar a Rússia. Por fim, com a abertura da Conferência de Paz de Brest-Litovsk, em 9 de dezembro, com relutância, desistiu de toda a esperança para a Rússia. Ficou claro para ele que a guerra era "mais odiada do que o próprio tsar" e que era inútil para a missão britânica em Petrogrado continuar tentando manter o país na guerra.[48] Entretanto, seu colega David Francis persistia: "Estou disposto a engolir o orgulho, a sacrificar a dignidade e a fazer todo o necessário para impedir que a Rússia se torne uma aliada da Alemanha". Mas era tarde demais; em 7 de dezembro, Phil escrevia para a sra. Francis: "a senhora sabe que no momento atual Petrogrado está [...] cheia de alemães [prisioneiros de guerra libertados] andando pelas ruas tão orgulhosos quanto pavões. Todo o povo russo está muito feliz que os alemães estejam aqui. Dizem que quando os alemães tomarem Petrogrado, teremos algum tipo de lei e ordem para nossas vidas".[49]

Em 12 de dezembro pelo calendário russo, os britânicos, americanos e outros estrangeiros restantes deixaram de lado as sombrias realidades da Petrogrado faminta para comemorar o Natal, pois, pelo calendário gregoriano europeu, era 25 de dezembro. "No meio da guerra e da revolução", relembrou Bessie Beatty, "não só celebramos o Natal, como o celebramos duas vezes." E para sua "alma californiana alimentada pelo sol", aquele Natal "saiu pronto de um conto de fadas".[50] A Petrogrado enlameada, ainda mais triste pelos exteriores rotos dos edifícios de estuque negligenciados e marcados por balas, transformou-se pela beleza deslumbrante de um inverno que chegou "caindo do céu", com a neve acumulando-se "em ondas sobre telhados e chaminés, e os pingentes pendendo do madeiramento como franjas de cristal".

Contra esse pano de fundo, escreveu Beatty, até o Natal de 1917 era mágico, "por mais vazias as lojas ou preocupadas as pessoas".[51] A Cruz Vermelha americana ofereceu um almoço para os correspondentes dos Estados Unidos no dia de Natal; acendeu-se um fogo crepitante e uma árvore decorada assumiu o lugar de honra. "Baixamos as cortinas e deixamos lá fora a guerra e a revolução, enquanto ríamos alegremente a respeito da concepção russa de torta de frutas." Em seu novo apartamento palaciano de catorze dependências, Fred Sikes e

Leighton Rogers "ofereceram uma boa refeição" para alguns de seus colegas de banco, relembrou John Louis Fuller: ganso assado, legumes, um "bolo de cinco camadas", além de vinho – algumas garrafas do Palácio de Inverno, compradas no mercado negro. Mas o "melhor viria na noite de Natal", numa festa para toda a colônia americana realizada no National City Bank.[52] Bessie Beatty considerou-a "um triunfo que exigiu toda a engenhosidade de uma mulher inteligente e meia dúzia de homens habilidosos", pois "o milagre de fornecer comida para duzentas pessoas com a despensa de Petrogrado quase vazia foi uma verdadeira façanha". O gênio que comandou esse "lance de mágica" foi Mildred Farwell, correspondente do *Chicago Tribune* em Petrogrado, casada com um membro da missão da Cruz Vermelha, que organizou a obtenção de "fermento em pó de Vladivostok, a 6 mil verstas (6 mil quilômetros) de distância, para fazer bolos em camadas americanos. Os ovos vieram de Pskov, perto da frente de guerra russa. Da despensa do embaixador foi roubada a farinha branca. E os perus vieram Deus sabe de onde".[53]*

Naquela noite, recordou Beatty, a antiga embaixada turca "assumiu toda a sua glória de outrora", enfeitada com bandeiras e seus enormes espelhos dourados refletindo "um torvelinho de mulheres em reluzentes vestidos e homens cujas roupas de gala não saíam de seus vincos havia muito tempo". "Nossos balcões simples, desnudos e velhos, usados somente para entregar dinheiro, estavam cobertos de coisas boas para comer", escreveu John Louis Fuller em seu diário. "Sanduíches de pão branco, peru, salada de frango, mirtilos, bolos de geleias de todos os tipos e tortas de maçã [...] em outro balcão estava o recipiente de ponche feito com cerca de dez tipos diferentes de vinho." Desnecessário dizer que, "antes de a festa começar, mais da metade [dele] já tinha sido consumida". Todos se divertiram muito até as três da manhã, dançando ao som de uma banda de balalaica e de uma orquestra de doze instrumentos que tocava one-step e ragtime americano. Um convidado russo que era cantor de ópera fez uma interpretação maravilhosa do hino nacional dos Estados Unidos. Leighton Rogers valsou, "esbarrando nos embaixadores a cada passo e causando um grande tilintar das medalhas de bronze dos generais

* Beatty não menciona se seus colegas socialistas Reed, Bryant e Rhys Williams participaram de alguma das festividades de Natal da colônia americana, e as memórias dos próprios silenciam a respeito disso.

presentes com todas as suas condecorações", mas ele era um mau dançarino e desistiu da valsa.[54]

Em comparação, na embaixada britânica, a noite de Natal foi bastante discreta, marcada pela despedida oficial de Sir George Buchanan. As missões navais e militares aliadas foram convidadas, mais cem membros do pessoal da embaixada e alguns amigos russos. Seria a última festa da comunidade diplomática britânica em Petrogrado. Por sorte não houve nenhum corte de energia naquela noite, "então os candelabros de cristal brilharam com luz como haviam feito no passado", e, embora estivesse muito indisposto, Sir George estava lá, de pé "no alto da escada recebendo os convidados à medida que subiam, com o monóculo que pendia do pescoço e sua larga insígnia de honra, parecendo um embaixador tanto quanto qualquer embaixador pode parecer". O funcionário da embaixada William Gerhardie registrou a característica modéstia com que Sir George reagiu ao coro animado de "For He's a Jolly Good Fellow" ["Ele é um alegre e bom companheiro"] na ceia, insistindo que não era "nem alegre nem bom" e que "tudo que poderia dizer de si mesmo é que era um "companheiro".[55]

Meriel Buchanan nunca esqueceu essa última e triste festa:

> Embora o salão de baile tivesse montes de latas de carne e outras provisões, embora todos os policiais tivessem uma pistola carregada no bolso, e houvesse fuzis e cartuchos escondidos na Chancelaria, tentamos esquecer as ruas desoladas e a ameaça constante de perigo. Tocamos piano e cantamos canções, bebemos champanhe e rimos para esconder a tristeza em todos os corações.[56]

Dois dias depois dessas felizes celebrações de Natal, os bolcheviques puseram todos os bancos estrangeiros de Petrogrado sob controle direto do Estado e enviaram destacamentos armados de Guardas Vermelhos para ocupá-los. Naquela manhã, 14 de dezembro, uma "alta comoção e vozes erguidas irromperam na entrada principal do andar térreo do National City Bank. A próxima coisa que Leighton Rogers e John Louis Fuller ouviram foi o som "de calçados ferrados de metal que golpeavam as escadas de mármore enquanto um pelotão de soldados bolcheviques entrava com estardalhaço nas salas do banco". Os homens eram comandados por uma "pequena cabeça vermelha pavoneante, de uniforme de oficial, botas de couro preto e tudo o mais", que bateu um longo revólver azul no balcão, "brandiu um documento encardido e anunciou que por ordem dos Comissários do Povo estava tomando o banco e fechando-o". Os funcionários receberam ordem para entregar todas as chaves, e seus livros também foram confiscados.* Apesar de conhecerem pouco russo, os empregados administrativos captaram a essência da mensagem de "Vermelho" (como Rogers o apelidou), fecharam seus livros e os entregaram, enquanto os soldados "dispunham-se ao longo do balcão e descansavam seus fuzis sobre ele, com as baionetas eriçadas".[57] A essa altura, o gerente Steve já havia deixado o escritório, para descobrir que seu banco pertencia ao povo russo e ouvir de "Vermelho":

> — Você terá de ir comigo ao Banco do Estado. [...] Em seu automóvel.
> — Eu não tenho automóvel — protestou Steve.
> — Você é diretor de um banco... tem que ter um automóvel.

Felizmente o russo de Steve era bom, e ele continuou a explicar em termos inequívocos que "este era um banco americano e os americanos eram um povo democrático e despretensioso que nem sempre fornecia automóveis a seus diretores de bancos".[58] Tendo ponderado isso, Vermelho anunciou que todo o dinheiro do banco seria confiscado. Infelizmente, com o Banco do Estado fechado, eles só tinham alguns milhares de rublos em caixa na ocasião. Vermelho ficou visivelmente desapontado. Descobriu-se que havia um pré-arranjo básico segundo o qual qualquer unidade bolchevique enviada para "nacionalizar" as instituições empresariais estava autorizada a dividir entre seus soldados o dinheiro vivo que encontrasse lá. "Supondo que um banco americano teria pilhas de dinheiro até o teto, organizou-se um sorteio, no qual o esquadrão vencedor ficaria com a instituição americana." Vermelho ficou furioso: "Que tipo de banco é este, afinal?", gritou. "Não tem automóvel para o diretor e quase nenhum dinheiro em caixa. [...] Terei que explicar a eles." Em seguida, informou a seus homens que a falta de dinheiro se devia a trapaças dos americanos desonestos, "o que simplesmente provava que éramos pessoas perigosas, os piores inimigos que o proletariado poderia ter". "Não éramos nós banqueiros", gritou ele, "e isso não fazia de nós capitalistas? E não éramos

* De acordo com Rogers, o National City Bank de Nova York foi a primeira instituição financeira ou empresarial americana a ser assumida pelo governo bolchevique.

estrangeiros e, portanto, capitalistas internacionais? Não havia nenhuma ordem mais inferior da raça humana, disse ele, ao admoestar seus homens para que ficassem de olho em nós."[59]

Depois de recolher as chaves das caixas-fortes e informar aos funcionários que estavam todos sob prisão domiciliar, Vermelho levou Steve ao Banco do Estado para liberar mais fundos. Enquanto isso, cerca de uma dezena de "*soldati*" ficou de guarda no saguão, "sentados em nossos móveis de ouro", recordou Fuller, empanturrando-se com o precioso suprimento de pão do banco e deitando-se para tirar uma soneca nos sofás e cadeiras de época. Os caixeiros jovens ficaram sentados ali desconsolados até que alguém lembrou do gramofone que haviam usado para a festa de Natal, trouxe-o para dentro e começou a tocar ragtime americano. Um por um, os bolcheviques que os guardavam deixaram seus postos e se aglomeraram para escutar. Quando Vermelho voltou horas depois com Steve, "foi assim que nos encontrou", relembrou Rogers, "com um casal de guardas russos tentando dançar ao som da música capitalista *amerikanski*".[60] A ocupação do banco por Vermelho durou Ano-Novo adentro; Rogers recordou que ele se pavoneava "como um chefe": era "o grande momento de sua vida e ele estava tirando o máximo proveito disso". Porém era de tal ordem o seu comportamento ditatorial que temeu que Vermelho estivesse ficando "um pouco napoleônico".[61]

Efetuaram-se tomadas bolcheviques autoritárias semelhantes de empresas britânicas em toda a cidade. O engenheiro mecânico James Stinton Jones retornara em setembro para encerrar seus negócios e transferir seu dinheiro para Londres, mas sentira-se muito inquieto com a "atmosfera prisional" que encontrara em Petrogrado. O banco em que guardava seu dinheiro fora agora tomado pelos bolcheviques, mas ele exigiu — e conseguiu sacar — quinhentos rublos (cerca de cinquenta libras esterlinas) de sua conta. Contudo, isso não era suficiente para pagar os trabalhadores do escritório e da oficina, os quais foi forçado a despedir. Então, certa manhã, os bolcheviques chegaram e exigiram as chaves de sua oficina e seus armazéns, contendo máquinas e equipamentos no valor de 20 mil libras. Eles voltaram logo depois em busca das chaves de seu apartamento:

> — O que vocês querem? — perguntei. [...]
>
> — Entregue a chave do seu apartamento ao camarada _____, portador desta carta.
>
> — Como assim? É noite, está frio, o que devo fazer?

— Isso é problema seu. — Então, olhando para o cabide, perguntou: — A capa e as galochas são suas?

— Sim.

— Pegue elas.

Eu me virei para entrar no quarto e ele me perguntou aonde eu estava indo.

— Vou ao quarto buscar a fotografia de minha mãe.

Apontando de novo para o meu casaco, ele disse:

— Pegue seu casaco e as galochas.

Quando dei a chave a ele, fiquei apenas com as roupas que estava usando.

Stinton Jones voltou para a Inglaterra depois de passar a maior parte dos últimos treze anos na Rússia, levando consigo apenas aquelas roupas e o que restou dos quinhentos rublos.[62]

Durante suas últimas duas semanas em Petrogrado, Meriel Buchanan achou muito difícil não chorar. Ao deixar a Rússia, sentiu como se estivesse "desertando de alguém muito amado, e abandonando-o para morrer em completa miséria. Dia após dia, fui despedir-me de mais um edifício, de mais um lugar que se tornara querido e familiar: a catedral de Kazan na Niévski [...] a coluna de Alexandre na praça do Palácio de Inverno; a bela estátua equestre de Pedro, o Grande, feita por Falconet".[63] Ela sentia muito mais dor ao deixar a cidade do que escolhendo quais pertences arrumar no pequeno baú que lhe cabia. Seu pesado *chuba* branco russo forrado com pele de esquilo cinzento e com colarinho de pele de raposa e seu vestido de corte ornamentado e cauda de brocado prateado tiveram de ser deixados; seu gato siamês também. A prata da embaixada foi enviada por mar de Arkhangelsk, mas grande parte dos belos móveis colecionados por seus pais durante os longos anos de serviço diplomático na Europa — o antigo armário holandês, as cadeiras estilo império francês, a mesa de escrever de Maria Antonieta, o tapete de Aubusson... tudo teve de ser deixado para trás.[64] No dia anterior à partida, ela caminhou "com tristeza pelas ruas silenciosas e desoladas da cidade que se tornara, depois de tantos anos, quase um lar para mim, e que eu sentia que nunca mais voltaria a ver". Fazia um frio intenso, com um vento gelado soprando do rio, a neve acumulada no meio-fio. Na catedral vazia de santo Isaac ela acendeu uma vela diante do ícone da Mãe Milagrosa de são Jorge. Naquela noite, jantou no Clube Militar, na rua Milliónnaia, com o coronel Knox e outros militares que deixariam Petrogrado junto com eles.[65]

Seu pai estava igualmente melancólico: "Por que a Rússia lança sobre todos os que a conhecem um feitiço místico tão indefinível que, mesmo quando seus filhos extraviados transformaram sua capital em um pandemônio, lamentamos deixá-la?", perguntou em seu diário.[66] Na terça-feira, 26 de dezembro de 1918, às 7h45, os Buchanan deixaram a embaixada na escuridão de outro corte de energia, descendo as escadas à luz de uma lâmpada tremeluzente de querosene, passando pelos retratos no patamar da rainha Vitória, do rei Eduardo e rainha Alexandra, rei Jorge e rainha Maria. Suas soluçantes criadas russas acompanharam-nos até o carro, que se arrastou lentamente através de bancos de neve amontoada até a desolada e congelada estação Finlândia, onde receberam o aceno de despedida de alguns colegas do corpo diplomático e membros da colônia britânica. Um suborno de duas garrafas do melhor brandy da embaixada garantira-lhes um vagão-dormitório privado.

Willem Oudendijk tinha ido à embaixada no dia anterior para dar seu adeus ao colega e mais tarde escreveu: "Raras vezes um diplomata britânico deixou seu posto em circunstâncias mais dramáticas do que Sir George Buchanan naquela ocasião. Ele tinha sido uma figura extremamente popular na sociedade russa; havia conseguido transformar-se no membro mais importante de todo o corpo diplomático". Desde o início da guerra, em 1914, quando era venerado por seu apoio moral à nação russa, Sir George tinha sido forçado a assistir com consternação ao lento e inexorável "desmoronamento de tudo que mantinha a nação russa unida", e tornara-se objeto do ódio bolchevique na condição de inimigo, representante dos "banqueiros, generais e capitalistas ingleses que desejavam apenas banquetear-se com o sangue das massas trabalhadoras da Rússia". "Que outro diplomata viveu mudanças tão confrangedoras durante seu mandato?", perguntou Oudendijk. "No meio de toda essa turbulência, Sir George Buchanan permaneceu como uma rocha, imperturbável; em aparência, em palavras, em atos, um perfeito cavalheiro britânico."[67*]

* O capelão britânico Bousfield Swan Lombard escreveu à esposa que estava "bastante certo de que Georgie Porgie escapou a tempo" e que, se tivesse permanecido em Petrogrado, teria sido preso pelos bolcheviques, assim como aconteceu com o ministro romeno, Conde Diamandi, no início do novo ano.

No entanto, David Francis, o colega americano de Buchanan, permaneceu em Petrogrado, sob instruções de Washington (que tinha pensado melhor e decidira não chamá-lo de volta naquele momento crítico), para fazer o possível no sentido de efetuar uma aproximação com os bolcheviques. O fiel Phil vinha cultivando a esperança de ver seu chefe (cuja saúde também estava debilitada) em segurança em seu país. "Já empacotei tudo, pronto para voar ao aviso de minutos", disse ele à sra. Francis, acrescentando que "às vezes desejaria que o embaixador não tivesse tanto daquele sangue de Kentucky nele e, então, talvez não arriscasse tanto." Ele estava preocupado porque o embaixador parecia ter a intenção de permanecer em Petrogrado "só um pouco mais do que deveria".[68]

Enquanto a Rússia se despedia de seu antigo ano ortodoxo, no Cais Francês, com uma tempestade de neve grassando lá fora, Pauline Crosley conseguira obter madeira suficiente para acender uma lareira numa sala iluminada por luzes de velas e lâmpadas de querosene, onde ela e seu marido conseguiram receber algumas visitas. Mas eles estavam conscientes do "esforço evidente para expulsar os estrangeiros". Era muito desanimador. "A Rússia é um país maravilhoso", escreveu ela, "cheio de luzes e sombras, embora neste momento as sombras levem vantagem. É ruim demais que o mundo deva perder tanta coisa que era bonita na Rússia para receber... o quê? Algo muito pior do que nada."[69]

Leighton Rogers despedira-se do ano velho caminhando até a Niévski, mas isso só o convenceu "sem dúvida alguma" da desintegração econômica e social da Rússia. Podia vê-la em cada rosto pelo qual passava

> na multidão frenética nas calçadas, esfarrapada, macilenta, preocupada, com a aparência do fugitivo impressa nas faces pálidas, correndo como se impulsionada por uma tempestade de forças desconhecidas. Pessoas com pacotes grosseiros, algumas com pães ganhos a duras penas debaixo dos braços, e outros sem pacotes nem pão, somente com a fome. Crianças magras, envelhecidas, forçadas a trabalhar antes do tempo; soldados aleijados dispensados dos hospitais, sem outro pagamento por seu sacrifício do que o privilégio de pedir esmolas nas ruas; e mendigos profissionais por todos os lugares — cegos, você diz? Absolutamente sem olhos. A coisa toda é mais parecida com uma concepção de Doré do que com a realidade — um panorama de "les misérables".[70]

Enquanto o último dia de 1917 expirava, havia pelo menos um conforto para Rogers: "uma carta de casa – a primeira em um longo tempo". Escrita em setembro, tinha levado quatro meses para chegar. Ele estava triste e desanimado, e pensando cada vez mais nos amigos que tinham partido para a Frente Ocidental. Petrogrado o esgotara. Depois de mais de um ano, decidira deixar o banco e se juntar a eles. "Os bolcheviques roubaram a Revolução Russa e podem sobreviver", escreveu, ao relembrar o tempo que passara na cidade. "Espero que não, fervorosamente, mas é uma possibilidade que deve ser encarada. [...] O futuro da Rússia é terrível de contemplar. Ela não está fora somente desta guerra, mas está fora do nosso mundo por um longo tempo por vir. É melhor nos convencermos disso e nos concentrarmos em nossa própria luta."[71]

Epílogo
As vozes esquecidas de Petrogrado

Sir George Buchanan e sua família chegaram de navio a Leith, na Escócia, em 17 de janeiro de 1918, e de lá foram para Londres, onde receberam mensagens de congratulações do governo britânico e um almoço no Palácio de Buckingham. Mas sua saúde desmoronou inteiramente logo depois e ele fez um repouso prolongado na Cornualha. Comprometido com a ideia de que somente uma intervenção aliada armada salvaria a Rússia, deu inúmeras palestras sobre o tema e ficou profundamente desanimado quando essa intervenção (de 1918-9) fracassou. Sir George também estava amargamente desapontado por não lhe oferecerem um título de nobreza por seus longos anos de serviço à diplomacia britânica, e sentiu-se humilhado pela compensação irrisória que lhe ofereceu o governo pela perda de sua propriedade e de seus investimentos na Rússia. O convite para assumir a embaixada em Roma em 1919 por apenas dois anos parecia ser uma clara indicação de que seus serviços não seriam mais necessários depois disso.[1]

Em seu retorno à Inglaterra, Lady Georgina continuou a trabalhar incansavelmente pelos refugiados britânicos e russos da revolução, mas em Roma adoeceu com câncer e seu sofrimento arruinou o tempo que a família passou na Itália. Ela morreu em abril de 1921, pouco depois de retornar à Inglaterra.[2] Com a ajuda de um editor, Sir George transformou seus diários de Petrogrado em um livro, *My Mission to Russia and Other Diplomatic Memories* [Minha missão à Rússia e outras memórias diplomáticas], publicado em 1923; ele morreu no mês de dezembro seguinte. Sua filha Meriel escreveu vários livros sobre o período que passou na Rússia, entre eles *Petrograd: The City of Trouble* [Petrogrado: a cidade dos distúrbios], em 1918, e, em 1932, *Dissolution of an Empire* [Dissolução de um império], em que defendia a reputação de seu pai depois que ele sofreu um ataque injustificado por não fazer o suficiente para que a família imperial fosse evacuada em segurança para o Reino Unido em 1917.[3]

Depois da partida dos Buchanan, a embaixada britânica em Petrogrado ficou com um esqueleto de equipe de "últimos resistentes", encabeçada pelo cônsul Arthur Woodhouse, a quem coube a responsabilidade cada vez mais onerosa pelo bem-estar das centenas de súditos britânicos, principalmente mulheres, que permaneciam na cidade. Junto com os membros da missão militar britânica, Woodhouse conseguiu obter os suprimentos necessários de alimentos para eles à medida que a situação ficava cada vez mais desesperadora. Mas em 31 de agosto de 1918 um grupo de Guardas Vermelhos forçou a entrada da embaixada e, durante a luta corpo a corpo que se seguiu, o adido naval capitão Francis Cromie foi morto.[4] Trinta funcionários da embaixada foram presos, inclusive o capelão, reverendo Bousfield Swan Lombard, e o cônsul Woodhouse. Eles ficaram detidos na Fortaleza de Pedro e Paulo até outubro, quando foram libertados e evacuados para a Inglaterra através da Suécia. Durante algum tempo, a embaixada permaneceu vazia e negligenciada; em 1920, passou a servir de depósito para obras confiscadas de estatuária, mobiliário e arte – "como uma loja de arte de segunda mão abarrotada na Brompton Road" –, antes que fossem vendidas pelos bolcheviques.[5]

Em fevereiro de 1918, com as negociações russas de paz com a Alemanha num impasse, o exército alemão tinha avançado e estava agora a 160 quilômetros de Petrogrado. Em consequência, em 11 de março, os bolcheviques transferiram a sede do governo para Moscou e os membros remanescentes da comunidade diplomática foram evacuados para Vologda, 560 quilômetros ao sul. Muitos dos colegas americanos de David Francis deixaram a Rússia naquele momento, mas, com a partida de Sir George Buchanan, Francis se tornara o decano do corpo diplomático aliado e estava determinado a persistir, alegando que não queria "abandonar o povo russo, pelo qual sentia profunda simpatia, e por cujo bem-estar os Estados Unidos tinham verdadeiro interesse, como lhes assegurei repetidamente".[6] Mas Phil Jordan estava agora ansioso para ir embora; depois de várias invasões de outras embaixadas em Petrogrado, chegara à conclusão de que os bolcheviques "não respeitam mais as embaixadas estrangeiras".[7]

Em 26 de fevereiro de 1918,* os diplomatas americanos deixaram Petrogrado por trem especial e seguiram para Vologda. Ali, Francis e Phil se instalaram surpreendentemente felizes, sentindo-se em casa num sobrado de madeira simples, mas "dândi" (assim achou Phil), na rua principal, onde, durante os cinco meses seguintes, os visitantes poderiam desfrutar da informal "atmosfera de clube" e os diplomatas isolados passavam as noites jogando pôquer e fumando charutos. Bebiam uísque americano quando podiam obtê-lo ou então "caíam na vodca". Haviam levado o bom e velho Modelo T Ford com eles e Francis costumava dirigi-lo pelas imediações em busca de possíveis locais para um campo de golfe.[8] Mas em outubro de 1918, com a guerra civil grassando na Rússia, Francis ficou doente com uma grave infecção da vesícula biliar e teve de ser evacuado de Murmansk em um cruzador americano. Phil cuidou dele enquanto era acometido por uma febre alta durante uma travessia marítima extremamente tempestuosa.

Após se recuperar em um hospital naval na Escócia, Francis foi transferido para Londres. Pouco depois do Natal de 1918, o orgulhoso Phil Jordan acompanhou-o como camareiro a um jantar com o rei Jorge e a rainha Maria no Palácio de Buckingham. Quando finalmente retornaram aos Estados Unidos, em fevereiro de 1919, Phil ganhou o galardão máximo: um convite para a Casa Branca. "Eu nasci em Hog Alley", ele comentou mais tarde, "e acho que vocês sabem que um canguru pode pular mais longe do que qualquer outro animal, mas não acredito que pudesse saltar de Hog Alley para a Casa Branca — isso é que foi um salto."[9] Em 1922, Francis sofreu um derrame e nunca mais recuperou a saúde. Morreu em St Louis, em janeiro de 1927, tendo se assegurado de que seus filhos cuidariam do sempre presente Phil, que foi brindado com acomodação gratuita e um pequeno fundo fiduciário até morrer de câncer, em Santa Barbara, em 1941.[10]

* Estilo Novo: os bolcheviques por fim adotaram o calendário ocidental em 1º de fevereiro, que, com o acréscimo imediato de treze dias, passou a ser 14 de fevereiro.

* * *

Com a retirada da Rússia da guerra, os hospitais aliados em Petrogrado foram fechados. O Hospital da Colônia Britânica de Lady Georgina Buchanan já fechara em julho de 1917, em parte devido à perda do moral diante da erosão das boas maneiras e do respeito ao seu trabalho manifestada pelos pacientes russos, mas também porque havia menos deles – principalmente casos de escorbuto. Os feridos que permaneceram tornaram-se, a partir da revolução, cada vez mais insubordinados.[11] O comitê do Hospital da Colônia Americana também votou pelo fechamento da instituição; os únicos soldados russos feridos que sobraram, como observou Pauline Crosley, "eram aqueles feridos brigando entre eles mesmos", e ficara "perigoso demais para as mulheres da colônia trabalharem lá".[12] Suas provisões não utilizadas foram entregues ao Exército de Salvação para distribuição.

Os dias de utilidade do Hospital Anglo-Russo também tinham chegado ao fim, e, em novembro de 1917, o comitê londrino que o financiava votou pela retirada de suas instalações hospitalares em 1º de janeiro de 1918. Havia, entretanto, a questão do "que iria acontecer com as centenas de libras de belos instrumentos e equipamentos" que continha. Francis Lindley relatou que um comissário da Cruz Vermelha "sugeriu que deveriam ser transferidos para os soviéticos", mas os administradores não estavam dispostos a fazer isso, sabendo que seriam roubados ou deliberadamente destruídos. Em vez disso, tudo foi secretamente empacotado e levado para a estação Finlândia, e de lá despachado para Arkhangelsk sob a proteção de uma divisão de carros blindados britânicos. Por fim, o material chegou de volta à sede da Cruz Vermelha em Londres, "o que foi melhor do que ser deixado para ser desperdiçado por soviéticos incompetentes".[13] Em 1996, os russos colocaram uma placa comemorativa do HAR na entrada do palácio do grão-duque Dmítri Pávlovitch (agora conhecido como Palácio Belosélski-Belozérski), que ainda pode ser vista atualmente.

A fundadora do HAR, Lady Muriel Paget, recusou-se obstinadamente a desistir de seu trabalho de assistência e permaneceu em Kiev, organizando a ajuda alimentar e dirigindo cozinhas para 6 mil pessoas; por fim, saiu do país em fevereiro de 1918, via Sibéria, Japão e Estados Unidos. Em 1924, criou a Associação de Assistência aos Súditos Britânicos na Rússia para ajudar aqueles que ainda estavam no país, muitos dos quais foram finalmente evacuados para a Estônia. Das muitas enfermeiras e VADs que trabalharam no HAR, além da bem relacionada Lady Sybil Grey e de Dorothy Seymour, não sabemos praticamente nada de suas vidas posteriores, embora uma ou duas de suas memórias e cartas tenham aparecido, graças a uma extensa busca no decorrer da pesquisa para este livro.

Enquanto as carreiras de alguns dos diplomatas britânicos e americanos na Rússia já foram descritas e seus arquivos sobrevivem (ainda que espalhados pelo Reino Unido e pelos Estados Unidos), não sabemos quase nada, depois que deixaram Petrogrado, dos muitos expatriados ainda desconhecidos e agora esquecidos — as babás e governantas, os engenheiros, homens de negócios e empresários, suas esposas e seus filhos — que viviam e trabalhavam na capital e escreveram de forma tão vívida e emocionante sobre suas experiências em seus diários e cartas. Alguns, como Bousfield Swan Lombard, capelão da Igreja anglicana em Petrogrado, sofreram perseguição sob o domínio dos bolcheviques. Bousfield permaneceu fiel em seu posto depois da partida de muitos membros da comunidade britânica, levado por um forte senso de responsabilidade para com os quatrocentos ou mais compatriotas ainda detidos na cidade, muitos deles professores e governantas que moraram na Rússia durante toda a vida e haviam "enterrado todas as suas economias em algum banco". Mas Petrogrado era um lugar tão desanimador, "como uma cidade dos mortos", um lugar de "estagnação sem lei", como ele contou a sua esposa na Inglaterra, e ficou muitíssimo aliviado por finalmente deixar a Rússia em outubro de 1918, após ser libertado da prisão.[14] Tendo perdido praticamente tudo, Bousfield foi compensado pelo governo por seus oito anos de serviço leal na Rússia com miseráveis cinquenta libras esterlinas, das quais 43 libras, 16 xelins e 7 pence foram imediatamente desembolsados para pagar sua repatriação para a Grã-Bretanha. O depoimento de Bousfield e outros testemunhos valiosos relacionados a Petrogrado em 1917 estão guardados no Arquivo Russo de Leeds, que é um tesouro da memória das colônias britânicas na Rússia a partir do século XIX.

É difícil saber exatamente quantos correspondentes de jornais britânicos, americanos e franceses (para não mencionar outros repórteres estrangeiros) entraram e saíram de Petrogrado em 1917, pois os nomes de muitos deles não eram citados em seus artigos de imprensa e apenas uma pequena proporção publicou memórias. Mas o que é surpreendente são o seu número e a maneira obstinada — até mesmo alegre — como suportaram as terríveis privações do frio e da fome junto com o resto da população. Esses jornalistas mencionam os colegas com frequência, de passagem, em seus próprios escritos, mas, devido à natureza temporária de seu trabalho, andando sempre de matéria em matéria, praticamente nada sobreviveu de seus arquivos e, o que é mais decepcionante, das fotografias que vários deles tiraram.

Arno Dosch-Fleurot passou o resto da vida trabalhando como correspondente de jornal na Europa e foi um dos primeiros repórteres a entrar na Alemanha no final da Primeira Guerra Mundial; tentou várias vezes retornar à Rússia para escrever sobre o novo Estado soviético, mas recusaram-lhe permissão. Mais tarde, casou-se com uma russa e viveu em Berlim na década de 1930, onde testemunhou a ascensão de Hitler; no início da Segunda Guerra Mundial, os nazistas o detiveram e ele ficou preso por quinze meses. Durante o restante de sua vida, foi correspondente na Espanha do *Christian Science Monitor* e morreu em Madri, em 1951.[15] Seu livro *Through War to Revolution* [Da guerra à revolução] — pungentemente dedicado ao "Soldado Desconhecido Russo sobre cuja tumba não queima nenhuma chama" —, em que descreve suas experiências na Frente Oriental e na Rússia, saiu em 1931, mas é um dos muitos relatos sobre Petrogrado em 1917 esquecidos há muito tempo.

Destino similar teve *The Rebirth of Russia* [O renascimento da Rússia], de Isaac Marcosson, publicado logo depois que ele deixou Petrogrado, bem como seus artigos e reportagens sobre o tema. Marcosson retornou à Rússia em 1924, pouco depois da morte de Lênin, para ver até que ponto "a mão de ferro do bolchevismo havia estrangulado a liberdade". Encontrou o país num estado alarmante de "dilapidação" e suas belas e históricas igrejas "convertidas em estábulos". Foi uma experiência arrepiante e ficou feliz ao dar adeus "à espionagem, aos telefones grampeados, à abertura de correspondência, aos cheiros incessantes e à opressão que acompanha a vigilância constante". Ao retornar, escreveu uma crítica cáustica da União Soviética numa série de doze artigos para o *Saturday Evening Post* intitulada "Depois de Lênin — O quê?". Os soviéticos prontamente baniram o jornal — e Marcosson — da Rússia.[16]

Os jornalistas mais notáveis — além do britânico Arthur Ransome, que teve uma renomada carreira de escritor — continuam sendo os "Quatro que Viram o Nascer do Sol", como Bessie Beatty aludiu a si mesma e a seus colegas John Reed, Louise Bryant e Albert Rhys Williams na dedicatória de seu livro *The Red Heart of Russia* [O coração vermelho da Rússia], de 1918. Beatty retornou para os Estados Unidos, teve uma carreira bem-sucedida no jornalismo e, durante muitos anos, comandou um programa de rádio popular em Nova York até morrer, em 1947. Rhys Williams continuou a ser um militante comunista dedicado e, ao contrário de muitos de seus colegas jornalistas antibolcheviques, foi bem recebido na União Soviética em muitas ocasiões, entre 1922 e 1959; morreu em 1962. Seu apoio impenitente à nova Rússia bolchevique contrastava radicalmente com o completo desânimo de Harold Williams, que demonstrara um apoio apaixonado aos ideais de fevereiro e viu tudo o que esperava ser eliminado e destruído nos primeiros meses de 1918. "Se vocês morassem aqui, sentiriam em cada osso do seu corpo, em cada fibra do seu espírito, a amargura disso", escreveu no *Daily Chronicle*, em 28 de janeiro de 1918:

> Não posso contar-lhes todas as brutalidades, os excessos ferozes que estão devastando a Rússia de ponta a ponta e de modo mais impiedoso do que qualquer exército invasor. Os horrores nos anestesiam: o roubo, a pilhagem e as formas mais cruéis de assassinato fazem parte da própria atmosfera em que vivemos. É pior do que o tsarismo. [...] Os bolcheviques não pretendem encorajar nenhuma ilusão quanto à sua verdadeira natureza. Tratam a burguesia de todos os países com igual desprezo; eles se vangloriam de toda a violência dirigida contra as classes dominantes, desprezam as leis e as decências que consideram decadentes, atropelam as artes e refinamentos da vida. Não é nada para eles se, no meio da grande turbulência, o mundo recaia na barbárie.[17]

Embora o quarteto americano de colegas socialistas tenha produzido memórias de sua própria experiência mais otimista da Rússia na revolução, foi o relato de John Reed, *Dez dias que abalaram o mundo*, publicado em 1919, que eclipsou a todos, ampliado depois por *Reds*, o filme hollywoodiano de Warren Beatty de 1981. Desde então, a história tem criticado os quatro amigos por terem feito o jogo da máquina de propaganda bolchevique e se comportado como "idiotas úteis" de Lênin, termo frequentemente aplicado aos simpatizantes da revolução. O impetuoso e carismático Reed viveu intensamente, forçando sua saúde em face de uma doença renal crônica, e pagou o preço inevitável. Morreu jovem, de tifo, em Moscou, depois de ser persuadido a voltar à Rússia em 1920 para participar de um congresso em Baku. Recebeu um enterro de herói no Muro do Kremlin, e *Outubro*, o filme de Eisenstein, foi rebatizado com o título de seu livro, mas Stálin não ficou nada contente com o relato de Reed e ordenou o expurgo da tradução russa para diminuir o papel de Trótski e acentuar o seu próprio.

A viúva de Reed, Louise Bryant, que chegou à Rússia apenas a tempo de sentar-se junto ao leito de morte do marido, continuou com uma carreira esporádica no jornalismo e voltou a casar em 1923, mas a bebida e a saúde débil levaram-na a uma morte precoce em 1936. Seu terceiro marido, o diplomata William Bullitt, depositou uma coroa de flores no túmulo de Reed quando visitou a União Soviética em 1932, mas quando a placa comemorativa de Reed no Muro do Kremlin foi procurada por visitantes no início dos anos 1960, descobriu-se que fora silenciosamente removida e suas cinzas, enterradas num novo local coletivo atrás do Mausoléu de Lênin, reservado para os "heróis caídos" da revolução.

Quanto à intrépida dupla Florence Harper e Donald Thompson, lamentamos profundamente que não se saiba nada da carreira posterior de Harper depois que deixou Petrogrado, além de um punhado de artigos sobre seu período na Rússia que publicou em seguida, entre eles um para o *Daily Mail* em que descreveu vividamente a "perseguição louca" que ela e Thompson fizeram da história dos "B-V (Bolchi-Viki)".[18] De volta aos Estados Unidos, Harper apareceu numa entrevista ao *Boston Sunday Globe* em junho de 1918, na qual falou de sua sorte por ter passado pela Revolução de Fevereiro "sem um arranhão":

> Estive em Petrogrado durante as revoltas bolcheviques, às vezes na rua durante toda a noite. Estive em tumultos de rua em Moscou, fui enfermeira no front, peguei febre de trincheira, atravessei o mar do Norte num navio cargueiro perseguido por quatro submarinos e ainda estou viva e bem. Meus amigos dizem que terão que destacar um pelotão de fuzilamento para mim no Dia do Juízo Final.[19]

Depois disso, Florence Harper simplesmente desaparece da vista, e dos registros.

Apesar de jurar que nunca mais entraria de novo numa zona de guerra, Donald Thompson estava de volta à Rússia no verão seguinte, seguindo as forças da intervenção americana na Sibéria. Como muitos outros, tinha a esperança de que a intervenção aliada provocaria uma contrarrevolução e o fim da tirania bolchevique, mas depois de vários meses filmando na Rússia e observando a desordem nas forças aliadas, voltou para casa desapontado. Não obstante, ele se tornou uma espécie de celebridade nos Estados Unidos quando lançou seu filme silencioso de cinco carretéis *A maldição alemã na Rússia*, em janeiro de 1918* – um exercício de propaganda virulentamente antigermânico e antibolchevique em apoio à campanha da imprensa americana para desacreditar o novo governo russo, que foi bem recebido pela imprensa especializada americana. Thompson continuou a trabalhar como cineasta independente durante os anos 1920 e 1930; morreu em Los Angeles, em 1947.

Em 1918, Harper e Thompson trouxeram ambos memórias extremamente vívidas de seu tempo em Petrogrado; Thompson também publicou um valioso livro de suas fotografias. É de lamentar profundamente que os negativos fotográficos originais de Thompson, ao que parece, não tenham sobrevivido, uma perda para a história e o conhecimento. Não há nenhum rastro em arquivos dele, ou de Harper, assim como de tantos outros daqueles jornalistas pioneiros.** Três dos filmes de Thompson sobrevivem, no todo ou em parte,*** mas, no momento da escrita deste livro, nenhuma cópia de *A maldição alemã na Rússia* – filmado parcialmente em Petrogrado durante a revolução, e distribuído pela Pathé – parece ter sobrevivido, embora o autor tenha afirmado que o filme foi depois canibalizado e algumas das imagens reutilizadas no documentário de Hermann Axelbank, de 1937, *Do tsar a Lênin*.****

* Também conhecido como *Rússia manchada de sangue: intrigas alemãs, traição e revolta nos Estados Unidos*, estreou com esse título em Nova York, em dezembro de 1917.

** Alguns, como Rheta Childe Dorr, perderam todas as suas anotações e materiais, que foram confiscados pelos bolcheviques na fronteira quando saíram do país. Dorr teve de escrever de memória todo o seu livro, *Inside the Russian Revolution* [Por dentro da Revolução Russa].

*** Com os russos no front, *Em algum lugar da França* e *A guerra como realmente é*. Nada se sabe sobre o paradeiro dos 20 mil metros de filme rodados pelo tenente Norton C. Travis em Petrogrado durante dezoito dias, ou se alguma parte disso sobreviveu.

**** O filme de Axelbank também pode ter usado imagens filmadas pelo tenente Travis, entre imagens não autorizadas de vários outros cinegrafistas, inclusive russos, que filmaram em Petrogrado e cujo trabalho foi reciclado para esse filme.

Quanto aos heróis mais improváveis desta história — os jovens universitários recém-formados do National City Bank de Nova York —, pouco se sabe a respeito deles, exceto Leighton Rogers.* Tendo tomado a decisão de ir embora, Rogers encontrou grande dificuldade para sair da Rússia a fim de se alistar no Exército americano. Os russos se recusaram a dar-lhe um visto de saída, e por fim os britânicos, valendo-se de subterfúgios, ajudaram a pô-lo num trem de carga que ia para o porto de Murmansk. Nos longos e terríveis catorze dias seguintes, Rogers suportou uma viagem arrepiante até a costa russa, mal sobrevivendo à fome e ao frio de enregelar os ossos; salvou-o o estoque de comida enlatada que levava consigo numa mochila.[20] Chegou a Londres no dia 1º de abril de 1918, alistou-se nas Forças Expedicionárias Americanas e serviu na inteligência do Exército na Inglaterra e na França durante 1918-9. Em 1924, publicou *Wine of Fury* [Vinho da fúria], um romance fascinante baseado em suas experiências de Petrogrado, e mais tarde trabalhou em aeronáutica. Infelizmente, o relato de seu período na Rússia, "Tsar, Revolução, Bolcheviques", baseado em seus diários, nunca foi publicado, mas o manuscrito está preservado na Biblioteca do Congresso. Rogers nunca se casou e viveu tranquilamente com sua irmã Edith até sua morte em Greenwich, Connecticut, em 1962.[21]

Estas são apenas algumas conclusões para tantas histórias esquecidas; os últimos ecos de uma geração de vozes perdidas. Porém, se alguém tivesse de escolher alguma delas, há uma que se destaca em sua maneira inimitável: a voz totalmente ingênua e sincera de um afro-americano obscuro, Phil Jordan, um homem iletrado e inocente político, servo fiel da diplomacia dos Estados Unidos, que viveu para contar a história. Suas gloriosas cartas, escritas em seu vívido estilo coloquial, e que refletem uma sensação duradoura de ser "estranho em uma terra estranha", continuam a ser o único relato conhecido da revolução feito por um afro-americano.[22]** Elas nos proporcionam uma sensação inesquecível de como foi exatamente ser pego em Petrogrado pela Revolução Russa de 1917.

* Fred Sikes fez carreira no NCB, aposentou-se como vice-presidente e morreu em 1958. Chester Swinnerton também permaneceu no banco e gerenciou suas agências sul-americanas; morreu em New Hampshire, em 1960.

** A visão fugaz de outros afro-americanos na Rússia no momento da revolução deixa-nos frustrados com a falta de documentação por escrito de sua vida naquele país. Um deles é Jim Hercules, um dos prováveis quatro negros americanos da "guarda núbia" do Palácio Alexandre, que serviram a Nicolau, Alexandra e família até a revolução, e que provavelmente ficaram detidos na Rússia por algum tempo ainda.

Agradecimentos

Não consigo lembrar-me exatamente de quando foi que comecei a coletar relatos de testemunhas oculares estrangeiras da Revolução Russa de 1917, mas meu interesse cresceu rapidamente durante o período em que fui preparadora de texto freelance, na década de 1990. Na época, eu lidava com muitos manuscritos de história e chamou minha atenção o fato de que muita coisa parecia ter sido escrita sobre a revolução pelos russos, mas encontravam-se relativamente poucos escritos dos muitos não russos que, por vários motivos, ficaram detidos em Petrogrado naquele ano. Eu tinha certeza de que deveria haver mais do que apenas o relato superestimado de um homem, John Reed, que sempre parecia se destacar, com seus *Dez dias que abalaram o mundo*.

Eu também sabia que deveria haver muitas mulheres, além da companheira de Reed, Louise Bryant, que assistiram ao desenrolar dos eventos. E o que dizer de todos os outros jornalistas, para não mencionar os diplomatas, empresários, industriais, enfermeiras e médicos, trabalhadores de ajuda humanitária e as esposas e filhos que muitas vezes levavam consigo? E quanto às governantas e babás britânicas que, eu sabia, estavam bem em evidência na Rússia na época? Eu estava ciente de que a capital (assim como Moscou) tivera uma próspera colônia britânica que remontava ao século XVIII e que o Arquivo Russo de Leeds, em minha antiga universidade, continha materiais fascinantes sobre alguns deles.

Assim, começando com as pessoas que eu reunira nesse Arquivo, pus-me a procurar outras testemunhas oculares perdidas e esquecidas de Petrogrado em 1917, em particular das comunidades diplomáticas americana e francesa. Ao longo do processo, topei com uma variedade de outras nacionalidades, e um interesse que tinha começado como um espécie de hobby transformou-se numa perseguição séria. Dez anos atrás, percebi que poderia dar origem a um livro. Mas tive de esperar minha oportunidade, porque sabia que o melhor momento possível para esse livro seria o centenário da revolução, em 2017.

No decurso da minha feliz, mas cada vez mais obsessiva, pesquisa de pessoas que tinham testemunhado as convulsões em Petrogrado, muitos amigos — velhos e recém-adquiridos — ajudaram ao longo do caminho, oferecendo sugestões, procurando material para mim e ajudando-me a rastrear alguns dos meus personagens mais difíceis. Sou muito grata a todos eles, pelas muitas e variadas maneiras como contribuíram para a redação deste livro, da seguinte forma: meus colegas russólogos Doug Smith e Simon Sebag Montefiore por um diálogo sobre a Rússia, os Románov e muitos conselhos sábios; minha boa amiga Candace Metz-Longinette Gahring, em St. Louis, por me ajudar a acessar documentos nos arquivos de Missouri e em outros lugares; Roger Watson, por me esclarecer sobre as câmeras usadas por Donald Thompson; Mark Anderson, da Biblioteca Pública de Chicago, um gênio em desencavar artigos difíceis de encontrar em revistas antigas; Ilana Miller, por fazer o mesmo na Califórnia; Marianne Kouwenhoven, por ajudar no rastreamento de diplomatas belgas e holandeses; Ken Hawkins, por compartilhar gentilmente sua tese sobre Arno Dosch-Fleurot; Amy Ballard, no Smithsonian; e Griffith Henniger, Henry Hardy, June Purvis, Jane Wickenden e William Lee, por suas úteis contribuições.

Os meus agradecimentos especiais devem ser feitos a Harvey Pitcher, autor de *Witnesses of the Russian Revolution* [Testemunhas da Revolução Russa] (John Murray, 1994), que ofereceu valiosos conselhos quando o visitei em Norwich e, da forma mais generosa, me passou todo o seu material de pesquisa; a Sue Woolmans, por checar o material guardado nos arquivos da Rádio BBC e ser uma amiga incondicional e apoiadora de meu trabalho; ao historiador do cinema David Mold, da Universidade de Ohio, por ter compartilhado seu conhecimento sobre Donald Thompson e um contínuo e obstinado desejo de localizar seus filmes perdidos; ao fiel Phil Tomaselli, por mais uma vez fornecer cópias escaneadas de fontes nos Arquivos Nacionais; a Charles Bangham e Brian Brooks, por compartilharem suas memórias familiares de Edith Kerby; e a John Carter, por me deixar ver as cartas de Petrogrado de seu avô, Bousfield Swan Lombard. Devo também um enorme agradecimento ao meu amigo David Holohan por suas excelentes traduções de materiais de testemunhas francesas e por fotocopiar algumas fontes difíceis de encontrar para mim em Londres. Por fim, mais uma vez, estou profundamente grata a Rudy de Casseres, na Finlândia, um excelente russólogo, que leu e comentou o texto e me ajudou a obter importantes materiais de pesquisa em russo, verificando muitos números do jornal *Novoe vrémia* em busca de material para mim — uma tarefa que derrotou minha visão.

A fim de oferecer novas visões sobre a revolução tiradas de fontes anteriormente não citadas, procurei livros esquecidos difíceis de achar e catálogos on-line de bibliotecas e arquivos e fui gratificada por descobrir uma riqueza de materiais novos, especialmente em arquivos dos Estados Unidos. Infelizmente, não pude usar tudo isso, mas gostaria de expressar minha gratidão aos seguintes arquivos e arquivistas pelo material que me forneceram tão pronta e generosamente: Biblioteca e Coleções Especiais Falers, Nova York; Sociedade Histórica de Indiana; Sociedade Histórica do Estado de Missouri e o Museu de História do Missouri, St. Louis; Biblioteca do Congresso; Biblioteca de Manuscritos Seeley G. Mudd da Universidade Princeton e os Arquivos da Universidade Harvard. Na Califórnia, Ron Basich mais uma vez procurou fontes para mim na Hoover Institution e conseguiu fotocópias e digitalizações. Em todos os casos, todas as tentativas foram feitas para contatar os detentores de direitos autorais a fim de obter permissão para citar materiais guardados nesses arquivos.

Durante a escrita deste livro, fiz uso de uma riqueza de outros materiais guardados em arquivos americanos que, embora não citados neste livro, proporcionaram um pano de fundo muito útil, e devo agradecer a: Carole Hsin, em Yale; Robin Carlaw, em Harvard; Dale Stieber, no Occidental College; Lee Grady, na Sociedade Histórica de Wisconsin; Karen Kukil, no Smith College; Thomas Whittaker, na Biblioteca da Universidade de Chicago; e Tanya Chebotarev, no Arquivo Bakhmeteff.

No Reino Unido, sou profundamente grata ao meu amigo e colega russólogo Richard Davies, arquivista do Arquivo Russo de Leeds, por seu considerável e inabalável apoio a esse projeto e por sua paciência e bom humor em deslindar uma longa lista de pedidos de fontes que eu desejava consultar quando o visitava, e por seus sábios conselhos. O trabalho dedicado de Richard no ARL ao longo de muitos anos fez com que essa maravilhosa instituição ocupe agora um lugar ímpar no Reino Unido para aqueles que pesquisam os britânicos na Rússia antes da revolução, e eu gostaria de aproveitar esta oportunidade para exortar qualquer pessoa que tenha documentos familiares desse tipo que considere doá-los a ela. Todas as fontes citadas do ARL o foram com a gentil permissão dos proprietários de direitos, sempre que foi possível rastreá-los. Agradeço também ao Arthur Ransome Literary Estate; a Bridget Gillies e à Universidade de East Anglia pelo uso de materiais do maravilhoso arquivo de Jessie Kenney; à Biblioteca John Rylands e à Universidade de Manchester; à Biblioteca Nacional do País de Gales pelo relatório de Sir George Bury de 1917; a Peter Rogers no Museu Stewart, Burnby Hall; e aos Arquivos Nacionais e ao Museu Imperial da Guerra pelo acesso aos manuscritos que possuem. Há uma riqueza de materiais inexplorados nos arquivos da Rádio BBC 4 que remontam à década de 1950, bem como em seus arquivos de TV. Sou grato a Vicky Mitchell e aos Arquivos da Rádio BBC pela permissão para citar a entrevista à TV de Louisette Andrews. Gostaria também de fazer questão de destacar as valiosas pistas que obtive da fascinante tese de Lyubov Ginzburg "Confrontando o legado da Guerra Fria: A história esquecida da colônia americana em São Petersburgo" (Universidade do Kansas, 2010), que me apontou na direção de um dos protagonistas de meu livro: Leighton Rogers.

Devo agradecer também a David Mold por compartilhar fotografias de Donald Thompson; a Amanda Claunch, no Museu de História do Missouri, por fornecer fotografias de David R. Francis e Philip Jordan; a Ulysses Dietz, por uma fotografia de sua tia-avó Julia Cantacuzino-Speránski, e a Bruce Kirby, na Biblioteca do Congresso, por sair em busca de uma muito procurada fotografia de Leighton Rogers e dela me fornecer uma cópia escaneada.

Como sempre, equipes editoriais e de publicidade dedicadas estiveram envolvidas na produção deste livro em ambos os lados do Atlântico. No Reino Unido, Jocasta Hamilton, Sarah Rigby, Najma Finlay, Richard T. Kelly e a equipe da Hutchinson ofereceram um compromisso constante com a pesquisa e a redação. Richard foi um editor de primeira classe, e sou muito grata por sua resposta sensível ao manuscrito e ao que eu estava tentando realizar. Meus agradecimentos também vão para Mandy Greenfield, diligente preparadora de texto, e para Mary Chamberlain, cuidadosa revisora.

Em Nova York, meu querido amigo Charlie Spicer, da St Martin's Press, foi sempre um fiel aliado e defensor do meu trabalho. Este foi o nosso quinto livro juntos e eu realmente valorizo sua mão orientadora. Também agradeço a April Osborn, Karlyn Hixson, Kathryn Hough e à equipe de marketing e relações públicas tremendamente trabalhadora da St Martin's Press por seu compromisso e energia infindável.

Ao longo da pesquisa e da escrita deste livro tive o incentivo constante de minha família e também uma agente maravilhosa, a quem este livro é dedicado. Caroline Michel, na Peters, Fraser & Dunlop, foi uma verdadeira amiga, sábia conselheira e advogada desde o momento em que entrei para a agência, e me considero enormemente afortunada por tê-la representando minha obra. Mas também desfrutei do valioso apoio de Rachel Mills, Alexandra Cliff, Marilia Savvides e da equipe de direitos internacionais da PFD, que se esforçam muito para vender meus livros em outros mercados. Jon Fowler e James Carroll também foram grandes amigos e apoiadores de minhas palestras públicas e do meu trabalho nos meios de comunicação.

Sempre acho muito difícil deixar de lado meus personagens no final de qualquer livro. O elenco variado presente em *Em meio à revolução* viveu na minha cabeça durante os últimos três anos — alguns deles por muito mais tempo — e deixou uma impressão indelével em mim. Eles também me causaram frustração, porque quero saber mais sobre seu período na Rússia e a vida deles depois que foram embora. Assim, eu ficaria encantada de ter notícias de quaisquer descendentes ou parentes de um de meus personagens que possam ter cartas, fotografias ou outros materiais relacionados ao tempo que passaram em Petrogrado em 1917. Posso ser contatada por intermédio de meus agentes Peters, Fraser & Dunlop, em www.petersfraserdunlop.com, ou de meu próprio site, www.helenrappaport.com.

Escusado dizer que eu também ficaria emocionada ao saber de qualquer pessoa que possua materiais relacionados a esta história, escrito por pessoas que estavam lá, mas sobre as quais não sei nada! Por fim, e mais em particular, eu adoraria ver outras cartas escritas da Rússia por Philip Jordan, ou saber de alguém que tenha mais lembranças dele ou de sua vida. O máximo da felicidade seria redescobrir por acaso uma cópia completa do filme mudo de 1919 de Donald Thompson *A maldição alemã na Rússia*, que temo estar infelizmente perdido há muito tempo. Mas vivo na esperança.

Helen Rappaport
West Dorset, 2016

Notas

ABREVIAÇÕES

Anet	Claude Anet, *Through the Russian Revolution*
Barnes	Harper Barnes, *Standing on a Volcano*
Beatty	Bessie Beatty, *The Red Heart of Russia*
Bryant	Louise Bryant, *Six Red Months in Russia*
Crosley	Pauline Stewart Crosley, *Intimate Letters from Petrograd*
Dissolution	Meriel Buchanan, *Dissolution of an Empire*
Fleurot	Arno Dosch-Fleurot, *Through War to Revolution*
Francis	David R. Francis, *Russia from the American Embassy*
Harper	Florence Harper, *Runaway Russia*
Heald	Edward Heald, *Witness to Revolution*
Houghteling	James Houghteling, *Diary of the Russian Revolution*
Mission	Sir George Buchanan, *My Mission to Russia*, v. 2
Paléologue	Maurice Paléologue, *An Ambassador's Memoirs, 1914-1917*
Patouillet	Patouillet, Madame [Louise]: Diário datilografado, outubro 1916-agosto 1918, 2 vols.
Petrograd	Meriel Buchanan, *Petrograd: The City of Trouble*
Reed	John Reed, *Ten Days that Shook the World*
Robien	Louis de Robien, *The Diary of a Diplomat in Russia 1917-18*
Rogers	Leighton Rogers Papers, "Czar, Revolution, Bolsheviks"
Stinton Jones	James Stinton Jones, *Russia in Revolution*
Stopford	Anôn. [Albert Stopford], *The Russian Diary of an Englishman*
Thompson	Donald Thompson, *Donald Thompson in Russia*
Williams	Albert Rhys Williams, *Journey into Revolution*
Wright	J. Butler Wright/William Thomas Allison, *Witness to Revolution: The Russian Revolution Diary and Letters of J. Butler Wright*

PRÓLOGO: "O AR ESTÁ CHEIO DE CONVERSAS SOBRE CATÁSTROFE" [pp. 23-43]

1. Violetta Thurstan, *Field Hospital and Flying Column*, p. 94. Thurstan, como muitos visitantes na época, ficou abismada com a escala de Petrogrado e seu poder de sedução: "É uma daquelas cidades cujos encantos pegam você de surpresa. É imensa, insistente, impressionante, quase invade a sua imaginação [...] tudo é numa escala tão enorme, distribuído numa profusão tão descuidada [...] os palácios grandiosos, os próprios blocos de que são feitos parecem ter sido cortados por Titãs", Leighton Rogers, caixa 3, pasta 7, 12-3 (doravante referida como 3:7 etc.).

2. Fred Dearing, memórias manuscritas inéditas, p. 88.

3. E. M. Almedingen, *I Remember St Petersburg*, pp. 120-2; ver também uma evocação da atmosfera de Petrogrado em 1916 em Hugh Walpole, *The Secret City*, pp. 98-9, 134, e em Leighton Rogers, *Wine of Fury*.

4. E. M. Almedingen, *Tomorrow Will Come*, p. 76.

5. William Steveni, *Things Seen in Russia* (Londres: Seeley, Service & Co., 1913), p. 80. Seu livro *Petrograd Past and Present*, publicado em 1915, tem um excelente capítulo XXXI sobre a história da colônia britânica; ver também Antony Cross, "A Corner of a Foreign Field" e "Forgotten British Places in Petrograd".

6. Bousfield Swan Lombard, memórias datilografadas sem título, seção com o cabeçalho "Things I Can't Forget", p. 64.

7. Ibid., memórias datilografadas sem título, seção VII, s.n.

8. Albert Stopford, p. 18.

9. Farson, *Way of a Transgressor*, p. 150.

10. Nathaniel Newnham-Davis, *The Gourmet's Guide to Europe* (Edimburgo: Ballantyne, Hanson & Co., 1908), "St Petersburg Clubs", p. 303.

11. Farson, *Way of a Transgressor*, p. 95.

12. *Dissolution*, p. 9.

13. Ibid., pp. 5-7.

14. Bruce, *Silken Dalliance*, pp. 174, 159; Pares, *My Russian Memoirs*, p. 424. Para um perfil de Sir George feito por um contemporâneo em Petrogrado, ver Pares, "Sir George Buchanan in Russia", *Slavonic Review*, 3 (9), mar. 1925, pp. 576-86.

15. Lockhart, *Memoirs of a British Agent*, p. 121.

16. Farson, *Way of a Transgressor*, p. 95.

17. Blunt, *Lady Muriel Paget*, p. 62; Lockhart, *Memoirs of a British Agent*, p. 118.

18. Meriel Buchanan, *Ambassador's Daughter*, p. 130.

19. Barnes, pp. 182, 206.

20. Francis ao senador William J. Stone, 13-26 fev. 1917, citado em Ginzburg, "Confronting the Cold War Legacy", p. 86.

21. Ver Barnes, pp. 406-7; "D. R. Francis Valet Dies in California", *St Louis Post Dispatch*, 1941; Bliss, "Philip Jordan's Letters from Russia", pp. 140-1; Barnes, p. 69.

22. Barnes, p. 186; Samuel Harper, *The Russia I Believe In*, pp. 91-2; Harper, p. 188.

23. Francis, p. 3.

24. Salzman, *Reform and Revolution*, p. 228.

25. Dorr, *Inside the Russian Revolution*, p. 41.

26. Saul, *Life and Times of Charles Richard Crane*, p. 134; Lockhart, *Memoirs of a British Agent*, pp. 281-2.

27. Rogers, pp. 3-9, 153.

28. Houghteling, p. 5.

29. Barnes, p. 194.

30. Ibid., p. 195.

31. Cockfield, *Dollars and Diplomacy*, p. 23.

32. Para uma discussão sobre a alegação de que Matilda de Cram era uma espiã, ver p. ex. Allison, *American Diplomats in Russia*, pp. 66-7. O relatório do general William V. Judson ao secretário da Guerra americano, em Salzman, *Russia in War and Revolution*, pp. 267-70, é uma avaliação contemporânea do ponto de vista de alguém que trabalhava na embaixada dos Estados Unidos. Barnes (passim) também discute a relação deles.

33. Barnes, pp. 199-201.

34. "Missouri Negro in Russia is 'Jes a Honin' for Home", *Wabash Daily Plain Dealer*, 29 set. 1916.

35. Ibid., p. 207.

36. Ibid.

37. Cockfield, *Dollars and Diplomacy*, p. 56.

38. Wright, p. 4.

39. Dearing, memórias inéditas, p. 219.

40. Cockfield, *Dollars and Diplomacy*, p. 32.

41. Ibid., p. 31.

42. Citado em Noulens, *Mon Ambassade en Russie Soviétique*, p. 243.

43. Kennan, *Russia Leaves the War*, p. 38.

44. Lindley, memórias sem título, p. 5.

45. Dearing, memórias inéditas, p. 144.

46. Heald, p. 25; Barnes, p. 207; Cockfield, *Dollars and Diplomacy*, p. 70; Wright, p. 10.

47. Farson, *Way of a Transgressor*, p. 94; William Steveni, *Petrograd Past and Present*, capítulo XIII, "The Modern City and the People".

48. De acordo com Louise Patin, *Journal d'une institutrice française*, p. 19, os residentes franceses ganhavam uma licença especial para obter vinho.

49. Suzanne Massie, *Land of the Firebird: The Beauty of Old Russia* (Blue Hill, Maine: Heart Tree Press, 1980), p. 407.

50. Ver <http://thegaycourier.blogspot.co.uk/2013/06/legendaryhotel-celebrates-100-years.html>.

51. Vecchi, *Tavern is My Drum*, p. 96.

52. Rogers, 3:7, pp. 21-2.

53. Ibid., p. 23.

54. Farson, *Way of a Transgressor*, p. 180.

55. Ibid., p. 181.

56. Ver as memórias de Ella Cordasco (*née* Woodhouse), disponíveis apenas on-line em: <https://web.archive.org/web/20120213165523> e <http://www.zimdocs.btinternet.co.uk/fh/ella2.html>.

57. Farson, *Way of a Transgressor*, p. 180.

58. Dearing, memórias inéditas, p. 87.

59. Oudendyk, *Ways and By-Ways in Diplomacy*, p. 208.

60. Garstin, "Denis Garstin and the Russian Revolution", Walpole, p. 589.

61. Grão-duque Nikolai Nikoláievitch, citado em Pipes, *Russian Revolution*, p. 256; Memorandum to Foreign Office 18 [5] ago. 1916, *Mission*, p. 19.

62. *Petrograd*, p. 78.

63. Salisbury, *Black Night, White Snow*, p. 311; *Petrograd*, p. 70.

64. Paléologue, p. 733.

65. Lockhart, *Memoirs of a British Agent*, p. 158.

66. Arthur Bullard, *Russian Pendulum* (Londres: Macmillan, 1919), p. 21; ver também Houghteling, pp. 4-5.

67. Rogers, 3:7, pp. 17, 7-8.

68. Buchanan, *Ambassador's Daughter*, p. 138.

69. *Petrograd*, p. 50.

70. Gordon, *Russian Year*, p. 35.

71. Ibid., p. 40.

72. Os números variam em muitas fontes, mas ver <http://rkrp-rpk.ru/content/view/10145/1>.

73. Cockfield, *Dollars and Diplomacy*, p. 69.

74. Wright, p. 15.

75. Lockhart, *Memoirs of a British Agent*, p. 119.

76. *Dissolution*, p. 151; Buchanan, *Ambassador's Daughter*, p. 141.

77. Albert Stopford, p. 94.

78. Barnes, p. 213.

79. Paléologue, p. 755.

80. Christie, "Experiences in Russia", p. 2; MacNaughton, *My Experiences in Two Continents*, p. 194.

81. Ver <http://alphahistory.com/russianrevolution/police-conditionsin-petrograd-1916>.

1. "AS MULHERES ESTÃO COMEÇANDO A SE REBELAR NAS FILAS DO PÃO" [pp. 47-64]

1. Fleurot, p. 96.

2. Ibid., pp. 99-100; Hawkins, "Through War to Revolution with Dosch-Fleurot", p. 20. Dosch-Fleurot finalmente foi embora em 1918.

3. Fleurot, pp. 99-100.

4. Ibid., p. 101.

5. Hawkins, "Through War to Revolution with Dosch-Fleurot", p. 22; Fleurot, pp. 103-4.

6. Thompson, p. 30. Para a carreira de Thompson durante a guerra antes de Petrogrado, ver Mould, "Donald Thompson: Photographer at War", e Mould, "Russian Revolution", p. 3.

7. Heald, p. 23.

8. Thompson, p. 17.

9. Harper, p. 19.

10. Houghteling, pp. 14, 4.

11. Cahill, *Between the Lines*, pp. 217, 221.

12. Ibid., p. 218.

13. Ibid., p. 219.

14. Mason, "Russia's Refugees", p. 142.

15. Ibid.

16. *Petrograd*, p. 48.

17. Para detalhes de sua vida e carreira, ver Blunt, *Lady Muriel*, e Sybil Oldfield, *Women Humanitarians* (Londres: Continuum, 2001), pp. 160-3; Powell, *Women in the War Zone*, pp. 296-7.

18. Blunt, *Lady Muriel*, p. 59.

19. Jefferson, *So This Was Life*, p. 85.

20. Várias outras comunidades diplomáticas financiaram hospitais em Petrogrado durante a guerra: o hospital da colônia dos Estados Unidos ficava na rua Spasskáia, 15; os belgas tinham um com o nome de seu rei Albert; os holandeses tinham um hospital no Cais Inglês, 68; os dinamarqueses dirigiam dois hospitais, um na Sérgueivskaia, 11, e outro para as fileiras inferiores, em homenagem à rainha viúva Maria Fiódorovna, na Potchtámskaia, 13. Havia também hospitais para os feridos franceses, suíços e japoneses. Ver Iúri Vinogradov, "Lazareti Petrograda", disponível em: <http://www.proza.ru/2010/01/30/984>.

21. Lady Georgina Buchanan, carta de 16 dez. 1916, Glenesk-Bathurst papers.

22. *Novoe vrémia*, 6 fev. 1917.

23. Lady Georgina Buchanan, cartas de 7 out. 1916 e 20 jan. 1917, Glenesk-Bathurst papers.

24. Jefferson, *So That Was Life*, pp. 84-6; Harmer, *Forgotten Hospital*, pp. 67-8.

25. Carta para mamãe, 19 [6] set., citada em Wood, "Revolution Outside Her Window", p. 74; Powell, *Women in the War Zone*, p. 301.

26. Wood, "Revolution Outside Her Window", p. 75; carta de 23 [10] set., Powell, *Women in the War Zone*, p. 301.

27. Seymour, diário manuscrito de 4 out. [22 set.], IWM; Powell, *Women in the War Zone*, p. 301; Moorhead, *Dunant's Dream*, p. 64.

28. Blunt, *Lady Muriel*, p. 66.

29. Farson, "Aux Pieds de l'Imperatrice", p. 17.

30. Harmer, *Forgotten Hospital*, p. 57; Powell, *Women in the War Zone*, p. 302.

31. Harmer, *Forgotten Hospital*, p. 25; Powell, *Woman in the War Zone*, p. 303.

32. Opinião de Violetta Thurstan sobre as três mulheres, citado em Moorhead, *Dunant's Dream*, p. 235.

33. Jefferson, *So That Was Life*, p. 92. Diário de Lady Sybil Grey, citado em Harmer, *Forgotten Hospital*, p. 67. Lamentamos que o diário de Lady Sybil esteja em mãos particulares e ainda não tenha sido posto à disposição para pesquisa.

34. Harmer, *Forgotten Hospital*, p. 118.

35. Cordasco (Woodhouse), memórias on-line.

36. Wright, p. 21.

37. Armour, "Recollections", p. 7. Para seu relato da recepção, ver 7-9.

38. Chambrun, *Lettres à Marie*, p. 42.

39. Wright, pp. 21-2.

40. Armour, "Recollections", p. 8.
41. Chambrun, *Lettres à Marie*, p. 42.
42. Francis, p. 49.
43. Wright, p. 22; Paléologue, p. 764.
44. Weeks, *American Naval Diplomat*, p. 106.
45. Francis, pp. 50-1.
46. Chambrun, *Lettres à Marie*, p. 43.
47. Paléologue, p. 764; Chambrun, *Lettres à Marie*, p. 42; Wright, p. 22.
48. Wright, p. 26.
49. Ibid.
50. Buchanan, *Ambassador's Daughter*, p. 141; *Petrograd*, pp. 89-90; Albert Stopford, p. 100.
51. Paléologue, p. 776.
52. Nostitz, *Romance and Revolutions*, p. 178; ver também Wright, p. 33.
53. Lockhart, *Memoirs of a British Agent*, p. 163; Paléologue, p. 783.
54. Lockhart, *Memoirs of a British Agent*, pp. 162-3; Buchanan, *Ambassador's Daughter*, p. 142.
55. Paléologue, p. 793.
56. Buchanan, *Ambassador's Daughter*, p. 142; *Mission*, p. 57; Buchanan, *Ambassador's Daughter*, p. 138.
57. Salisbury, *Black Night, White Snow*, p. 321; Bury, "Report Regarding the Russian Revolution", p. II.
58. Wharton, "Russian Ides of March", p. 22.
59. Ibid. Chadbourn publicou seu valioso relato sobre a Revolução de Fevereiro com o pseudônimo de Paul Wharton.
60. Emily Warner Somerville, "A Kappa in Russia", p. 123.
61. Wright, pp. 33-4.
62. Thompson, p. 334.
63. Almedingen, *I Remember St Petersburg*, pp. 186-7.
64. Wright, p. 34.
65. Ibid.; Thompson, p. 37; Salisbury, *Black Night, White Snow*, p. 322.
66. *Mission*, p. 59. A família Whishaw era antiga na colônia britânica, e sua companhia Hills & Whishaw estava envolvida na exploração de campos de petróleo em Baku. Stella Arbenina (também conhecida como baronesa Meyendorff), que aparece neste livro, era membro da família Whishaw.

2. "NÃO ERA LUGAR PARA UM RAPAZ INOCENTE DO KANSAS" [pp. 65-78]

1. Thompson, p. 33.
2. Ibid., p. 37; Harper, p. 24.
3. Paléologue, p. 796.
4. Ibid., p. 797.
5. O conselheiro da embaixada britânica Francis Lindley observou em suas memórias que um relatório sobre a missão preparada para o Foreign Office britânico e de tom muito mais otimista do que os enviados pela embaixada acabava de ser impresso e chegou ao FO quando a

revolução irrompeu. Teve de ser apressadamente recuperado e suprimido. Lindley, memórias sem título, p. 28.

6. Paléologue, p. 808.

7. Os dados meteorológicos para 1917 na Rússia mostram que a temperatura média foi de –13,44°C e que o aumento significativo da temperatura atribuído com tanta frequência (p. ex. Figes, *People's Tragedy*, p. 308, e Pipes, *Russian Revolution*, p. 274) à sexta-feira, dia 24, só aconteceu de fato no dia 27, quando a temperatura subiu finalmente para acima de zero, ou seja, 0,03°C. Foi somente em 13 de março que ela aumentou para bem acima de zero e chegou a 8°C. Para uma discussão detalhada disso, ver *Ejenedélnik statistítcheskogo otdelénia petrográdskoi gorodskói uprávi*, 1917, n. 5, p. 13.

8. Wilton, *Russia's Agony*, p. 104; Fleurot, p. 118; Wright, p. 42.

9. Thompson, p. 39.

10. Fleurot, p. 118; Gordon, *Russian Year*, p. 97.

11. Thompson, p. 41.

12. Ibid., p. 43.

13. Hasegawa, *February Revolution*, p. 217; Rochelle Goldberg Ruthchild, "Women's Suffrage and Revolution in the Russian Empire 1905-1917", *Aspasia*, 1, 2007, p. 18; Thompson, p. 43.

14. Harper, p. 26.

15. Ibid., p. 27.

16. Thompson, p. 43; Harper, p. 27.

17. Thompson, p. 44.

18. Salisbury, *Black Night, White Snow*, p. 337.

19. Wilton, *Russia's Agony*, p. 105.

20. Thompson, p. 44; diário de May Pearse, 24 fev. 1917.

21. Thompson, pp. 46-7.

22. Rivet, *Last of the Romanofs*, p. 171; Hart-Davis, *Hugh Walpole*, p. 159; Pocock, diário manuscrito.

23. Wright, p. 43. Figes, *People's Tragedy*, p. 308.

24. Ransome, Despacho 48, 23-24 fev. 1917.

25. Thompson, p. 47.

26. Hasegawa, *February Revolution*, pp. 224-5; Bury, "Report Regarding the Russian Revolution", p. IV; Fleurot, "In Petrograd during the Seven Days", p. 258. Fleurot, p. 118.

27. Ver Salisbury, *Black Night, White Snow*, pp. 336-7. A má qualidade da água no norte da capital impedia a fabricação de pão de alta qualidade nas vizinhanças do Palácio de Inverno e exigia entregas diárias que vinham por trem das padarias Filippov de Moscou. Ver <http://voiceofrussia.com/radio_broadcast/2248959/18406508>.

28. Anôn., "The Nine Days", pp. 213-4. Não foi possível confirmar a autoria desse artigo, mas o autor diz que trabalha no prédio da Singer, então era provavelmente um membro da equipe do consulado americano, ou um empregado da Westinghouse, cuja sede também ficava no mesmo edifício.

29. Thompson, p. 48.

30. Gordon, *Russian Year*, p. 97.

31. Ransome, Despachos 49 e 48; Golder, *War, Revolution and Peace in Russia*, p. 34.

32. A tsarina registrava meticulosamente a temperatura em seu diário todos os dias. Durante todo o mês de fevereiro, ela registra uma variação de –19°C no dia 5 para –4,5°C no dia 24. Ver

p. ex. V. A. Kozlov e V. M. Khrustalev (Orgs.), *The Last Diary of Tsaritsa Alexandra* (Londres: Yale University Press, 1997).

33. Anôn., "The Nine Days", p. 213.
34. Ibid.
35. Golder, *War, Revolution and Peace in Russia*, p. 334.
36. Fleurot, "Seven Days", p. 258.
37. Roblen, p. 8.
38. Hasegawa, *February Revolution*, p. 233.
39. Ibid., p. 235.
40. Robien, p. 8; Chambrun, *Lettres à Marie*, p. 55.
41. Hasegawa diz 36 800; ver *February Revolution*, p. 238.
42. Markovitch, *La Révolution russe*, p. 17.
43. Bury, "Report Regarding the Russian Revolution", p. V.
44. Heald, p. 50; "From Our Own Correspondent [Robert Wilton], 'The Outbreak of the Revolution'", *The Times*, 21 [8] mar. 1917.
45. Hall, *One Man's War*, pp. 267, 263.
46. Hegan, "Russian Revolution from a Window", p. 556.
47. Harmer, *Forgotten Hospital*, p. 119; Poutiatine, *War and Revolution*, pp. 45-6.
48. Dorothy Cotton, carta, 4 mar. 1917, Library Archives of Canada; Blunt, *Lady Muriel*, p. 104.
49. Thompson, p. 50.
50. Patouillet, pp. 1-55.
51. Grey, "Sidelights on the Russian Revolution", p. 363.
52. Harper, p. 29; Thompson, p. 49.
53. Harper, pp. 28-9.
54. Stinton Jones, p. 62.
55. Fleurot, p. 123.
56. [Wilton], "Russian Food problem", *The Times*, 9 mar. 1917; [Wilton], "The Outbreak of the Revolution", *The Times*, 21 mar. 1917.
57. Heald, p. 50.
58. Rogers, 3:7, pp. 43-4.
59. Thompson, p. 51.
60. Chambrun, *Lettres à Marie*, p. 55.

3. "COMO UM FERIADO BANCÁRIO COM TROVÕES NO AR" [pp. 79-97]

1. Patouillet, pp. 1-56.
2. Rogers, 3:7, p. 44.
3. Rogers, 3:7, pp. 45-6; ver também o relato de Swinnerton, "Letter from Petrograd", p. 2, que foi datado erroneamente como sendo de 12 mar. EA, em vez de 14 mar. EA.
4. Hasegawa, *February Revolution*, p. 248; Wright, p. 43.
5. Hasegawa, *February Revolution*, p. 249.
6. Ibid., p. 251; Salisbury, *Black Night, White Snow*, p. 342.

7. Markovitch, *La Révolution russe*, p. 19; Salisbury, *Black Night, White Snow*, p. 342.

8. Anet, p. 12.

9. Rogers, "Account of the March Revolution", p. 7.

10. Thompson, p. 53.

11. Gordon, *Russian Year*, p. 103.

12. Thompson, pp. 54, 57; Harper, pp. 29-30.

13. Harper, p. 31.

14. Thompson, p. 58; Harper, p. 31.

15. Patouillet, pp. 1-60; Anôn., "Nine Days", p. 214; Thompson, p. 58.

16. Harper, pp. 32-3.

17. Rogers, 3:7, p. 46.

18. Reinke, "My Experiences in the Russian Revolution", p. 9.

19. Anet, p. 13.

20. Thompson, p. 59; Rogers, 3:7, p. 46.

21. Rogers, "Account of the Russian Revolution", p. 8-9; Rogers, 3:7, p. 46; ver também Albert Stopford, p. 102.

22. Hegan, "Russian Revolution from a Window", p. 556.

23. Fleurot, p. 122; Thompson, pp. 60-1.

24. Stopford, p. 103. Um documento encontrado nos Arquivos Nacionais, KV2/2398, revela os detalhes da viagem original de Stopford à Rússia em 1916 e implica que ele fez alguma espionagem/bisbilhotice não oficial para Buchanan. Na Rússia, ele estava bem familiarizado com o bissexual Félix Iussúpov (o documento do arquivo alude à homossexualidade de Stopford em um comentário velado sobre ele ser "um excêntrico moral"). Stopford também tinha uma experiência considerável na compra de obras de arte de Fabergé para a Cartier em Paris. Em julho de 1917, conseguiu entrar no palácio Vladímir da grã-duquesa sem ser visto, resgatar suas melhores joias do cofre e tirá-las com segurança da Rússia; destas, sua tiara acabou sendo comprada pelo rei Jorge V e ainda é usada pela rainha Elizabeth II. Em 1918, Stopford foi processado por ofensas homossexuais e encarcerado por um ano em Wormwood Scrubs; depois disso, mudou-se para Paris. Para mais detalhes sobre sua vida, boa parte da qual permanece em esboço, ver Clarke, *Hidden Treasures of the Romanovs*.

25. Thompson, pp. 60-1.

26. Alguns relatos posteriores da Revolução de Fevereiro negam a presença de metralhadoras, mas um número muito grande de testemunhas confirma a presença dessas armas nos telhados. Ver, por exemplo, o relato de John Pollock, "The Russian Revolution", escrito com base na experiência pessoal, em que ele afirma que Protopópov "tinha todos os cantos importantes dos telhados guarnecidos pela polícia com metralhadoras" e observa que a revolução teve sucesso graças a este erro de julgamento: "Se elas tivessem sido devidamente postadas nas ruas em pontos estratégicos e houvesse um esquema de cooperação bem organizado entre a polícia e os gendarmes, uma força de cerca de 50 mil, eles poderiam ter varrido todos os seres vivos das ruas: colocadas em janelas de águas-furtadas e atrás de parapeitos, era extremamente difícil apontar as *mitrailleuses* para seu alvo"; pp. 1070-1. O "relatório" de Sir George Bury também contém numerosas referências ao uso de metralhadoras.

27. Hasegawa, *February Revolution*, p. 252; Gordon, *Russian Year*, pp. 101-2.

28. Hasegawa, *February Revolution*, p. 263; Pipes, *Russian Revolution*, p. 276; Joseph Fuhrman (Org.), *The Complete Wartime Correspondence of Tsar Nicholas II and the Empress Alexandra* (Westport, CT: Greenwood Press, 1999), p. 692.

29. Thompson, p. 62.

30. Pax, *Journal d'une comédienne française*, pp. 11-2.

31. Ransome, Despacho 50, 25 fev., 23h.

32. Reinke, "My Experiences in the Russian Revolution", p. 9.

33. O relatório de Butler Wright para Francis, 10-23 mar. 1917, está incluído em Cockfield, *Dollars and Diplomacy*, p. 113.

34. Thompson, p. 63.

35. Wharton, "Russian Ides of March", pp. 22-3.

36. Hasegawa, *February Revolution*, p. 265.

37. Ibid., p. 267.

38. Gordon, *Russian Year*, p. 105.

39. Thompson, p. 64.

40. Ver Patouillet, pp. 159-60.

41. Keeling, *Bolshevism: Mr Keeling's Five Years in Russia*, p. 76.

42. Harper, p. 37; Patouillet, pp. 1-162.

43. Anôn., "The Nine Days", p. 215.

44. É improvável que Thompson tenha conseguido tirar fotos bem-sucedidas da luta nas ruas, pois nenhuma foi incluída em sua coletânea de fotografias da revolução publicada com o título de *Blood-Stained Russia* em 1918. Ele conseguiu captar algumas imagens estáticas de corpos em necrotérios e dos funerais das vítimas, mas seu principal sucesso fotográfico aconteceu em maio/junho com sua extensa cobertura das visitas de Emmeline Pankhurst a Maria Botchkariova e o Batalhão Feminino da Morte, que foi amplamente reproduzida na imprensa ocidental.

45. Thompson, pp. 64, 67; Harper, pp. 37-8.

46. Harper, pp. 39-40; Thompson, pp. 69-70.

47. Dorothy Cotton, carta de 4 mar. EA – embora dentro da carta ela volte ao calendário EN; Grey, "Sidelights on the Russian Revolution", p. 363; Wilton, *Russia's Agony*, p. 109, que alega que cem pessoas foram mortas somente durante esse incidente.

48. Poutiatine, *War and Revolution*, pp. 47-8; Hegan, "Russian Revolution from a Window", p. 557.

49. Hegan, "Russian Revolution from a Window", p. 558.

50. Wharton, "Russian Ides of March", p. 24.

51. Hegan, "Russian Revolution from a Window", p. 558.

52. Hasegawa, *February Revolution*, p. 268; Grey, "Sidelights on the Russian Revolution", p. 364; Anet, p. 16.

53. "From Our Own Correspondent", reportagem de Robert Wilton para *The Times*, 16 mar. (EN) – seu primeiro despacho importante que conseguiu chegar ao Reino Unido e ser publicado; ver também Wilton, *Russia's Agony*, p. 110.

54. Clare, "Eye Witness of the Revolution".

55. Wilton, *Russia's Agony*, p. 110; Markovitch, *La Révolution russe*, p. 24; Anôn., "The Nine Days", p. 215; Hasegawa, *February Revolution*, pp. 268-9.

56. Wharton, "Russian Ides of March", p. 24.
57. Swinnerton, "Letter from Petrograd", p. 3.
58. Ransome, Despacho 52.
59. Harper, pp. 41-2.
60. Wilton, *Russia's Agony*, p. 109; ver também reportagem de Wilton em *The Times*, 16 mar. 1917.
61. Wilton no *Times*, 16 mar. 1917; Lady Georgina Buchanan, "From the Petrograd Embassy", p. 19.
62. Wilton, *Russia's Agony*, p. 109.
63. Hasegawa, *February Revolution*, pp. 272-3.
64. Pax, *Journal d' une comédienne française*, pp. 16-8.
65. Fleurot, pp. 124-5; Arbenina, *Through Terror to Freedom*, p. 34.
66. Anet, p. 11; Stopford, p. 108.
67. Paléologue, p. 811; Chambrun, *Lettres à Marie*, p. 57. Num estranho paralelo com Petrogrado em 1917, uma manifestação de mulheres francesas nesse mesmo dia em 1789, contra o alto preço do pão e a crescente fome em Paris, levara a uma marcha em massa até o palácio em Versalhes.
68. Arbenina, *Through Terror to Freedom*, pp. 34-5; Anet, p. 15.
69. Armour, "Recollections", p. 5.
70. Rogers, "Account of the March Revolution", p. 11; Anet, p. 11; Chambrun, *Lettres à Marie*, p. 57.
71. Marcosson, *Rebirth of Russia*, pp. 47-9; Wilton, *Russia's Agony*, p. 112; Hasegawa, *February Revolution*, p. 275.
72. Thompson, pp. 72-3.

4. "UMA REVOLUÇÃO FEITA POR ACASO" [pp. 98-119]

1. Rogers, 3:7, p. 48.
2. Swinnerton, "Letter from Petrograd", p. 4; Rogers, 3:7, pp. 46-7.
3. Para descrições do banco, ver Fuller, "Journal of John L. H. Fuller", pp. 9-10, e carta ao seu irmão de 19 [6] de setembro, em Fuller, "Letters and Diaries", p. 20.
4. Rogers, 3:7, pp. 46-7.
5. Cockfield, *Dollars and Diplomacy*, p. 89.
6. Marcosson, "The Seven Days", p. 262.
7. *Petrograd*, p. 96.
8. Ibid., p. 97; Wharton, "Russian Ides of March", p. 24.
9. Relatório de Butler Wright, em Cockfield, *Dollars and Diplomacy*, p. 115.
10. *Mission*, p. 63; Paléologue, pp. 814-5.
11. Paléologue, p. 816.
12. Fleurot, "In Petrograd during the Seven Days", p. 260; Fleurot, p. 126; ver também Hasegawa, *February Revolution*, pp. 278-81.
13. Paléologue, p. 813.
14. Marcosson, *Rebirth of Russia*, p. 52.

15. Thompson, p. 78.

16. Hasegawa, *February Revolution*, p. 286.

17. Marcosson, "The Seven Days", p. 35; Marcosson, *Rebirth of Russia*, p. 52; Hart-Davis, *Hugh Walpole*, p. 458.

18. Knox, *With the Russian Army*, pp. 553-4; como observou Sir George Buchanan num telegrama cifrado para o Foreign Office: "O perigo é que os homens não têm líderes apropriados. Vi cerca de 3 mil deles hoje, com apenas um único oficial jovem". Relatório ao FO, 12-27 mar., p. 299, The National Archives.

19. Knox, *With the Russian Army*, pp. 554-5; Stinton Jones, pp. 107-8.

20. Stinton Jones, pp. 108-9.

21. Gordon, *Russian Year*, p. 110; Anet, p. 23.

22. Thompson, p. 81.

23. Anet, pp. 19-20.

24. Thompson, pp. 81-2.

25. Paléologue, p. 814; Gordon, *Russian Year*, p. 110; Robien, p. 12.

26. Anet, p. 22; relatório de Butler Wright para Francis em Cockfield, *Dollars and Diplomacy*, pp. 114-5.

27. Wharton, "Russian Ides of March", p. 24.

28. Hart-Davis, *Hugh Walpole*, p. 454.

29. Stinton Jones, p. 120.

30. Reinke, "My Experiences in the Russian Revolution", p. 11; Gordon, *Russian Year*, p. 109.

31. Hegan, "Russian Revolution from a Hospital Window", pp. 558-9.

32. Fleurot, p. 130.

33. Stinton Jones, p. 131.

34. Ver Poutiatine, *War and Revolution*, pp. 50-1; Marcosson, *Rebirth of Russia*, p. 56; Fleurot, "In Petrograd during the Seven Days", p. 262.

35. Knox, *With the Russian Army*, pp. 554-5; ver também Stinton Jones, pp. 107-8.

36. Gibson, *Wild Career*, p. 127.

37. Vecchi, *Tavern is My Drum*, p. 122; Stinton Jones, p. 110.

38. Hasegawa, *February Revolution*, p. 287; Keeling, *Bolshevism*, pp. 86, 85.

39. Lombard, "Things I Can't Forget", pp. 92, 90; Stinton Jones, p. 144.

40. Farson, *Way of a Transgressor*, p. 187.

41. Stinton Jones, "Czar Looked Over My Shoulder", p. 97; Gibson, *Wild Career*, p. 135.

42. Fleurot, "In Petrograd during the Seven Days", p. 261.

43. Springfield, "Recollections of Russia".

44. Lindley, memórias sem título, p. 29.

45. Pearse, diário, 27 fev.-12 mar.; Swinnerton, "Letter from Petrograd", p. 4.

46. Stinton Jones, pp. 132-4.

47. Seymour, diário manuscrito, 12 mar. [27 fev.].

48. Lombard, "Things I Can't Forget", pp. 92-3.

49. Seymour, diário manuscrito, 12 mar. [27 fev.]; Hegan, "Russian Revolution from a Hospital Window", p. 558.

50. De acordo com Poutiatine, *War and Revolution*, p. 55, verificou-se que havia metralhadoras atirando para a rua de uma janela da casa ao lado do HAR, do lado da Fontanka, e havia outras atirando "do sótão de uma casa alta na Niévski, na diagonal de onde estávamos".

51. Diário de Sybil Grey, citado em Blunt, *Lady Muriel*, p. 104.

52. Cotton, carta de 4 mar., p. 3; Seymour, citado em Wood, "Revolution Outside her Window", p. 80; ver também Pocock, diário manuscrito, segunda-feira, 27 fev.

53. Pax, *Journal d'une comédienne française*, pp. 18-23.

54. Marcosson, *Rebirth of Russia*, p. 56.

55. Hasegawa, *February Revolution*, p. 296; Stinton Jones, p. 153.

56. Walpole, *Secret City*, p. 255.

57. Ver Keeling, *Bolshevism*, pp. 82, 85; Stinton Jones, pp. 124-5, 164; Marcosson, *Rebirth of Russia*, pp. 35, 54; Hart-Davis, *Hugh Walpole*, p. 460.

58. Anet, p. 23; Pollock, "The Russian Revolution", p. 158.

59. Metcalf, *On Britain's Business*, p. 47.

60. Stinton Jones, "Czar Looked Over my Shoulder", p. 97; Clare, "Eye Witness of the Russian Revolution".

61. *Dissolution*, p. 166.

62. Citado em Sandra Martin e Roger Hall (Orgs.), *Where Were You? Memorable Events of the Twentieth Century* (Toronto: Methuen, 1981), p. 220.

63. Walpole, "Official Account of the First Russian Revolution", p. 460; Stinton Jones, p. 142.

64. Fleurot, p. 128.

65. Ibid.

66. Ibid.

67. Fleurot, "In Petrograd during the Seven Days", p. 262; Marcosson, *Rebirth of Russia*, p. 60.

68. Fleurot, pp. 128-9.

69. Vecchi, *Tavern is My Drum*, pp. 125; ver também Stinton Jones, pp. 150-1.

70. Anôn., "The Nine Days", p. 215.

71. Ver seu relatório em Francis, pp. 60-2.

72. Hasegawa, *February Revolution*, pp. 292-3; Vecchi, *Tavern is My Drum*, p. 124; Wilton, *Russia's Agony*, pp. 122-3.

73. Stinton Jones, pp. 140-1.

74. Bert Hall, *One Man's War*, pp. 269-70.

75. Wharton, "Russian Ides of March", p. 26.

76. Ibid.

77. Swinnerton, "Letter from Petrograd", pp. 4-5.

78. Locker Lampson, "Report on the Russian Revolution", p. 240; Kettle, *Allies and the Russian Collapse*, p. 14.

79. Gibson, *Wild Career*, p. 129; Knox, *With the Russian Army*, p. 560.

5. O ACESSO FÁCIL À VODCA "TERIA PRECIPITADO UM REINADO DE TERROR" [pp. 120-33]

1. Bury, "Report", p. xiii.
2. *Dissolution*, p. 168.
3. Wharton, "Russian Ides of March", pp. 26-7.
4. Dearing, memórias inéditas, p. 242; *Dissolution*, p. 167.
5. *Dissolution*, p. 170.
6. Swinnerton, "Letter from Petrograd", p. 7.
7. Paléologue, p. 819.
8. *Dissolution*, pp. 169-70; *Mission*, p. 66.
9. Telegrama de North Winship ao secretário de Estado americano, 20 fev. [3] mar. 1917; ver <https://history.hanover.edu/texts/tel2.html>.
10. Houghteling, p. 115.
11. Locker Lampson, "Report on the Russian Revolution", p. 240; Poutiatine, *War and Revolution*, p. 52.
12. Locker Lampson, "Report on the Russian Revolution", pp. 241, 214.
13. Heald, *Witness to Revolution*, pp. 57-8.
14. Locker Lampson, "Report on the Revolution", p. 242.
15. Thompson, pp. 89-90.
16. Locker Lampson, "Report on the Revolution", p. 243.
17. Bury, "Report", pp. xv-xvi.
18. Grey, "Sidelights on the Russian Revolution", p. 365.
19. Harper, p. 50.
20. Stinton Jones, p. 165.
21. Harper, p. 51.
22. Wilton, *Russia's Agony*, p. 124; Grey, "Sidelights on the Russian Revolution", p. 365; Walpole, "Official Report", em Hart-Davis, *Hugh Walpole*, pp. 464-5.
23. Stinton Jones, p. 165; Poutiatine, *War and Revolution*, p. 53.
24. Swinnerton, "Letter from Petrograd", p. 6; Rogers, "Account of the March Revolution", p. 16.
25. Lampson, "Report on the Russian Revolution", p. 244.
26. Vecchi, *Tavern is My Drum*, pp. 130-1.
27. Walpole, "Official Report", em Hart-Davis, *Hugh Walpole*, p. 465.
28. Locker Lampson, p. 244.
29. Ibid.; Harper, p. 52.
30. Vecchi, *Tavern is My Drum*, p. 131.
31. Grey, "Sidelights on the Russian Revolution", p. 366.
32. Harper, p. 56; Stinton Jones, p. 166.
33. Houghteling, p. 149. Em um artigo para a *World's Work* de 21 de abril (en) intitulado "How Tsardom Fell", Arno Dosch-Fleurot também comentou sobre a misericórdia da proibição das bebidas alcoólicas: "Ninguém, a não ser gente sóbria, poderia ter realizado a Revolução. Se a população de Petrogrado e de outras cidades estivesse embriagada, a Revolução jamais teria sido tão livre de excessos sanguinários em larga escala".

34. Vecchi, *Tavern is My Drum*, pp. 130-1; Harper, p. 53; Ysabel Birkbeck, citado em Cahill, *Between the Lines*, p. 227.

35. Houghteling, p. 115.

36. Harper, pp. 56, 59.

37. Harper, pp. 54, 53; Wilton, *Russia's Agony*, p. 126.

38. Harper, pp. 52, 54.

39. Walpole, "Denis Garstin and the Russian Revolution", p. 591.

40. Louisette Andrews, entrevista da BBC2 com Joan Bakewell em 1977.

41. Hegan, "Russian Revolution from a Hospital Window", pp. 559-60.

42. Hasegawa, *February Revolution*, pp. 289-90.

43. Seymour, diário manuscrito, 13 mar. [28 fev.].

44. Rogers, "Account of the March Revolution", p. 14; Rogers, 3:7, p. 52.

45. Swinnerton, "Letter from Petrograd", pp. 8-9; ver também relato de Leighton Rogers, em Rogers, 3:7, p. 59; and Stopford, p. 118.

46. Rogers, 3:7, p. 57; Chambrun, *Lettres à Marie*, p. 63.

47. Nostitz, *Romance and Revolutions*, p. 187. Em *Dissolution*, p. 172, e *Petrograd*, p. 105, Meriel Buchanan refuta isso, ver também Stopford, p. 110. Para o relato de Bousfield Swan Lombard, ver "Things I Can't Forget", p. 97.

48. Nostitz, *Romance and Revolutions*, p. 185.

49. Cordasco (Woodhouse), memórias on-line.

50. Houghteling, p. 77.

51. Margaret Bennet, carta manuscrita, 2 [15] mar.

52. Bury, "Report", p. XII-XIV; Ransome, Despacho 54; Houghteling, p. 76.

53. Stinton Jones, pp. 167, 267-8; Markovitch, *La Révolution russe*, p. 42.

54. Markovitch, *La Révolution russe*, p. 64.

55. Stinton Jones, p. 264; Seymour, diário manuscrito, 2 mar.; Rogers, "Account of the March Revolution", p. 15.

6. "FOI BOM ESTAR VIVO NESSES DIAS MARAVILHOSOS" [pp. 134-44]

1. Walpole, "Official Account", pp. 464-5.
2. Ver Paléologue, p. 824.
3. Wilton, *Russia's Agony*, p. 127.
4. Houghteling, pp. 80, 82; Markovitch, *La Révolution russe*, p. 62.
5. Anet, p. 28.
6. Rogers, "Account of the March Revolution", p. 21.
7. Houghteling, pp. 80-1.
8. Bury, "Report", p. XXIII-IV; Hunter, "Sir George Bury and the Russian Revolution", p. 67.
9. Bury, "Report", p. XXIV; Hart-Davis, *Hugh Walpole*, pp. 257-8.
10. Walpole, *Secret City*, pp. 257-8; ver também Anet, p. 29.
11. Pipes, *Russian Revolution*, p. 291.
12. Knox, *With the Russian Army*, pp. 561-2.

13. Gordon, *Russian Year*, p. 124; Bury, "Report", p. XXV.

14. Anet, pp. 23, 30; Rivet, *Last of the Romanofs*, p. 176; Sukhanov, *Russian Revolution*, p. 88.

15. Anet, p. 31.

16. Rivet, *Last of the Romanofs*, p. 216.

17. Pollock, "The Russian Revolution", p. 1075.

18. Houghteling, p. 100. Sobre os planos de Protopópov, ver Grey, "Sidelights on the Russian Revolution", p. 368.

19. Walpole, "Official Account", p. 463; Walpole, *Secret City*, pp. 228, 258-9.

20. Walpole, *Secret City*, pp. 258-9.

21. Paléologue, p. 820.

22. Pollock, "The Russian Revolution", p. 1076.

23. Ver Pipes, *Russian Revolution*, pp. 304-7.

24. Pitcher, *When Miss Emmie Was in Russia*, p. 13; Dawe, *Looking Back*, p. 19.

25. Harper, pp. 59-60.

26. Rogers, 3:7, pp. 54-5.

27. Swinnerton, "Letter from Petrograd", p. 7.

28. Harper, p. 66.

29. Hall, *One Man's War*, p. 272.

30. Stinton Jones, p. 185; Markovitch, *La Révolution russe*, p. 76.

31. Barnes, p. 226; Francis, p. 72.

32. Carta a Edith Chibnall, 14 mar. 1917, disponível em: <http://spartacuseducational.com/Wbowerman.htm>; Anôn., "Nine Days", p. 216.

33. Heald, pp. 61, 64.

34. Pollock, "The Russian Revolution", p. 1074.

35. Locker Lampson, citado em Kettle, *The Allies and the Russian Collapse*, p. 45.

36. Springfield, "Recollections of Russia".

37. Anôn., "The Nine Days", p. 216.

38. Markovitch, *La Révolution russe*, p. 60; Patouillet, pp. 172-3; Paléologue, p. 823.

39. Swinnerton, "Letter from Petrograd", p. 6.

7. "AS PESSOAS AINDA PISCAM DIANTE DA LUZ DA SÚBITA LIBERTAÇÃO" [pp. 145-60]

1. Wharton, "Russian Ides of March", p. 28.

2. Ibid.

3. Anet, pp. 39-40.

4. *Dissolution*, p. 175.

5. Pipes, *Russian Revolution*, pp. 310-3.

6. Ransome, Despacho 67, 18 [5] mar.

7. Paléologue, p. 830; Hegan, "Russian Revolution through a Hospital Window", p. 559; Anet, p. 63; Anôn., "The Nine Days", p. 217.

8. Thompson, pp. 114, 123-4.

9. Anet, p. 53.

10. Chambers, *Last Englishman*, p. 136. Pipes, *Russian Revolution*, p. 300. Figes, *People's Tragedy*, p. 336.

11. Golder, *War, Revolution and Peace in Russia*, p. 54; Oudendyk, *Ways and By-ways in Diplomacy*, p. 218.

12. Walpole, "Official Account", p. 468.

13. Wharton, "Russian Ides of March", p. 30; Anet, p. 55.

14. Anet, p. 96.

15. Houghteling, p. 130; Golder, *War, Revolution and Peace in Russia*, p. 53.

16. Paléologue, pp. 835, 837-8.

17. Fleurot, p. 139.

18. Anet, pp. 106-7; Hall, *One Man's War*, p. 273.

19. Marcosson, *Rebirth of Russia*, p. 121; Buchanan, relatório ao FO n. 374, 9/22 mar., p. 121, TNA; Hall, *One Man's War*, p. 273.

20. Ver *Petrograd*, p. 107; Harmer, *Forgotten Hospital*, p. 123; Blunt, *Lady Muriel*, p. 105.

21. Long, *Russian Revolution Aspects*, pp. 108-9; Hegan, "Revolution from a Hospital Window", p. 561; Jefferson, *So That Was Life*, p. 101; Poutiatine, *War and Revolution*, p. 58.

22. Houghteling, p. 139; Stinton Jones, p. 223; Wharton, "Russian Ides of March", p. 28.

23. Marcosson, *Rebirth of Russia*, p. 123; também em Heald, p. 64.

24. Long, *Russian Revolution Aspects*, pp. 108-9.

25. Ver *Petrograd*, p. 107.

26. Robien, p. 22; Golder, *War, Revolution and Peace in Russia*, p. 39; Marcosson, *Rebirth of Russia*, p. 123.

27. Heald, p. 66.

28. *Dissolution*, p. 201; Crosley, p. 16.

29. *Dissolution*, pp. 201-2.

30. Heald, p. 67; Cockfield, *Dollars and Diplomacy*, p. 100.

31. Ransome, Despacho 67, 18 [5] mar.; Marcosson, *Rebirth of Russia*, pp. 114, 119.

32. Oudendyk, *Ways and By-ways in Diplomacy*, pp. 213-4, 216.

33. Paléologue, pp. 847-8.

34. Stinton Jones, pp. 275-6, 278.

35. Ibid., p. 246; Houghteling, p. 162.

36. Houghteling, p. 142; Anet, p. 48.

37. 21 mar. EN, citado em Pitcher, *Witnesses of the Russian Revolution*, pp. 51-2.

38. Long, *Russian Revolution Aspects*, p. 5.

39. Marcosson, *Rebirth of Russia*, p. v.

40. Ibid., *Adventures in Interviewing*, p. 164.

41. Ibid., *Rebirth of Russia*, pp. 125-6.

42. Farson, *Way of a Transgressor*, p. 276.

43. Stebbing, *From Czar to Bolshevik*, pp. 89-90.

44. Thompson, p. 125; Oudendyk, *Ways and By-ways of Diplomacy*, p. 216.

45. Metcalf, *On Britain's Business*, p. 48.

46. Marcosson, *Rebirth of Russia*, p. 129.

47. Anet, p. 71.
48. Keeling, *Bolshevism*, pp. 90-1.
49. Ver Houghteling, *Diary of the Russian Revolution*, pp. 144-7.
50. Pitcher, *Witnesses of the Russian Revolution*, p. 63.
51. Foglesong, "A Missouri Democrat", p. 28; Barnes, p. 229.
52. Houghteling, *Diary of the Russian Revolution*, p. 165.
53. Citado em Kennan, *Russia Leaves the War*, p. 38.
54. Houghteling, p. 166.
55. Wright, pp. 48-9.
56. Knox, *With the Russian Army*, p. 584.
57. Stopford, p. 133; Knox, *With the Russian Army*, p. 585; Paléologue, pp. 858-9.
58. Paléologue, pp. 859-60.

8. O CAMPO DE MARTE [pp. 161-7]

1. Harper, pp. 67-8.
2. Ibid., pp. 68-9.
3. *Petrograd*, p. 112; Walpole, *Secret City*, p. 331.
4. Harper, p. 70.
5. Rogers, 3:8, p. 66.
6. Heald, p. 77; Dawe, "Looking Back", p. 20.
7. Anet, p. 113; Rogers, 3:8, p. 66; Paléologue, p. 875.
8. Wright, p. 62.
9. Walpole, *Secret City*, p. 331; Anet, p. 112; Heald, p. 76; Stopford, p. 146.
10. Harper, p. 71; Recouly, "Russia in Revolution", p. 38.
11. Metcalf, *On Britain's Business*, p. 48.
12. Walpole, *Secret City*, p. 331; Heald, p. 77.
13. Golder, *War, Revolution and Peace in Russia*, p. 53.
14. *Dissolution*, p. 200; Heald, p. 77.
15. Rogers, 3:8, p. 67; ver também Heald, pp. 76-7.
16. Rogers, 3:8, pp. 67-8; ver também Anet, pp. 114-5.
17. Marcosson, *Rebirth of Russia*, p. 116.
18. Stinton Jones, p. 268; Stopford, pp. 147-8; Anet, p. 114; Chambrun, *Lettres à Marie*, p. 83. Lyndall Pocock, um atendente da Cruz Vermelha no HAR, contou os caixões nas seis diferentes procissões quando passaram e anotou: quatro do distrito de Vassílievski; oito do distrito de Petrogrado; 51 do populoso distrito de Vyborg, o que sugeria uma maioria de baixas entre os trabalhadores; 29 e quarenta em duas procissões do distrito de Niévski; e 45 do Moskóvski, totalizando 177. Ver Pocock, diário, 25 mar. 1917.
19. Para uma discussão completa dos números, ver capítulo 2, "*Beskróvnaia revoliútsia?*", p. 8, da tese de Ilía Orlov, "*Tráur i prázdnik v revoliutsiónnoi polítike*", disponível em: <http://net.abimperio.net/files/february.pdf>.
20. Anet, p. 100.

21. Patouillet, pp. 1-109.

22. Walpole, "Official Report", p. 467; Reinke, "My Experiences in the Russian Revolution", p. 9; Marcosson, *Rebirth of Russia*, p. 115; Harper, p. 198; Houghteling, p. 156; Thompson, p. 124.

23. Pollock, "The Russian Revolution", p. 1074; Pollock, *War and Revolution in Russia*, p. 163.

24. Paléologue, pp. 875-6.

25. Ibid., p. 876.

26. Ibid., pp. 880-1.

9. *BOLCHEVIKI!* A PALAVRA QUE É "TUDO O QUE O MUNDO TEME" [pp. 168-89]

1. Farson, *Way of a Transgressor*, p. 205; Jefferson, cartas de Petrogrado, p. 6.

2. Wright, p. 60.

3. Marcosson, *Before I Forget*, p. 247.

4. Para um relato da vida de Lênin no exílio entre 1900 e 1917, ver Rappaport, *Conspirator*.

5. *Mission*, p. 115; Lady Georgina Buchanan, "From The Petrograd Embassy", p. 20.

6. Francis, pp. 105-6.

7. Heald, pp. 88-9.

8. Para um relato da viagem de Lênin de Zurique a Petrogrado, ver Rappaport, *Conspirator*, capítulo 18.

9. Fleurot, pp. 145-6.

10. Gordon, *Russian Year*, p. 145.

11. Exilada na França, Kschessinska (1872-1971) casou-se com um primo de Nicolau II, o grão-duque Andrei Vladímirovitch, e montou uma escola de balé onde deu aulas, entre outras, para as bailarinas britânicas Margot Fonteyn e Alicia Markova. Em 1955, a mansão passou a abrigar o Museu da Revolução de Outubro, agora conhecido como Museu Estatal de História Política.

12. Buchanan, *Ambassador's Daughter*, p. 165; Wright, p. 68.

13. Farson, *Way of a Transgressor*, p. 204.

14. *Mission*, p. 119.

15. Golder, *War, Revolution and Peace in Russia*, p. 57; Anet, p. 135; Farson, *Way of a Transgressor*, pp. 203-4.

16. Citado em Brogan, *Life of Arthur Ransome*, p. 126; Heald, p. 89.

17. Robien, pp. 39-40.

18. Shepherd, citado em Steffens, *Autobiography*, p. 761.

19. Gibson, *Wild Career*, p. 150; Fleurot, p. 146.

20. Anet, p. 164.

21. Long, *Russian Revolution Aspects*, p. 126.

22. Paléologue, pp. 892-3; Thompson, p. 160.

23. Robien, p. 33.

24. Heald, p. 81.

25. Paléologue, p. 887.

26. Wright, pp. 63, 68.

27. Salzman, *Russia in War and Revolution*, pp. 89-90; ver também Crosley, p. 45, em que ela fala de muitos oficiais russos – alguns até disfarçados – que procuraram seu marido, Walter, que era adido naval, pedindo para serem enviados aos Estados Unidos a fim de entrar na Marinha ou no Exército americanos.

28. Wright, p. 68.

29. Lindley, memórias sem título, p. 32.

30. Paléologue, pp. 895-6, Robien, p. 40.

31. Robien, pp. 40-1; Lockhart, *Memoirs of a British Agent*, p. 185.

32. Cantacuzino, *Revolutionary Days*, p. 275.

33. Paléologue, p. 897; Chambrun, *Lettres à Marie*, p. 98.

34. Ver Paléologue, p. 898; Robien, p. 50.

35. Francis, pp. 101-2; "D. R. Francis Valet", *St Louis Post-Dispatch*.

36. Fleurot, p. 151.

37. Ver Foglesong, "A Missouri Democrat", p. 34.

38. Paléologue, p. 910; Robien, p. 48; Anet, p. 161; Brown, *Doomsday*, p. 102.

39. Rogers, 3:8, p. 73.

40. Philips Price, *My Reminiscences of the Russian Revolution*, p. 21.

41. Ibid.; Heald, p. 86.

42. Heald, pp. 87-8.

43. Anet, pp. 163-4.

44. Ibid., p. 163.

45. Paléologue, p. 912.

46. Rogers, 3:8, pp. 73, 81.

47. Fleurot, p. 153.

48. Anet, pp. 166-7.

49. Thompson, pp. 167-8.

50. Ibid., pp. 169-70.

51. Dosch, p. 153; Cordasco (Woodhouse), memórias on-line.

52. Golder, *War, Revolution and Peace in Russia*, p. 65; Paléologue, p. 917.

53. Lockhart, *Memoirs of a British Agent*, p. 175.

54. Steffens, "What Free Russia Asks of Her Allies", p. 137; Heald, p. 89.

55. Farson, *Way of a Transgressor*, p. 199.

56. Ibid., p. 201.

57. Fleurot, pp. 155-6.

58. Paléologue, pp. 925, 930; Robien, p. 54.

59. Chambrun, *Lettres à Marie*, p. 142.

60. Hughes, *Inside the Enigma*, p. 97.

61. Ibid., p. 98. A visita de Henderson também foi descrita em detalhes por Meriel Buchanan em *Dissolution*, pp. 209-15, e em sua obra *Diplomacy and Foreign Courts* (Londres: Hutchinson, 1928), pp. 222-4.

62. Ver *Dissolution*, pp. 211-2.

63. Hughes, *Inside the Enigma*, p. 99; ver também Buchanan, *Ambassador's Daughter*, pp. 169, 172, e *Mission*, pp. 144-7.

64. Pares, *My Russian Memoirs*, p. 471.
65. Gordon, *Russian Year*, pp. 154-5.
66. Robien, p. 58-60; Heald, p. 92.
67. Robien, pp. 62, 65; Hall, *One Man's War*, p. 281.
68. Crosley, pp. 58, 60.
69. Stinton Jones, "Czar Looked Over My Shoulder", p. 102.
70. Marcosson, *Before I Forget*, p. 244.
71. Vandervelde, *Three Aspects of the Russian Revolution*, p. 31.
72. Ransome, carta de 27 maio 1917.
73. Dorr, *Woman of Fifty*, p. 332.

10. "A MAIOR COISA NA HISTÓRIA DESDE JOANA D'ARC" [pp. 193-210]

1. Mackenzie, *Shoulder to Shoulder*, p. 313.
2. Mitchell, *Women on the Warpath*, pp. 65-6; Harper, p. 163.
3. Purvis, *Emmeline Pankhurst*, p. 292. Ver ibid., n. 2, capítulo 20, p. 293.
4. Harper, p. 162.
5. Ibid., p. 163.
6. Kenney, "The Price of Liberty", pp. 12-3.
7. Ibid., p. 13.
8. Ibid., p. 19.
9. Ibid.
10. Rappaport, *Women Social Reformers*, v. 2, Santa Barbara: ABCClio, 2001, p. 635.
11. Kerby, "Bubbling Brook", p. 22.
12. Rogers, 3:8, p. 84.
13. Harper, p. 252; Armour, "Recollections", p. 7.
14. Rogers, 3:8, p. 85.
15. Beatty, p. 38.
16. Rogers, 3:8, p. 86; Beatty, p. 35.
17. Kennan, *Russia Leaves the War*, pp. 21-2.
18. Harper, pp. 164, 162.
19. Kenney, "Price of Liberty", p. 27.
20. Ibid.
21. Mackenzie, *Shoulder to Shoulder*, p. 313; ver também Mitchell, *Women on the Warpath*, pp. 67, 69.
22. Kenney, "Price of Liberty", pp. 42-3.
23. Ver Botchkariova, *Yashka*, capítulo 6, "I Enlist by the Grace of the Tsar".
24. Beatty, p. 93.
25. Dorr, "Maria Botchkareva Leader of Soldiers", *La Crosse Tribune and Leader-Press*, 9 jun. 1918.
26. Botchkariova, *Yashka*, p. 162.

27. Vecchi, *Tavern is My Drum*, p. 79; ver também de Botchkariova "Deposition about the Women's Battalion", que descreve como ele foi formado; em Rovin Bisha et al., *Russian Women, 1698-1917, Experience & Expression* (Bloomington: Indiana University Press, 2002), pp. 222-31.

28. Vecchi, *Tavern is My Drum*, p. 79.

29. Ver Botchkariova, *Yashka*, pp. 165-8.

30. Russell, *Unchained Russia*, pp. 210-1.

31. Ver também "Russia's Women Soldiers", *Literary Digest*, 29 set. 1917, escrito por um correspondente da Associated Press; Long, *Russian Revolution Aspects*, p. 98.

32. Beatty, pp. 100-1.

33. Thompson, p. 271; ver também Dorr, *Inside the Russian Revolution*, pp. 54-5.

34. Thompson, pp. 272-3; Stites, *Women's Liberation Movement in Russia*, p. 296; Beatty, p. 107.

35. Botchkariova, *Yashka*, p. 168.

36. A cobertura de Thompson do Batalhão Feminino da Morte teve considerável repercussão nos Estados Unidos. Ver Mould, "Russian Revolution", n. 16, p. 9.

37. Mackenzie, *Shoulder to Shoulder*, p. 315; Kenney, "Price of Liberty", p. 35.

38. Ver Botchkariova, *Yashka*, pp. 189-91.

39. Dorr, "Maria Botchkareva, Leader of Soldiers"; Kenney, "Price of Liberty", p. 49.

40. Harper, p. 170.

41. *Dissolution*, p. 217; Vecchi, *Tavern is My Drum*, p. 79; Harper, p. 172.

42. Mackenzie, *Shoulder to Shoulder*, p. 314.

43. Thompson, p. 274.

44. Poutiatine, *War and Revolution in Russia*, pp. 73-4.

45. Patouillet, pp. 1-147.

46. Shepherd, "The Soul That Stirs in 'Battalions of Death'", *Delineator*, v. XCII, n. 3, mar. 1918, p. 5.

47. Harper, pp. 173-4; ver capítulo X para o Batalhão Feminino da Morte.

48. Ver Botchkariova, *Yashka*, p. 217.

49. Mackenzie, *Shoulder to Shoulder*; *Britannia*, 3 ago. 1917.

50. Kenney, "Price of Liberty", p. 37. Pankhurst transmitiu a versão de Iussúpov dos acontecimentos para Rheta Childe Dorr, que foi uma das primeiras a publicar esse relato de primeira mão.

51. Kenney, "Price of Liberty", pp. 53-4.

52. Mitchell, *Women on the Warpath*, p. 66.

53. Harper, pp. 163, 165-6.

54. Ibid., p. 180.

55. Ibid., pp. 187, 183.

56. Ibid., pp. 182, 192.

57. Ibid., pp. 253, 185; Francis, p. 145.

58. Harper, pp. 188-9, 192.

59. Rogers, 3:8, p. 87.

60. Wright, p. 93.

61. Ibid., p. 91.

62. Gerda e Hermann Weber, *Lenin, Life and Works* (Nova York: Facts on File, 1980), p. 134.

63. Harper, p. 254.

11. "O QUE DIRIA A COLÔNIA SE FUGÍSSEMOS?" [pp. 211-33]

1. Ver Figes, *People's Tragedy*, p. 396.
2. Harper, pp. 194-5.
3. Harper, p. 199; Ransome, citado em Pitcher, *Witnesses of the Russian Revolution*, p. 120.
4. Harper, p. 202.
5. Thompson, pp. 283-4. Morgan Philips Price também o visitou em junho e escreveu um artigo publicado no *Manchester Guardian* em 17 de julho; ver Pitcher, *Witnesses of the Russian Revolution*, pp. 103-10.
6. Crosley, pp. 79-80.
7. Pipes, *Russian Revolution*, p. 419; Figes, *People's Tragedy*, pp. 426-8.
8. Dorr, *Inside the Russian Revolution*, p. 25; Thompson, p. 288.
9. *Dissolution*, p. 219; *Mission*, p. 152; Robien, p. 82.
10. *Dissolution*, p. 220, e *Petrograd*, p. 134; Lady Georgina Buchanan, "From the Petrograd Embassy", p. 20, carta de 22 [9] de julho.
11. Robien, p. 83; Noulens, *Mon Ambassade en Russie Soviétique*, p. 65, tem um desenho do carro de Buisseret lotado de bolcheviques fortemente armados. Thompson, p. 287.
12. Nellie Thornton, "Englishwoman's Experiences during the Russian Revolution", pp. 2-4.
13. Garstin, "Denis Garstin and the Russian Revolution", p. 593.
14. Patin, *Journal d'une institutrice française*, p. 48.
15. Stopford, p. 171; Poole, *Dark People*, pp. 4-5.
16. Crosley, pp. 90-2.
17. Blunt, *Lady Muriel*, p. 109.
18. Stopford, p. 175.
19. *The World*, 19 jul. 1917, citado em Hawkins, "Through War to Revolution with Dosch--Fleurot", pp. 70-1.
20. Harold Williams, *Shadow of Tyranny*, p. 57.
21. Despacho para o *New York Times*, 4-17 jul., em ibid., pp. 57-9.
22. Poole, *Dark People*, p. 5.
23. Poole, *The Bridge*, p. 276; Poole, *Dark People*, p. 8; ver também Thompson, p. 296.
24. Robien, p. 83.
25. Beatty, p. 115.
26. Ibid., p. 118.
27. Robien, p. 83; *Petrograd*, p. 136.
28. Harold Williams, *Shadow of Tyranny*, p. 63.
29. Ibid.
30. Lady Georgina Buchanan, "From the Petrograd Embassy", p. 21.
31. *Petrograd*, pp. 136-7.
32. *Dissolution*, p. 222; Poole, *The Bridge*, p. 275.
33. Beatty, pp. 119, 121.
34. Wright, p. 101.
35. Rogers, 3:8, p. 98.
36. Ibid., 3:8, pp. 99-100.

37. *Dissolution*, pp. 222-3.

38. Beatty, p. 122.

39. Bliss, "Philip Jordan's Letters from Russia", p. 143.

40. Francis, p. 137; Robien, p. 85.

41. Rogers, 3:8, p. 101; Williams, p. 88.

42. Francis, p. 138; ver capítulo 6; P. N. Perevérzev, "Lenin, Ganétsi, I Ko. Chpióni!", disponível em: <http://militera.lib.ru/research/sobolev_gl/06.html>.

43. Lady Georgina Buchanan, "From the Petrograd Embassy", p. 21.

44. Bliss, "Philip Jordan's Letters from Russia", p. 143.

45. Barnes, p. 249, carta de 9-22 de julho.

46. Stopford, p. 176.

47. *Dissolution*, p. 225; Lady Georgina Buchanan, "Letters from the Petrograd Embassy", p. 21.

48. Gerhardie, *Memoirs of a Polyglot*, p. 125.

49. *Mission*, p. 154; *Dissolution*, p. 226; Buchanan, *Ambassador's Daughter*, pp. 174-5; Stopford, p. 177; Lady Georgina Buchanan, "Letters from the Petrograd Embassy", p. 21.

50. Rogers, 3:8, pp. 102-3.

51. Thompson, pp. 308-9.

52. Ibid., p. 312; Harper, "Thompson Risks Life".

53. Ransome, Despacho 184, 5 [18] jul. 1917.

54. Williams, *Shadow of Tyranny*, p. 65.

55. Knox, *With the Russian Army*, pp. 662-3; *Mission*, p. 156.

56. Dorr, *Inside the Russian Revolution*, p. 28.

57. Thompson, p. 315; Francis, *Russia from the American Embassy*, p. 141.

58. No total, cerca de vinte cossacos foram mortos e setenta ficaram feridos nos Dias de julho; em torno de cem cavalos foram mortos. Ver B.V. Nikítin, "*Rokovíe gódi*" (*Nóvie pokazánia utchástnika*), disponível em: <http://www.dk1868.ru/history/nikitin4.htm>.

59. Stebbing, "From Czar to Bolshevik", p. 44; Poole, *The Bridge*, p. 280.

60. Beatty, p. 129; Crosley, pp. 110-1; Poole, *The Bridge*, pp. 280-1.

61. Dorr, *Inside the Russian Revolution*, p. 32.

62. Beatty, p. 130.

63. Patin, *Journal d'une institutrice française*, p. 50.

64. Robien, p. 90.

65. Bliss, "Philip Jordan's Letters from Russia", p. 146.

66. Beatty, p. 131.

67. Dorr, *Inside the Russian Revolution*, pp. 32-3, Poole, *Dark People*, p. 12.

68. Kenney, "Price of Liberty", pp. 74-5.

69. Ibid., p. 76.

70. Kenney papers, JK/3/Mitchell/5, UEA, p. 20; Dorr, *Inside the Russian Revolution*, p. 34.

71. Cantacuzino, *Revolutionary Days*, p. 315.

72. Crosley, pp. 99-100.

73. Ibid., p. 105. Para as duas milícias que agiam em Petrogrado, ver Hasegawa, "Crime, Police, and Mob Justice", pp. 58-61.

74. Oudendyk, *Ways and By-ways in Diplomacy*, p. 223; Dorr, *Inside the Russian Revolution*, p. 29.

75. Ransome, carta para sua mãe, 23 [10] jul. 1917.
76. Thompson, p. 324.
77. Ibid., p. 313.

12. "DESTA CAPITAL PESTILENTA" [pp. 234-54]

1. Whipple, diário de Petrogrado, p. 133.
2. Wightman, *Diary of an American Physician*, pp. 63-5.
3. Robins, carta, 13 [26] de julho, Falers Library.
4. Beatty, p. 149. Para Travis, ver "Tragedy and Comedy in Making Pictures of the Russian Chaos", *Current Opinion*, fev. 1918, p. 106.
5. Wightman, *Diary of an American Physician*, p. 35.
6. Whipple, "Chance for Young Americans", *Literary Digest*, 26 jan. 1918, p. 47; Whipple, diário de Petrogrado, p. 85.
7. Whipple, diário de Petrogrado, pp. 79-81.
8. Ibid., p. 97, Wright, p. 111.
9. Beatty, pp. 146-7.
10. Ibid., p. 147.
11. Whipple, diário de Petrogrado, p. 90.
12. Ibid.
13. Ibid., p. 95.
14. Wightman, *Diary of an American Physician*, pp. 38-9, 41, 44.
15. Carta de 15 ago., em Salzman, *Reform and Revolution*, p. 182.
16. Carta de 1 [14] ago., Falers Library; 5-18 ago., Falers Library.
17. Carta de 9 [22] ago. e 6 [19] ago., Falers Library.
18. Oudendyk, *Ways and By-ways of Diplomacy*, p. 234.
19. Robien, p. 100.
20. Ver Figes, *People's Tragedy*, p. 448; Long, *Russian Revolution Aspects*, capítulo XIII.
21. Beatty, p. 148.
22. Fleurot, p. 174.
23. Knox, p. 679.
24. *Mission*, pp. 171-2.
25. John Shelton Curtiss, *The Russian Revolutions of 1917* (Malabar, FL: R. E. Krieger Publishing Co., 1957), p. 50.
26. Rogers, 3:8, p. 139.
27. Beatty, pp. 153-5.
28. Rogers, 3:8, p. 136.
29. Beatty, p. 159; Bliss, "Philip Jordan's Letters from Russia", p. 143.
30. Buchanan, *Ambassador's Daughter*, p. 179.
31. Francis, p. 162; Wright, p. 123.
32. Salzman, *Reform and Revolution*, p. 193.
33. Beatty, p. 156.

34. Beatty, p. 157; Harper, pp. 278-81.

35. Poole, *An American Diplomat in Bolshevik Russia*, pp. 15-6; Gordon, *Russian Year*, p. 213.

36. Lindley, memórias sem título, pp. 14-5.

37. Oudendyk, *Ways and By-ways in Diplomacy*, p. 236.

38. Crosley, pp. 192-3.

39. Harper, p. 287.

40. Foglesong, "Missouri Democrat", p. 37; Francis, pp. 160-1.

41. Wright, p. 129.

42. Crosley, p. 174; ver também Wright, p. 108.

43. Wright, p. 122.

44. Crosley, pp. 173-4; Wright, pp. 121-2.

45. Woodhouse, FO 236/59/2258, 2 out.

46. Bosanquet, cartas, 28 dez. 1916, p. 193; Jennifer Stead, "A Bradford Mill in St Petersburg", *Old West Riding*, 2-2, inverno de 1982, p. 20.

47. Buchanan, *Dissolution of an Empire*, p. 242; Stebbing, *From Czar to Bolshevik*, p. 104.

48. Robien, p. 104.

49. Ibid., p. 123.

50. Cantacuzino, *Revolutionary Days*, pp. 352-4; Crosley, pp. 135-6.

51. Pax, *Journal d'une comédienne française*, p. 77.

52. *Lubbock Morning Avalanche*, 13 mar. 1919.

53. Anet, p. 164; Cordasco (Woodhouse), memórias on-line.

54. Crosley, pp. 135-6; ver também p. 197.

55. Robien, p. 106; Crosley, p. 153.

56. Robien, p. 106.

57. Purvis, *Emmeline Pankhurst*, p. 297.

58. Kenney, "Price of Liberty", p. 122.

59. Harper, pp. 162, 166.

60. Kenney, "Price of Liberty", p. 127.

61. Harper, p. 167; Kenney, "Price of Liberty", p. 133.

62. Harper, pp. 167, 293. Sobre a viagem de saída da Rússia de Harper, Pankhurst e Kenney, ver Harper, capítulo XIX.

63. Poole, *The Bridge*, p. 271.

64. Morgan, *Somerset Maugham*, p. 227.

65. Maugham, *Writer's Notebook*, pp. 137-8.

66. Maugham, "Looking Back", parte III, *Show: The Magazines of the Arts*, 2, 1962, p. 95.

67. Hastings, *Secret Lives of Somerset Maugham*, p. 226.

68. Hugh Walpole, "Literary Close Ups", *Vanity Fair*, 13 jan. 1920, p. 47.

69. Hastings, *Secret Lives of Somerset Maugham*, p. 227.

70. Sobre a carreira de Reed antes de Petrogrado, ver Bassow, *Moscow Correspondents*, pp. 22-5; Service, *Spies and Commissars*, pp. 50-4; Dearborn, *Queen of Bohemia*; Seldes, *Witness to a Century*, pp. 42-5.

71. Dearborn, *Queen of Bohemia*, p. 75.

72. Bryant, pp. 21, xi.

13. "PELA VIBRAÇÃO, PELO TERROR E PELA GRANDEZA, ISSO FAZ O MÉXICO PARECER PÁLIDO" [pp. 257-74]

1. Bryant, pp. 19-20.
2. Fuller, Letters, p. 16.
3. Fuller, Diary, pp. 7-9.
4. Ver Rosenstone, *Romantic Revolutionary*, p. 289.
5. Francis, pp. 165-8.
6. Rogers, pp. 3-9, 147.
7. Homberger, *John Reed*, p. 105; Williams, p. 22.
8. Ver Williams, pp. 30-1.
9. Ibid., pp. 35-6.
10. Francis, p. 169.
11. Fuller, Journal, p. 15.
12. Rogers, pp. 3-10, 241. George F. Kennan, que era amigo de Reed e foi entrevistado para *Reds*, o filme de Warren Beatty, em 1981, concordou que Reed podia ser "desatencioso, intolerante, ofensivo desnecessariamente [...] podia estar gravemente errado sobre muitas coisas". Mas lá estava ele, com toda aquela energia, no centro das coisas em Petrogrado, "flamejando como uma tocha humana com seu entusiasmo contagiante, absorvendo em sua juventude o imenso e incipiente antagonismo que acabaria por separar duas grandes pessoas e devastar sua própria vida e a de tantos outros. Ele teve *uma* das maneiras americanas de reagir à Revolução. Ela não merece ser esquecida nem ridicularizada". Kennan, *Russia Leaves the War*, pp. 68-9.
13. Bryant, p. 25.
14. Ibid., pp. 42-3, 37.
15. Ibid., pp. 39-40.
16. Gordon, *Russian Year*, p. 219.
17. Ver Pax, *Journal d'une comédienne française*, pp. 43-6. Na verdade, Pax retornara para a França por vários meses.
18. Oudendyk, *Ways and By-ways in Diplomacy*, p. 227; Bryant, *Six Red Months in Russia*, p. 44; ver também Reed, pp. 38-40.
19. Reed, p. 61.
20. Gordon, *Russian Year*, p. 219.
21. Brun, *Troublous Times*, p. 2.
22. Rogers, pp. 3-9, 159.
23. Harold Williams, diário, citado em Tyrkova-Williams, *Cheerful Giver*, p. 193.
24. Maugham, *Writer's Notebook*, p. 145.
25. Ibid., p. 146.
26. Reportagem de Ransome para o *Daily News*, citada em Pitcher, *Witnesses of the Russian Revolution*, p. 174.
27. Williams, *Shadow of Tyranny*, p. 125; Wright, p. 130.
28. Brogan, *Life of Arthur Ransome*, pp. 144-5.
29. Maugham, *Writer's Notebook*, p. 150.
30. Pitcher, *Witnesses of the Russian Revolution*, p. 177.

31. Williams, *Shadow of Tyranny*, p. 28; publicado no *New York Times*, 6 out. EN.

32. *Mission*, pp. 188-9.

33. Salzman, *Reform and Revolution*, p. 197.

34. Ibid.

35. *Mission*, p. 191; ver também Robien, p. 121.

36. Wright, p. 129.

37. *Mission*, p. 193; Robien, p. 122.

38. Hastings, *Secret Lives of Somerset Maugham*, p. 228.

39. Rogers, pp. 3-9, 148-9; Patouillet, pp. 2-194. Sobre o retorno do Exército de Salvação a Petrogrado, ver Aitken, *Blood and Fire, Tsar and Commissar*, capítulo 8: "1917: A Transient Freedom".

40. Cantacuzino, *Revolutionary Days*, pp. 352-3.

41. Destrée, *Les Fondeurs de la neige*, p. 27.

42. Ibid.

43. Bruce, *Silken Dalliance*, p. 163; A experiência de Reed foi também descrita no livro de Madeleine Doty *Behind the Battle Line*, p. 46. Doty, uma amiga de Louise Bryant do Greenwich Village formada em direito, chegou a Petrogrado em novembro de 1917 e retornou aos Estados Unidos com Bryant e Beatty no mês de janeiro seguinte.

44. Reinke, "Getting On Without the Czar", p. 12.

45. Crosley, p. 190.

46. Wright, p. 129.

47. Bryant, p. 67.

48. Fleurot, p. 177.

49. Ibid.

50. Rogers, pp. 3-9, 162.

51. Ibid., pp. 162-3.

52. Gordon, *Russian Year*, pp. 217-8.

53. Bryant, p. 120.

54. Hastings, *Secret Lives of Somerset Maugham*, p. 230.

55. *Mission*, p. 196.

56. Maugham, *Writer's Notebook*, p. 150; o veredicto de Reed a respeito de Kerénski está citado em John Hohenburg, *Foreign Correspondence: The Great Reporters and Their Times*, Columbia University Press, 1995, p. 105.

57. *Mission*, p. 201; Noulens, *Mon Ambassade en Russie*, p. 116.

58. Fuller, Journal, pp. 18-9.

59. Rogers, pp. 3-9, 154.

60. Ibid., pp. 155-6; Fuller, Journal, p. 20.

61. Cordasco (Woodhouse), memórias on-line.

62. Francis, pp. 169-70.

63. Bliss, "Philip Jordan's Letters from Russia", pp. 142-3.

64. Rogers, pp. 3-9, 164, 167. Para uma descrição do apartamento, ver Fuller, Journal, p. 47.

65. Wright, p. 141.

66. Williams, pp. 87-8.

14. "AO ACORDARMOS, ENCONTRAMOS A CIDADE NAS MÃOS DOS BOLCHEVIQUES" [pp. 275-96]

1. Fuller, Journal, p. 23.
2. Ibid., p. 26.
3. Rogers, pp. 3-9, 186.
4. Ibid., p. 187.
5. Ibid., p. 186.
6. Ibid., p. 187.
7. Ibid., pp. 188-9.
8. Ibid., p. 189.
9. Ibid., p. 190.
10. Ibid., pp. 190-1.
11. Ibid., p. 191.
12. Lindley, carta de 25 out., LRA, MS 1372/1.
13. Beatty, pp. 179-80.
14. Buchanan, *Ambassador's Daughter*, p. 180.
15. *Petrograd*, pp. 187-8, 190.
16. Ver Pipes, *Russian Revolution*, pp. 489, 495; Figes, *People's Tragedy*, p. 486.
17. Nostitz, *Romance and Revolutions*, p. 193.
18. Reed, pp. 91-2.
19. Knox, *With the Russian Army*, p. 712. Para descrições do Smólni naquela época, ver: Gordon, *Russian Year*, pp. 231-2; Reed, pp. 54-5, 76-7, 96-9; Doty, *Behind the Battle Line*, pp. 74-6; ver também Robien, pp. 140-1.
20. Reed, p. 87.
21. Williams, pp. 128-9.
22. Doty, *Behind the Battle Line*, p. 76.
23. Reed, p. 73.
24. De acordo com *History of the Times*, v. 4, p. 146, "muito poucos correspondentes" testemunharam quaisquer desses eventos durante a noite; com efeito, a maior parte do que aconteceu entre 24 e 26 de outubro foi pouco relatada como ocorreu, devido à impossibilidade de transmitir notícias pelo telégrafo. Antes de ir embora, o próprio correspondente do *Times* em Petrogrado, Robert Wilton, havia avisado de uma segunda revolução iminente. Ver Philip Knightley, *The First Casualty* (Londres: Quartet, 1978), p. 138.
25. Para relatos desse episódio, ver: Wright, p. 143; Gordon, *Russian Year*, pp. 254-5; Barnes, pp. 266-7; Francis, p. 179; ver também Kennan, *Russia Leaves the War*, pp. 71-2.
26. Pipes, *Russian Revolution*, p. 492.
27. Williams, pp. 100-1.
28. Ibid., pp. 101-3.
29. Reed, p. 98.
30. Beatty, p. 193.
31. Reed, p. 100.
32. Beatty, p. 202.

33. Williams, p. 11; Bryant, p. 83.

34. Beatty, p. 204; Reed, p. 105.

35. Bryant, pp. 84-6.

36. Beatty, p. 210; Bryant, p. 86.

37. Beatty, p. 210; Bryant, pp. 86-7; Rhys Williams, p. 119; Reed, p. 108.

38. Bryant, p. 87; Beatty, p. 211; Williams, p. 119.

39. Beatty, pp. 212-3, 215.

40. Williams, p. 122; ver também Bryant, p. 88; Reed, p. 109.

41. Fuller, Journal, p. 29.

42. Crosley, pp. 202, 200.

43. Ibid., p. 204.

44. Bruce, *Silken Dalliance*, pp. 163-4.

45. Crosley, p. 208.

46. Nostitz, *Romance and Revolutions*, pp. 195-6; ver também Stites, *Women's Liberation Movement in Russia*, pp. 299-300; Tyrkova-Williams, *From Liberty to Brest-Litovsk*, pp. 256-9.

47. Buchanan, *Ambassador's Daughter*, p. 183.

48. *Dissolution*, p. 251; Brun, *Troublous Times*, p. 14.

49. Buchanan, *Ambassador's Daughter*, p. 183; Crosley, pp. 209, 210.

50. Robien, p. 136.

51. Cantacuzino, *Revolutionary Days*, p. 413.

52. Buchanan, *Ambassador's Daughter*, p. 183; *Dissolution*, p. 251.

53. Buchanan, *Ambassador's Daughter*, p. 184; *Dissolution*, p. 251; Knox, *With the Russian Army*, p. 713.

54. Tyrkova-Williams, *From Liberty to Brest-Litovsk*, p. 25.

55. Williams, pp. 126, 129.

56. Reed, p. 128.

57. Williams, p. 130.

58. Oudendyk, *Ways and By-ways in Diplomacy*, p. 241.

59. Beatty, p. 217.

60. Williams, p. 144; Beatty, ver capítulo 12; Philips Price, pp. 151-4; Crosley, p. 211.

61. Beatty, p. 226.

62. Ibid., pp. 229, 237; Williams, p. 149.

63. Beatty, p. 235; Williams, p. 149.

64. Beatty, pp. 233-4.

65. Ibid., p. 237; Williams, p. 149; Reed, p. 184.

66. Reed, p. 182.

67. Ibid., p. 183.

68. Ibid., pp. 183-4.

69. Nostitz, *Romance and Revolutions*, pp. 195-6.

70. Brun, *Troublous Times*, pp. 18, 20.

71. Robien, p. 137.

72. *Petrograd*, p. 200; *Mission*, p. 212.

73. Beatty, p. 225. Quarenta e quatro rapazes e três de seus oficiais capturados no Vladímirski foram levados para a fortaleza em Kronstadt; 129 cadetes da Central Telefônica foram trancafiados na Fortaleza de Pedro e Paulo. Ver A. Mitrofánov, *Za spassénie ródini, a ne revoliútsii: Vosstánie iúnkerov v Petrograde 29 Oktiabría 1917 g.*, disponível em: <http://rusk.ru/vst.php?idar=419873>.

74. Robien, p. 142.

15. "PESSOAS MALUCAS MATANDO UMAS ÀS OUTRAS DO MESMO JEITO QUE MATAMOS MOSCAS EM CASA" [pp. 297-317]

1. Bliss, "Philip Jordan's Letters from Russia", pp. 146-7; Francis, pp. 188-9.
2. Rogers, pp. 3-9, 181.
3. Ibid., pp. 181-2.
4. Wright, pp. 149-50.
5. Carta de 21 nov. (4 de dezembro), citada em Cordasco (Woodhouse), memórias on-line.
6. *Dissolution*, p. 263; *Mission*, p. 239; Buchanan, *Ambassador's Daughter*, p. 187.
7. Cantacuzino, *Revolutionary Days*, p. 424.
8. *Mission*, pp. 218-9; Lady Georgina Buchanan, "From the Petrograd Embassy", p. 21.
9. Barnes, p. 277; Cantacuzino, *Revolutionary Days*, p. 425.
10. Barnes, p. 281; Wright, p. 283; Barnes, p. 283.
11. Robien, p. 147.
12. Patouillet, pp. 2-368.
13. Robien, p. 147.
14. Para uma descrição disso, ver Doty, *Behind the Battle Line*, pp. 77-9, e Keeling, *Bolshevism*, pp. 111-5.
15. Beatty, p. 293.
16. Rogers, pp. 3-9, 182; Rogers, *Wine of Fury*, pp. 262-3.
17. Ver Rogers, pp. 3-9, 191, 190.
18. Robien, pp. 160, 177.
19. Ibid., p. 166.
20. Buchanan, *Ambassador's Daughter*, pp. 185-6; Cordasco (Woodhouse), memórias on-line.
21. Bliss, "Philip Jordan's Letters from Russia", pp. 144-5.
22. Crosley, p. 213; Rogers, *Wine of Fury*, p. 261.
23. Robien, p. 170.
24. Salzman, *Reform and Revolution*, pp. 198, 383.
25. Robien, p. 147.
26. Beatty, p. 322.
27. Carta a Annie Pulliam, citada em Barnes, pp. 271-2.
28. Ibid.
29. Beatty, pp. 330, 332.
30. Ibid., p. 331; Robien, pp. 163-4.
31. Beatty, p. 332.
32. Ibid., p. 331.

33. Oudendyk, *Ways and By-ways in Diplomacy*, p. 249.
34. Robien, p. 164; Buchanan, *Ambassador's Daughter*, p. 188.
35. Rogers, pp. 3-9, 205.
36. *Dissolution*, p. 266; Buchanan, *Ambassador's Daughter*, p. 188.
37. Buchanan, *Ambassador's Daughter*, p. 188; Rogers, pp. 3-9, 199.
38. Robien, p. 176.
39. Buchanan, *Ambassador's Daughter*, pp. 189-90.
40. Bliss, "Philip Jordan's Letters from Russia", p. 150.
41. Lunatchárski, citado em Mark Schrad, *Vodka Politics: Alcohol, Autocracy, and the Secret History of the Russian State* (Nova York: OUP, 2014), p. 202.
42. Rogers, *Wine of Fury*, p. 216; Rogers, pp. 3-9, 199; Robien, p. 164.
43. Robien, pp. 164, 175, 166-67.
44. Garstin, "Denis Garstin and the Russian Revolution", p. 596.
45. Crosley, p. 210; Pax, pp. 44, 72-3.
46. Crosley, pp. 230-1.
47. Rogers, pp. 3-9, 203.
48. *Mission*, p. 239.
49. Bliss, "Philip Jordan's Letters from Russia", p. 150.
50. Beatty, p. 386.
51. Ibid., p. 387.
52. Fuller, Journal, p. 47.
53. Beatty, p. 390; Fuller, Journal, p. 47. Mildred Farwell, outra jornalista americana ignorada, estava na Frente Oriental durante a Primeira Guerra. Ela publicou artigos no *Public Ledger* sobre a Sérvia e outros lugares dos Bálcãs, e sobre Petrogrado no *Chicago Tribune*.
54. Fuller, Journal, pp. 47-8; Fuller, Letters, p. 52; Rogers, pp. 3-9, 211.
55. Carta de Gerhardie, citada em Pitcher, *Witnesses of the Russian Revolution*, p. 263.
56. Buchanan, *Ambassador's Daughter*, p. 191; ver também *Dissolution*, p. 273.
57. Rogers, pp. 3-10, 213; Fuller, Journal, p. 48.
58. Rogers, pp. 3-10, 214.
59. Ibid., pp. 214-5.
60. Ibid., p. 215; Fuller, Letters, p. 54.
61. Rogers, pp. 3-10, 218, 220. Os bolcheviques ainda ocupavam o banco quando Rogers deixou finalmente Petrogrado, em fevereiro de 1918.
62. Stinton Jones, "The Czar Looked Over My Shoulder", pp. 106-8.
63. Buchanan, *Ambassador's Daughter*, p. 191.
64. Ibid., p. 192; *Dissolution*, pp. 276-7.
65. *Dissolution*, p. 275.
66. *Mission*, p. 247.
67. Oudendyk, *Ways and By-ways in Diplomacy*, pp. 253-4; Bousfield Swan Lombard, carta a sua esposa de 2 jan. 1918, cortesia de John Carter.
68. Bliss, "Philip Jordan's Letters from Russia", p. 150.
69. Crosley, p. 264.
70. Rogers, pp. 3-10, 223.
71. Ibid., p. 224.

EPÍLOGO: AS VOZES ESQUECIDAS DE PETROGRADO [pp. 319-28]

1. Ver *Mission*, capítulo XXXV; *Ambassador's Daughter*, pp. 201-8.

2. Sobre a vida deles em Roma, ver Buchanan, *Ambassador's Daughter*, capítulo XVII.

3. Para uma discussão da questão do asilo dos Románov, ver Helen Rappaport, *Ekaterinburg: The Last Days of the Romanovs* (Londres: Hutchinson, 2008), pp. 147-51.

4. Ver Roy Bainton, *Honoured by Strangers: Captain Cromie's Extraordinary First War* (Londres: Constable & Robinson, 2002), capítulo 22; Oudendyk, *Ways and By-Ways of Diplomacy*, capítulo XXVII.

5. Cross, "Corner of a Foreign Field", p. 354.

6. Francis, p. 235.

7. Carta de 18 jan. 1918 (EN), citada em Barnes, p. 300.

8. Ver Harper Barnes, "Russian Rhapsody: A Small City North of Moscow Opens a Museum to Honour a Former St Louis Mayor", *St Louis Post-Dispatch*, 24 ago. 1997. Algumas fotografias do interior e as peças expostas no museu podem ser vistas em: <http://ruspics.livejournal.com/572095.html>.

9. Barnes, p. 373. Sobre Francis e Jordan na Rússia depois de Petrogrado, ver Barnes, capítulos 19-21.

10. Ver Barnes, pp. 405-7; "D. R. Francis Valet Dies in California", *St Louis Post-Dispatch*, 1941.

11. Buchanan, *Ambassador's Daughter*, pp. 166-7.

12. Crosley, p. 221.

13. Lindley, memórias sem título, p. 96.

14. Bousfield Swan Lombard, cartas a sua esposa de 26 jun., 17 mar., 19 fev. 1918, cortesia de John Carter.

15. Hawkins, "Through War to Revolution with Dosch-Fleurot", Epílogo, p. 105.

16. Marcosson, *Before I Forget*, pp. 330, 340; ver também ibid., capítulo 12, "Trotsky and the Bolsheviks".

17. Williams, *Shadow of Tyranny*, pp. 318-9.

18. Publicado pelo *Topeka Capital* com o título de "Thompson arrisca a vida para filmar cenas da Revolução Russa", 30 set. 1917.

19. "Woman Saw Revolution Begin", *Boston Sunday Globe*, 30 jun. 1918.

20. Ver o relato de Rogers em Rogers, pp. 3-10, 251-61.

21. Entrevista da sobrinha-neta de Rogers, Charlotte Roe, 2005, para o Projeto de História Oral da Association for Diplomatic Studies and Training Foreign Affairs, p. 12-3, disponível em: <http://www.adst.org/OH%20TOCs/Roe,%20Charlotte.toc.pdf>.

22. "Missouri Negro in Russia is 'Jes a Honin' for Home", *Wabash Daily Plain Dealer*, 29 set. 1916.

Referências bibliográficas

ARQUIVOS

Leeds University

LUL = Biblioteca da Universidade de Leeds; LRA = Arquivo Russo de Leeds na Biblioteca da Universidade de Leeds

BENNET, Marguerite. Cartas escritas durante a Revolução de 1917, LRA/MS 799/20-22.

BOSANQUET, Vivian. "Life in a Turbulent Empire – The Experiences of Vivian and Dorothy Bosanquet in Russia 1897-1918", LRA/MS 1456/362.

BUCHANAN, Lady Georgina. Cartas de Petrogrado 1916-7, Glenesk-Bathurst Papers, Special Collections LUL/MS Dep. 1990/1/2843-2866.

CHRISTIE, Ethel Mary. "Experiences in Russia", LRA/MS 800/16.

CLARE, Joseph. "Eye Witness of the Revolution", LRA/MS 1094/8.

COATES FAMILY PAPERS. Special Collections LRA/MS 1134.

JONES, James Stinton. "The Czar Looked Over My Shoulder", LRA/MS 1167.

LINDLEY, Francis Oswald. Diário de Petrogrado, nov. 1917, LRA/MS 1372/1, e memórias sem título, jul. 1915 a 1919, MS1372/2.

LOMBARD, rev. Bousfield Swan. Memórias datilografadas sem título, LRA/MS 1099.

MARSHALL, Lilla. "Memories of St Petersburg 1917", LRA/MS 1113.

METCALF, Kenneth. Carta de 3 [16] mar. 1917 de Petrogrado, Metcalf Collection, LRA/MS 1224/1-2.

PEARSE, srta. May. Diário "Den-za-den" para 1917, Edmund James Pearse Papers, LRA/MS 1231/32.

RANSOME, Arthur. Despachos por telegrama para o *Daily News*, dez. 1916-dez. 1917, e cartas de Petrogrado de 1917. Arthur Ransome Archive, Special Collections, LUL/MS BC 20c/caixa 13: 38-184.

SEABORN, Annie. "My Memories of the Russian Revolution", LRA/MS 950.

SPRINGFIELD, coronel Osborn. "To Helen", memórias manuscritas da Rússia, 1917-9, Special Collections LUL, Liddle Collection, RUS 44.

THORNTON, Nellie. "An Englishwoman's Experiences during the Russian Revolution", Thornton Collection, LRA/MS1072/24.

Outros arquivos no Reino Unido

BOWERMAN, Elsie. Cartas de Petrogrado, 1917, Elsie Bowerman Papers, Women's Library, GB 06 7ELB, na London School of Economics.

BURY, Sir George. "Report Regarding the Russian Revolution Prepared at the Request of the British War Cabinet, 5 April 1917", Lord Davies of Llandinam Papers, C3/23, National Library of Wales.

JEFFERSON, Geoffrey. Cartas de Petrogrado, 1916-7, Geoffrey Jefferson Papers, GB 133 JEF/1/4/1-15; 2/1-5, Manchester University.

KENNEY, Jessie. Diário da Rússia, 1917, KP/JK/4/1; texto datilografado do diário da Rússia, KP/JK/4/1/1; "The Price of Liberty", TS, KP/JK/4/1/6, Jessie Kenney Archive, Universidade de East Anglia.

KERBY, Edith. Edith Bangham, "The Bubbling Brook" [memórias da Rússia]; arquivo particular.

LINDLEY, Sir Francis Oswald: relatório de Petrogrado, FO 371/2998, The National Archives (TNA).

LOCKER LAMPSON. "Report on the Russian Revolution, April 1917", FO 371/81396, TNA.

POCOCK, Lyndall Crossthwaite. Diário manuscrito com fotografias de serviço no Hospital Anglo-Russo, 1915-8, Documents.3648, Imperial War Museum.

SEYMOUR, Dorothy. Fotocópia de diário manuscrito, 1914-7, e fotocópia de cartas de Petrogrado, 1917, Documents.3210, Imperial War Museum.

Arquivos americanos

ARMOUR, Norman. "Recollections of Norman Armour of the Russian Revolution", texto datilografado, caixa 2, pasta 32, Seeley G. Mudd Library, Princeton University Library.

DEARING, Fred Morris. Memórias manuscritas inéditas (baeadas em seu diário), Fred Morris Dearing Papers, C2926, Historical Society of Missouri.

FULLER, John Louis Hilton. "The Journal of John L. H. Fuller While in Russia", org. Samuel A. Fuller, Indiana Historical Society, TS 1999, MO112.

______. "Letters and Diaries of John L. H. Fuller 1917-1920", texto datilografado editado por Samuel Ashby Fuller, Indiana Historical Society.

NORTHRUP HARPER, Samuel. Diário de Petrogrado. 1917, caixa 27, pasta F; cartas de Petrogrado, caixa 4, pastas 9, 10, 11, Northrup Harper Papers, University of Chicago Library.

PATOUILLET, Madame [Louise]. Diário datilografado, out. 1916-ago. 1918, 2 vols, Madame Patouillet Collection, Hoover Institution Archives.

ROBINS, Raymond. Cartas a sua esposa Margaret, Wisconsin Historical Society.

______. Cartas a sua irmã Elizabeth, Falers Library NY, caixa 3, pasta 19, RR e MDR para ER, 1917.

ROGERS, Leighton. "An Account of the March Revolution, 1917", Leighton W. Rogers Collection, Hoover Institution Archives.

ROGERS, Leighton: 1912-82, caixa 3, texto datilografado inédito de "Czar, Revolution, Bolsheviks"; cartas de Petrogrado; Leighton W. Rogers Papers, Library of Congress.

SWINNERTON, C[hester] T. "Letter from Petrogrado, March 27 (EN) 1917", C. T. Swinnerton Collection, Hoover Institution Archives.

URQUHART MAY, Leslie. Carta de 1917 de Petrogrado, Hoover Institution Archives.

WHIPPLE, George Chandler. Diário de Petrogrado, 7 ago.-11 set., v. I: 77-167, George Chandler Whipple Papers, Harvard University Archives, HUG 1876.3035.

DISSERTAÇÕES & TRABALHOS ACADÊMICOS

GATEWOOD, James Dewey. "American Observers in the Soviet Union 1917-1933", University of Wisconsin, tese, 1968.

GINZBURG, Lyubov. "Confronting the Cold War Legacy: The Forgotten History of the American Colony in St Petersburg. A Case Study of Reconciliation", Universidade do Kansas, 2010. Disponível em: <http://kuscholarworks.ku.edu/handle/1808/6427>.

HAWKINS, Kenneth. "Through War to Revolution with Dosch-Fleurot: A Personal History of an American Newspaper Correspondent in Europe and Russia 1914-1918", Universidade de Rochester, NY, 1986.

MOULD, dr. David H. (Universidade de Ohio). "The Russian Revolution: A Conspiracy Thesis and a Lost Film", trabalho apresentado na FAST REWIND-II, Rochester, NY, 13-16 jun. 1991.

ORLOV, Ilía. "*Beskróvnaia revoliútsia?*" *Tráur i prázdnik v revoliutsiónnoi polítike*. Disponível em: <http://net.abimperio.net/files/february.pdf>.

VINOGRADOV, Iúri. "Lazareti Petrograda". Disponível em: <http://www.proza. ru/2010/01/30/984>.

FONTES DIGITAIS

CORDASCO, Ella (nascida Woodhouse). "Recollections of the Russian Revolution". Disponível em: <https://web.archive.org/web/20120213165523/> e <http://www.zimdocs.btinternet.co.uk/fh/ella2.html>.

COTTON, Dorothy. Carta de 4 mar. 1917 de Petrogrado. Library & Archives of Canada. Disponível em: <http://www.bac-lac.gc.ca/eng/discover/military-heritage/first-world-war/canada-nursing-sisters>.

FONTES PRIMÁRIAS

Livros

ABRAHAM, Richard. "Mariia L. Bochkareva and the Russian Amazons of 1917", em Linda Edmondson (Org.), *Women and Society in Russia and the Soviet Union*. Cambridge: Cambridge University Press, 2008, pp. 124-41.

ALLISON, William Thomas. *Witness to Revolution: The Russian Revolution Diary and Letters of J. Butler Wright*. Westport Connecticut: Praeger, 2002.
ALSTON, Charlotte. *Russia's Greatest Enemy: Harold Williams and the Russian Revolutions*. Londres: Tauris, 2007.
ANET, Claude [Jean Schopfer]. *Through the Russian Revolution: Notes of an Eyewitness, from 12th March-30th May*. Londres: Hutchinson, 1917.
ARBENINA, Stella [baronesa Meyendorff]. *Through Terror to Freedom*. Londres: Hutchinson, 1930.
BARNES, Harper. *Standing on a Volcano: The Life and Times of David R. Francis*. Missouri: Missouri Historical Society Press, 2001.
BEATTY, Bessie. *The Red Heart of Russia*. Nova York: The Century Co., 1918.
BLUNT, Wilfred. *Lady Muriel: Lady Muriel Paget, Her Husband, and Her Philanthropic Work in Central and Eastern Europe*. Londres: Methuen, 1962.
BOTCHKARIOVA, Maria. *Yashka: My Life as Peasant, Officer and Exile*. Nova York: Frederick A. Stokes Co., 1919.
BRUCE, Henry James. *Silken Dalliance*. Londres: Constable, 1947.
BRUN, capitão Alf Harold. *Troublous Times: Experiences in Bolshevik Russia and Turkestan*. Londres: Constable, 1931.
BRYANT, Louise. *Six Red Months in Russia*. Londres: Journeyman Press, 1982 [1918].
BUCHANAN, Sir George. *My Mission to Russia and Other Diplomatic Memories*, v. 2. Boston: Little, Brown & Co., 1923.
BUCHANAN, Meriel. *Petrograd: The City of Trouble 1914-1918*. Londres: W. Collins, 1919.
_______. *Dissolution of an Empire*. Londres: John Murray, 1932.
_______. *Ambassador's Daughter*. Londres: Cassell, 1958.
CAHILL, Audrey. *Between the Lines: Letters and Diaries from Elsie Inglis's Russian Unit*. Durham: Pentland Press, 1999.
CANTACUZINO-SPERÁNSKY, Julia. *Revolutionary Days, Including Passages from* My Life Here and There, *1876-1917*. Chicago: Lakeside Press, 1999.
CHAMBRUN, Charles de. *Lettres à Marie, Pétersbourg-Pétrograde 1914-18*. Paris: Librairie Plon, 1941.
COCKFIELD, Jamie H. *Dollars and Diplomacy: Ambassador David Rowland Francis and the Fall of Tsarism, 1916-17*. Durham, NC: Duke University Press, 1981.
CROSLEY, Pauline Stewart. *Intimate Letters from Petrograd 1917-1920*. Nova York: E. P. Dutton, 1920.
CROSS, Anthony. "A Corner of a Foreign Field: The British Embassy in St Petersburg, 1863-1918", em *Personality and Place in Russian Culture: Essays in Memory of Lindsey Hughes*. Londres: MHRA, 2010, pp. 328-58.
DESTRÉE, Jules. *Les Fondeurs de neige: Notes sur la révolution bolchévique à Petrograd pendant l'hiver 1917-1918*. Bruxelas: G. Van Oest, 1920.
DORR, Rheta Childe. *Inside the Russian Revolution*. Nova York: Macmillan, 1917.
_______. *A Woman of Fifty*. Nova York: Funk & Wagnalls, 1924.
DOSCH-FLEUROT, Arno. *Through War to Revolution*. Londres: John Lane, 1931.
DOTY, Madeleine Zabriskie. *Behind the Battle Line*. Nova York: Macmillan, 1918.
FARSON, Negley. *The Way of a Transgressor*. Feltham: Zenith Books, 1983.
FITZROY, Yvonne. *With the Scottish Nurses in Roumania*. Londres: John Murray, 1918.

FRANCIS, David R. *Russia from the American Embassy, April 1916-November 1918*. Nova York: Charles Scribner's, 1921.
GIBSON, William J. *Wild Career: My Crowded Years of Adventure in Russia and the Near East*. Londres: George G. Harrap, 1935.
GOLDER, Frank. *War, Revolution and Peace in Russia: The Passages of Frank Golder, 1914-1927*. Stanford: Hoover Institution Press, 1992.
HALL, Bert. *One Man's War: The Story of the Lafayette Escadrille*. Londres: Hamish Hamilton, 1929.
HARPER, Florence MacLeod. *Runaway Russia*. Nova York: Century, 1918.
HARPER, Samuel. *The Russia I Believe In: Memoirs 1902-1941*. Chicago: University of Chicago Press, 1945.
HART-DAVIS, Rupert. *Hugh Walpole, A Biography*. Londres: Macmillan, 1952.
HASTINGS, Selina. *The Secret Lives of Somerset Maugham*. Londres: John Murray, 2010.
HEALD, Edward Thornton. *Witness to Revolution: Letters from Russia*. Kent, OH: Kent State University Press, 1972.
HOUGHTELING, James Lawrence. *Diary of the Russian Revolution*. Nova York: Dodd Mead, 1918.
JEFFERSON, Geoffrey. *So That Was Life*. Londres: Royal Society of Medicine Press, 1997.
JONES, James Stinton. *Russia in Revolution*. Londres: Herbert Jenkins, 1917.
KEELING, Henry V. *Bolshevism: Mr Keeling's Five Years in Russia*. Londres: Hodder & Stoughton, 1919.
KNOX, Major-General Sir Alfred. *With the Russian Army 1914-1917*, v. 2. Londres: Hutchinson, 1921.
LOCKHART, Robert Bruce. *Memoirs of a British Agent*. Londres: Putnam, 1932.
LONG, Robert Edward Crozier. *Russian Revolution Aspects*. Nova York: E. P. Dutton, 1919.
MACNAUGHTON, Sarah. *My War Experiences in Two Continents*. Londres: John Murray, 1919.
MARCOSSON, Isaac. *The Rebirth of Russia*. Nova York: John Lane Co., 1917.
MARKOVITCH, Marylie [Amélie de Néry]. *La Révolution russe par une française*. Paris: Librairie Academique, 1918.
MAUGHAM, Somerset. *A Writer's Notebook*. Londres: Heinemann, 1951.
NOSTITZ, Condessa Lili. *Romance and Revolutions*. Londres: Hutchinson, 1937.
NOULENS, Joseph. *Mon ambassade en Russie Soviétique 1917-1919*, 2 vols. Paris: Librairie Plon, 1933.
OUDENDYK, William [Willem Jacob Oudendijk]. *Ways and By-Ways in Diplomacy*. Londres: Peter Davies, 1939.
PALÉOLOGUE, Maurice. *An Ambassador's Memoirs 1914-1917: Last French Ambassador to the Russian Court*. Londres: Hutchinson, 1973.
PARES, Bernard. *My Russian Memoirs*. Nova York: AMS Press, 1969 [1931].
PASCAL, Pierre. *Mon journal de Russie…*, v. 1: *1916-1918*. Lausanne: L'Âge d'Homme, 1975.
PATIN, Louise. *Journal d'une institutrice française en Russie pendant la Révolution 1917-1919*. Pontoise: Edijac, 1987.
PAX, Paulette, *Journal d'une comédienne française sous la terreur bolchévique*. Paris: L'Édition, 1919.
PITCHER, Harvey. *Witnesses of the Russian Revolution*. Londres: John Murray, 1994.
POOLE, Ernest. *The Dark People: Russia's Crisis*. Londres: Macmillan, 1919.
______. *The Bridge: My Own Story*. Londres: Macmillan, 1940.
PRICE, Morgan Philips. *My Reminiscences of the Russian Revolution 1917-21*. Londres: Allen & Unwin, 1921.

PRICE, Morgan Philips. *Dispatches from the Revolution: Russia 1916-1918*. Durham, NC: Duke University Press, 1997.
RANSOME, Arthur. *The Autobiography of Arthur Ransome*. Londres: Jonathan Cape, 1976.
REED, John. *Ten Days that Shook the World*. Harmondsworth: Penguin, 1977.
ROBIEN, Louis de. *The Diary of a Diplomat in Russia 1917-18*. Londres: 1969.
ROGERS, Leighton. *Wine of Fury*. Nova York: Alfred A. Knopf, 1924.
RUSSELL, Charles Edward. *Unchained Russia*. Nova York: D. Appleton, 1918.
SALZMAN, Neil V. *Reform and Revolution: The Life and Times of Raymond Robins*. Kent, OH: Kent State University Press, 1991.
_______. (Org.). *Russia in War and Revolution: General William V. Judson's Accounts from Petrograd, 1917-1918*. Kent, OH: Kent State University Press, 1998.
STEBBING, E[dward] P[ercy]. *From Czar to Bolshevik*. Londres: John Lane, 1918.
STOPFORD, Albert. *The Russian Diary of an Englishman: Petrograd, 1915-1917*. Londres: William Heinemann, 1919.
THOMPSON, Captain Donald C. *Blood-Stained Russia*. Nova York: Leslie-Judge Co., 1918.
_______. *Donald Thompson in Russia*. Nova York: The Century Co., 1918.
VANDERVELDE, Emile. *Three Aspects of the Russian Revolution*. Nova York: Charles Scribner's, 1918.
VECCHI, Joseph. *The Tavern is My Drum: My Autobiography*. Londres: Odhams Press, 1948.
VERSTRAETE, Maurice. *Mes cahiers russes: l'ancien régime — le gouvernement provisoire — le pouvoir des soviets*. Paris: G. Cres et cie., 1920.
WALPOLE, Hugh. "Official Account of the First Russian Revolution", apêndice B, em Rupert Hart-Davis, *Hugh Walpole*.
WEEKS, Charles J. *An American Naval Diplomat in Revolutionary Russia: The Life and Times of Vice Admiral Newton A. McCully*. Annapolis: Naval Institute Press, 1993.
WIGHTMAN, Orrin Sage. *Diary of an American Physician in the Russian Revolution 1917*. Nova York: Brooklyn Daily Eagle, 1928.
WILLIAMS, Albert Rhys. *Through the Russian Revolution*. Moscou: Progress Publishers, 1967.
_______. *Journey into Revolution: Petrograd 1917-18*. Chicago: Quadrangle Books, 1969.
WILLIAMS, Harold. *The Shadow of Tyranny: Dispatches from Russia 1917-1920*. Impressão particular de J. M. Gallanar, 2011.
WILTON, Robert. *Russia's Agony*. Londres: Edward Arnold, 1919.

Artigos de jornais e revistas

ANÔNIMO. "Petrograd during the Seven Days", *New Republic*, 23 jun. 1917, pp. 212-7.
BLISS, Mrs Clinton A. "Philip Jordan's Letters from Russia, 1917-19. The Russian Revolution as Seen by the American Ambassador's Valet", *Bulletin of the Missouri Historical Society*, 14, 1958, pp. 139-66.
BUCHANAN, Lady Georgina. "From the Petrograd Embassy", *Historian*, 3, verão de 1984, pp. 19-21.
COCKFIELD, Jamie H. "Philip Jordan and the October Revolution", *History Today*, v. 28, n. 4, 1978, pp. 220-7.
COTTON, Dorothy. "A Word Picture of the Anglo-Russian Hospital", *Canadian Nurse*, 22, 9 set. 1926, pp. 486-8.

DORR, Rheta Childe. "Maria Botchkareva, Leader of Soldiers Tells her Vivid Story of Russia", *La Crosse Tribune and Leader-Press*, 9 jun. 1918.

DOSCH-FLEUROT, Arno. "In Petrograd during the Seven Days", *World's Work*, jul. 1917, pp. 255-63.

"D. R. FRANCIS. Valet Dies in California". Obituário de Philip Jordan, em *St Louis Post Dispatch*, 22 maio 1941.

FARSON, Daniel. "Aux pieds de l'imperatrice", *Wheeler's Review*, v. 27, n. 3, outono de 1983.

FARSON, Negley. "Petrograd, May 1917", *New English Review*, 13, 1946, pp. 393-6.

FOGLESONG, David S. "A Missouri Democrat in Revolutionary Russia: Ambassador David R. Francis and the American Confrontation with Russian Radicalism, 1917", *Gateway Heritage*, inverno de 1992, pp. 22-42.

GREY, Lady Sybil. "Sidelights on the Russian Revolution", *Overland Monthly*, 70, jul. 1917, pp. 362-8.

HARPER, Florence. "Thompson Risks Life to Film Russian Revolution Scenes: Graphic Story of the Topeka War Photographer at Work Told by Woman Correspondent of the *London Daily Mail*", *Topeka Capital*, 30 set. 1917.

HEGAN, Edith. "The Russian Revolution from a Window", *Harper's Monthly*, v. 135, n. 808, set. 1917, pp. 555-60.

MCDERMID, Jane. "A Very Polite and Considerate Revolution: The Scottish Women's Hospitals and the Russian Revolution, 1916-1917", *Revolutionary Russia*, 21 (2), pp. 135-51.

MARCOSSON, Isaac. "The Seven Days", *Everybody's Magazine*, 37, jul. 1917, pp. 25-40.

MOULD, David. "Donald Thompson: Photographer at War", *Kansas History*, outono de 1982, pp. 154-67.

PARES, Bernard. "Sir George Buchanan: Eloquent Tribute from Professor Pares", *Observer*, 6 jan. 1918.

POLLOCK, John. "The Russian Revolution: A Review by an Onlooker", *Nineteenth Century*, 81, 1917, pp. 1068-82.

RECOULY, Raymond. "Russia in Revolution", *Scribner's Magazine*, v. 62, n. 1, 1917, pp. 29-38.

REINKE, A. E. "My Experiences in the Russian Revolution", parte 1, *Western Electric News*, 6 fev. 1918, pp. 8-12.

______. "Getting On Without the Czar", parte 2, *Western Electric News*, 7 mar. 1918, pp. 8-15.

______. "Trying to Understand Revolutionary Russia", parte 3, *Western Electric News*, 7 maio 1918, pp. 6-11.

RUSSELL, Charles Edward. "Russia's Women Warriors", *Good Housekeeping*, out. 1917, pp. 22-3, 166-7, 169-70, 173.

SHEPHERD, William G. "The Road to Red Russia", *Everybody's Magazine*, 37, jul. 1917, pp. 1-11.

______. "The Soul that Stirs in 'Battalions of Death'", *Delineator*, 92, 3 mar. 1918, pp. 5-7, 56.

______. "Ivan in Wonderland", *Everybody's Magazine*, 38, nov. 1918, pp. 32-6.

______. "Mad Kronstadt", *Everybody's Magazine*, 38, dez. 1918, pp. 39-42.

SIMONS, George A. "Russia's Resurrection", *Christian Advocate*, v. 92, n. 66, jul. 1917.

SIMPSON, James Young. "The Great Days of the Revolution. Impressions from a Recent Visit to Russia", *Nineteenth Century and After*, 82, 1917, pp. 136-48.

SOMERVILLE, Emily Warner. "A Kappa in Russia", *The Key*, v. 35, n. 2, 1918, pp. 121-30.

STEFFENS, Lincoln. "What Free Russia Asks of Her Allies", *Everybody's Magazine*, 37, ago. 1917, pp. 129-41.

THOMAS, Albert. "Journal de Albert Thomas, 22 Avril-19 Juin 1917", *Cahiers du monde russe et soviétique*, v. 14, n. 1-2, 1973, pp. 86-204.

WALPOLE, Hugh. "Dennis Garstin and the Russian Revolution", *Slavonic and East European Review*, 17, 1938-9, pp. 587-605.

WASHBURN, Stanley. "Russia from Within", *National Geographic Magazine*, 32, 2 ago. 1917, pp. 91-120.

WHARTON, Paul [pseudônimo de Philip H. Chadbourn]. "The Russian Ides of March: A Personal Narrative", *Atlantic Monthly*, 120, jul. 1917, pp. 21-30.

WHIPPLE, George Chandler. "Chance for Young Americans in the Development of Russia", *Literary Digest*, 26 jan. 1918, pp. 47-51.

WOOD, Joyce. "The Revolution outside Her Window: New Light shed on the March 1917 Russian Revolution from the Papers of VAD Nurse Dorothy N. Seymour", *Proceedings of the South Carolina Historical Association*, 2005, pp. 71-86.

FONTES SECUNDÁRIAS

Livros

AITKEN, Tom. *Blood and Fire: Tsar and Commissar: The Salvation Army in Russia, 1907-1923*. Milton Keynes: Paternoster, 2007.

ALLISON, W. *American Diplomats in Russia: Case Studies in Orphan Diplomacy 1916-1919*. Westport: Greenwood, 1997.

ALMEDINGEN, E. M. *Tomorrow Will Come*. Londres: John Lane, 1946.

______. *I Remember St Petersburg*. Londres: Longmans Young, 1969.

BABEY, Anna Mary. *Americans in Russia 1776-1917: A Study of the American Travellers in Russia from the American Revolution to the Russian Revolution*. Nova York: Comet Press, 1938.

BASILY, Lascelle Meserve de. *Memoirs of a Lost World*. Stanford, CA: Hoover Institution Press, 1975.

BOLSHEVIK Propaganda. Hearings Before a Subcommittee of the Committee on the Judiciary, United States Senate 65th Congress 3rd Session ... Feb 11 to March 10 1919. US Government Printing Office, 1919.

BRENNAN, Hugh G. *Sidelights on Russia*. Londres: D. Nutt, 1918.

BROGAN, Hugh. *The Life of Arthur Ransome*. Londres: Hamish Hamilton, 1985.

BROWN, Douglas. *Doomsday 1917: The Destruction of Russia's Ruling Class*. Newton Abbott: Reader's Union, 1976.

CHAMBERS, Roland. *The Last Englishman: The Double Life of Arthur Ransome*. Londres: Faber & Faber, 2009.

CHESSIN, Serge de. *Au Pays de la démence rouge: La Révolution russe (1917-1918)*. Paris: Librairie Plon, 1919.

CHILD, Richard Washburn. *Potential Russia*. Nova York: E. P. Dutton, 1916.

CLARKE, William. *Hidden Treasures of the Romanovs: Saving the Royal Jewels*. Edimburgo: National Museum of Scotland, 2009.

COATES, Tim. *The Russian Revolution, 1917*. Londres: HM Stationery Office, 2000.

CROSS, Anthony. *In the Lands of the Romanovs: An Annotated Bibliography of First-hand English-language Accounts of the Russian Empire (1613-1917)*. Open Book Publishers.com, 2014.

DEARBORN, Mary V. *Queen of Bohemia: A Life of Louise Bryant*. Nova York: Houghton Mifflin, 1996.

DESMOND, Robert W. *Windows on the World: The Information Press in a Changing Society 1900--1920*. Iowa: University of Iowa Press, 1980.

FELL, Alison S.; SHARP, Ingrid. *The Women's Movement in Wartime: International Perspectives 1914-1919*. Londres: Palgrave Macmillan, 2007.

FERGUSON, Harry. *Operation Kronstadt*. Londres: Hutchinson, 2008.

FIGES, Orlando. *A People's Tragedy: The Russian Revolution 1891-1924*. Londres: Jonathan Cape, 1996.

FILENE, Peter G. *American Views of Soviet Russia 1917-65*. Homewood, IL: Dorsey Press, 1968.

FOGLESONG, David. *America's Secret War against Bolshevism: US Intervention in the Russian Civil War 1917-1920*. Chapel Hill: University of North Carolina Press, 1996.

FRAME, Murray. *The Russian Revolution 1905-1921: A Bibliographic Guide to Works in English*. Westport, CT: Greenwood Press, 1995.

GERHARDIE, William. *Memoirs of a Polyglot*. Londres: Duckworth, 1931.

GORDON, Alban. *Russian Year: A Calendar of the Revolution*. Londres: Cassell & Co., 1935.

HAGEDORN, Hermann. *The Magnate William Boyce Thompson and His Times*. Nova York: Reytnal & Hitchcock, 1935.

HARMER, Michael. *The Forgotten Hospital*. Chichester: Springwood Books, 1982.

HARTLEY, Janet M. *Guide to Documents and Manuscripts in the United Kingdom Relating to Russia and the Soviet Union*. Londres: Mansell Publications, 1987.

HASEGAWA, Tsuyoshi. *The February Revolution, Petrograd, 1917*. Washington: University of Washington Press, 1981.

______. "Crime, Police, and Mob Justice in Petrograd during the Russian Revolutions of 1917", em Rex A. Wade (Org.), *Revolutionary Russia: New Approaches*. Londres: Routledge, 2004.

HERESCH. *Blood on the Snow: Eyewitness Accounts of the Russian Revolution*. Nova York: Paragon House, 1990.

HERVAL, René. *Huit mois de révolution russe (Juin 1917-Janvier 1918)*. Paris: Librairie Hachette, 1919.

HOMBERGER, Eric. *John Reed. Lives of the Left*. Manchester: Manchester University Press, 1990.

HOWE, Sonia Elisabeth. *Real Russians*. Londres: S. Low, Marston, 1918.

HUGHES, Michael. *Inside the Enigma: British Officials in Russia 1900-1939*. Londres: Hambledon Press, 1997.

KEHLER, Henning. *The Red Garden: Experiences in Russia*. Londres: Gyldendal, 1922.

KENNAN, George. *Russia Leaves the War: Soviet-American Relations 1917-1920*, v. 1. Princeton, NJ: Princeton University Press, 1989.

KETTLE, Michael. *The Allies and the Russian collapse March 1917-March 1918*. Londres: Andre Deutsch, 1981.

LANGE, Christian Louis. *Russia and the Revolution and the War: An Account of a Visit to Petrograd and Helsingfors in March 1917*. Nova York: Carnegie Endowment for International Peace, 1917.

LEHMAN, Daniel. *John Reed and the Writing of Revolution*. Athens, OH: Ohio University Press, 1997.

LINCOLN, Bruce. *In War's Dark Shadow: The Russians before the Great War*. Nova York: Dial Press, 1983.

LINCOLN, Bruce. *Passage Through Armageddon: The Russians in War and Revolution 1914-18*. Nova York: Simon & Schuster, 1986.

LOCKHART, Robert Bruce. *The Two Revolutions: An Eye Witness Study of Russia 1917*. Londres: Bodley Head, 1967.

MACKENZIE, Midge. *Shoulder to Shoulder, A Documentary*. Nova York: Alfred A. Knopf, 1975.

MARCOSSON, Isaac Frederick. *Adventures in Interviewing*. Nova York: John Lane, 1919.

______. *Turbulent Years*. Nova York: Dodd Mead & Co., 1938.

MARYE, George R. *Russia Observed: Nearing the End in Imperial Russia*. Filadélfia: Dorranee & Co., 1929.

MAUGHAM, Somerset. *Ashenden*. Londres: Vintage Classics, 2000.

MERRY, rev. W. Mansell. *Two Months in Russia July-September 1914*. Oxford: Basil Blackwell, 1916.

METCALF, H. E. *On Britains Business*. Londres: Rich & Cowan, 1943.

MITCHELL, David J. *Women on the Warpath: The Story of Women in the First World War*. Londres: Jonathan Cape, 1966.

MOHRENSCHILDT, D. von. *The Russian Revolution of 1917: Contemporary Accounts*. Nova York: Oxford University Press, 1971.

MOORHEAD, Caroline. *Dunant's Dream: War, Switzerland and the History of the Red Cross*. Londres: HarperCollins, 1998.

MORGAN, Ted. *Somerset Maugham*. Londres: Jonathan Cape, 1980.

NADEAU, Ludovic. *Le Dessous du chaos Russe*. Paris: Hachette, 1920.

PAGET, Stephen. *A Short Account of the Anglo-Russian Hospital in Petrograd*. Londres, 1917.

PEARLSTEIN, Edward W. *Revolution in Russia as Reported in the NY Tribune and NY Herald 1894-1921*. Nova York: Viking Press, 1967.

PETHYBRIDGE, Roger. *Witnesses to the Russian Revolution*. Nova York: Citadel Press, 1967.

PIPES, Richard. *The Russian Revolution 1899-1919*. Londres: Fontana Press, 1992.

PITCHER, Harvey. *When Miss Emmie Was in Russia: English Governesses Before, During and After the October Revolution*. Cromer: Swallow House Books, 1978.

POLLOCK, Sir John. *War and Revolution in Russia*. Londres: Constable & Co., 1918.

POOLE, DeWitt Clinton. *An American Diplomat in Bolshevik Russia*. Wisconsin: University of Wisconsin Press, 2014.

POUTIATINE, Olga. *War and Revolution: Extracts from the Letters and Diaries of the Countess Olga Poutiatine*. Tallahassee, FL: Diplomatic Press, 1971.

POWELL, Anne. *Women in the War Zone: Hospital Service in the Great War*. Stroud: The History Press, 2009.

PURVIS, June. *Emmeline Pankhurst, A Biography*. Londres: Routledge, 2003.

______. "Mrs Pankhurst and the Great War", em Fell e Sharp, *The Women's Movement in Wartime*.

RAPPAPORT, Helen. *Conspirator: Lenin in Exile 1900-1917*. Londres: Hutchinson, 2009.

RIVET, Charles. *The Last of the Romanofs*. Londres: Constable & Co., 1918.

ROSENSTONE, Robert A. *Romantic Revolutionary: A Biography of John Reed*. Harmondsworth: Penguin, 1975.

SADOUL, capitão Jacques. *Notes sur la révolution bolchévique, Octobre 1917-Janvier 1919*. Paris: Éditions de la Sirène, 1919.

SALISBURY, Harrison E. *Black Night, White Snow: Russia's Revolutions 1905-1917*. Londres: Cassell, 1978.
SANDERS, Jonathan. *Russia 1917: The Unpublished Revolution*. Nova York: Abbeville Press, 1989.
SAUL, Norman E. *Life and Times of Charles Richard Crane 1858-1939*. Lanham, MD: Lexington Books, 2013.
SEEGER, Murray. *Discovering Russia: 200 Years of American Journalism*. Bloomington, IN: AuthorHouse, 2005.
SERVICE, Robert. *Spies and Commissars: Bolshevik Russia and the West*. Londres: Macmillan, 2012.
SHELLEY, Gerald. *Speckled Domes*. Londres: Duckworth, 1925.
SISSON, Edgar Grant. *One Hundred Red Days: A Personal Chronicle of the Bolshevik Revolution*. New Haven, CT: Yale University Press, 1931.
SMELE, Jonathan D. *The Russian Revolution and Civil War 1917-1921: An Annotated Bibliography*. Londres: Continuum, 2003.
STEFFENS, Lincoln. *Autobiography of Lincoln Steffens*, v. 2: *Muckraking. Revolution, Seeing America at Last*. Nova York: Harcourt, Brace & World, 1958.
STEVENI, William Barnes. *Petrograd Past and Present*. Londres: Grant Richards, 1915.
STITES, Richard. *Women's Liberation Movement in Russia: Feminism, Nihilism and Bolshevism, 1860-1930*. Princeton, NJ: Princeton University Press, 1978.
SWANN, Herbert. *Home on the Neva: A Life of a British Family in Tsarist St Petersburg, and After the Revolution*. Londres: Gollancz, 1968.
THURSTAN, Violetta. *Field Hospital and Flying Column, Being the Journal of an English Nursing Sister in Belgium and Russia*. Londres: G. P. Putnam's Sons, 1915.
______. *The People Who Run, Being the Tragedy of the Refugees in Russia*. Londres: G. P. Putnam's Sons, 1916.
TYRKOVA-WILLIAMS, Ariadna. *From Liberty to Brest-Litovsk*. Londres: Macmillan & Co., 1919.
______. *Cheerful Giver: The Life of Harold Williams*. Londres: P. Davies, 1935.
WALPOLE, Hugh. *The Secret City*. Stroud: Sutton Publishing, 1997 [1919].
WILCOX, E. H. *Russia's Ruin*. Nova York: Scribner's, 1919.
WILLIAMS, Harold. *Russia of the Russians*. Londres: Isaac Pitman & Sons, 1920.
WINDT, Harry de. *Russia as I Know It*. Londres: Chapman & Hall, 1917.
WINTER, Ella; HICKS, Granville. *Letters of Lincoln Steffens*, v. 1: *1889-1919*. Nova York: Harcourt, Brace and Company, 1938.

Artigos de jornais e revistas

"THE ANGLO-RUSSIAN Hospital", *British Journal of Nursing*, 9 out. 1915, pp. 293-4.
BARNES, Harper. "Russian Rhapsody: A Small City North of Moscow Opens a Museum to Honor a Former St Louis Mayor", *St Louis Post-Dispatch*, 24 ago. 1997.
BIRKMYRE, Robert. "The Anglo-Russian Bureau in Petrograd", *Review of Reviews*, 55, 1917, pp. 262-3.
"BOLSHEVIKI at Russia's Throat", *Literary Digest*, 55, out.-dez. 1917, pp. 9-11.
BRITANNIA [anteriormente, *The Suffragette*], jun.-nov. 1917.
BULLARD, Arthur. "The Russian Revolution in a Police Station", *Harper's Magazine*, CXXXVI, 1918, pp. 335-40.

CHATTERJEE, Choi. "Odds and Ends of the Russian Revolution, 1917-1920", *Journal of Women's History*, v. 20, n. 4, inverno de 2008, pp. 10-33.
COLTON, Ethan. "With the YMCA in Revolutionary Russia", *Russian Review*, 2-XXIV, abr. 1955, pp. 128-39.
CORSE, Frederick. "An American's Escape from Russia. Parleying with the Reds and the Whites", *The World's Work*, v. 36, n. 5, 1918, pp. 553-60.
CROSS, Antony. "Forgotten British Places in Petrograd", *Europa Orientalis*, 5-1, 2004, pp. 135-47.
FEIST, Joe Michael. "Railways and Politics: The Russian Diary of George Gibbs 1917", *Wisconsin Magazine of History*, v. 62, n. 3, primavera de 1979, pp. 178-99.
HUNTER, T. Murray. "Sir George Bury and the Russian Revolution", *Rapports annuels de la Société historique du Canada*, v. 44, n. 1, 1965, pp. 58-70.
JANSEN, Marc. "L.H. Grondijs and Russia: The acts and opinions of a Dutch White Guard", *Revolutionary Russia*, 7-1, 1994, pp. 20-33.
JONES, R. Jeffreys. "W. Somerset Maugham, Anglo-American Agent in Revolutionary Russia", *American Quarterly*, v. 28, n. 1, 1976, pp. 90-106.
KARPOVICH, M. "The Russian Revolution of 1917", *Journal of Modern History*, 2-2, 1930, pp. 258-80.
"LADY Georgina Buchanan". Obituário, *The Times*, 26 abr. 1922.
MCGLASHAN, Z. B. "Women Witness the Russian Revolution: Analysing Ways of Seeing", *Journalism History*, v. 12, n. 2, 1995, pp. 54-61.
MASON, Gregory. "Russia's Refugees", *Outlook*, 112, 19 jan. 1916, pp. 141-4.
MOHRENSCHILDT, Dimitri von. "The Early American Observers of the Russian Revolution", *Russian Review* 3(1), outono de 1943, pp. 64-74.
______. "Lincoln Steffens and the Russian Bolshevik Revolution", *Russian Review*, 5-1, 1945, pp. 31-41.
NEILSON, K. "'Joy Rides?' British Intelligence and Propaganda in Russia 1914-1917", *Historical Journal*, v. 24, n. 4, 1981, pp. 885-906.
SOKOLOFF, Jean. "The Dissolution of Petrograd", *Atlantic Monthly*, 128, 1921, pp. 843-50.
URQUHART, Leslie. "Some Russian Realities", *Littell's Living Age*, 296, 1918, pp. 137-44.
VARLEY, Martin. "The Thornton Woollen Mill, St Petersburg", *History Today*, 44, 12 dez. 1994, p. 62.
WALPOLE, Hugh. "Pen Portrait of Somerset Maugham", *Vanity Fair*, v. 13, n. 4, 1920, pp. 47-9.
WILLIAMS, Harold. "Petrograd", *Slavonic Review*, 2-4, jun. 1923, pp. 14-35.
WYNN, Marion. "Romanov Connections with the Anglo-Russian Hospital in Petrograd", *Royalty Digest*, 139, jan. 2003, pp. 214-9.

Créditos das imagens

1. Avenida Niévski em Petrogrado, c. 1910. (Photoinstitut Bonartes/Imagno/Getty Images)
2. Uma festa de costura na embaixada britânica, em Petrogrado, organizada por Lady Georgina Buchanan, de pé à cabeceira da mesa. (Coleção particular/Bridgeman Images)
3. Sir George Buchanan, retratado em 1912. (Topical Press Agency/Hulton Archive/Getty Images)
4. Maurice Paléologue, o embaixador francês na Rússia, c. 1914. (Coleção particular/Bridgeman Images)
5. Sir George Buchanan jantando com a equipe na embaixada britânica em Petrogrado. (Cortesia de Manuscritos e Coleções Especiais da Universidade de Nottingham)
6. David R. Francis, embaixador dos Estados Unidos no Império Russo, e seu criado Phil Jordan, retratados a bordo do navio a vapor sueco *Oscar II* indo de Nova York para Oslo. (Cortesia da Biblioteca e Centro de Pesquisa do Museu Histórico do Missouri)
7. Francis e o conselheiro J. Butler Wright no Ford Modelo T da embaixada americana em Petrogrado, dirigido por Phil Jordan. (Cortesia da Biblioteca e Centro de Pesquisa do Museu Histórico do Missouri)

8. Leighton Rogers, jovem caixa americano do National City Bank de Nova York em Petrogrado. (Cortesia da Divisão de Manuscritos, Biblioteca do Congresso)
9. Julia Cantacuzino-Speránski, neta do presidente americano Ulysses S. Grant, esposa de um príncipe russo e, posteriormente, memorialista da Revolução Russa. (Cortesia da Coleção Ulysses Grant)
10. O intrépido fotógrafo de guerra e diretor de fotografia Donald C. Thompson. (Coleção da autora)
11. James Negley Farson, jornalista e aventureiro americano. (Alamy)
12. Arthur Ransome, correspondente do *Daily News* na época da Revolução. (Cortesia do Espólio de Arthur Ransome. Reproduzido com permissão de Coleções Especiais, Biblioteca da Universidade de Leeds)
13. A jornalista Florence Harper retratada enquanto trabalhava como enfermeira num hospital de campo americano na Ucrânia, em 1917. (Coleção da autora)
14. Fila do pão em Petrogrado, 1917. (© SPUTNIK/Alamy)
15. Irmãs enfermeiras e um jovem soldado ferido no Hospital Anglo-Russo. (Biblioteca e Arquivos do Canadá)
16. Desfile do Dia Internacional da Mulher, em Petrogrado, 23 de fevereiro de 1917, que provocou uma onda de protestos populares contra a escassez de pão. (Coleção Histórica Everett/Alamy)
17. A foto de Donald C. Thompson mostra que a Revolução de Fevereiro provocou vítimas fatais com mais rapidez do que os necrotérios podiam dar conta. (© akg-images/Alamy)
18. Barricadas revolucionárias na avenida Litéini, março de 1917. (Alamy)
19. Patrulha de soldados cossacos em Petrogrado. (Coleção Slava Katamidze/Getty Images)
20. "Atirem nos faraós em seus telhados...": postal de propaganda incitando a resistência popular à polícia (conhecida pejorativamente como "faraós" ou *faraóni*), que atirava dos telhados nos revolucionários. (akg-images)
21. A derrubada de monumentos imperiais, 27 de fevereiro de 1917. (akg-images)
22. Emblemas imperiais da fachada de lojas jogados sobre o gelo debaixo de uma ponte sobre o canal Fontanka. (© Look and Learn/Bridgeman Images)

23. Enfermeiras com um soldado ferido no Hospital Anglo-Russo, observando os acontecimentos na avenida Niévski. (Biblioteca e Arquivos do Canadá)
24. Representação feita por um artista do ataque contra o hotel Astória, 28 de fevereiro de 1917. (Chronicle/Alamy)
25. O saguão do Astória depois do ataque, com o piso manchado de sangue e uma sentinela revolucionária de guarda. (Coleção da autora)
26. Edifícios oficiais do antigo regime tsarista, primeiras instituições a serem atacadas durante a Revolução de Fevereiro: o Tribunal Distrital... (akg-images/ullstein bild)
27. ... a prisão Litóvski (Illustrated London News Picture Library/ Bridgeman Images)
28. ... e a Delegacia de Polícia nº 4. (akg-images/Sputnik)
29. Fragmento queimado de um registro da polícia secreta apanhado na rua pelo caixa de banco americano Leighton Rogers. (Cortesia da Divisão de Manuscritos, Biblioteca do Congresso)
30. Soldados cavam sepultura coletiva para vítimas da Revolução de Fevereiro no Campo de Marte. (akg-images/Sputnik)
31. Procissão fúnebre pelos mortos de fevereiro. (© Heritage Image Partnership Ltd/Alamy)
32. Uma sessão lotada do Soviete de Petrogrado, no Palácio Tauride. (© SPUTNIK/Alamy)
33. Brasões dos Románov sendo queimados em Petrogrado, maio de 1917. (© Heritage Image Partnership/Alamy)
34. Tropas do Batalhão Feminino da Morte de Petrogrado. (© Coleção Tobie Mathew/Bridgeman Images)
35. Maria Botchkariova, comandante do Batalhão Feminino da Morte, com Emmeline Pankhurst: o respeito mútuo é evidente. (Coleção Histórica Everett/Alamy)
36. Jessie Kenney, sufragista e ex-trabalhadora de cotonifício que acompanhou Emmeline Pankhurst à Rússia. (Cortesia de Documentos Kenney, Universidade de East Anglia)
37. A primeira página do *Daily Mirror* noticia a violência das jornadas de julho em Petrogrado. (©John Frost Newspapers/Alamy)

38. O jornalista americano John Reed, um "carismático socialista e profissional rebelde". (Granger, NYC/Alamy)
39. A jornalista feminista Louise Bryant, que viajou para a Rússia com o marido, John Reed. (Evening Standard/Getty Images)
40. Pessoas correm para se esconder durante um tiroteio na avenida Niévski, outubro de 1917. (Hulton Archive/Getty Images)
41. Um quarto do Palácio de Inverno do tsar, saqueado pelos bolcheviques depois que tomaram o prédio, enfrentando pouca ou nenhuma resistência. (Coleção Slava Katamidze/Getty Images)

Índice remissivo

As páginas indicadas em itálico referem-se às notas de rodapé.

Academia de Arte, Petrogrado, 152
Academia Militar Aleksandróvski, Petrogrado, 294
ACM (Associação Cristã de Moços), 29, 123, 170, 179, 197, 238
açúcar, 37, 62, 97, 132, 187, 196, 207, 220, 232
administração por comitês, 157
afro-americanos, 30, 35, 328
Agência de Propaganda Anglo-Russa, 195, 252
Aleksei Nikoláievitch, tsaréviche, 86, 128, 146, 235
Alemanha, *24*, 25, 34, 40, 50, 62, 84, 86, 110, 122, 125, 149, 169-70, 174, 182, 203, 225, 232, 239, 246-7, 249, 252, 261, 280, 291, 299, 303-4, 309, 320, 324, 327
Alexandra Fiódorovna, 38-40, 60, 86, 128, 147, 206, 235, 248
Alexandra, rainha, 52, 315
Alexandre II, *196*
Alexandre III, 82, 230
Alfred, duque de Saxe-Coburgo-Gota, *131*
American International Corporation, 273
anarquistas, 66, 169, 176-7, 181, 183, 198, 213, 215-6, 231, 241, 278
Andrews, Louisette, 129
Anet, Claude, 81, 84, 95-6, 103, 137, 146-7, 149, 150, 155, 157, 163, 165, 171, 179, 248
annéksia, 182
antissemitismo, 30, 81
"Ao redor do mundo em tempo de guerra", 201
Arbenina, Stella (baronesa Meyedorff), 95-6
Arkhangelsk, Rússia, 314, 322
Armour, Norman, 57-9, 96, 131, 196
Arquivo Russo de Leeds, 323
Arsenal Novo, Petrogrado, 105
Arsenal, Petrogrado, 68, 105, 134
Ashenden (Maugham), *253*
Assembleia Constituinte, 149, 239, 262-3, 292, 301
Associação de Assistência aos Súditos Britânicos na Rússia, 322
Associated Press, 49, 152, 173
Astor (família), *33*, 36
Astória, *ver* Hotel Astória
astracã, chapéus de, 58, 276
Astrakhan, Rússia, 62
ateísmo, 167
Aurora (cruzador), 283-4
Áustria-Hungria, 25, *28*, 86
Axelbank, Hermann, 327

bacon, 63, 207-8
"baionetocracia", 302
Baku, Azerbaijão, 326

Bakúnin, Mikhail Aleksándrovitch, 173
balalaica, 55, 310
balé, 26, 35, 40, 59, 153, 171, 253, 284, 287
Balfour, Arthur, 299
Banco do Estado, Petrogrado, 283, 312-3
Banco Volga-Kama, 79-80
Baring, John, 2º barão Revelstoke, 61
Bastilha, Paris, 117, 144
Batalha de Mons (1914), 49
Batalha de Verdun (1916), 47, 49
Batalha do Somme (1916), 49
Batalhão de Bicicleta, 102
Batalhão de Engenharia, 101
Batalhão Feminino da Morte, 198-206, *235*, 280
Batalhão Feminino de Petrogrado, 276, 280, 288, 290
batalhões de choque, 199
Bathurst (família), 28
Beatty, Bessie, 196, 199, 201-2, 217-9, 221, 229, 235, 237, 240-3, 254, 262, 279, 284-5, 292-3, 301, 304-5, 309-10, 325
bebidas alcoólicas, 32, 34, 36, 38, 43, 63, 127, 141, 196, 215, 219, 252, 260, 305-7, 321
beisebol, 209
bela adormecida, A (Tchaikóvski), 40
Bélgica, 201, 214, 266
Bell (sindicato), 254
Beloóstrov (estação) Petrogrado, 257
Beringer, Guy, 49
Berkman, Aleksandr, 258
Bielorrússia, 86, 146-7, 205
Blanqui, Louis Auguste, 173
Bliss, Clinton A., *178*
Blood-Stained Russia (Thompson), *202*, 327
bolcheviques, 32, 66, 115, 169-73, 175, 181, 197, 204, 210-4, 218, 221, 223, 225, 227, 231, 240-2, 244-6, 249, 251, 258-9, 263-4, 269-74, 275-96, 297-317, 320-8
Bologóe, Rússia, 146
bondes, 29, 39, 41, 69, 72-3, 78, 80-2, 89-90, 99, 104, 150, 154, 158, 178, 214, 218, 223, 248, 285, 287, 289
Boris Godunov (Mussórgski), 54, 184, 261
Boris Vladímirovitch, grão-duque, 95
Boston Red Sox, 209
Boston Sunday Globe, 326
Botchkariova, Maria, 198-206, 250, 280
Bowerman, Elsie, 142
Brest-Litovsk, Tratado de (1918), 304, 309
bridge, 28, 32
Brisac, Auguste, 24
Britannia (jornal), 194
Brocard, Henri, 24
Brooke, Lord, *ver* Greville, Francis
Bruce, Henry James, 122, 287
Brussílov, general Aleksei, 198
Bryant, Louise, 253-4, 257, 259-60, 262, 269-70, 280, 285, 287, *310*, 325, 326
Buchanan, Lady Georgina, 27, 29, 51, 53-5, 121, 131, 169, 185, 203, 214, 219, 222-4, 243, 290, 307, 319, 322
Buchanan, Meriel, 27, 29, 51, 59-60, 99, 113, 120, 152, 165, 171, 214, 219, 223, 243, 279, 289, 302, 306-7, 311, 314, 320
Buchanan, Sir Andrew, 28
Buchanan, Sir George, 26-8, 31-2, 35, 39-40, 42, 52, 57-8, 60-1, 64, *85*, 94, 100, 121, 130, 150, 153, 160, 169, 171, 184-5, 195, 214, 221, 223, 241-3, 247, *253*, 264-5, 271, 279, 295, 298, 307, 309, 311, 315, 319-20
Bucovina (Europa Oriental), 232
Bullard, Arthur, 31
Bullitt, William, 326
burguesia, 137, 148, 176, 178, 185-6, 210, 212, 214, 240, 248-50, 273, 308
Bury, George, 124, 136-7

cadetes, 213, 262. *Ver também* Comitê para a Salvação do País e da Revolução
café, 33, 63, 207, 236
Café de la Grave, Petrogrado, 77
Café de Paris, Petrogrado, 59
Café Donon, Petrogrado, 38, 78, 208
Café Império, Petrogrado, 209
Cais do Palácio, Petrogrado, 27, 80, 98, *99*, 100, 121, 130, 221
cais do rio Fontanka, 52, 88, 92, 95, 112, 161, *195*, 214
Cais Francês, Petrogrado, 120, 287, 316
Cais Inglês, Petrogrado, 25, 39
Califórnia, Estados Unidos, 233
calmuco, 170
câmeras giroscópicas, 89
Campo de Marte, Petrogrado, 27, 40, 67-8, 94, 101, 162-7, 178, 180, 209, 219-21, 227

campos de internamento, 62
Canadá, 56
Cantacuzino-Sperânski, Julia (Julia Grant), 33, 176, 230, 248, 289, 299
Cantacuzino-Sperânski, príncipe Mikhail, 33, 176
Cartas filosóficas (Tchaadáiev), 66
Casa de Detenção Preliminar, Petrogrado, 108
Casa do Povo, Petrogrado, 276
Cáspio (mar), 62
Catarina II, a Grande, 103, 114, 151, 236, 305
Cáucaso, 188, 228, 243
caviar, 35, 38, 48, 59, 207
censura, 76, 136, 149, 153, 250, 324
Central Telefônica, Petrogrado, 283, 292
Chabánova, Ana, 195
Chadbourn, Esther, 120
Chadbourn, Philip, 62, 88, 91, 93, 117-8, 120, 145
Chaliápin, Fiódor, 54, 239, 261
champanhe, 36, 38, 43, 127, 260
Chaplin, Charlie, 260
Chaucer, Geoffrey, 36
cherkeska, 57
Chicago Tribune, 310
China, *154*, 165
Chopin, Frédéric, 164
Chpalérnaia (rua), Petrogrado, 32, 102, 108, 135, 222
Christian Science Monitor, 324
Christian, príncipe de Schleswig-Holstein, 54
Chulguin, Vassíli, 146
cigarros, 125, 153, 217, 281
cinematógrafo, 260
circassianos, 228
Cirque Moderne, Petrogrado, 276
Clare, rev. Joseph, 92, 113
Clerk, George, 61
Cleveland, Grover, 31
Clube de Almoço Russo-Britânico, 205
Clube Inglês, Petrogrado, 307
Clube Militar, Petrogrado, 315
Coats of Paisley, 24
Colégio do Estado-Maior, Petrogrado, 134
cólera, 207
Com os russos no front (filme), *327*
Comissão para Refugiados Tatiana, 52
Comissão Stevens das Ferrovias, 210
Comitê do Telefone, 157
Comitê Executivo da Duma, 115, 119, 134, 137, 139, 141
Comitê Militar Revolucionário, 279, 283, 285, 305
Comitê para a Salvação do País e da Revolução, 292-5
Companhia de Mrs. Waller (teatro), 53
Congresso de Moscou (1917), 240
Congresso Democrata (1917), 261-5, 269
Congresso dos Sovietes de Todas as Rússias, 210, 274, 282, 300
Conselho dos Comissários do Povo, 290
Constantinopla, Império Otomano, 181-2, 267
Contant's (restaurante), Petrogrado, 38, 48, 307
Corpo de Cadetes, 134
Correio Central, Petrogrado, 283, 288
cossacos, 57, 61, 63, 67, 70, 73-7, 81-3, 87-96, 101, 135, 141, 147, 167, 220-2, 227, 240, 280, 283, 288, 292, 295
Cotton, Dorothy, 75, 91
crianças: armadas, 105-6, 110; assassinato de, 85, 90; pobreza, 51, 74
Crime e castigo (Dostoiévski), 48
Crimeia, 147
cristianismo, 138, 155, 164, 166-8, 174, 227-8, 238, 316, 323
Cromie, Francis, 320
Crosley, Pauline, 186, 212, 215, 231, 245-6, 248-9, 287, 289, 308, 316, 322
Crosley, Walter, 215, 246, 272, 288
Cruz de São Jorge, 199, 201
Cruz Vermelha, 32, 52-4, 88, 92, 111, 118, 197, 201, 223, 228, 234-8, 246, 264, 289, 294, 298, 304, 309, 322

Dailey, Arthur, 30
Daily Chronicle, 49, 155, 188, 263, 325
Daily Mail, 49, *109*, 187, 326
Daily Mirror, 104
Daily News, 49, 70, 72, 263
Daily Telegraph, 49
de Buisseret, Conrad, 214
de Castelnau, *ver* Edouard, Noel
de Chambrun, Charles, 57-8, 73, 78, 95, 165, 184
de Cram, Matilda, 33-4, 299-300
de Meilhan, Senac, 96

de Néry, Amélie (Marylie Markovitch), 73, 81, 133, 135, 143-4
de Robien, Louis, 73, 86, 104, 172, 184, 217, 219, 221, 228, 240, 248-9, 265, 289, 295-6, 300, 302, 307
Dearing, Fred, 34, 39
Decreto sobre a Terra (1917), 300, 303
Departamento de Artilharia, Petrogrado, 102
Departamento do Estado, EUA, 30, 142
Destree, Jules, 266-7
Dez dias que abalaram o mundo (Reed), 325
Dia do Trabalho, 178-81
Dia Internacional da Mulher, 67-72
Diamandi, Constantine, *315*
Dias de Julho, 225, 229-30, 240, 245-6, 259
Díaz, Porfirio, 58
direitos da mulheres, 139, 188-9, 193-5, 197-207, *238*, 250, 253
direitos dos trabalhadores, 156-7, 247
disenteria, 128, 207, 232
Dissolution of an Empire (Meriel Buchanan), 320
Divisão de Carros Blindados britânica, 322
Dmítri Pávlovitch, grão-duque, 40, 52, 56, 111, 322
Do tsar a Lênin (documentário), 327
doenças, 51, 128, 160, 206-7, 232, 237-8, 326
Dom Quixote (balé), 36
Domingo Sangrento (1905), 59, 70, 73, 136, 268-9
Don (região), Rússia, *220*, *292*
Dorr, Rheta Childe, 188, 197, 201, 203, 213, 228-31, *327*
Dosch-Fleurot, Arno, 47-9, 71, 73, 76, 78, 85, 95, 101, 106, 114, 150, 170, 177, *178*, 182-3, 216, 241, 245, 251, 254, 269, 324
Dostoiévski, Fiódor, 48, 108
Doumergue, Gaston, 61
Drácula (Stoker), 55
drójki, 50, 73, 99, 277-8, 285, 308
Duma, 32, 64, 69, 77, 92, 96-7, 100, 109, 134-9, 114-6, 141, 146, 148, 157-8, 199, *231*, 301, 307
Dvinsk, Letônia, 188, 224

Eastman Company, 65
Edouard, Noel, visconde de Curières de Castelnau, 61
Eduardo VII, 315
Egerton Hubbard & Co., 24
Eisenstein, Serguei, *286*, 326
Ekaterinburg, Rússia, *234*
Ekaterinínski (canal), Petrogrado, 88, 101, 284-5
eletricidade, 29, 36, 57, 80, 121, 128-9, 131, 152, 260, 267, 279, 283, 308, 315
Elisabeth "Ella", grã-duquesa, *52*
Elisséiev (empório), Petrogrado, 307
emigração, 248-9
Empréstimo da Liberdade, 236
Engelhardt, Boris, 137
escarlatina, 51
escassez de acomodações, 50, 59, 128
escassez de alimentos, 37-9, 41, 62-3, 66-82, 132, 186, 208, 232-4, 236-9, 251, 260, 267, 304-5, 308-10, 328
Escócia, 24, 195, 319, 321
escorbuto, 238
Escritório de Propaganda britânico, Petrogrado, 39
espartilhos, 260
esportes, 26, 28, 209, 242
estação do Báltico, Petrogrado, 283
estação Finlândia, Petrogrado, 31, 47, 107, 168, 170, 184, 257, 290, 322
Estados Unidos, embaixada dos Estados Unidos, 25, 30-5, 38, 42-3, 49, 57-8, 62, 76, 97-101, 103-4, 116, 131, 140, 142, 150, 153, 156, 158-9, 169-71, 174-8, 181-2, 186, 196-7, 208-9, 212, 215, 219, 222-3, 229, 233, 235-6, 243, 245-6, 248, 253, 257-9, 265, 272-3, 280, 283, 297, 299-300, 303, 305, 307, 309-10, 316, 320-2, 323, 328;
1912 tratado de comércio com a Rússia rompido devido a antissemitismo, 30;
1916 Francis se torna embaixador na Rússia, 29-32;
1917 recepção diplomática de ano-novo no Palácio Catarina, 57-9; oferece refúgio à condessa Nostitz, 131; reconhecimento do Governo Provisório russo, 159; declaração de guerra à Alemanha, 174, 181; protesto na embaixada de Petrogrado, 177-8; Missão Root à Rússia, 196-7, 208; missão da Cruz Vermelha chega a Petrogrado, 234-8; vapor encomendado para evacuar expatriados

de Petrogrado, 246; chegada de Reed a Petrogrado, 253-4, 257-62; evacuação de cidadãos americanos da Rússia, 298; comemorações de Natal em Petrogrado, 309-10;
1918 diplomatas evacuados para Vologda, 321
estilo moderno, 171
Estônia, 323
estudantes, 73, 80, 90-1, 105, 118, 127, 135, 141
estupro, 267, 288
Eugênio Oneguin (Tchaikóvski), 59
Evening Mail, 188
Everybody's Magazine, 107, 172
Exército de Salvação, *266*, 322
Exército Russo, 26, 36-7, 39, 52, 61, 64, 66, 86, 101, *104*, 105, 112, 117, 129, 134, 139, 146, 149-50, 157, 160, 186, 189, 198-205, 226, 232, 239, 241, 245; Batalhão Feminino da Morte, 198-206; guarnição de Petrogrado, 69, 150, 181, 213, 225-6, 283; Infantaria Polotsk, 199; recrutamento, 36-7; Regimento de Metralhadoras, 213; Regimento de Sapadores, 106; Regimento Finlandês, 181; Regimento Izmailóvski, 117; Regimento Keksgólmski, 106; Regimento Litóvski, 106; Regimento Lituano, 101; Regimento Moskóvski, 102, 181; Regimento Pávlovski, 91, 94, 97, 101, 121, 181, 213; Regimento Preobrajénski, 97, 101, 106; Regimento Semiónovski, 75, 105, 110, 117, 292; Regimento Volínski, 92, 97, 101, 105-6; reservistas, *64*; Stavka, 86, 96, 131, 146
Exposição Universal, St. Louis (1904), 30

Fairbanks, Douglas, 260
Falconet, Etienne Maurice, 151, 314
faraóni, 71, 76, 80-1, 83-5, 89, 94, 112
Farson, Negley, 26, 29, 38, 109, 156, 168, 171, 183
Farwell, Mildred, 310
Feira dos Soldados, 268
feminismo, 195, 253. *Ver também* direitos das mulheres
Ferrovia Transiberiana, 49, 175, 233, 235, 298
Finlândia, 47-8, 64, 94, 154, 170, 185, 210, 227, 242, *266*, 268, 295
Fleurot, Arno, *ver* Dosch-Fleurot, Arno
Ford, 32, 303, 321
Foreign Office britânico, 62, 134, 264
fotografia, 49, 65, 75, 90, 102-3, 180, 202, 212, 225, 233, 235, 324, 327
França, embaixada francesa, 24-5, 35-6, 40, 43, 57-62, 66, 68, 73, 78, 81, 86, 95, 100, 103, 121-2, 139, 146-7, 150, 159-60, 167, 171, 173-4, 176, 180, 183-5, 187, 189, 242, 248, 265-6, 269, 289-90, 295-6, 299-300, 308, 323; Revolução de 1789, 96, 100, 117, 127, 143-4, *147*, 245, 269, 271, 302; Revolução de 1848, 100, 144
Francis, David Rowland, 30-7, 42, 58, 99-100, 116, 122, 131, 142, 153, 159, 169, 176-8, 208-9, 221-2, *225*, 235, 243, 245-6, 248, 258-9, 265, 273, 299, 309, 316, 320-1
Francis, Jane, 30, 34, 35, 221, 222, 229, 307, 309
Francis, Perry, 33, 169, 297
Freedericksz, barão Vladímir, 131
frota do Báltico, *ver* Marinha Russa
Fuller, John Louis, 257, 259, 272, 275, 287, 310-1
Furchtatskáia (rua), Petrogrado, 32, 100, 116, 171, 221
Fyfe, Hamilton, 49, *109*

Galícia (Europa Oriental), 210, 213, 232
gangrena causada por gás, 54
Garagem Militar, Petrogrado, 106
Garstin, Denis, 39, 129, 215, 308
Gátchina, Rússia, 292, 295
Gavriil Konstantínovitch, príncipe, 43
Gaylord, Franklin, 238
Gerhardie, William, 311
Gibson, William J., 107, 118
Gógol, Nikolai Vassiliévitch, 77
Gógolskaia (rua), Petrogrado, 123, 295
Golder, Frank, 164
golfe, 26
Golítsin, Nikolai, 97, 115
Goremykin, Ivan, 138
Gorókhovaia (rua), Petrogrado, 301
Governo Provisório, 148-9, 159-60, 162, *167*, 170-1, 176, 181-2, 186, 193, 197-8, 210, 213, 219, 225, 239-45, 262-5, 270, 273, 276, 278-80, 283-5, 295
Grabbe, Mikhail, 32

Grã-Bretanha, embaixada britânica, 25-9, 31-2, 35, 39-40, 42, 50-62, 64, 67, 74, 76, 85, 94, 100, 102, 109, 113, 121-3, 130-1, 147, 150, 160, 166, 169, 193-5, 214, 219-24, 242, 245-8, 251-2, 263-5, 270-1, 273, 278-9, 287, 289-90, 295, 298, 305-11, 313-6, 319-23;
1910 Buchanan se torna embaixador na Rússia, 26;
1916 Buchanan visita o tsar em Tsárskoe Seló, 42; inaugura-se o Hospital Anglo-Russo, 53;
1917 recepção diplomática de ano-novo no Palácio Catarina, 57-9; conferência dos Aliados em Petrogrado, 59-62; Buchanan visita Pokróvski, 121-2; Buchanan recusa refúgio para a família Freedericksz, 131; reconhecimento do Governo Provisório russo, 160; deputados do Partido Trabalhista visitam Petrogrado, 175; Henderson enviado a Petrogrado, 184-5; Pankhurst visita Petrogrado, 189, 193-5, 197, 202-3, 205-6, 229; Hospital da Colônia Britânica oferece refúgio para comunidade de expatriados, 243; expatriados começam a fugir de Petrogrado, 247-8; Maugham enviado a Petrogrado pelo SIS, 251-2, 271; família Buchanan se prepara para deixar Petrogrado, 279; Knox negocia com os bolcheviques pelo Batalhão Feminino, 290; cadetes tirados clandestinamente de Petrogrado, 295; Trótski nega visto de saída para expatriados, 298; ameaças de assassinato contra Buchanan, 298; comemorações de Natal, despedida da família Buchanan, 311; família Buchanan parte de Petrogrado, 315, 319-20;
1918 fechamento do Hospital Anglo-Russo, 322; Guardas Vermelhos atacam a embaixada, diplomatas são presos, 320
Graflex (câmeras), 65
gramofones, 35, 313
granadas, 82, 86
Grant, Julia, *ver* Cantacuzino-Speránski, Julia
Grant, Lilias, 50, 56
Grant, Ulysses, 33, 196
Grebetskáia (rua), Petrogrado, 294
Greenwich Village, Nova York, 253-4
greves, 41-2, 59, 63, 68-78, 79-82, 146, 197, 229, 247, 251
Greville, Francis, Lord Brooke, 61
Grey, Lady Sybil, 56, 75, 91-2, 111, 124, *138*, 323
Grey, Sir Edward, *28*
Guarda de Equipagem, 134
Guardas Vermelhos, 242, 245, 283-4, 286, 290, 292-5, 298, 305-6, 311, 320
Guerra da Crimeia (1853-6), 96
Guerra Russo-Japonesa (1904-5), 201
Gumberg, Aleksandr, 254, 258
Gutchkov, Aleksandr, 146, 148, 158, 183, 186

H.H.H.s ("helpless, hopeless, hystericals"), 57, 298
Hall, Bert, 74, 117, 150
Harper, Florence, 49, 65, 67-8, 71, 75-6, 81-3, 86, 89-90, 93, 103, 123-4, 127-8, 140-1, 157, 161-2, 166, 188, 197, 201, 204-8, 210-2, 225, 243, 245, 250, 326
Harper, Samuel, 31
Heald, Edward, 123, 127, 142, 164, 170, 172, 174, 179, 183, 186
Hegan, Edith, 85, 91-2, 106, 110, 129, 147
Helena, princesa, 55, *54*
Henderson, Arthur, 184-5
Hercules, Jim, *328*
Hermitage (museu), Petrogrado, 96, 180, 188
Hitler, Adolf, 324
Hog Alley, Jefferson, Missouri, 30, 321
Hospital Anglo-Russo (HAR), Petrogrado, 52-6, 74, 84, 91, 110-1, 124, 151, 195, 197, 204, 216, 322-3
Hospital da Colônia Americana, Petrogrado, 322
Hospital da Colônia Britânica, Petrogrado, 29, 53, 243, 322
Hotel Astória, Petrogrado, 36, 39, 41, 43, 50, 63, 67, 83, 87, 93, 97, 118, 122-9, 140, 157, 178-9, 195, 197, 202, 206-8, 237, 242-3, 245, 250, 253, 292
Hotel d'Angleterre, Petrogrado, 36, 128, 195
Hotel d'Europe, Petrogrado, 33, 37, 59-60, 83, 85, 176, 196, 236, 253
Hotel de France, Petrogrado, 36, 48, 101, 114, 236, 251
Hotel Metropole, Moscou, 297

Houghteling, James, 32, 50, 105, 127-8, 132, 135-6, 151, 155, 158-9, 166
Hubbard, Egerton, 24

Iate Clube Imperial, 26, 151
ícones, 55, 166, 228
L'Idée de Françoise (Paul Gavault), 86, 94
Igreja Americana, Petrogrado, 92
Igreja Anglicana, Petrogrado, 25, 50, 247, 323
Igreja Congregacional, Petrogrado, 92
Igreja da Ressurreição, Petrogrado, 174
Igreja Ortodoxa Russa, 138, 155, 164, 166-8, 174, 227-8, 316
Império Otomano (1299-1924), 181-2, *196*, 267
Indianápolis, Indiana, 257
Inside the Russian Revolution (Dorr), *327*
insígnias imperiais, 151-2, 236, 262
inspetor geral, O (Gógol), 77
Instituto Feminino Koloménski, Petrogrado, 200
"Internacional", 170
International Harvester, 29
Isabel, imperatriz, 281
Iskra (jornal), 169
Islã, 171, 243
Itália, 25, 40, 59-61, 123, 128, 159, 171, 265, 319
Iussúpov, Félix, 40, 52, 56, 206, 216
Izmailóvski (avenida), Petrogrado, 204
Izmailóvski (regimento), 117
Izvéstia (jornal), 117
izvóztchiki, ver drójki

Japão, 49, 106, 233, 251, 322
Jardim de Verão, Petrogrado, 162, 167, 220
Jardins do Almirantado, Petrogrado, 89
Jefferson, Geoffrey, 54, 56, 151
Jefferson, Missouri, 30
Jivoe slovo (jornal), 225
jogos de azar, 261
Jordan, Philip, 30-1, 33, 43, 159, 177-8, 208, 221-2, 228, 242, 248, 273, 297, 299, 303-4, 307, 309, 316, 321, 328
Jorge v, 147, 315, 321
jornais, 81, 147, 153, 169, 171, 173, 200, 279
Journal de St-Pétersbourg, 25
judeus, 23, 30, 81, 257
Judson, William J., 175
justiceiros, 130, 158

kacha, 237, 282
Kámenev, Lev, 274
Kamennoostróvski (avenida), Petrogrado, 116-7
Kantemiróvski (palácio), Petrogrado, *99*
Karsávina, Tamara, 36, 261
Kazan (catedral), Petrogrado, 73, 75, 81, 174, 177, 182, 203, 314
Keeling, Henry, 158
Keksgólmski (regimento), 106
Kenney, Jessie, 193-4, 197-8, 202-3, 205-7, 229, 230, *238*, 250
Kennon, George, 48
Kerby, Edith, 195
Kerénski, Aleksandr, 139, 148-9, 160, 169, 176, 183, 186, 194, 199, 203, 210, 223, 226-7, 229, 231, 233, 239-45, 252, 259, 262-3, 265, 270-2, 274, 279, 283, 292-3, 295
Khabálov, Serguei, 69, 72, 76-7, 86, 88, 97
Kiev, Ucrânia, 322
Kirill Vladímirovitch, grão-duque, 134
Kírotchnaia (rua), Petrogrado, 215
Knox, Alfred, 102, 107, 118, 137, 149, 160, 185, 240, 290, 315
Koniúhennaia (rua), Petrogrado, 89
Konstantin Konstantínovitch, grão duque, 209
kontribútsia, 182
Kornílov, Lavr, 181, 203, 226, 240-6, 260, 283, 292, 295
Krasnov, general Piotr Nikoláievitch, 295
Kremlin, Moscou, 297, 326
Krestóvski (prisão), Petrogrado, 107-8
Kristiania, Noruega, 195, 257
Kristianiafjod (navio norueguês), *172*
Kronstadt, Petrogrado, 150, 211-3, 218-9, 221, 242-3, 283, 290, *306*
Kronvérski (avenida), Petrogrado, 172
Kropótkin, Aleksandra, 252
Kropótkin, Piotr, 252
Krymov, Aleksandr, 241, 243-4
Kschessinska (mansão), Petrogrado, 171-2, 212, 223-4, 270
Kschessinska, Mathilde, 171

Ladoga (lago), 272
Laiming, general, 111
Lampson, Oliver Locker, 118, 123, 126, 143
Lansing, Robert, 159

Lawrence, David Herbert, 36
Lênin, Vladímir Ilitch, 169-73, 178, 181, 183, 204, 206, 210, 212-3, 224, 227, 230-1, 241-2, 253, 259, 268, 274, 282-3, 290-1, 295, 300, 302, 308, 324-5
Leslie's Weekly, 49
Letônia, 23, 188, 224, 239, 241, 269
Levachovo, Petrogrado, 290
Lewis, Roger, 49
liberdade de manifestação, 136, 149, 153-4, 301, 324
Lidvall, Fredrik, 36
Ligovskáia (rua), Petrogrado, 92
Lindley, Francis, 109, 175, 244, 278, 322
língua francesa, 24, 33, 58, 160, 235, 281, 299
língua inglesa, 24, 58
língua russa, 25, 28, 30-1, 33-4, 54, 68, 125, 160, 177, 182, 258, *267*, 270, 275, 288, 312
Litéini (avenida), Petrogrado, 59, 66, 68, 81, 92, 100, 103-4, 106, 113, 140, 145, 219, 221
Litéini (ponte), Petrogrado, 68, 73, 80, 101-2, 105, 224, 272
Litóvski (prisão), Petrogrado, 108
Litóvski (regimento), 106
Lituano (regimento), 101
Livádia, Crimeia, 147
Lloyd George, David, 59, 184-5, 194, 271
Lockhart, Robert Bruce, 28, 31-2, 40, 61, 183
Loja Inglesa, Petrogrado, 24, 26
Lombard, Bousfield Swan, 25, 50, 108, 110, *315*, 320, 323
Londres, Inglaterra, 34, 36, 49, 52-3, 100, 187, 193, 251, 262, 313, 319, 321-2, 328
Long, Robert Crozier, 155, 173
Lunatchárski, Anatóli, 307
Lvov, Gueórgi, 148, 183, 186, 206, 226

Magasin Anglais, Petrogrado, *ver* Loja Inglesa
maldição alemã na Rússia, A (Thompson), 327
Marat, Jean-Paul, 173, 269
Marcosson, Isaac, 107, 109, 150, 155, 165-6, 168, 187, 324
Maria Fiódorovna, imperatriz viúva, 52
Maria Pavlovna, grã-duquesa, 60, 66
Maria, rainha, 315, 321
Mariínski (hospital), Petrogrado, 92
Mariínski (palácio), Petrogrado, 115, 160, 181, 283
Mariínski (teatro), Petrogrado, 35, 40, 56, 59, 95, 108, 152, 261, 284
Marinha Russa, 150, 211-2, 218-20, 242-3, 245, 283, 285, 290, 293, 295, 305
"Marselhesa", 68, 90, 126, 164, 170, 180
marxismo, 149, 303
Marye, George, 30
Masaryk, Thomas, 195
Masses, The, 253
Maugham, Somerset, 251-2, 262-3, 266, 271
maximalistas, *169*
Mayak (ACM russa), 29, 238
McCully, Newton, 58
Medved (restaurante), Petrogrado, 89, 252
meetinki, 154
Melita, Victoria, grã-duquesa Kirill, *131*
mencheviques, 66, 115, 210, 213, 240, 268, 271, 284-5
metralhadoras, 63, 67, 72, 76, 81, 84-5, 90, 92, 98, 107, 112, 118, 140, 214, 218-9, 221, 224, 277, 281, 287
Metropolitan Magazine, 253-4
Mewes, George, *104*
Meyendorff, Paul, 95
Meyerhold, Vsevolod Emilevitch, 261
Mikhail Aleksándrovitch, grã-duque, 146
Mikháilovskaia (rua), Petrogrado, 85
Mikháilovski (teatro), Petrogrado, 36, 80, 86, 94, 96, 111, 261, 308
milícias, 141, 231
Miliukov, Pável, 148, 150, 159, 176, 181, 183, 186, 203
Miller, William, 24
Milliónnaia (rua), Petrogrado, 121, 130, 315
Milner, Alfred, primeiro visconde Milner, 59, 61
Ministério das Relações Exteriores (Rússia), 25, 28, 121, 242, 290
Missão Root, 196-7, 208, 210
Missouri, Estados Unidos, 30, 32-3, 321
Moguiliov, Bielorrússia, 86, 146-7
Moika (rio), 88, 101, 206, 216, 284, 294-5
Moir, Ethel, 50, 56
Molodetchno, Belarus, 205
Mooney, Thomas J., 177
Morskáia (rua), Petrogrado, 26, 36, 65, 181, 236, 292
morte de Ivan, o Terrível, A (Aleksei Tolstói), 261

Moscou, 71, 142, 148, 205, 240-1, 243, 246, 257, 275, 297-8, 308, 326
Moskóvski (regimento), 102, 181
Mosteiro Aleksandr Niévski, Petrogrado, 138, 228
Murino (campo de golfe), Petrogrado, 26, 28, 242
Murmansk, Rússia, 272, 321, 328
My Mission to Russia (Buchanan), 319
My Own Story (Pankhurst), 189

nagaica (chicote curto), 70, 80, 84
Napoleão I, imperador, 229, 240, 265, 302, 313
Naríchkina, Elizaveta, 248
Natal, 41-2, 64, *264*, 308-9, 311, 313
National City Bank of New York, 29, 33, 37, 77, 79, 98, 121, 130, 209, 220, 257, 275, 287, 298, 304, 310-1, 328
Naudeau, Ludovic, 48
Neva Stearin Soap and Candle Works, 24
Nevsky Thread Manufacturing Company, 24
New Republic, 215
New York Call, 254
New York Life Insurance Company, 29
New York Times, 226, *49*
New York World, 47, 217
Newport, Rhode Island, *33*
Nicolau (estação), Petrogrado, 81-2, 84, 93, 108, 168, 217-8, 235, 242, 249, 283
Nicolau II, 28, 36, 38-9, 42, 57-8, 60, 66, 74, 86, 97, 100, 114, 117, 128, 131, 145-6, 151, 170, 198, 229, 234-5, 265, 271, 305, *328*
Nievá (rio), 24, 27, 41, 63, 68, 73, 96, 107, 116, 120, 130, 171, 174, 179, 224, 246, 276, 284, 289, 305, 307
Niévski (avenida), Petrogrado, 24, 52, 63, 67-70, 74-7, 79-85, 87-96, 100, 105-6, 111, 122, 141-2, 147, 151-2, 157, 163-4, 172, 179, 181, 183, 204, 214-7, 219, 222, 225, 228, 236, 242, 252, 260, 268, 273, 284-5, 307, 314, 316
Nikolai Nikoláievitch, grão-duque, 40
Noruega, 47, 50, *172*, 195, 247, 257, 271
Nostitz, conde Grigóri, *60*
Nostitz, condessa Lillie (Madeleine Bouton), 60, 131, 280, 288, 290, 294
Notas do Tesouro, 79
Noulens, Joseph, 242
Nova York, Estados Unidos, 29, 30, 34, 36, 47, 49, 156, 188, 209, 227, 231, 252-4, 269, 271, *295*, 325
Novo Clube Inglês, 26, 38
Novoe vrémia (Novos Tempos), 193, 222

"O que fazer?" (Lênin), 169
O'Grady, James, 175
Observer, 49
Óbukhov (hospital), Petrogrado, 92
Okhrana, 43, 82, 112, 114
Olga Nikoláievna, grã-duquesa, 53, 86
ópera, 35, 54, 59, 131, 180, 184, 239, 261, 310
Operários Industriais do Mundo (Wobblies), 253
Ordem de Santo André, 138
Ordem nº 1, 139
Oscar II (vapor sueco), 30
Oudendijk, Willem (William Oudendyk), 38-9, 154, 231, 244, 291, 302, 315
Outubro (Eisenstein), *286*, 326

padaria Filippov, Petrogrado, 71
Paget, Lady Muriel, 52-3, 56, 195, 205, 216, 251, 322
Palácio Belossélski-Belozérski, Petrogrado, 52, 322. *Ver também* Hospital Anglo-Russo
Palácio Catarina, Tsárskoe Seló, 57
Palácio da Justiça, Petrogrado, 103-4, 118, 145
Palácio de Alexandre, Tsárskoe Seló, 42, 147, 206, 234-5
Palácio de Inverno (ponte), Petrogrado, 222, 277
Palácio de Inverno, Petrogrado, 27, 54, 81, 101, 117, 152, 162, 179, 196, 222-3, 229-30, 266, 270-1, 280-1, 283-4, 286, 288, 292, 305-7, 310, 314
Palácio de Mármore, Petrogrado, 162, 209, 289
Paléologue, Maurice, 35, 40, 43, 58-9, 61, 66, 95, 100-1, 121, 139, 144, 147, 150, 154, 160, 166, *167*, 173-4, 176, 180, 183-4
panfletos, 154, 169-70
Pankhurst, Christabel, 194
Pankhurst, Emmeline, 189, 193-8, 202-3, 205-6, 229-30, *238*, 240, 249-50
Pankhurst, Sylvia, 194
pão, protestos pela falta de, 23, 38-9, 47, 62-3, 66, 69-78, 79-82, 86, 89, 142, 186, 194, 206, 232, 237

papiróssi, 115
Paris, França, *60*, 61, 81, 96, 143, 176, 184, 187, *295*
Partchévski, Továrisch, 212
Partido Democrata (EUA), 30
Partido Democrata Constitucional, 213, 261
Partido Nazista alemão, 324
Partido Operário Social-Democrata Russo (POSDR), 169, 206
Partido Republicano (EUA), 196
Partido Social Democrata Alemão, 67
Partido Socialista Revolucionário, 66, 69, 115, 118, 148, *169*, 210, 213, 240, 285
Partido Trabalhista (Grã-Bretanha), 175, 179, 184
Pathé, 327, *235*
Patouillet, Louise, 79, 89, *165*, 166, 266, 300
Pávlovski (quartel), Petrogrado, 162
Pávlovski (regimento), 91, 94, 97, 101, 121, 181, 213
Pax, Paulette, 87, 94, 111, 248, 308
Pedro e Paulo (fortaleza), Petrogrado, 94, 118, 134, 138, 164, 223-4, 244, 285-7, 289, 294, 320
Pedro I, o Grande, 151, 260, 314
Pekar (confeitaria), Petrogrado, 83-4
Petit Parisien, Le, 81, 179
Petrograd: The City of Trouble (Meriel Buchanan), 320
Petrogrado:
1905 Domingo Sangrento, 59, 70, 136, 268-9;
1910 Buchanan se torna embaixador britânico, 26;
1913 Tricentenário dos Románov, 36;
1914 início da Primeira Guerra Mundial, *24*; saída dos diplomatas das Potências Centrais, 25; chegada de expatriados americanos, 30;
1916 abertura do Hospital Anglo-Russo, 52; Francis se torna embaixador americano, 30-2; começa escassez de alimentos, 37-9, 41; greve no distrito de Vyborg, 41-2, 61; chegada de Fleurot, 47; assassinato de Raspútin, 40, 52, 56, 111, 206; Buchanan visita o tsar em Tsárskoe Seló, 42;
1917 recepção diplomática de ano-novo no Palácio Catarina, 57-9; escassez de acomodações depois de alarme de torpedo, 50, 59; conferência dos Aliados, 59-62; greves comemorativas do Domingo Sangrento, 59; piora da escassez de alimentos, 62-3; onda de greves, 61, 63; fechamento da Putilov, 65-6; começa Revolução de Fevereiro, 65-6; protestos do Dia das Mulheres, distúrbios contra a falta de pão, 67-78, 194; começa greve na Putilov, 80; começam os saques, 81; soldados e *faraóni* recebem ordens para dispersar a multidão, 81-2; cossacos ficam do lado dos manifestantes, 83; saque da confeitaria Pekar, 83-4; tsar é informado dos distúrbios, 86; Khabálov institui medidas draconianas para controlar a cidade, 88; violência perto da ponte Anítchkov, 90; massacre na praça Známenski, 92-3; motim do Regimento Pávlovski, 94; festa no palácio da princesa Radziwiłł, 95-6; suspensão da Duma, 97; motins e violência da Segunda-feira Vermelha, 99, 101-19; tsar anuncia plano de retornar, 114; Duma forma Comitê Executivo Provisório, ordena prisão dos membros do Conselho de Ministros, 115; criação do Soviete de Petrogrado, 115; motim da frota do Báltico em Kronstadt, 150, 211; violência no hotel Astória, 122-9; assassinato de Stackelberg, 130; rendição do Arsenal, 134; Duma e Soviete negociam no Palácio Tauride, 134-9; prisão de ministros tsaristas, 137-8; cria-se milícia para manter a paz, 141; abdicação do tsar, 146-8; formação do Governo Provisório, 148-9; começa destruição das insígnias imperiais, 151-2; jornais reaparecem, 153; bondes reaparecem, 154; Aliados reconhecem o Governo Provisório, 159-60; diplomatas recebidos no Palácio Mariínski, 158, 160; funeral das vítimas da revolução, 162-7, 178, 227-8; anistia política, retorno dos exilados, 168; retorno de Lênin, 169-73; visita de deputados do Partido Trabalhista, 175; visita de Albert Thomas, 176; protesto na embaixada americana, 177-8; retorno do Exército de Salvação, *266*; manifestações do Dia do Trabalho, 178-81; nota de Miliukov, 181-3; irrompem

protestos, 181-3; Paléologue chamado de volta a Paris, 184; Miliukov e Gutchkov renunciam, 186; retorno de Trótski, 172; formação do Governo Provisório de Coalizão, 186; chegada de Henderson, 184-5; Soviete assume o controle de Kronstadt, 211; criação do Batalhão Feminino da Morte de Petrogrado, 199-202; chegada de Pankhurst, 189, 193-5, 197; chegada da Missão Root, 196-7, 208; Pankhurst se encontra com Botchkariova, 202-3; Botchkariova promovida a alferes, 203; Batalhão Feminino da Morte parte para o front, 204-5; Pankhurst vai ao Clube de Almoço Russo-Britânico e visita Tsárskoe Seló, 205-6; Congresso dos Sovietes de Todas as Rússias, 210; protestos contra a guerra, 210, 213; Thompson visita Kronstadt, 211-2; Thompson aconselhado por Lênin a deixar Petrogrado, 212; Missão Root parte para a Finlândia, 210; renúncia de ministros dos cadetes, 213; bolcheviques incitam protestos, 213-7; bolcheviques de Kronstadt entram na cidade, 218-26, 230, 240, 245-6; violência dos Dias de Julho, 218-26, 230, 240, 245-6; Governo Provisório revela financiamento alemão de Lênin, 225; Kornílov assume o controle do exército; reprime motins, 226; prisão de Trótski, 227; Lênin foge da cidade, 227; funeral dos cossacos mortos dos Dias de Julho, 227-9; Pankhurst se encontra com Kerénski, 229-30; fechamento do Hospital da Colônia Britânica, 322; chegada da missão da Cruz Vermelha americana, 234-8; tsar é mandado para a Sibéria, 234; Maugham chega em missão do SIS, 251-2; Kornílov desafia Kerénski e avança com tropas para a cidade, 241-5; Kornílov é preso; Trótski é libertado da prisão, 245; Kerénski proclama a república, 245; chegada de Reed e Bryant, 253-4, 257-62; Congresso Democrata, 261-5, 269; Trótski é eleito presidente do Soviete, 269; Maugham se encontra com Kerénski, 271; Lênin retorna para a cidade, 274; bolcheviques votam pelo levante armado, 274; começa a Revolução de Outubro, 32, 254, 277-9; jornais bolcheviques proibidos, Governo Provisório emite ordem de prisão para Trótski, 279; forma-se guarda para proteger Governo Provisório no Palácio de Inverno, 280; motim da guarnição de Petrogrado, 283; bolcheviques montam base no Smólni, 281; *Aurora* atraca ao lado do Palácio de Inverno, 283; Kerénski foge da cidade; Lênin anuncia que os bolcheviques tomaram o poder, 283; bolcheviques capturam o Palácio de Inverno, 285-6, 288; Lênin anuncia o novo governo, 290-1; cadetes do Comitê de Salvação entram em choque com os bolcheviques, 292-5; Lênin anuncia a derrota do Governo Provisório, 295; Lênin baixa Decreto sobre a Terra, 300, 303; dissolução da Duma, 301; criação da Tche-Ka, 301; começa a Assembleia Constituinte, 301; Trótski anuncia armistício com a Alemanha, 304; saque da adega imperial, 305, 307-8; bolcheviques assumem o controle de bancos estrangeiros, 311-3;
1918 fechamento do Hospital Anglo-Russo, 322; Guardas Vermelhos atacam a embaixada britânica; diplomatas presos, 320; diplomatas evacuados para Vologda, 320-1

Petrogrado (distrito), Petrogrado, 66, 68, 71-3, 87, 113, 116-8, 155, 166, 179, 214, 223, 277-8, 288, 294
Petrogrado, guarnição de, 69, 150, 181, 213, 225-6, 283
Petrogrado, Soviete de, 115, 119, 134, 137, 139, 148-9, 155, 162, 170, 176, 178, 181-2, 184, 186, 211-2, 229, 231, 242, 244-5, 269-70, 279-83, 285
Pickford, Jack, 260
Pitirim (Pável Vassiliévitch Oknov), metropolita de Petrogrado, 137
Plekhánov, Gueórgi, 206, 230
Podólia (Ucrânia), 62
Pokróvski (hospital, ilha Vassiliévski), 29
Pokróvski, Nikolai, 100, 121
polícia, 42, 61, 63, 65, 67-8, 70-2, 74-6, 79-80, 83-4, 86-7, 90-4, 103-5, 107, 112-3, 132-3, 135, 138, 165
polícia secreta, *ver* Okhrana
Pollock, James, 166

Polotsk (infantaria), 199
ponte Anítchkov, Petrogrado, 52, 84, 90-1
Poole, DeWhitt Clinton, *244*
Poole, Ernest, 215, 217, 227, 229, 251
pôquer, 32, 35, 298, 321
Potiómkin, Grigóri, 114
Pravda, 165, 171
Preobrajénski (regimento), 97, 101, 106
Price, Morgan Philips, 179
Primeira Guerra Mundial (1914-8), 23-4, 26, 29, 40, 47, 49-62, 66, 86, 142, 148-50, 156, 159-60, 168, 171, 174, 181-2, 186, 188, 193-4, 198-205, 210, 213, 223, 232, 239, 242, 247, 254, 260-1, 279, 291, 303-4, 309, 315, 317, 319-20, 324, 327;
1914 Batalha de Mons, 49;
1916 Batalha de Verdun, 49; Batalha do Somme, 49;
1917 Alemanha ameaça lançar torpedos contra navios neutros, 50; conferência dos Aliados em Petrogrado, 59-62; motim da frota russa do Báltico em Kronstadt, 150, 211; Estados Unidos declaram guerra à Alemanha, 174, 181; nota de Miliukov; irrompem protestos na Rússia, 181-3; criação do Batalhão Feminino da Morte de Petrogrado, 199-206; Batalha de Smorgon, 205; ofensiva de Kerénski, 210, 213; alemães capturam Tarnopol, 232; alemães capturam Riga, 239, 241; começa a conferência de Brest-Litovsk, 309;
1918 Tratado de Brest-Litovsk, 304, 309, 320
Príncipe Igor (Borodin), 261
prisões, 107-8, 117, 129, 141
"propriedade é roubo", 303
prostituição, 38, 186
Protopópov, Aleksandr, 43, 63, 66, 86, 100, 138
Pskov, 117, 144, 146, 283, 310
Pulliam, Annie, 297, 304
Putilov (fábrica de munições), Petrogrado, 65-6, 80, 156

Quartel Grenadérski, Petrogrado, 288
quebra-nozes, O (Tchaikóvski), 287
queima de lenha (em Petrogrado), 237

Rabótchi put (jornal), 279
racismo, 35
Radziwiłł, princesa Catherine, 66, 95-6
Ransome, Arthur, 49, 70, 72, 87, 93, 132, 153, 155, 171, 188, *212*, 226, 232, 262-3, 324
Raspútin, Grigóri, 38-40, 43, *52*, 56, 111, 138, 206
Razliv, Petrogrado, 227
Rebirth of Russia, The (Marcosson), 187, 324
Red Heart of Russia, The (Beatty), 325
Reds (filme), 325
Reed, John, 253-4, 257-60, 262, *267*, 270, *272*, 274, 280, 282, 284-5, 291, 293, *310*, 325
refugiados, 23, 43, 51, 53
Regimento de Metralhadoras, 213
Regimento Finlandês, 181
Reilly, Sidney, *87*
Reinke, Arthur, 84, 87, 106, 166, 267-8
Ressurreição (Liev Tolstói), 48
Revelstoke, Lord, *ver* Baring, John
Revolução de Fevereiro, 65-167, 194, 201, 211, 216-7, *222*, 225, 254, 269, 303, 326; fechamento da Putilov, 65-6; protestos no Dia das Mulheres, tumultos pela falta de pão, 67-78, 194; começa greve na Putilov, 80; começam os saques, 81; ordem a soldados e *faraóni* para dispersar a multidão, 81-2; cossacos ficam ao lado dos manifestantes, 83; saque da confeitaria Pekar, 83-4; tsar é informado dos distúrbios, 86; Khabálov institui medidas draconianas para controlar a cidade, 88; violência perto da ponte Anítchkov, 90; massacre na praça Známenski, 92-3; motim do Regimento Pávlovski, 94; festa no palácio da princesa Radziwiłł, 95-6; Duma suspensa, 97; motins e violência da Segunda-feira Vermelha, 99, 101-19; tsar anuncia planos de retornar, 114; Duma cria o Comitê Executivo Provisório, 115; ordens de prisão do Conselho de Ministros, 115; criação do Soviete de Petrogrado, 115; motim da frota do Báltico em Kronstadt, 150, 211; violência no hotel Astória, 122-9; assassinato de Stackelberg, 130; rendição do Arsenal, 134; Duma e Soviete negociam no Palácio Tauride, 134-9; prisão de ministros tsaristas, 137-8; forma-se milícia para manter a paz, 141; abdicação do

tsar, 146-8; forma-se o Governo Provisório, 148-9; destruição de insígnias imperiais, 151-2; Aliados reconhecem o Governo Provisório, 159-60; diplomatas recebidos no Palácio Mariínski, 158, 160; funeral das vítimas, 162-7, 178, 227-8
Revolução de Outubro, 32, *194*, 254, 277-96, 297; bolcheviques votam pelo levante armado, 274; começa a revolução, 32, 254, 277-9; jornais bolcheviques proibidos, Governo Provisório emite ordem de prisão para Trótski, 279; guarda formada para proteger o Governo Provisório no Palácio de Inverno, 280; motim da guarnição de Petrogrado, 283; bolcheviques montam base no Smólni, 281; *Aurora* atraca ao lado do Palácio de Inverno, 283; Kerénski foge da cidade, 283; Lênin anuncia que os bolcheviques tomaram o poder, 283; bolcheviques capturam o Palácio de Inverno, 285-6, 288; Lênin anuncia a derrota do Governo Provisório, 295; cadetes do Comitê de Salvação entram em choque com os bolcheviques, 292-5; Lênin anuncia o novo governo, 290-1
Revolução Mexicana (1910-20), 253, 258
Rhys Williams, Albert, 254, 258, 262, 274, 280, 282, 284-5, 287, 291-3, *310*, 325
Riga, Letônia, 239, 241, 269
Rímski-Kórsakov, Nikolai, 239
Robins, Elizabeth, *238*
Robins, Margaret, 239, 304
Robins, Raymond, 238, 243, 264-5, 304
Rodzianko, Mikhail, 96-7, 114-5, 137, 146, 148, 199, 203
Rogers, Leighton, 37, 41, 77, 79-81, 98, 126, 130, 133, 135, 140, 164, 178, 180-1, 196, 209, 220-2, 224, 242, 257-8, 261, 266, 270, 272-3, 275-6, 278, 298, 301, 303, 306-8, 310-1, 313, 316-7, 328
Rolls-Royce, 214
Roma, Itália, 319
Romênia, 50, 122, 182, *315*
Roosevelt, Theodore, 31, 147, 196
Root, Elihu, 196
roubos, 30, 158, 267-8, 303. *Ver também* saques
Russalka (Rímski-Kórsakov), 239
Russell (praça), Londres, 193
Russia in Revolution (Stinton Jones), 187
Ruzski, Nikolai, 146
Sadóvaia (rua), Petrogrado, 69, 91, 94, 181
Salão Catarina, Palácio Tauride, 115, 136-7, 139
Salão Circular, Palácio Tauride, 136
Salão de Malaquita, Palácio de Inverno, 286, 290
Salão do Exército e da Marinha, Petrogrado, 203
Saltikov (família), 27
Sampsónievksi, Petrogrado, 102
San Francisco Bulletin, 196
Santo Isaac (catedral), Petrogrado, 23, 56, 141, 174, 203, 227, 229, 314
Santo Isaac (praça), Petrogrado, 36, 122, 125, 128-9
Sapadores (regimento de), 106
saques, 81, 126, 129, 132, 215, 287, 303, 305-8
Sassnitz, Alemanha, 170
Saturday Evening Post, 324
Savonarola, Girolamo, 173
Savoy Hotel, Londres, 187
Sazónov, Serguei, 122
Scheglovítov, Ivan, 138
Segunda Guerra Mundial (1939-45), 324
Segunda-feira Vermelha, 99, 101-19
Semiónovski (regimento), 75, 105, 110, 117, 292
Senado (praça), Petrogrado, 151
Serguei Aleksándrovitch, grão-duque, 52
Sérguievskaia (rua), Petrogrado, 222
Serviço Aéreo Russo, 74, 117
Serviço Secreto de Inteligência britânico (SIS), *195*, 251
Seymour, Dorothy, 54-6, 110-1, 133, 323
Shaw, Dorothy, 247
Shepherd, William G., 172, 205, 251
Sibéria, 48, 66, 168, 198, 234, 269, 322, 327
Sibéria mais sombria, A (Kennon), 48
Sikes, Fred, 220-1, 272-3, 275-6, 278, 309, *328*
Singer (prédio), Petrogrado, 72, 83-5, 89, 122, 152, 182
Singer Sewing Machine Company, 29
SIS, *ver* Serviço Secreto de Inteligência britânico
Skóbelev, Matvei, 186
Skridlova, Maria, 201
Smirnova, Elena Aleksandrovna, 40
Smólni, Instituto, Petrogrado, 32, 242, 269, 281-2, 284-5, 300
Smorgon, Bielorrússia, 205

Smyth, Ethel, 203
Sociedade de Filantropia Mútua das Mulheres Russas, 195
Soldat (jornal), 279
Source, La (balé), 95
Soviete de Deputados Operários e Soldados, 115, 119, 134, 137-9, 148-9, 155, 162, 170, 176, 178, 181-2, 184, 186, 211-2, 222, 229, 231, 241-5, 269-70, 279-85
Springfield, capitão Osborn, 143
St. Louis, Missouri, 30-1, 33, 221, 321
Stackelberg, conde Gustave, 130
Stálin, Ióssif, 326
Stavka, 86, 96, 131, 146
Stebbing, Edward, 156, 247
Steffens, Lincoln, *172*
Stevens, John F., 175
Stevens, Robbie, 304
stikhíia, 129
Stinton Jones, James, 105, 109-10, 125, 127, 132, 154, 187, 313-4
Stoker, Enid, 55
Stopford, (Albert) Bertie, 25, 85, 95, 165, 215-6, 223-4
Stróganovski (ponte), Petrogrado, 38
Sturmer, Boris, 137
submarinos, 247
suborno, 128, 132, 209, 249, 315
Suécia, 30, 36, 47, 50, 170, 250, 257
sufragistas, 189, 194-5, 197-8, 203, 207, *238*, 250, 254
Suíça, 171, 176, 206, 252
Suvórov (praça), Petrogrado, 214, 220, 223
Swinnerton, Chester, 98, 99, 118, 121, 126, 130, 140, 144, 257, 275, *328*

Taft, William Howard, 31
Tarnopol, Ucrânia, 232
tártaros, 170, 228
Tatiana Nikoláievna, grã-duquesa, 52-3, 86
Tauride (palácio), Petrogrado, 32, 64, 96, 114, 135-9, 148, 158, 173, 215, 225, 242, 281
Tchaadáiev, Piotr, 66
Tche-Ka (Tchrezvitcháinaia Komíssia), 301
Tchekhov, Anton, 252
Tchernov, Víktor, 186
Teatrálnaia (praça), Petrogrado, 56
Teatro Aleksandrínski, Petrogrado, 36, 77, 261-2
teatros, 35, 40-1, 56, 59, 77, 80, 94-6, 108, 111, 152-3, 182, 253, 261-2, 284, 288, 308
Telégrafo Central, Petrogrado, 283
Temps, Le, 48
Tereschenko, Mikhail, 279
Thomas, Albert, 176
Thompson, Donald, 49, 63, 65, 67-8, 70-1, 75-6, 81-91, 93, 97, 101, 103, 109, 123, 140, 147, 157, 166, 173, 178, 181, 188, 202, 204, 211-2, 214, 224, *225*, 227, 232, *235*, 326-7
Thorne, Will, 175
Thornton (lanifício), Petrogrado, 24, 247
Thornton, Nellie, 214
Thornton, Vera, 156
Through War to Revolution (Dosch-Fleurot), 324
tifo, 237-8, 326
Times, The, 49, 69, 74, 77, 125, 134, 197, *264*
Tobolsk, Sibéria, 234
Tokay (vinho), 305
Tomsk, Sibéria, 198
Torgóvaia (rua), Petrogrado, 200
Torneo, Finlândia, 47, 170, 250
torpedos, 50
továrischi, 139, 156, 212, 284, 292, 305
Travis, Norton C., *235*, 327
Tribunal Distrital, Petrogrado, 100, 103-4, 107, 118, 145
Tribunal Militar Revolucionário, 301
Tricentenário dos Románov (1913), 36
Tróitskaia (rua), Petrogrado, 254
Tróitski (ponte), Petrogrado, 68, 71, 117-8, 155, 168, 214, 219, 224, 278
Trótski, Leon, 172, 213, 227, 242, 253, 259, 265, 268-70, 274, 276, 279, 283, 290, 298-9, 304, 308, 326
"Tsar, Revolução, Bolcheviques" (Rogers), 328
Tsárskoe Seló, Petrogrado, 42, 55, 57, 60, 134, 147, 206, 234, 235, 292, 295
Tseretéli, Irakli, 186
tuberculose, 160, 206, 238
Tumánov (família), 124, 126
Turquia, 80, 99, 106, 181-2, 267, 310

Ucrânia, 213, 232, 322
uísque, 34, 36, 63, 127, 196, *295*
"últimos resistentes" em Petrogrado, 320

União Política e Social das Mulheres (WSPU), 189, 193-4
União Soviética (1922-91), 157, 324, 326
Unidade Médica Millicent Fawcett, 52

VAD (Destacamento de Auxílio Voluntário), 52, 54, 85, 91, 323
Varpasaari, Finlândia, 64
Varsóvia (estação), Petrogrado, 51, 204
Vassiliévski (ilha), Petrogrado, 24, 29, 53
Vecchi, Joseph, 37
Velho Arsenal, Petrogrado, 102
Vendeia, França, *147*
Villa, Pancho, 253
Villa Rode, Petrogrado, 38
vinho, 36, 38, 126-7, 129, 132, *138*, *295*, 305-7
Vitória, rainha, *54*, *131*, 315
Vladímir, grã-duquesa, *ver* Maria Pávlovna
Vladímirski (escola militar), Petrogrado, 294
Vladímirski (rua), Petrogrado, 111
Vladivostok, Rússia, 196, 233, 235, 251, 310
vodca, 36, 38, 59, 127, 252, 321
Volga (rio), 170, 198
Volínski, regimento, 92, 97, 101, 105-6
Vologda, Rússia, 320-1
Voznessénskaia (rua), Petrogrado, 36
Vulture, HMS, 247
Vyborg (distrito), Petrogrado, 24, 41-2, 61, 66, 68, 72-3, 78, 88, 101-2, 107, 113, 118, 166, 170, 179, 213, 223, 274, 277

Walpole, Hugh, 95, 134, 136, 164, 166, 252
Westinghouse, 29, 84, 106, 166
Whiffen, Walter, 49
Whipple, George Chandler, 235-7
Wightman, Orrin Sage, 32, 235-6, 238
William Miller & Co., 24
Williams, Harold, 49, 155, 188, 217-9, 226, 262-4, 325
Wilson, Henry, 61
Wilson, Woodrow, 31, 174, 196-7
Wilton, Robert, 49, 69, 74, 76, 92-4, 125, 134, 197, *264*
Wine of Fury (Rogers), 328
Winship, North, 122, 183
Wiseman, William, 252-3, 271
Wobblies (Operários Industriais do Mundo), 253
Wolff (livraria), Petrogrado, 24
Woodhouse, Arthur, 56, 247, 273, 298-9, 320
Woodhouse, Ella, 38, 131, 182, 248, 298, 303
Wright, J. Butler, 38, 57-9, 63, 67, 70, 87, 132, 160, 168, 174-6, 183, 209, 236, 243, 246, 265, 298-9

Yakutsk, Sibéria, 198

zakúski, 59
zepelins, 40, 261, 267
Zetkin, Clara, 67
Zinóviev, Grigóri, 274
Známenski (praça), Petrogrado, 81, 92, 94, 108

ESTA OBRA FOI COMPOSTA PELA ABREU'S SYSTEM EM INES LIGHT
E IMPRESSA EM OFSETE PELA LIS GRÁFICA SOBRE PAPEL PÓLEN SOFT
DA SUZANO S.A. PARA A EDITORA SCHWARCZ EM JANEIRO DE 2021